CW01650865

Niet het einde van de wereld

Hannah Ritchie

Niet het einde van de wereld

WAAROM WIJ DE EERSTE GENERATIE ZIJN MET PERSPECTIEF OP EEN DUURZAME PLANEET

UITGEVERIJ BALANS

Oorspronkelijke titel *Not the End of the World*
Oorspronkelijke uitgever Chatto & Windus

Omslagontwerp Mijke Wondergem
Auteursfoto © Angela Catlin
Typografie en zetwerk Irma Hornman, Studio Cursief
Druk Wilco

ISBN 978 94 638 2314 2
NUR 740

www.uitgeverijbalans.nl

facebook.com/uitgeverijbalans
x.com/balansboeken
instagram.com/uitgeverijbalans
uitgeverijbalans.nl/nieuwsbrief

Inhoud

Voor mijn ouders, de volmaakte mix van gevoel en verstand

Inleiding

Het is tegenwoordig normaal om tegen kinderen te zeggen dat ze zullen sterven als gevolg van klimaatverandering. Bezwijken ze niet aan een hittegolf, dan wel door een natuurbrand. Of een orkaan, een overstroming of massale hongersnood. Het is ongelooflijk, maar velen van ons zeggen dit vrijwel zonder blikken of blozen tegen onze kinderen. Geen wonder dus dat de meeste jonge mensen denken dat hun toekomst gevaar loopt. Ze maken zich grote zorgen en zijn bang voor wat de planeet voor ons in petto heeft.

Dit lees ik dagelijks in de e-mails die in mijn inbox belanden. Het blijkt ook uit wereldwijd onderzoek.[1] In een recente enquête werd aan honderdduizend 16- tot 25-jarigen over de hele wereld gevraagd hoe ze over klimaatverandering denken.[2] Ruim driekwart was bang voor de toekomst, en meer dan de helft vond 'de mensheid ten dode opgeschreven'. Dit pessimisme heerste overal, van het VK en de VS tot India en Nigeria. Overal ter wereld hebben jonge mensen het gevoel dat hun einde nabij is, ongeacht hoe welvarend of veilig hun leven nu is.

Uit hetzelfde onderzoek bleek dat twee op de vijf twijfelen over het krijgen van kinderen. Bij een peiling uit 2020 noemde 11 procent van de Amerikaanse volwassenen (van alle leeftijden) zonder kinderen klimaatverandering een 'belangrijke reden' om ze niet te nemen, en voor nog eens 15 procent was het een 'secundaire reden'.[3] Onder jongvolwassenen, van 18 tot 34 jaar, was dat aandeel zelfs nog hoger. Eén respondent had het gevoel dat ze 'niet met een gerust geweten een kind op deze wereld kon zetten waar het mogelijk apocalyptische omstandigheden zal moeten doorstaan'.[4] Van de ondervraagden had 6 procent spijt van het krijgen van kinderen, omdat ze vreesden voor hun toekomst in een veranderend klimaat.

Het is verleidelijk om zulke standpunten als overdreven af te doen. Bij een recent onderzoek werd niet gekeken naar peilingen maar naar de feitelijke beslissingen die mensen nemen. Daarbij bleek dat mensen die niet met het milieu bezig zijn in 60 procent van de gevallen eerder geneigd zijn kinderen te nemen dan betrokken mensen.[5] Milieubewustzijn hoeft natuurlijk niet de énige reden te zijn, maar het is wel concreet bewijs dat mensen niet bluffen als ze zeggen dat ze twijfelen over het nemen van kinderen. En dan overdrijven ze waarschijnlijk hun gevoelens van angst en ondergang ook niet.

Ik weet dat deze gevoelens echt zijn, want ik heb ze zelf ook gehad. Ik was er ook van overtuigd dat ik geen toekomst meer had.

HOE KEREN WE HET TIJ?

Ik denk mijn hele leven al na over de milieuproblemen op de wereld. Dat is mijn werk en daar ligt mijn passie, maar ik had het bijna opgegeven.

In 2010 begon ik aan mijn studie environmental geoscience (milieugeowetenschap) aan de universiteit van Edinburgh. Ik was een frisse zestienjarige die dolgraag wilde leren hoe we een paar grote wereldproblemen zouden oplossen. Vier jaar later vertrok ik zonder oplossingen. In plaats daarvan ging ik gebukt onder de last van een eindeloze reeks onoplosbare problemen. In Edinburgh werd ik er dagelijks aan herinnerd dat de mensheid de planeet verwoestte. Opwarming van de aarde, stijging van de zeespiegel, verzuring van de oceanen, afstervende koraalriffen, ijsberen die omkomen van de honger, ontbossing, zure regen, luchtverontreiniging, overbevissing, olieverlies van schepen en vernietiging van de mondiale ecosystemen. Ik kan me niet herinneren ooit iets te hebben gehoord over een positieve trend.

In mijn studententijd deed ik echt mijn best om het nieuws te volgen. Ik wilde op de hoogte zijn van de toestand van de wereld. Overal zag ik beelden van natuurrampen, droogtes en hongerige gezichten. Er leken meer mensen te sterven, er leefden meer mensen in armoede en er leden meer kinderen honger dan ooit. Ik wist

Veel jonge mensen denken dat de wereld ten dode is opgeschreven ten gevolge van klimaatverandering

Percentage jonge mensen, van 16 tot 25 jaar, dat instemde met de volgende stellingen over onze toekomst ten gevolge van klimaatverandering.

'De mensheid is gedoemd'

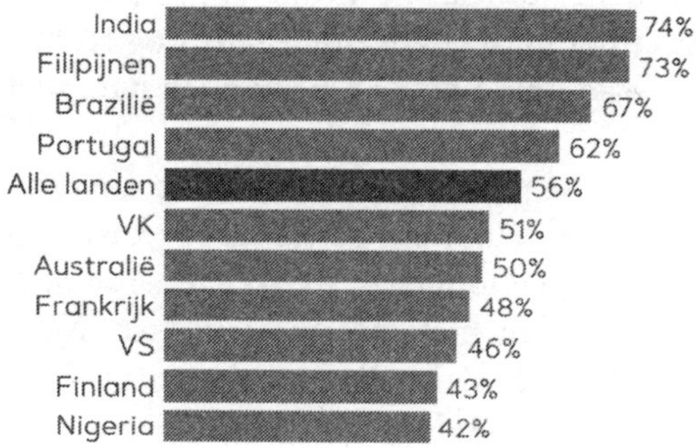

'De toekomst is beangstigend'

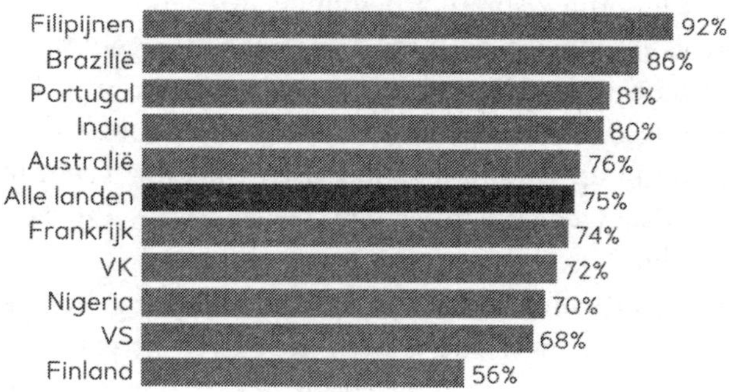

'Ik twijfel of ik wel kinderen wil'

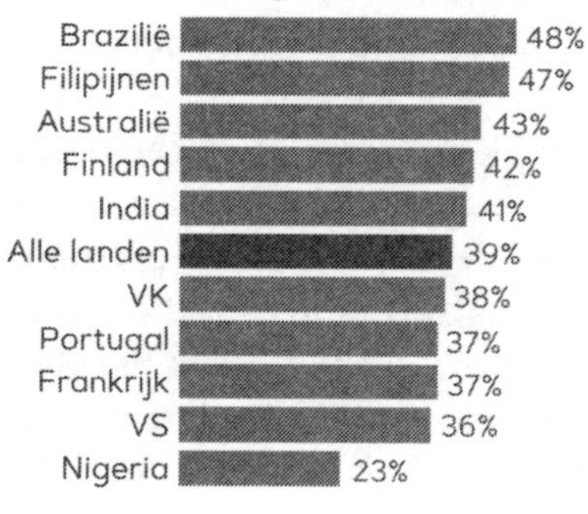

zeker dat ik in de rampzaligste periode van de geschiedenis van de mensheid leefde.

Zoals we zullen zien waren al deze veronderstellingen onjuist. Het ging zelfs in bijna elk opzicht de andere kant op met de wereld. Je denkt misschien dat zulke basale misvattingen werden rechtgezet gedurende een vierjarige studie aan een van de beste universiteiten ter wereld. Vergeet het maar. Ze werden zelfs nog sterker ingepeperd. De schaamte over onze ecologische zonden nam met elk college toe.

Ik voelde me hulpeloos in die jaren. Ik werkte keihard om mijn diploma te halen, maar toch wilde ik mijn passie de rug toekeren en op zoek gaan naar een nieuwe loopbaan. Ik solliciteerde naar banen die niets te maken hadden met milieuwetenschap. Maar op een avond veranderde alles in één klap. Ik zag belletjes over het tv-scherm vliegen. Een kleine man rende erachteraan.

'In de loop van mijn leven werden voormalige koloniën onafhankelijk en uiteindelijk steeds gezonder. Nu komen ze eraan! Landen in Azië en Latijns-Amerika beginnen in te lopen op de westerse landen.' De bubbels waren rood en groen en lagen op elkaar in een grafische voorstelling die op een hologram leek. De man begon met zijn armen te zwaaien en duwde de bubbels over het scherm. Door zijn opwinding was het lastig om zijn accent te bepalen, maar ik dacht dat hij misschien Zweeds was. 'En daar komt Afrika!' riep hij.

Die man was Hans Rosling. Als je al eens van hem hebt gehoord, weet je waarschijnlijk nog wel hoe je hem hebt leren kennen. Zo niet, dan ben ik een beetje jaloers: dan krijg je de kans om kennis te maken met zijn magie. Rosling was een Zweedse arts, statisticus en spreker. In een bespreking van zijn werk in *Nature* wordt hij goed getypeerd: 'Na drie minuten met Hans Rosling denk je anders over de wereld.'[6] Dat overkwam mij ook.

Ik interpreteerde de wereld namelijk verkeerd. En niet een beetje verkeerd. Ik ging ervan uit dat álles achteruitging. En daar danste Rosling over het podium en liet hij me feiten zien die op solide data gebaseerd waren. Hij liet me zien dat ik er helemaal verkeerd tegen aankeek. Maar dat deed hij op zo'n manier dat ik me geen dwaas voelde. Ik hóórde het allemaal verkeerd te zien. Dat doet iedereen. Dit werd zijn voornaamste act. Hij richtte zich tot grote groepen intellectuelen, leiders van ondernemingen, wetenschappers en zelfs experts op het gebied van wereldgezondheid bij TED, Google of de Wereldbank en liet hun zien dat ze de meest basale feiten over de wereld niet kenden. En dat vonden ze fantastisch! Als je naar dat filmpje kijkt, hoor je hoe het publiek lacht om zijn eigen onwetendheid. Hij beschikte als docent over een enthousiasme dat niet te imiteren valt.

Rosling legde in zijn lezingen uit wat de data ons wérkelijk vertelden over het menselijk welzijn: het percentage mensen dat in armoede leeft, het aantal kinderen dat overlijdt, hoeveel meisjes wel of geen scholing krijgen, en het percentage kinderen dat wordt gevaccineerd tegen ziekten. We staan nooit eens stil bij deze gegevens over de veranderingen in de ontwikkeling van de wereld. Nee, we kijken dagelijks naar het nieuws en die koppen worden een deel van ons wereldbeeld. Maar dat werkt niet. Het nieuws is erop gericht ons, jawel, iets níéuws te vertellen – een uniek verhaal, een zeldzame gebeurtenis, de meest recente ramp. Onwaarschijnlijke gebeurtenissen lijken waarschijnlijke gebeurtenissen te zijn omdat we die zo vaak zien in het nieuws. Maar dat zijn ze vaak niet. Daarom halen ze het nieuws en hebben we er aandacht voor.

Die afzonderlijke gebeurtenissen en verhalen zijn belangrijk. Ze dienen een doel. Maar het is een heel slechte manier om het grotere geheel te begrijpen. Veel dingen die de wereld ingrijpend veranderen, zijn niet zeldzaam, spannend of voorpaginanieuws. Het gaat om hardnekkige zaken die dag in, dag uit, jaar in, jaar uit gebeuren tot de wereld decennia later onherkenbaar is veranderd.

Je kunt deze veranderingen alleen goed zien als je wat afstand neemt en de data op lange termijn bekijkt. Dat deed Hans Rosling bij de sociale problemen. Hetzelfde geldt voor onze milieuproblemen. Bijna tien jaar doe ik inmiddels onderzoek naar deze trends. Ik beschrijf ze en roep om aandacht ervoor. Ik ben onderzoeksleider bij Our World in Data, waar we dit doen voor de grootste problemen ter wereld – van armoede en gezondheid tot oorlog en klimaatverandering. Ik ben ook als wetenschapper een buitenbeentje aan de universiteit van Oxford. Wij zijn 'buitenbeentjes' omdat we het tegenovergestelde doen van wat er van academici wordt verwacht. Onderzoekers zoomen meestal in op een probleem, om er zo dicht mogelijk bij te komen en het uit te pluizen. Wat wij doen is uitzoomen.

Ik doe geen origineel onderzoek en ben ook niet uit op een wetenschappelijke doorbraak. Het gaat erom te begrijpen *wat we al weten*. Of zouden kúnnen weten als we de informatie die we hebben goed onderzochten. En het gaat erom dit vervolgens aan mensen uit te leggen: in artikelen, op radio en op tv, en in bestuurskamers zodat ze het kunnen gebruiken om ons vooruit te helpen.

Hans Rosling liet zien dat de hoogtepunten van het nieuws ons niet veel bijbrengen over armoede, onderwijs of gezondheid wereldwijd. Ik op mijn beurt heb vastgesteld dat het geen zin heeft een wereldomvattend beeld over het milieu te vormen op basis van de meest recente bosbrand of orkaan. We bereiken niets als we het energiesysteem van de wereld proberen te begrijpen en te repareren op basis van het jongste voorpaginanieuws.

Als we duidelijkheid willen, moeten we naar het complete beeld kijken, en dat betekent dat we wat afstand moeten nemen. Als we een paar stappen naar achteren zetten, zien we iets wat echt wezenlijk, grensverleggend en inspirerend is: de mensheid verkeert in een unieke positie om voor een duurzame wereld te zorgen.

WAAROM DOEMDENKEN ZO SCHADELIJK IS

'We moeten wakker worden. Het is twee voor twaalf!' Mensen zeggen vaak dat het apocalyptische milieuverhaal daarom overal te horen moet zijn. Of, zeggen ze, de apocalyptische *waarheid*. Ik snap het. Bij veel milieuproblemen zijn we lang blijven slaapwandelen. We hebben actie steeds voor ons uit geschoven – en dat doen we maar al te graag, want het kan decennia of langer duren voor we worden getroffen door milieurampen. Alleen zijn die decennia nu voorbij en staan we nu waar we zijn. De rampen zijn er: het is al aan de gang.

Laat me meteen even één ding heel duidelijk maken: ik ontken de klimaatverandering niet en bagatelliseer die ook niet. Ik heb me mijn hele leven – op mijn werk en daarbuiten – intensief beziggehouden met onze milieuproblemen en geprobeerd deze te begrijpen en op te lossen. Het ontbrak de wereld aan urgentie om in actie te komen. We moeten nu hoognodig de enorme omvang van mogelijke rampen onder de aandacht brengen als we willen dat dingen veranderen. Maar dat is iets heel anders dan tegen kinderen zeggen dat ze gedoemd zijn.

Laten we voorlopig zeggen dat totale verdoemenis een overdrijving is. Is dat echt zo erg? Als mensen deze problemen daardoor serieus nemen, is dat toch alleen maar goed, en de overdrijving fungeert als een tegenwicht tegen mensen die het probleem bagatelliseren. Maar ik ben ervan overtuigd dat er een betere, meer optimistische en eerlijkere manier is om vooruit te komen.

Ik denk dat het verkondigen van de ondergang meer kwaad dan goed doet, om verschillende redenen. Om te beginnen zijn de ondergangsverhalen vaak onwaar. Ik verwacht niet dat je dat zonder meer van me aanneemt, maar ik hoop dat ik je aan het eind van dit boek ervan heb overtuigd dat deze problemen weliswaar groot en dringend zijn, maar ook oplosbaar. Er is een toekomst voor ons. Met 'ons' bedoel ik ons allemaal, als soort. Misschien worden veel mensen zwaar getroffen, of zelfs van die toekomst beroofd, dus is het aan ons om te beslissen hoevéél mensen – wat afhankelijk is van de acties die we ondernemen. Als je vindt dat mensen recht hebben op de waarheid, dan moet je tegen deze overdreven ondergangsverhalen zijn.

Ten tweede zetten ze wetenschappers voor schut. Elke ondergangsactivist die een boude bewering doet, blijkt het altijd bij het verkeerde eind te hebben. Telkens als zoiets zich voordoet, ondermijnt dat het vertrouwen in de wetenschap. Dat speelt ontkenners in de kaart. Als de wereld níét vergaat binnen tien jaar, zeggen de ontkenners: 'Zie je wel, die gekke wetenschappers zaten er weer naast. Waarom zouden we nog naar hen luisteren?' In vrijwel elk hoofdstuk van dit boek zal ik ondergangstheorieën noemen die volkomen onjuist bleken te zijn.

Ten derde, wat misschien wel het belangrijkst is, voelen we ons verlamd door de ophanden zijnde ondergang. Als we toch al gedoemd zijn, wat heeft het dan voor zin om het te proberen? Het maakt ons bepaald niet resoluter in het doorvoeren van verandering: het berooft ons juist van elke motivatie om dat te doen. Ik herken dit van mijn eigen sombere periode, toen ik me bijna helemaal uit het vakgebied had teruggetrokken. Ik kan je verzekeren dat ik een véél grotere impact op veranderingen had nadat ik opnieuw had geformuleerd hoe ik tegen de wereld aankeek. Als puntje bij paaltje komt, is doemdenken vaak niet beter dan ontkenning.

De optie 'opgeven' kan alleen bestaan vanuit een bevoorrechte positie. Stel dat we niet meer ons best doen en de temperatuur stijgt nog een graad of twee, zodat we ver boven onze klimaatdoelen komen. Als je in een welvarend land woont, overkomt je waarschijnlijk niets. Het zal geen koud kunstje zijn, maar je kunt dankzij die rijkdom aan groot gevaar ontkomen. Dat geldt echter niet voor minder fortuinlijke mensen. Mensen in armere landen hebben niet genoeg geld om zichzelf te beschermen. Het is een onvergeeflijk egoïstische houding om een nederlaag op het gebied van klimaatverandering te accepteren.

Klimaatwetenschappers accepteren geen nederlaag. De meeste die ik ken hebben zelf kinderen. Dag in, dag uit onderzoeken ze klimaatverandering en denken ze daar over na. Toch leggen ze zich duidelijk niet neer bij de gedachte dat we de komende eeuw met een klimaatapocalyps te maken krijgen. Zij denken dat er tijd genoeg is om hun kinderen van een leefbare toekomst te verzekeren. Zoals dr. Kate Marvel, klimaatwetenschapper bij de NASA, zegt: 'De opvatting dat kinderen hoe dan ook gedoemd zijn tot een ongelukkig bestaan wijs ik ondubbelzinnig, als wetenschapper en als privépersoon, van de hand.'[7]

Zij denken echt niet dat de gevolgen van klimaatverandering niet zorgwekkend zijn. Anders zouden ze zich er ook niet mee bezighouden. Klimaatwetenschappers vinden ook niet dat de wereld die hard genoeg aanpakt – ze smeken mensen al decennia om in actie te komen. Bijna allemaal zullen ze zeggen dat we te traag in beweging komen, en dat het heel erg kan worden als we de boel niet op orde krijgen. Waarom zijn ze dan toch optimistisch dat we het tij nog kunnen keren? Daar zijn verscheidene redenen voor. Een ervan is dat er een misverstand bestaat over wat onze klimaatdoelen – van 1,5 en 2 °C – eigenlijk betekenen. Je moet die niet zien als drempels – dat het met ons gedaan is zodra we 1,5 °C overschrijden. Dat is niet zo. Er is niets bijzonders aan die 1,5 °C; het is niet zo dat de boel bij 1,499 °C nog leefbaar is en onleefbaar wordt zodra we 1,501 °C aantikken. Maar het risico op omslagpunten en klimaatrampen neemt aanzienlijk toe zodra we in het bereik van 1,5-2 °C belanden. Maar daarmee is 1,5 °C geen alles-of-nietsdrempel. Sterker nog, daardoor is elke 0,1 °C zelfs nog belangrijker als we eenmaal in die zone belanden. Het verschil is dat veel klimaatwetenschappers deze getallen als dóélen zien. Het zou ongelooflijk zijn als we ze halen, maar we moeten er toch mee doorgaan.

Dit klinkt misschien schoolmeesterachtig, maar het is belangrijk. We zullen vrijwel zeker 1,5 °C overschrijden, dat is de realiteit. Dat verwachten de meeste klimaatwetenschappers. Als mensen dit beschouwen als een drempel die het einde van de wereld markeert, dan lijkt dat uiteraard apocalyptisch.

Er is nog een reden waarom sommige klimaatwetenschappers minder pessimistisch zijn: ze geloven dat dingen kunnen veranderen. De afgelopen decennia hadden ze het zwaar. Er werd nauwelijks naar hen geluisterd. Vaak werden ze weggezet als apocalyptische paniekzaaiers. Maar eindelijk is de wereld doordrongen geraakt van klimaatverandering en komen mensen in actie. De klimaatwetenschappers weten dat verandering mogelijk is omdat ze die al hebben meegemaakt. Tegen alle verwachtingen in hebben zij daar een belangrijk aandeel in gehad.

DE WERELD HEEFT BEHOEFTE AAN EEN URGENTER OPTIMISME

Vroeger dacht ik dat optimisten naïef waren en pessimisten slim. Pessimisme leek een essentieel kenmerk van een wetenschapper: de basis van wetenschap is twijfel aan elk resultaat, de ontrafeling van theorieën om te kijken of ze steekhoudend zijn. Ik dacht dat cynisme een van de basisprincipes ervan was.

Misschien zit daar wel een kern van waarheid in. Maar wetenschap is ook intrinsiek optimistisch. Hoe moeten we de mensen die keer op keer, vaak met amper kans op succes, experimenten uitvoeren anders noemen? Wetenschappelijke vooruitgang kan frustrerend traag gaan: de slimste koppen kunnen hun hele leven wijden aan één vraagstuk zonder iets te bereiken. Dat doen ze in de hoop dat om de hoek een doorbraak ligt. Het is onwaarschijnlijk dat zíj die ontdekken, maar de kans bestaat. Als ze het opgeven daalt die kans tot nul.

Toch klinkt pessimisme nog steeds intelligent en optimisme

dom. Ik geneer me vaak als ik beken dat ik een optimist ben. Ik verbeeld me dat mensen daardoor een iets lagere dunk van me hebben. Maar de wereld heeft meer optimisme ontzettend hard nodig. Het probleem is dat mensen optimisme verwarren met 'onvoorwaardelijk optimisme', het ongegronde vertrouwen dat dingen vanzelf beter zullen gaan. Onvoorwaardelijk optimisme is ook echt dom. En gevaarlijk. Als we achteroverleunen en niks doen, komt het niet goed. Over dat soort optimisme heb ik het niet.

Optimisme is problemen als kansen op vooruitgang zien; het is het vertrouwen dat we dingen kunnen doen die verschil maken. We kunnen de toekomst wel degelijk vormen en als we willen, kunnen we voor een geweldige toekomst zorgen. De econoom Paul Romer brengt dit verschil goed onder woorden.[8] Hij onderscheidt 'zelfgenoegzaam optimisme' en 'conditioneel optimisme':

> Zelfgenoegzaam optimisme is het gevoel van een kind dat op cadeautjes zit te wachten. Conditioneel optimisme is het gevoel van een kind dat een boomhut wil bouwen. 'Als ik aan hout en spijkers kan komen en een paar andere kinderen kan overhalen om mee te helpen, kunnen we iets heel gaafs in elkaar zetten.'

Ik heb diverse andere termen voor dit 'conditioneel' optimisme voorbij horen komen: 'urgent optimisme', 'pragmatisch optimisme', 'realistisch optimisme', 'ongeduldig optimisme'. Al deze termen zijn gebaseerd op inspiratie en actie.

Pessimisten klinken vaak slim doordat ze de doelpalen verplaatsen en zo voorkomen dat ze 'ernaast' zitten. Als een doemdenker voorspelt dat de wereld over vijf jaar vergaat en dat gebeurt niet, dan verschuift hij gewoon de datum. De Amerikaanse bioloog Paul R. Ehrlich[9] – auteur van het boek *The Population Bomb* uit 1968 – doet dit al decennia.[10] In 1970 verkondigde hij dat 'het einde ergens de komende vijftien jaar zal aanbreken. En onder "het einde" versta ik een totale instorting van de capaciteit van de planeet om de mensheid te onderhouden.' Hij zat er natuurlijk jammerlijk naast. Hij probeerde het nog eens: hij zei dat 'Engeland in het jaar 2000 niet meer zal bestaan'. Alweer fout. Ehrlich gaat door met het opschuiven van deze deadline. Een pessimistische houding is veilig.

Verwar kritiek niet met pessimisme. Voor een doeltreffende optimist is kritiek essentieel. We moeten ideeën analyseren om de meest veelbelovende te ontdekken. De meeste vernieuwers die de wereld hebben veranderd waren optimisten, ook al noemden ze zichzelf niet zo. Maar ze waren ook zeer kritisch: Thomas Edison, Alexander Fleming, Marie Curie of Norman Borlaug namen hun eigen ideeën als geen ander kritisch onder de loep.

We moeten optimistischer zijn als het ons ernst is met de aanpak van de milieuproblemen in de wereld. We moeten vertrouwen dat het wél mogelijk is om die aan te pakken. Zoals we zullen zien in de komende hoofdstukken is dit geen hersenschim: dingen veranderen echt, en we zouden ze sneller moeten willen veranderen.

WIJ KUNNEN ALS EERSTE GENERATIE VOOR EEN DUURZAME WERELD ZORGEN

De Letzte Generation is een activistische groep in Duitsland. Hun naam impliceert dat onze verspilling tot onze ondergang zal leiden. Om hun regering tot actie te dwingen, gingen leden van deze groep onlangs een maandlang in hongerstaking. Dat was geen halfhartige actie: een aantal van hen belandde in het ziekenhuis. Zij zijn niet de enigen die er zo over denken. De mondiale milieubeweging Extinction Rebellion is ook op dit beginsel gebaseerd. En zoals ik eerder liet zien leeft bij veel jonge mensen de gedachte dat wij de 'laatste generatie' zijn.

Ik geloof eerder het tegenovergestelde. Ik geloof niet dat wij de laatste generatie zullen zijn. Het bewijsmateriaal wijst op het tegendeel. Volgens mij kunnen wij de éérste generatie zijn. Wij kunnen de eerste generatie worden die het milieu beter achterlaat dan ze het aantrof. De eerste generatie uit de menselijke geschiedenis die duurzaamheid bereikt. (Ja, dat lijkt haast ongelooflijk. Als je verder leest, leg ik uit hoe.) Ik vat de term 'generatie' in dit verband ruim op. Ik behoor tot een generatie die zal worden gedefinieerd door onze milieuproblematiek. Ik was een kind toen klimaatverandering begon op te vallen. Mijn volwassen leven zal zich grotendeels midden in de wereldwijde energietransitie afspelen. Ik zal meemaken dat landen die eerst bijna geheel afhankelijk waren van fossiele brandstoffen, daar totaal zonder kunnen. Als regeringen de 'deadline van 2050' bereiken en geen CO_2 meer uitstoten, zoals zoveel landen hebben beloofd, ben ik 57. Bij het schrijven van dit boek heb ik het gevoel dat ik een generatie jonge mensen vertegenwoordig die wil dat de wereld verandert.

Er zullen natuurlijk verscheidene generaties bij dit project betrokken zijn. Er zijn er twee boven mij – mijn ouders en grootouders – en twee onder mij, mijn toekomstige kinderen (en misschien kleinkinderen). Generaties worden vaak tegen elkaar opgezet: oudere generaties krijgen het verwijt dat ze de planeet hebben geruïneerd; jongere generaties worden als hysterisch en verontwaardigd weggezet. Maar als puntje bij paaltje komt, willen de meesten van ons bouwen aan een betere wereld, waarin onze kinderen en kleinkinderen het goed hebben. Om dat voor elkaar te krijgen, moeten we allemaal samenwerken. We zullen allemaal met deze transformatie te maken krijgen.

In *Niet het einde van de wereld* leg ik uit waarom we volgens mij de eersten kunnen zijn die duurzaamheid bereiken. Ik zal al onze milieuproblemen stuk voor stuk onderzoeken. Ik kijk naar de geschiedenis ervan, naar waar we nu staan en hoe we een weg naar een betere toekomst kunnen bereiden. De meeste hoofdstukken beginnen met een opvallende – en schadelijke – kop die je misschien bekend voorkomt. Ik zal uitleggen waarom die stuk voor stuk foutief zijn. We worden overspoeld door informatie over wat we niet moeten doen als het om de gezondheid van onze planeet gaat. Ik zal onderscheid maken tussen de belangrijke dingen die echt veel uitmaken en waar we ons op moeten concentreren, en de dingen waar we ons allemaal minder druk om moeten maken.

We beginnen hoog in de atmosfeer en dalen vandaar af. Onderweg komen we de zeven grootste milieucrises tegen die we moeten oplossen als we duurzaamheid willen bereiken. We beginnen met luchtverontreiniging, gevolgd door klimaatverandering. Dan zakken we naar grondniveau, waar we ontbossing, voedsel en het leven van andere soorten op het land tegenkomen. Vervolgens duiken we onder water en kijken we naar plastic in de oceanen, waarna we ten slotte een diepe duik nemen om te onderzoeken hoe het is gesteld met de vissen in de wereld.

Onze milieuproblemen overlappen elkaar. Wat we eten is van invloed op klimaatverandering, ontbossing en de gezondheid van andere soorten op onze planeet. Als we meer voedsel eten dat afkomstig is van boerderijen op het land, zetten we de vissen in onze oceanen minder onder druk. Verbranding van fossiele brandstoffen veroorzaakt niet alleen klimaatverandering, maar vervuilt ook de lucht en is slecht voor onze gezondheid. Geen enkel milieuprobleem staat op zichzelf. Ik hoop dat je na het lezen van dit boek een helderder beeld hebt van deze onderlinge verbondenheid, dat je ziet hoe sommige belangrijke oplossingen in één klap bijdragen aan de aanpak van verschillende problemen – en hoe waardevol dit voor onze toekomst is.

ZES DINGEN OM IN GEDACHTEN TE HOUDEN

De kwesties die we gaan onderzoeken zijn complex. Ze zijn ongemakkelijk. Bovendien kunnen sommige argumenten of data die ik noem helaas worden misbruikt als ze door de verkeerde persoon worden aangehaald. Hieronder staan zes punten om tijdens het lezen in gedachten te houden.

1 • We staan voor belangrijke uitdagingen op milieugebied

Bij veel milieukwesties gaan sommige trends verrassend genoeg de goede kant op. In onverantwoordelijke handen worden positieve trends vaak voorgesteld als 'zie je wel, relax, het blijkt toch geen probleem te zijn'.

Zo denk ik er niet over. De milieu-uitdagingen waar we voor staan, zijn enorm. Als we die niet aanpakken, zijn de consequenties verschrikkelijk en gruwelijk ongelijk verdeeld. We moeten in actie komen. Dat moet op grote schaal gebeuren. En veel sneller dan we voorheen hebben gedaan.

2 • Het feit dat onze milieukwesties niet de grootste bedreiging voor de mensheid zijn, betekent niet dat we er niets aan moeten doen

Ik denk niet dat klimaatverandering – of een ander milieuprobleem – ons als soort zal uitroeien. Een kernoorlog, een wereldwijde pandemie of kunstmatige intelligentie (AI) zijn in potentie een grotere bedreiging voor ons voortbestaan. Voor sommigen is dit een reden om minder te focussen op klimaatverandering: 'Waarom houden mensen zich daarmee bezig terwijl ze zich zouden moeten concentreren op gevaarlijke pathogenen of een dreigende kernoorlog?'

Dat is een vreemde redenering. We zijn met acht miljard mensen – we kunnen ons bezighouden met meer dan één of twee problemen tegelijkertijd. We zouden zelfs kunnen zeggen dat klimaatverandering het risico van sommige existentiële dreigingen vergroot. Als we de schade als gevolg van klimaatveranderingen terugdringen, verkleinen we ook andere risico's.

Bovendien, sinds wanneer moet een probleem existentieel zijn voor we er iets aan gaan doen? De risico's van milieuschade zijn ernstig: ze zijn groot genoeg om miljarden mensen te treffen. En voor een groot deel van de mensheid is het echt een bedreiging van hun bestaan.

3 • Je moet verscheidene gedachten tegelijk volgen

Dit is essentieel om de wereld duidelijk te zien en oplossingen te bedenken die echt verschil maken. Als we bepaalde dingen verbeteren, wil dat nog niet zeggen dat ons werk erop zit.

Een voorbeeld: sinds 1990 is het aantal kinderen dat jaarlijks sterft meer dan gehalveerd. Dat is een geweldige prestatie. Maar als je dit belangrijke feit online zet, krijg je vaak de volgende reactie: 'O, dus jij vindt het prima dat er elk jaar vijf miljoen kinderen sterven?' *Natuurlijk niet.* Dat is een van de ergste dingen op onze wereld. Maar die twee feiten spreken elkaar niet tegen. We hebben indrukwekkende vooruitgang geboekt, maar we hebben nog veel te doen. Mijn collega Max Roser zegt het als volgt: 'De wereld is enorm verbeterd; de wereld is nog steeds verschrikkelijk; de wereld kan veel beter.'[11] De drie uitspraken zijn allemaal waar.

Door de eerste te ontkennen – dat we vooruitgang hébben geboekt – verliezen we belangrijke lessen uit het oog over hoe we verder vooruit kunnen komen. Het berooft ons ook van de inspiratie dat verandering ook echt mogelijk is.

Als ik bij elke positieve trend moet opmerken dat 'ik niet wil zeggen dat alles volmaakt is', wordt dit boek vermoeiende leesstof die voortdurend in herhaling valt. Ga er maar van uit dat dit altijd het geval is. Als ik zeg dat dingen vooruitgaan, bedoel ik niet dat ze daarmee in kannen en kruiken zijn.

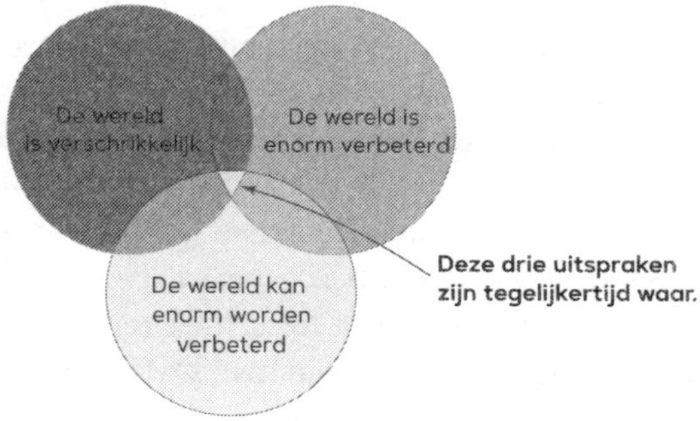

4 • Niets hiervan is onvermijdelijk, maar het is mogelijk

Naast de geschiedenis, en het verhaal over waar we nu staan, stel ik een weg naar de toekomst voor. Mijn suggesties zijn geen voorspellingen, maar mogelijkheden.

Dat onderscheid is belangrijk. Ik weet niet wat er in de toekomst gaat gebeuren. Dat hangt af van hoe snel we in actie komen, en of we goede beslissingen nemen. Het enige wat ik kan doen, is uitleggen wat volgens mij onze beste opties zijn. Hopelijk levert dit boek een bescheiden bijdrage door ons te inspireren die te kiezen.

5 • We kunnen ons geen passiviteit veroorloven

De valkuil van passiviteit is nooit ver weg. Het is gemakkelijk gas terug te nemen of ons te laten afleiden als zich nieuwe en kortetermijnproblemen voordoen. Dit mogen we niet laten gebeuren.

Toen Rusland in 2022 Oekraïne binnenviel, keerden veel landen

Russische energievoorraden de rug toe, steeg de energieprijs tot een recordhoogte en schudde de wereldeconomie op haar grondvesten. Landen probeerden uit alle macht andere energiebronnen te vinden en sommige stapten over op steenkool en schakelden hun kolencentrales weer in.

Dit was een teleurstellende terugval in de klimaatactie. Maar het ziet ernaar uit dat hij van tijdelijke aard was. Na een paar maanden van hogere CO_2-uitstoot is de Europese steenkoolconsumptie weer gedaald en gaat de transitie naar duurzame energie weer net zo snel als vroeger. De Russische invasie in Oekraïne heeft overheden zelfs meer redenen gegeven om af te zien van fossiele brandstoffen en te investeren in energie met weinig CO_2-emissie waar ze zelf zeggenschap over hebben.

We zien hier twee belangrijke lessen. De eerste is dat onze reis naar een duurzame wereld met veel hobbels gepaard zal gaan. Gebeurtenissen waardoor we halt houden of misschien zelfs achteruitgaan met de aanpak van onze milieuproblemen. Dat kunnen we verwachten en we moeten niet in paniek raken als dat gebeurt. Waar we uitkomen wordt bepaald door wat we de komende paar decennia, niet de komende drie maanden, doen.

De tweede is dat we systemen moeten ontwikkelen die veerkrachtig zijn en bestand tegen mondiale gebeurtenissen die ons uit koers kunnen brengen. Als onze economie afhankelijk is van fossiele brandstoffen, zijn we afhankelijk van diegenen die ze produceren.

6 • Je staat er niet alleen voor

Ik zou willen dat ik mijn jongere ik stevig kon omhelzen. Heel lang voelde ik me eenzaam in mijn strijd tegen deze problemen. De tegenwind werd steeds harder.

Als jij je nu zo voelt, dan is dit boek mijn poging om contact met jou te leggen. Ik wil je laten zien dat je deze reis niet in je eentje maakt: heel veel mensen werken aan een betere toekomst. Sommigen staan in de schijnwerpers. Maar de meesten zie je niet: ze strijden in bestuurskamers om de bedrijfsstrategie te veranderen; ze zitten in regeringen om beleid vorm te geven; ze ontwikkelen in laboratoria zonnepanelen, turbines en batterijen; of ze bedenken in het veld duurzame manieren om voedsel te verbouwen.

Kijk om je heen en je ziet op alle niveaus mensen tegen de wind opboksen: van dorpelingen in hun lokale gemeenschap tot wereldleiders die ingrijpende besluiten nemen. Velen zijn bezorgd maar vastberaden. Ze zijn optimistisch dat wat ze vandaag doen, morgen een verschil zal maken.

Toen ik dit boek begon te schrijven, hing ik een foto van mijn jongere ik naast mijn computer. Dit is het boek dat ík tien jaar geleden nodig had. Het is een synthese van bijna een decennium aan onderzoek dat me meer inzicht gaf in onze milieuproblemen. Bovendien gaf het mij perspectief. En zo kon ik mezelf uit een zwart gat bevrijden. Mocht jij daar nu in zitten, dan hoop ik dat het jou er ook uit helpt.

1
Duurzaamheid
Een verhaal over twee helften

DE WERELD IS NOOIT DUURZAAM GEWEEST

Voor we aan onze rondrit langs milieuproblemen beginnen, moet ik je een impopulaire waarheid vertellen: de wereld is nooit duurzaam geweest. We willen iets bereiken wat nooit eerder is gedaan. Om dat te begrijpen moeten we kijken wat duurzaamheid betekent.

De klassieke definitie van duurzaamheid is afkomstig uit een historisch rapport van de Verenigde Naties. In 1987 definieerde de VN duurzame ontwikkeling als 'voldoen aan de behoeften van de huidige generatie zonder de behoeften van toekomstige generaties in gevaar te brengen'. Die definitie heeft twee helften. De eerste is garanderen dat iedereen die nu op de wereld leeft een prettig en gezond leven kan leiden. De tweede helft gaat om de garantie dat onze manier van leven niet schadelijk is voor het milieu van toekomstige generaties. We zouden geen milieuschade moeten veroorzaken die onze achterachterkleinkinderen de kans op een fijn en gezond leven ontneemt.

Over dit perspectief zijn de meningen verdeeld. Sommige definities van duurzaamheid concentreren zich alleen op de milieucomponent. De *Oxford English Dictionary* omschrijft duurzaamheid als 'duurzaam zijn met betrekking tot het milieu; de mate waarin een proces in stand kan worden gehouden zonder dat de natuurlijke hulpbronnen worden uitgeput'. Dat is een chique manier om te zeggen: 'Zorg ervoor dat wat je vandaag doet, het milieu van morgen niet schaadt.' Volgens sommige definities is het niet noodzakelijk dat mensen tegelijkertijd aan hun eigen behoeften kunnen voldoen.

Als milieudeskundige houd ik me ook vooral met de tweede helft bezig: het beperken van de schade aan onze planeet. Maar ethisch kan ik de eerste helft van de definitie niet negeren. Een wereld vol vermijdbaar menselijk leed voldoet niet aan onze definitie van duurzaamheid.

De meningsverschillen over deze definities ontstaan vaak doordat we uitgaan van een onvermijdelijk of-of. Het is menselijk welzijn óf milieubescherming. Dat betekent dat een van beide de prioriteit heeft, en bij 'duurzaamheid' wint het milieu. Dit gebeurde in het verleden. Maar het hoofdargument van dit boek is dat dit conflict in onze toekomst niet hoeft te bestaan. Er bestaan wel degelijk manieren om beide tegelijk te bereiken, wat betekent dat de definities elkaar steeds minder hoeven te bijten. Als je nog steeds een definitie aanhangt die uitsluitend om het milieu draait, beschouw een florerende mensheid dan maar als een aardig extratje.

De wereld is nooit duurzaam geweest want we hebben nooit beide helften tegelijkertijd bereikt. Kijken we alleen naar de tweede helft, dan lijkt het misschien alsof de verspilling in de wereld iets van de laatste tijd is, met een versnelling van koolstofemissies, energiegebruik en overbevissing. We denken dat de wereld vroeger duurzaam was, maar dat onze milieuschade de boel uit zijn evenwicht heeft gebracht. Dat is de verkeerde conclusie. Mensen zijn al duizenden jaren – vooral sinds de landbouwrevolutie, maar daarvoor ook al – niet duurzaam met het milieu omgegaan. Onze voorouders hebben honderden van de grootste diersoorten door de jacht uitgeroeid. Ze vervuilden de lucht door hout, organisch afval en houtskool te verbranden. En ze kapten reusachtige hoeveelheden bos voor energievoorziening en landbouwgrond.[1, 2, 3]

Er zijn gemeenschappen geweest die in een harmonieuze balans met andere soorten en hun omgeving leefden. Veel inheemse groepen zijn hierin geslaagd en beschermen zo bovendien de biodiversiteit en de ecosystemen.[4, 5] Respect voor de aarde is de kern van inheemse beginselen. De indianen kennen het gezegde: 'Neem alleen wat je nodig hebt en laat het land achter zoals je het aantrof.' Er bestaat een vergelijkbaar oud Keniaans gezegde: 'Behandel de aarde goed: je hebt haar niet gekregen van je ouders, ze werd aan je geleend door je kinderen.' Daar begint ons duurzaamheidsbegrip.

De moderne definities zijn academische versies van deze prachtige gezegden.

Maar gemeenschappen die duurzaam met het milieu omgingen, waren door de hoge kindersterfte altijd klein: het verlies van kinderen verhinderde dat de bevolking groeide.

Een wereld waarin de helft van alle kinderen sterft, voldoet niet aan 'de behoeften van onze huidige generaties' en is dus geen duurzame wereld.

Dat is de uitdaging waar we voor staan. We moeten garanderen dat iedereen in de wereld een prettig leven kan leiden én we moeten onze milieu-impact verkleinen zodat toekomstige generaties ook prettig kunnen leven. Daarmee belanden we op onbekend terrein. Geen enkele generatie vóór ons had de kennis, technologie of het politieke systeem om beide tegelijkertijd te doen. Wij hebben de kans om de eerste generatie te worden die duurzaamheid waarmaakt. Laten we die grijpen.

ER IS GEEN BETERE TIJD OM TE LEVEN DAN NU

Vroeger dacht ik in de meest tragische periode van de mensheid te leven. Nu ben ik ervan overtuigd dat ik in de beste periode leef. Er is zelfs geen betere tijd om te leven geweest dan nu. Als iemand me dat acht jaar geleden had gezegd, zou ik die persoon hebben uitgelachen. Toen ik Hans Rosling dat voor het eerst op het scherm hoorde verkondigen, hield ik zelfs bijna op met kijken. Op welke planeet leefde hij?

Maar het is waar. En ik hoop je op andere gedachten te brengen door eens goed te kijken naar zeven essentiële maatstaven van welzijn.

1 • Kindersterfte

Het terugdringen van de kindersterfte is de grootste prestatie van de mensheid geweest. De meesten van ons denken dat de dood een natuurlijke orde kent: de ouderen overlijden, niet de jongeren. Maar deze volgorde is een recente ontwikkeling. Het vooruitzicht dat een kind zijn ouders overleeft, is helemaal geen 'natuurlijke' gebeurtenis: daar hebben we heel hard ons best voor moeten doen.

De kans dat je de volwassenheid haalde was in de geschiedenis van de mensheid het grootste deel van de tijd fiftyfifty. Ongeveer een kwart van de kinderen overleed voor hun eerste verjaardag. Nog eens een kwart stierf voor ze de puberteit hadden bereikt.[6] Hier bestond geen uitzondering op. Dat kinderen overleden was heel normaal, op elk continent en in elke eeuw.[7] Zelfs de elite met al haar geld stond machteloos tegenover kindersterfte. De Romeinse keizer Marcus Aurelius had veertien kinderen. Negen van hen overleden voor hij zelf stierf. Charles Darwin verloor drie van zijn kinderen. Ook in gemeenschappen van jager-verzamelaars golden zulke cijfers. Onderzoekers die twintig verschillende studies onder moderne jager-verzamelaars en archeologische gegevens bekeken, constateerden dat minstens een kwart als zuigeling overleed en de helft voor ze de puberteit bereikten.[8]

Voorkomen dat kinderen overlijden is een zeer recente prestatie
Het mondiale kindersterftecijfer: het percentage pasgeborenen die voor hun vijfde verjaardag overlijden.

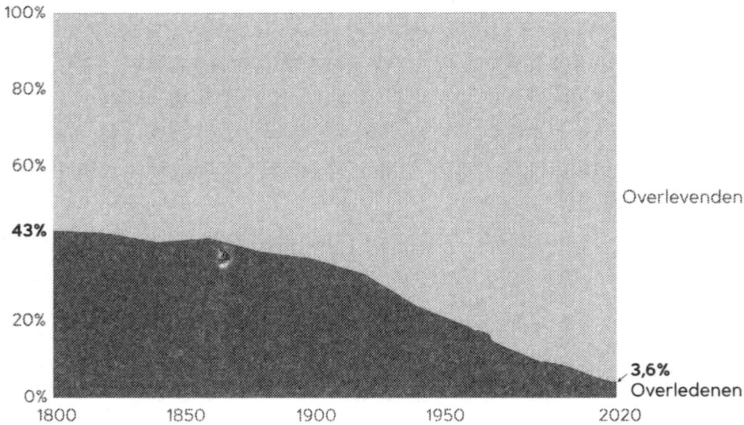

Nog maar een paar eeuwen geleden konden we vrijwel niet voorkomen dat kinderen overleden. Pas met de komst van schoon water, goede hygiëne, vaccins, betere voeding en andere vooruitgang op het gebied van gezondheidszorg begon de kindersterfte scherp te dalen. In de jaren 1800, nog niet eens zo lang terug, overleed circa 43 procent van alle kinderen ter wereld voor hun vijfde.[9] Dat cijfer ligt nu op 4 procent – nog steeds jammerlijk hoog, maar ruim tien keer lager.

Denk niet dat dit alleen in rijke landen is gebeurd. Elk land heeft de afgelopen vijftig jaar reusachtige vooruitgang geboekt. In Mali overleed in de jaren vijftig van de twintigste eeuw 43 procent van de kinderen voor hun vijfde. Nu ligt dat cijfer op 10 procent. Zowel India als Bangladesh heeft de kindersterfte teruggebracht van zo'n één op de drie tot minder dan één op de dertig.

Niet alleen het percentage daalt, het aantal kinderen dat overlijdt daalt ook. In het jaar waarin ik ben geboren, 1993, overleden bijna twaalf miljoen kinderen onder de vijf. Dit aantal is sindsdien ruim gehalveerd. We hebben nog steeds veel werk te doen – dat jaarlijks vijf miljoen kinderen overlijden is vreselijk – maar we hebben het ondenkbare bereikt: een wereld waarin zo zelden kinderen sterven, hadden onze voorouders zich nooit kunnen voorstellen.

2 • Moedersterfte

Toen mijn moeder complicaties kreeg tijdens de bevalling van mijn broer, vertelde mijn overgrootmoeder haar: 'Schat, als dit in mijn tijd was gebeurd, was je eraan overleden.' Binnen een paar generaties hebben we zwangerschap tien keer – in sommige landen honderden keren – veiliger gemaakt.[10]

De kans dat mijn moeder tijdens een bevalling zou overlijden was circa één op tienduizend.[11] Die kans was voor mijn grootmoeder ruim twee keer zo groot. En voor mijn overgrootmoeder was hij dertig keer zo groot, een getal om steil van achterover te vallen. De kans dat een vrouw overlijdt door een zwangerschap is tegenwoordig in de meeste landen heel klein.

Moedersterfte: moedersterftecijfers zijn de afgelopen eeuwen sterk gedaald
Het aantal vrouwen dat overlijdt aan oorzaken die verband houden met de zwangerschap per honderdduizend levende geboorten.

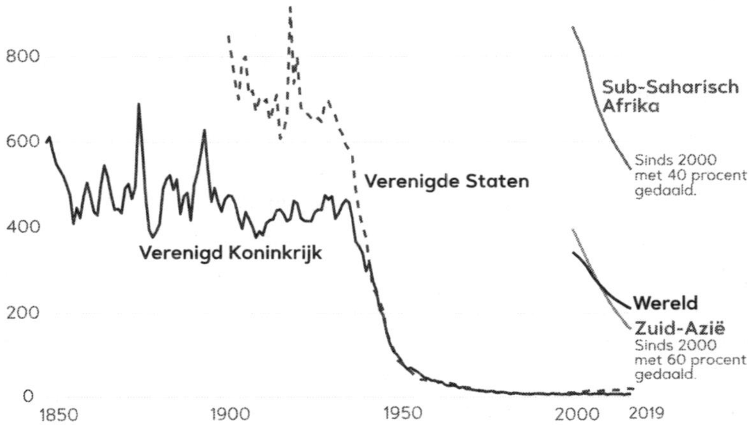

3 • Levensverwachting

Tot de negentiende eeuw was de gemiddelde levensverwachting bij de geboorte in het VK tussen de dertig en veertig jaar.[12] Zelfs begin twintigste eeuw lag die nog maar op vijftig jaar. Halverwege de eeuw was dat zeventig jaar. In 2019 lag de gemiddelde levensverwachting boven de tachtig. Binnen tweehonderd jaar is de levensverwachting verdubbeld.[13] En deze verbetering is niet 'alleen maar' het gevolg van het feit dat we de kindersterfte hebben weten te verlagen. De levensverwachting is voor alle leeftijden vooruitgegaan.

Ook deze vooruitgang was overal ter wereld te zien. Sinds het begin van de twintigste eeuw is de gemiddelde levensverwachting wereldwijd gestegen van circa dertig jaar tot ouder dan zeventig. Ook in de armste landen is de levensverwachting aanzienlijk verbeterd. In Kenia, Ethiopië en Gabon is deze 67 jaar. Het gemiddelde in Sub-Saharisch Afrika als geheel is 63 jaar.

In alle regio's van de wereld leven mensen langer
Levensverwachting bij de geboorte is de gemiddelde leeftijd die een pasgeborene zou bereiken als leeftijdsspecifieke sterftecijfers op hun dan geldende niveau zouden blijven.

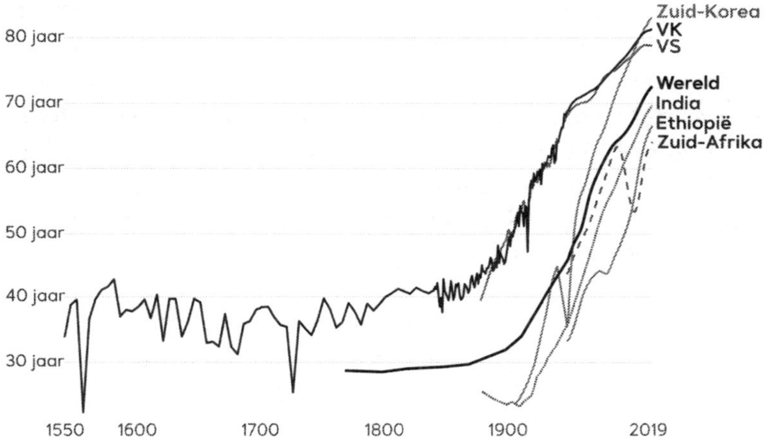

4 • Honger en ondervoeding

Het grootste deel van de geschiedenis van de mensheid was het voor onze voorouders elke dag een worsteling om het gezin te voeden. De landbouwproductie was laag en de voorraden waren klein. Eén slecht seizoen – een droogte, een overstroming of een plaag – en iedereen liep het risico te verhongeren.

Voedselonzekerheid en hongersnood kwamen vaak voor. Misschien hadden veel stammen en gemeenschappen voor de landbouwtransitie voldoende voedsel. Dat weten we gewoon niet. Wat we wel weten is dat na de opkomst van het boerenbedrijf, toen kleine groepen uitgroeiden tot dorpen, de voedselvoorziening onvoorspelbaar was. Er moesten meer monden worden gevoed, er was minder tijd om te gaan foerageren, en de opbrengst van de velden was afhankelijk van de grillen van het weer. Het leek onmogelijk om schaarste en honger te voorkomen. Hier kwam in de laatste decennia van de twintigste eeuw verandering in. Er waren nog wel een paar verschrikkelijke hongersnoden, maar dankzij technologische vooruitgang in de landbouw werd deze veel productiever en konden mensen zich daardoor bevrijden van een zelfvoorzienende levensstijl.

In de jaren zeventig kreeg zo'n 35 procent van de mensen in ontwikkelingslanden onvoldoende calorieën binnen. In 2015 was dit met bijna twee derde gedaald tot 13 procent. Velen kampen nog altijd met reusachtige problemen. In 2021 kregen circa 770 miljoen mensen ter wereld – bijna één op de tien – niet genoeg voedsel.[14] Maar zo hóéft het niet te zijn. Er wordt nu veel meer voedsel geproduceerd in de wereld dan er nodig is. In veel landen is honger vrijwel uitgeroeid. We moeten ervoor zorgen dat elk land dat voor elkaar krijgt.

5 • Toegang tot basale middelen: schoon water, energie, sanitaire voorzieningen

Het grootste deel van onze geschiedenis dronken we water uit de rivier, een beek of meer en was het maar afwachten of het schoon was. Ziekten tierden welig. Kinderen overleden aan diarree en infecties – in arme landen komt dat nog steeds vaak voor. Toegang tot schone waterbronnen, sanitaire voorzieningen en hygiëne heeft tientallen miljoenen levens per jaar gered, zo niet meer.

In 2020 had 75 procent toegang tot een waterbron die schoon en veilig was – tegenover slechts 60 procent in het jaar 2000[15] – en 90 procent van de wereld had toegang tot elektriciteit.[16] Sommige mensen beschouwen elektriciteit misschien als een luxe – een onnodige aanslag op de natuurlijke hulpbronnen – maar voor een gezond en productief leven is die nu essentieel. We hebben haar nodig om vaccins en medicijnen koel te houden; om ziekenhuisapparatuur te laten werken; om voedsel te koken en kleren te wassen zonder de hele dag bezig te zijn met het huishouden; om ons voedsel koel te houden en vrij van besmetting; om licht te maken zodat kinderen 's avonds kunnen leren; en om te zorgen dat onze straten veilig zijn.

Als het om sanitaire voorzieningen en toegang tot schone brandstof om te koken gaat, is de vooruitgang trager: een schamele 54 procent heeft een veilig toilet, en maar 60 procent heeft schone brandstof. We moeten toegang tot deze middelen garanderen, maar naar welke cijfers we ook kijken, de tendens is gestaag opwaarts. Elke dag krijgen driehonderdduizend mensen voor het eerst toegang tot elektriciteit en een vergelijkbaar aantal krijgt voor het eerst schoon water. Dit is al een decennium élke dag het geval.

6 • Onderwijs

Ik heb geboft dat ik mijn school heb kunnen afmaken. Vooral als meisje. Meer mensen in de westerse wereld zouden moeten beseffen wat een geluk dat is. De wereld die we aan het bouwen zijn, met betere gezondheidszorg, technologie, verbindingen en grensverleggende innovaties, berust op de kracht van onderwijs en leren.

In 1820 beschikte slechts 10 procent van de volwassenen ter wereld over basale leesvaardigheden.[17] In de loop van de twintigste eeuw veranderde dit snel. In 1950 waren er meer volwassenen in de wereld die wel konden lezen dan die dat niet konden. Nu naderen we 90 procent.

In zijn TED Talk van 2014 stelde Hans Rosling de volgende vraag aan zijn publiek: 'Hoeveel meisjes in alle lage-inkomenslanden ter wereld voltooien vandaag de dag de basisschool?' De meeste mensen dachten dat het antwoord 20 procent was. Hij blies ze omver met het juiste antwoord: 60 procent. In 2020 was dit gestegen tot 64 procent. Het percentage jongens dat de basisschool voltooit in lage-inkomenslanden lag hoger, op 69 procent. In de meeste landen – zelfs veel van de armste – is de kans groter dat een meisje de basisschool wel dan niet afmaakt en basale scholing krijgt.[18]

7 • Extreme armoede

Iedereen die nu in extreme armoede leeft wil ontsnappen.

De Verenigde Naties definiëren 'extreme armoede' aan de hand van de internationale armoedegrens van 2,15 dollar per dag. Aangepast voor prijsverschillen overal ter wereld, is dit bedrag gelijk aan wat je in de Verenigde Staten kunt krijgen voor 2,15 dollar. Zoals de benaming aangeeft, is dit een extreem lage armoedegrens. Hij wordt gebruikt om mensen in de meest behoeftige omstandigheden aan te wijzen. Het grootste deel van de geschiedenis van de mensheid leefde bijna iedereen in grote armoede. In 1820 leefde ruim driekwart van de wereld onder het equivalent van deze armoedegrens.[19] Dat is nu minder dan 10 procent.[20]

Sommige mensen beweren dat het percentage weliswaar daalt, maar dat het totale aantal mensen dat in extreme armoede leeft is toegenomen. Dit klopt niet. In 1990 leefden twee miljard mensen van minder dan 2,15 dollar per dag. In 2019 was dit aantal ruim gehalveerd tot 648 miljoen. Om deze ontwikkeling in perspectief te plaatsen: de afgelopen 25 jaar had elke dag de volgende kop in de krant kunnen staan: 'Het aantal mensen dat in extreme armoede leeft is sinds gisteren met 128.000 afgenomen.'[21]

We moeten onze ambities veel hoger leggen dan die armoedegrens van 2,15 dollar. Wat dat betreft is er ook goed nieuws: steeds meer mensen komen boven hogere armoedegrenzen uit – van 3,65, 6,85 of 24 dollar per dag. In het verleden was armoede de regel. We kunnen aan een toekomst werken waarin ze de uitzondering is.

Percentage van de wereldbevolking dat in armoede leeft
Data zijn aangepast voor prijsveranderingen in de loop der jaren (inflatie) en voor prijsverschillen tussen landen.

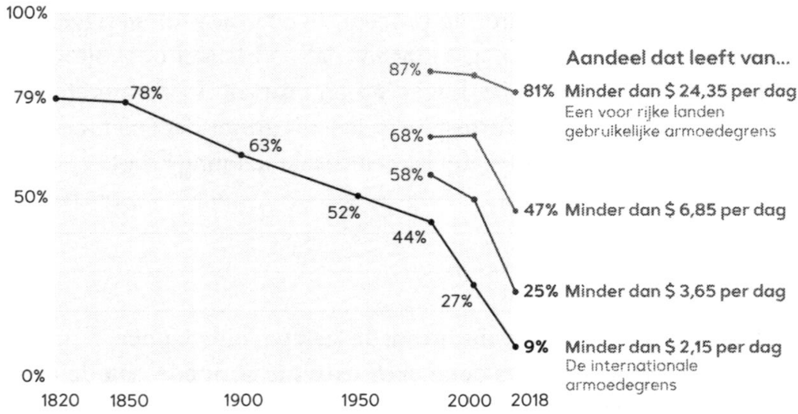

We zagen zojuist zeven ontwikkelingen die de levens van miljarden mensen hebben getransformeerd. Voor deze progressie hebben we een enorme milieuprijs betaald. De eerste helft van onze duurzaamheidsvergelijking is spectaculair verbeterd, maar de tweede helft is zonder twijfel slechter geworden. Dit brengt ons bij de zeven grote milieuproblemen die in dit boek aan de orde zullen komen. Als we de milieuzijde van de vergelijking ook in evenwicht willen brengen, moeten we de vooruitgang begrijpen die we al hebben geboekt, en snappen hoe we daar zijn gekomen. Zo kunnen we zien wat er nog gedaan moet worden, willen we onze droom van een duurzame wereld verwezenlijken. Het is nuttig om hier een overzicht te geven. Dan hebben we het grotere plaatje voor ogen als we ons gaan verdiepen in de details van elk probleem.

1 • Luchtverontreiniging

Luchtverontreiniging is een van de grootste moordenaars ter wereld. Onderzoekers schatten dat jaarlijks minstens negen miljoen mensen overlijden aan de gevolgen ervan. Dat is 450 keer meer dan er in de meeste jaren omkomen door natuurrampen. Maar luchtverontreiniging is geen modern probleem: ze gaat helemaal terug tot de ontdekking van het vuur door de mens. Als we dingen verbranden raakt de lucht vervuild. Dat is waar, ongeacht of we hout of kool verbranden, of olie in onze auto's. De oplossing van luchtvervuiling kan grote gevolgen hebben. Maar we weten dat het kan: de lucht is in veel rijke landen schoner dan hij in eeuwen is geweest. Als we dit werk overal kunnen herhalen, zou dat jaarlijks miljoenen mensenlevens redden.

2 • Klimaatverandering

Wereldwijd stijgen de temperaturen. De zeespiegel stijgt; de ijskappen smelten; en dieren hebben moeite zich aan te passen aan een veranderend klimaat. Mensen kampen met een lawine aan problemen, van overstromingen en droogtes tot bosbranden en fatale hittegolven. Boeren riskeren mislukte oogsten. Steden kunnen overstroomd raken. Er is één hoofdoorzaak: menselijke uitstoot van broeikasgassen. We hebben fossiele brandstoffen verbrand, bossen gekapt en vee geteeld om aan energie en voedsel te komen – zonder twijfel belangrijk voor menselijke vooruitgang. Maar we betalen nu de prijs van ernstige klimaatverandering. Als je alleen maar kijkt naar een grafiek van CO_2-emissies in de loop der tijd, zou je kunnen denken dat we helemaal geen vooruitgang boeken. Maar de afgelopen paar jaar hebben we dat wel gedaan, en dat hebben we snel voor elkaar gekregen. Er bestaat hoop dat er weldra geen inruil meer zal zijn tussen een forse energieproductie en een kleine koolstofvoetafdruk: we zullen een welvarend leven kunnen leiden zonder het klimaat om ons heen te veranderen.

3 • Ontbossing

In de afgelopen tienduizend jaar hebben we een derde van de bossen op de wereld gekapt, voornamelijk om voedsel te verbouwen op steeds meer landbouwgrond. De helft hiervan vond in de vorige eeuw plaats. Als we bomen omhakken, komt er CO_2 vrij die daar honderden of duizenden jaren was opgeslagen. Maar ontbossing is niet enkel een probleem vanwege klimaatverandering. In bossen bevinden zich de meest diverse ecosystemen op onze planeet: complexe, onderling verweven netwerken van dieren, gewassen en bacteriën die in de loop der millennia zijn ontstaan. Als we die kappen, vernietigen we deze prachtige habitats. De ontbossing lijkt misschien op haar hoogtepunt te zijn, maar dat is niet het geval. Toch hebben we in de loop van de afgelopen decennia veel vooruitgang geboekt bij de oplossing hiervan. We kunnen zelfs de generatie worden die het einde ervan meemaakt.

4 • Voedsel

Ontbossing draait grotendeels om voedsel, ons volgende probleem. We hebben de afgelopen vijftig jaar een snelle afname van honger gezien. Maar het verbouwen van meer voedsel is van invloed op bijna al onze milieuproblemen. Voedselproductie is verantwoordelijk voor een kwart van de uitstoot van broeikasgassen ter wereld; ze gebruikt de helft van al het bewoonbare land ter wereld, 70 procent van alle zoetwateropname in de wereld, en is de voornaamste veroorzaker van biodiversiteitsverlies. Genóég voedsel verbouwen is het probleem niet – het gaat erom dit voedsel slimmer te verbouwen en te gebruiken. Als we betere besluiten nemen, kunnen we negen of tien miljard mensen voeden zonder tegelijkertijd de planeet te roosteren.

5 • Biodiversiteitsverlies

Het zijn niet alleen boerderijdieren waar we ons druk om moeten maken. Dieren in het wild hebben ook grote problemen. Het verlies aan biodiversiteit wordt veroorzaakt door veel van de problemen die in dit boek aan de orde komen: soorten worden beïnvloed door klimaatverandering, ontbossing, verlies aan habitat door uitbreiding van landbouwgrond, de jacht vanwege het vlees, plasticvervuiling en overbevissing. Er is niets nieuws aan ons conflict met andere dieren – we botsen er al millennia mee. De afgelopen eeuw zijn deze uitroeiingscijfers versneld gestegen, wat de vraag opwerpt of we ons midden in een zesde massa-extinctie bevinden. Het grootste deel van de geschiedenis van de mensheid is het wij tegen de natuur geweest. Maar er is een weg voorwaarts waarop beide kunnen floreren.

6 • Plastic in de oceanen

Plastic is het 'modernste' probleem waar we ons in dit boek over zullen buigen. Het is zowel een wondermateriaal als een ramp voor het milieu. Het is waarschijnlijk zelfs een ramp omdát het zo'n wondermiddel is. Het is goedkoop, licht, veelzijdig en het biedt ons zoveel voordelen, van het verpakken van levensreddende vaccins tot het voorkomen van voedselverspilling. Maar vanuit onze rivieren stroomt elk jaar een miljoen ton plastic in de oceaan, met als gevolg een milieuafdruk die nog tientallen jaren of eeuwen te voelen zal zijn. Veel mensen denken dat we de plasticvervuiling kunnen tegenhouden door helemaal geen plastic meer te gebruiken. Maar het is onwaarschijnlijk dat deze oplossing – die bovendien onwenselijk is – gaat werken. Gelukkig hebben we de middelen die nodig zijn om het op te lossen. In veel landen zijn die al geïmplementeerd.

7 • Overbevissing

Met een diepe duik in de oceaan nemen we tot slot het probleem van overbevissing onder de loep. Kranten en documentaires zijn gevuld met beangstigende berichten over de toestand van onze oceanen. De meest gehoorde bewering is dat die halverwege deze eeuw leeg zullen zijn. Dat is niet waar, maar dat wil niet zeggen dat overbevissing geen probleem is: veel van de visbestanden ter wereld raken snel uitgeput. Het aantal walvissen is nog maar een fractie van hun hoeveelheid in het verleden. En de koraalriffen – een van de meest diverse ecosystemen die er zijn – verbleken tot ze afsterven. Maar dit zijn problemen waar we iets aan kunnen doen. Sterker nog, de afgelopen paar decennia hebben een paar van onze meest iconische vis- en walvissoorten een indrukwekkende comeback gemaakt.

TWEE IDEEËN DIE ONZE PROBLEMEN NÍÉT ZULLEN OPLOSSEN

Voor we opstijgen naar de eerste halte van onze reis moet ik ingaan op een paar redeneringen die betrekking hebben op al deze problemen. Onze collectieve milieu-impact is tamelijk eenvoudig als we hem ontleden: het is het aantal mensen vermenigvuldigd met de impact van ieder individu. Als we het zo bekijken dienen zich twee geweldige oplossingen aan: reduceer het aantal mensen op aarde of verminder onze individuele impact door opzettelijk de economie te laten krimpen.

Deze redeneringen – ontvolking en krimp genoemd – hebben in milieudebatten zeer luidruchtige pleitbezorgers. Maar geen van deze opties is te verwezenlijken. We bereiken geen duurzaamheid door de bevolking of de economie te laten krimpen. In de volgende hoofdstukken zal ik uitvoeriger ingaan op de reden hiervoor. Maar voor we beginnen moet je dit alvast weten.

1 • Ontvolking

Veel mensen maken zich zorgen dat de wereldbevolking nog altijd snel groeit. Dat we met een exponentiële bevolkingsgroei te maken hebben, en dat die onbeheersbaar is. Dit is niet waar. De piek van het groeitempo van de wereldbevolking – de verandering van jaar tot jaar – was heel lang geleden. In de jaren zestig van de twintigste eeuw groeide die met ruim 2 procent per jaar.[22] Dit cijfer is sindsdien ruim gehalveerd, tot 0,8 procent in 2022. En het zal in de komende decennia blijven dalen. Het groeitempo zou 2 procent per jaar moeten blijven, wil de bevolkingsgroei 'exponentieel' zijn.

Deze ontwikkeling is het gevolg van het feit dat vrouwen veel minder kinderen krijgen dan vroeger. Het grootste deel van de geschiedenis van de mensheid was het heel gebruikelijk dat een vrouw vijf of meer kinderen kreeg. Maar dit veroorzaakte geen snelle bevolkingsgroei doordat zoveel kinderen jong overleden. In de jaren vijftig en zestig van de vorige eeuw was het mondiale gemiddelde nog steeds hetzelfde: vrouwen baarden vijf kinderen.[23] Gelukkig bleven inmiddels veel meer kinderen in leven, zodat de bevolking snel groeide. Maar sindsdien is het mondiale vruchtbaarheidscijfer meer dan gehalveerd. Het ligt nu op iets meer dan twee kinderen per vrouw.

Als gevolg hiervan heeft de wereld de 'kinderpiek' al achter zich. Volgens cijfers van de Verenigde Naties piekte het aantal kinderen op de wereld in 2017[24] en daalt dat nu. Denk er even over na wat dat betekent: er zullen misschien nooit méér kinderen op de wereld zijn dan er in 2017 waren. De mondiale bevolkingsgroei zal op z'n hoogtepunt zijn als al die kinderen een hoge leeftijd bereiken. De Verenigde Naties voorspellen dat dit zal gebeuren in de jaren 2080 bij tien tot elf miljard mensen.[25] Ze verwachten dat de wereldbevolking daarna zal krimpen.

Het aantal kinderen per vrouw daalt overal ter wereld snel
Het vruchtbaarheidscijfer is het gemiddelde aantal kinderen per vrouw, ervan uitgaande dat ze tot het einde van haar vruchtbare jaren leeft.

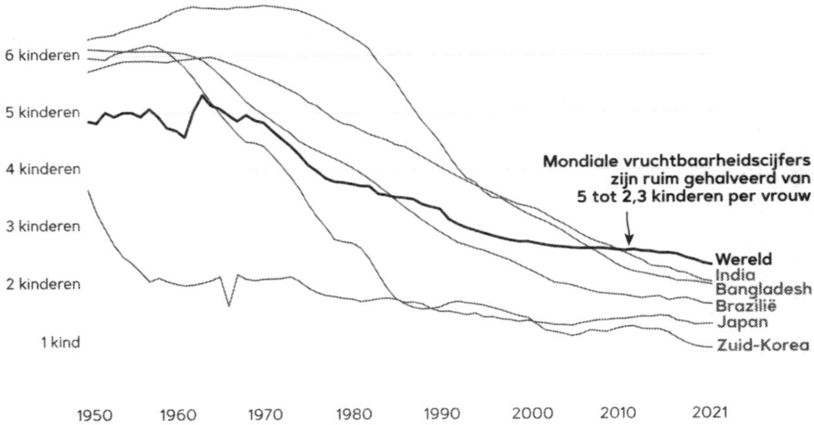

De snelle bevolkingsgroei ligt dus achter ons, de wereld kampt niet met een onbeheerste 'bevolkingsexplosie'. Voor sommigen is dit niet genoeg. Zij vinden dat we het aantal mensen op de wereld actief moeten verminderen. Paul R. Ehrlich voerde in *The Population Bomb* aan dat de optimale wereldbevolking rond één miljard mensen lag. Daar pleit hij nog altijd voor. Maar let op: stel dat we zouden accepteren dat dit inderdaad het optimale aantal mensen is (wat ik niet doe), dan nog is het niet mogelijk om de bevolking zo snel te laten krimpen dat het helpt tegen onze milieuproblemen. Als iemand beweert dat dat wel zo is, dan begrijpt die niet hoe demografische verandering werkt.

Zelfs als een paar landen een eenkindpolitiek zouden invoeren en de geboortecijfers veel lager worden – circa 1,5 als mondiaal gemiddelde – dan hebben we het misschien over een wereldbevolking van zeven of acht miljard in 2100, vergelijkbaar met het huidige niveau. Om in de buurt te komen van één, twee of drie miljard mensen, zouden we miljarden mensen moeten dóden of moeten voorkomen dat mensen nog kinderen krijgen. Als je dat een reële en ethische oplossing vindt, dan weet ik niet wat ik tegen je moet zeggen. De bevolking zou iets kunnen worden beperkt door haar op een humane manier te 'beheersen' (als dat al bestaat), maar niet zoveel. Onze duurzaamheidsoplossingen moeten haalbaar zijn voor vele miljarden mensen. Als we ze haalbaar kunnen maken voor acht miljard mensen, kunnen we dat ook voor tien miljard.

Het uiteindelijke doel waarnaar we streven, is onze impact per persoon te verkleinen tot nul – of op z'n minst heel dicht bij nul. Als we aan een duurzame wereld voor de toekomst willen bouwen, dan moet ieders voetafdruk zo licht mogelijk zijn. Daar gaat het in dit boek om: uitzoeken of en hoe we dat voor elkaar kunnen krijgen. In een wereld waarin onze impact per hoofd van de bevolking nul is (of misschien zelfs negatief, wat wil zeggen dat we oude milieuschade herstellen), maakt het niet uit of we met één, zeven of tien miljard mensen zijn. Onze totale impact zal nog steeds nul zijn. Aan een helft van onze duurzaamheidsvergelijking zou zijn voldaan.

2 • Krimp

Hoe zit het dan met *degrowth,* de economie laten krimpen? Deze redenering draait om het feit dat economische groei van oudsher samenhangt met een levensstijl die om intensiever gebruik van hulpbronnen vraagt. Naarmate we rijker werden gebruikten we meer energie uit fossiele brandstoffen. We hadden een grotere koolstofvoetafdruk en gebruikten meer grond en aten meer vlees. En in een wereld zonder technologische verandering blijven we bovendien vastzitten aan energie uit fossiele brandstoffen, benzineauto's en inefficiënte woningen. Maar zoals de hoofdstukken hierna laten zien, kunnen we dankzij nieuwe technologieën een goed en comfortabel leven leiden zonder schadelijk te zijn voor het milieu. Daarom kunnen wij die eerste generatie zijn. In rijke landen dalen de koolstofemissies, het energiegebruik, de ontbossing, het kunstmestgebruik, de overbevissing, plasticvervuiling, luchtverontreiniging en watervervuiling allemaal, *terwijl deze landen nog steeds rijker worden.*[26] De gedachte dat deze landen duurzamer waren toen ze armer waren, is onjuist, punt uit.

Er is nog een belangrijke reden waarom krimp geen duurzame toekomst garandeert. Voorstanders van krimp zeggen dat we de rijkdom van de wereld kunnen herverdelen van de rijken naar de armen. Iedereen heeft dan een fijne, hoge levensstandaard met behulp van de middelen die al tot onze beschikking staan. Maar die rekensom klopt niet.[27] De wereld is veel te arm om nu iedereen louter door herverdeling een hoge levensstandaard te geven.

Een snel gedachte-experiment maakt dit duidelijk. Stel je voor dat elk land ter wereld een soort Denemarken wordt. Bijna de hele Deense bevolking leeft boven de armoedegrens van 30 dollar per dag die veel rijke landen hanteren, en de gelijkheid is bijna nergens zo groot als daar.[28] Dat is wat ik wil: dat iedereen in de wereld een prettig leven zonder armoede leidt, in een maatschappij die nauwelijks ongelijkheid kent.

Nu gaan we in dit scenario de zaken wereldwijd herverdelen: alle landen die rijker zijn dan Denemarken krimpen tot het Deense gemiddelde inkomensniveau, en alle landen die armer zijn – 85 procent van de wereldbevolking – worden naar het Deense niveau verhoogd. Er is geen ongelijkheid tussen landen, en ongelijkheid bínnen landen neemt ook enorm af. Kunnen we dit voor elkaar krijgen door gewoon al het geld in de wereld te herverdelen?

Nee: de mondiale economie zou minstens víjf keer groter moeten zijn dan ze nu is. Inderdaad: om iedereen uit de armoede te halen, op een niveau dat gelijkstaat aan dat van Denemarken, zou de mondiale economie vijf keer zo groot moeten worden. Als iedereen op de wereld van 30 dollar per dag zou leven met *nul* ongelijkheid (zodat de de rijksten en armsten allebei 30 dollar krijgen), dan zou de mondiale economie minstens moeten verdubbelen.

Een wereld zonder economische groei zou een zeer arme wereld blijven. Ik heb de cijfers over de groei in rijke landen niet paraat, maar uit de data blijkt duidelijk dat we *wereldwijd* een stevige economische groei nodig hebben om een einde te maken aan armoede, zelfs bij een uitgebreide herverdeling.

Landen zijn van oudsher rijk geworden van fossiele brandstoffen en andere hulpbronnen. Daardoor denken veel mensen nu dat groei gelijk staat aan 'slecht'. Maar er is geen reden waarom dit zo zou moeten blijven. Als een land, of een individu, het voortouw neemt door de wereld van een goedkope, schone energiebron te voorzien en daar rijk van wordt, zou ik dat prima vinden. En dat zou kunnen. Er is een enorm 'oplossingenvacuüm' voor onze milieuproblemen. Vroege ondernemers in deze ruimte kunnen aan een gezonde economie bouwen en tegelijk oplossingen voor onze problemen bedenken. Landen kunnen 'groeien' door het voortouw te nemen op het gebied van 'goede' technologieën en niet alleen maar vervuilende te benutten.

Dit leidt tot een ander argument, namelijk dat we mogelijkheden krijgen doordat we geld hebben. Inmiddels hebben we ideeën en technologieën om onze milieuproblemen op te lossen, maar die zijn pas sinds een paar decennia haalbaar. Sommige, zoals zonne-energie en elektrische auto's, pas sinds de afgelopen jaren. Daarvoor bestonden deze technologieën niet of waren ze veel te duur. Ze zijn concurrerend geworden dankzij jarenlange investeringen en ontwikkeling – en daarvoor was extra geld nodig van overheden en ondernemers.

Honderdduizenden jaren lang was houtverbranding voor onze voorouders de enige bron van 'beheersbare' warmte en verlichting. Een paar eeuwen geleden kregen ze er twee andere – zij het destructieve – mogelijkheden bij: walvisolie en steenkool. Maar pas de laatste paar jaar hebben we echt keus gekregen.

Economische groei is niet onverenigbaar met het verkleinen van onze milieu-impact. In dit boek laat ik zien dat we onze milieuimpact kunnen terugdringen en de schade uit het verleden kunnen herstellen terwijl we tegelijk onze welvaart vergroten. Dé grote vraag is of we deze vormen van impact snel genoeg kunnen loskoppelen. Het antwoord daarop hangt af van de actie die we nu ondernemen.

We hebben gezien dat dingen spectaculair zijn verbeterd voor de mensheid als het gaat om de eerste helft van de duurzaamheidsvergelijking. En dat ontvolking en krimp, hoeveel pleitbezorgers die ook hebben, geen oplossing bieden voor de tweede helft. Die zouden de eerste én de tweede helft van de vergelijking zelfs erger maken. Wat moeten we dan doen? Het wordt nu tijd om onze zeven milieuproblemen een voor een onder de loep te nemen en te kijken wat we moeten doen om ze op te lossen.

2

Luchtverontreiniging

Schone lucht inademen

'In Beijings *airpocalypse* – een stad die door luchtverontreiniging "bijna onbewoonbaar" is geworden'
– *The Guardian*, 2014[1]

Jarenlang stond Beijing bijna bovenaan de lijst met 'meest vervuilde steden ter wereld'. Het was het schoolvoorbeeld geworden van wereldwijde luchtverontreiniging, vooral in de westerse media. De vervuiling werd zo erg dat het een 'airpocalypse' werd genoemd.

De luchtkwaliteit in de stad kwam volop in de aandacht toen in 2008 de Olympische Spelen in Beijing werden gehouden. In de aanloop naar dit evenement kwam de regering in actie en namen de verontreinigingsniveaus enorm af.[2, 3] De helft van de auto's werd van de weg gehaald, industrieën werden tijdelijk gesloten en bouwprojecten werden stilgelegd. En toch waren het zo'n beetje de meest vervuilde Spelen uit de geschiedenis. De media spraken schande van de kwalijke invloed op de gezondheid van sporters en toeschouwers. Maar hierbij vergaten ze iets: de vuile lucht die de deelnemers twee weken inademden, was veel schoner dan de lucht die de inwoners van de stad dagelijks binnenkregen.

In 2022 werden in Beijing de Winterspelen gehouden, die een wereld van verschil waren met de Zomerspelen van veertien jaar ervoor. De luchtkwaliteit in de stad was in het voorafgaande decennium rap verbeterd. Waar deze ooit 'haast onbewoonbaar' werd genoemd, verwezen de krantenkoppen nu naar de blauwe hemel en smogvrije lucht.[4] Beijing stond niet meer op de lijst met de tweehonderd meest vervuilde steden ter wereld. Dit keer was de verbetering anders: het was geen tijdelijk lapmiddel voor de buitenlandse bezoekers. Het ging om een permanente verandering die was geëist en bewerkstelligd door de inwoners van de stad zelf. Maar hoe?

Toen de wereld in 2008 z'n boeltje had gepakt en terug naar huis was gegaan, bleef de luchtkwaliteit in Beijing verslechteren. In 2013 kwam de publieke woede tot uitbarsting. De inwoners eisten fatsoenlijke controle op en gegevens over de luchtkwaliteit. Zelfs de Chinese staatsmedia maakten melding van de vreselijke vervuiling die niet alleen Beijing maar steden in het hele land als een deken bedekte.[5] De Chinese overheid reageerde en kondigde in 2014 een 'oorlog tegen vervuiling' aan. Ze kwam snel in actie. Er kwamen strenge regels voor industrieën; oude auto's werden van de weg gehaald, kolencentrales in de buurt van de stad werden gesloten, en steenkoolboilers werden vervangen door gasboilers, die veel minder verontreiniging veroorzaken.[6]

Tussen 2013 en 2020 nam het verontreinigingsniveau in Beijing met 55 procent af.[7] In China als geheel daalde het met 40 procent. De gezondheidsvoordelen van deze veranderingen zijn heel groot: de levensverwachting van de gemiddelde inwoner van Beijing is gestegen met naar schatting 4,6 jaar.

Toen de Winterspelen van 2022 begonnen had China's milieuimago een gedaanteverwisseling ondergaan. De media concentreerden zich niet meer op de smog. Ze waren nu gericht op de unieke achtergrond bij het schansspringen: een gesloten staalfabriek, een van de slachtoffers van de 'oorlog tegen vervuiling'. Bij elke sprong stond deze majestueus op de achtergrond, een herinnering aan China's nieuwe focus op schone lucht, en de Chinese transitie van de vervuilende industrieën die de inwoners vele levensjaren hadden gekost.

De lucht in China is nog altijd niet volmaakt. Deze overstijgt nog altijd ver de richtlijnen van de Wereldgezondheidsorganisatie (WHO), de verontreiniging is vele malen hoger dan in een gemiddelde Amerikaanse of Europese stad. Het werk is nog niet klaar. Maar dit voorbeeld leert ons een belangrijke les, namelijk dat we snel kunnen handelen als we de middelen hebben: een veeleisende bevolking, het geld en de politieke wil.

We associëren luchtverontreiniging met moderniteit en industrialisatie. Het is echter geen modern probleem. Sterker nog, in grote delen van de wereld is de lucht die we nu inademen zo schoon als deze in duizenden jaren niet is geweest.

De Romeinse filosoof Seneca (4 v.Chr.-65 n.Chr.) was over de meeste dingen gelaten, maar de lucht in het oude Rome[8] was smerig, en Seneca wist dat dit van invloed was op zijn gezondheid. Toen hij op een keer vertrok uit de stad, merkte hij op:[9, 10] 'Zodra ik ontsnapte aan de benauwende atmosfeer in de stad, en aan die afschuwelijke lucht uit stinkende keukens die, als ze worden gebruikt, een rampzalige troep bestaande uit stoom en roet voortbrengen, merkte ik meteen dat mijn gezondheid verbeterde.'

Nog langer geleden, in 400 v.Chr., beschreef Hippocrates in zijn boek *Luchten, waters en plaatsen* de ziekten als gevolg van verontreiniging.[11] De Arabische geograaf Al-Mas'udi (896-956) schreef erover tijdens zijn reizen langs de Zijderoute in Centraal-Azië.[12] Verscheidene auteurs uit de tijd van de Song-dynastie (960-1279) maakten melding van hun zorgen omtrent het verbranden van kool.

Tot de negentiende eeuw veranderde er niet veel aan onze kennis over de impact van luchtverontreiniging. Nu verkeren we in de unieke positie dat we moderne oplossingen kunnen gebruiken om ervoor te zorgen dat dit binnenkort een probleem van de ouden is.

Luchtverontreiniging wordt veroorzaakt door één zeer eenvoudig element: het verbranden van dingen. Als we dingen verbranden – of het nu hout, gewassen, kolen of olie is – genereren we tegelijkertijd kleine, ongewenste deeltjes. Dit is de wortel van het probleem, en de sleutel voor de oplossing ervan.

Houtverbranding

Toen ik jong was, was kamperen met de familie een van mijn lievelingsactiviteiten. In ons Schotse klimaat deden we dat maar zelden. Maar als er een periode met goed weer was, pakten mijn vader, neven en nichten en ooms onze spullen in en zetten de tenten op in een afgelegen bosrijke streek. We verzamelden hout en staken het in brand. Urenlang was ik door de warme gloed in een beschouwende stemming en zat ik in harmonie met de intense hitte bij het vuur. Ik ben nog altijd dol op een kampvuur.

Wat ik ooit beschouwde als een luxe, was vroeger een van de grootste stille moordenaars van de mensheid. En dat is het nog steeds. Mensen begonnen minstens anderhalf miljoen jaar geleden hout te verbranden om vuur te maken.[13] Het voorzag ons van warmte, brandstof om te koken en bescherming in het donker. Maar het gaf ons ook een slechte gezondheid door de vervuiling die het veroorzaakte.

De kleine deeltjes die ontstaan als we hout verbranden, kunnen diep in onze longen doordringen en allerlei ademhalings- en cardiovasculaire problemen veroorzaken, waaronder hartziekten en kanker. We weten dat vroege mensen werden blootgesteld aan deze vervuilers omdat we die aantreffen in hun resten van honderdduizenden jaren geleden. Toen onderzoekers de bewaard gebleven tanden van jager-verzamelaars uit de Qesem-grot in Israël van vierhonderdduizend jaar geleden onderzochten, troffen ze daar resten van houtskool in aan.[14] Ze opperden dat deze vervuilers afkomstig waren van vuren in woningen waarop vlees werd geroosterd.

Onderzoekers vonden ook bewijzen voor luchtverontreiniging in het bewaard gebleven longweefsel van Egyptische mummies. Toen de wetenschapper Roger Montgomerie de longen van vijftien mummies onderzocht – variërend van mannen van adel tot priesters – trof hij fragmenten van fijne deeltjes en longbeschadiging aan. Deze waren het gevolg van de blootstelling aan vervuiling en ziekten zoals longontsteking.[15] Ondanks alle fossiele brandstoffen, auto's en vervuiling die we tegenwoordig produceren, dacht Montgomerie dat de verontreinigingsniveaus duizenden jaren geleden niet veel anders waren.

Al heeft een sporadische avond rond een kampvuur in de openlucht me waarschijnlijk niet veel kwaad gedaan, we weten inmiddels dat lange blootstelling aan deeltjes ten gevolge van houtverbranding en het verbranden van andere biomassa verschrikkelijk slecht is voor de menselijke gezondheid. Het is vooral slecht in afgesloten ruimten, waar mensen bijeenzitten bij een kachel om te koken of warm te worden.

Toch was dit zo'n miljoen jaar de enige energiebron voor onze voorouders.[16] Of ze zich nu wel of niet bewust waren van de gezondheidsgevolgen van wat ze inademden, de offers van stoppen met hout verbranden waren groot. Ze hadden brandstof nodig om te koken, zich te verwarmen, voor licht en veiligheid. Misschien was een vroegtijdige dood als gevolg van luchtweginfecties, hart- en vaatziekten of longkanker een aanvaardbare prijs voor een beter bestaan. Zoals we verderop zullen zien is dit een keus waar ook nu nog miljarden mensen voor staan. Het is uiteindelijk bijna altijd het belangrijkste dát je een energiebron hebt.

Verbranden van kolen

Kool is de smerigste fossiele brandstof. Niet alleen zorgt hij voor de meeste vervuiling als we die verbranden, maar kool is ook de grootste veroorzaker van klimaatverandering. Maar de overstap van hout naar kolen was ook een grote stap vooruit. Kool geeft per kilogram ongeveer twee keer zoveel energie als hout. En je hoeft er geen bossen voor om te hakken.

In de vijftiende en zestiende eeuw raakten veel landen snel door hun bos heen. Driekwart van de Britse en Franse bossen was gekapt.[17] Bescherming van wat er nog van over was kreeg geleidelijk aan prioriteit. Veel landen gingen kolen verbranden in huizen om te koken en te verwarmen. Er verrezen steden. Huizen zagen blauw van de rook door kolenkachels. Ook op straat hing de rook, doordat deze uit ramen en deuren naar buiten kringelde. Overal hing smog in de lucht, zowel in de huizen als op straat. Een stille moordenaar, maar wel een schijnbaar onvermijdelijke prijs die moest worden betaald voor de vooruitgang.

De lucht in Londen was meer verontreinigd dan de meest vervuilde steden ter wereld nu

Ik heb een groot deel van mijn leven in twee steden gewoond die berucht waren om hun vuile lucht. Enkele eeuwen geleden was Edinburghs Nor' Loch – in het centrum van de stad – de afvoerplaats voor het afval uit de stad, en zelfs het verzamelpunt voor stoffelijke overschotten. Er hing een misselijk makende stank in de lucht. Dit werd verergerd door de giftige dampen die uit schoorstenen en kolenvuren verspreid over de stad zweefden. De stad was gehuld in een dichte mist, en de naam 'Auld Reekie' of 'Oude Rook' was geboren.

Edinburgh mocht dan de 'Old Smoke' zijn, Londen was de 'Big Smoke'. Het is moeilijk te bevatten hoe erg Londen vervuild was in de achttiende en negentiende eeuw. De stad lag het grootste deel van het jaar onder dikke smog en werd een broedplaats voor criminaliteit – waar de verbranding van kolen een mantel van onzichtbaarheid bood voor dieven. Vaak was het zo erg dat mensen zich niet konden verplaatsen.

De enorme gezondheidskosten van luchtverontreiniging werden duidelijk. Alleen al ademhalen was een tikkende tijdbom geworden. In vijftig jaar – van 1840 tot 1890 – nam het aantal sterfgevallen als gevolg van bronchitis met factor twaalf toe, dat wil zeggen dat 1 op de 350 mensen eraan doodging.[18] Als dat nu nog zo zou zijn, zouden jaarlijks 26.000 Londenaren overlijden als gevolg van luchtverontreiniging.

Dat was niets vergeleken met de treurige smog die in december 1952 over de stad lag. De mate van luchtverontreiniging was tegen die tijd al verbeterd, maar een ongelukkige samenloop van kou en windstilte zorgde ervoor dat het fijnstof langer in de lucht bleef hangen dan normaal. De stad kwam tot stilstand. Londenaren waren ineens praktisch blind: als ze naar buiten wilden, moesten ze schuifelen en zich tastenderwijs een weg banen langs stoepranden en andere obstakels. Ambulances reden niet meer uit. De verontreiniging kroop naar binnen, waardoor concerten en theatervoorstellingen werden afgelast. De Great Smog of London duurde slechts vier dagen maar veroorzaakte naar schatting het overlijden van circa tienduizend mensen en veroorzaakte bij honderdduizend mensen ernstige luchtwegklachten.

Tegenwoordig staat Delhi vaak bovenaan de ranglijstjes van de meest vervuilde steden ter wereld, maar als achttiende- of negentiende-eeuws Londen kon meedingen, zou het gegarandeerd deze titel winnen, gebaseerd op de hoeveelheid zwevende deeltjes in de lucht.

Dat doet niets af aan de serieuze luchtverontreinigingsproblemen waar we nu mee te kampen hebben. Verre van. Vieze lucht is nog steeds een van de grootste moordenaars ter wereld. Ik huiver als ik beelden zie van Delhi of Beijing die tevoorschijn komen uit een dichte nevel. Wat ik wil zeggen is dat deze moderne verontreinigingsniveaus misschien ongekend lijken, maar dat ze dat niet zijn. Dat zou een opluchting moeten zijn: het is griezelig om onbekend terrein te betreden. Het feit dat de mate van verontreiniging in onze steden van vroeger verbazing wekt is goed nieuws. Het is ons gelukt ze schoon te maken.

De lucht in Londen was ooit meer verontreinigd dan de lucht in Delhi nu
Gemiddelde concentratie van zwevende deeltjes in de lucht, in microgram per kubieke meter.

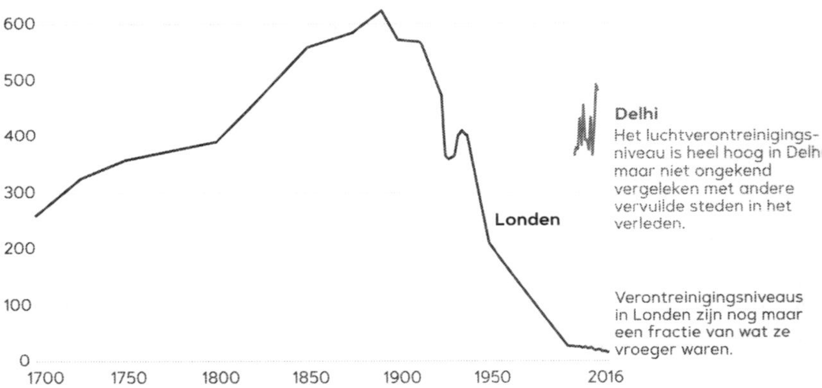

Hoe landen zure regen aanpakten

De spectaculaire vermindering van de luchtverontreiniging in Londen is een voorbeeld van een lokaal succes. Maar er zijn twee andere grote succesverhalen die het vermelden waard zijn: zure regen, waardoor landen op regionaal niveau moesten samenwerken, en de ozonlaag, die mondiale samenwerking vereiste om een oplossing te bedenken.

Eind twintigste eeuw losten standbeelden en monumenten op. De hoofden van koningen en koninginnen werden bobbels zonder gezichtskenmerken. Rivieren en meren werden zuurrijk, waardoor vissen uitstierven. Zoetwaterinsecten verdwenen. Veel bossen dreigden te sterven, ontdaan van hun begroeiing.

De schuldige was zure regen, veroorzaakt door uitstoot van zwavel- en stikstofoxiden. Deze deeltjes reageren in de atmosfeer met water en vormen zwavel- en salpeterzuur. De regen, en alles waarin deze doordringt – bomen, de grond, rivieren en meren – worden zuurder. De voornaamste bronnen van zwavel- en stikstofoxide zijn fossiele brandstoffen, de industrie en sommige landbouwvormen. Kool bevat bijvoorbeeld veel zwavel. Als deze wordt verbrand, komt er zwaveldioxide vrij (SO_2), een molecuul dat oplost in regenwater en zorgt dat het zuurder wordt.

Zwaveldioxide (SO_2)-emissies zijn in veel landen sterk gedaald
In ton per jaar.

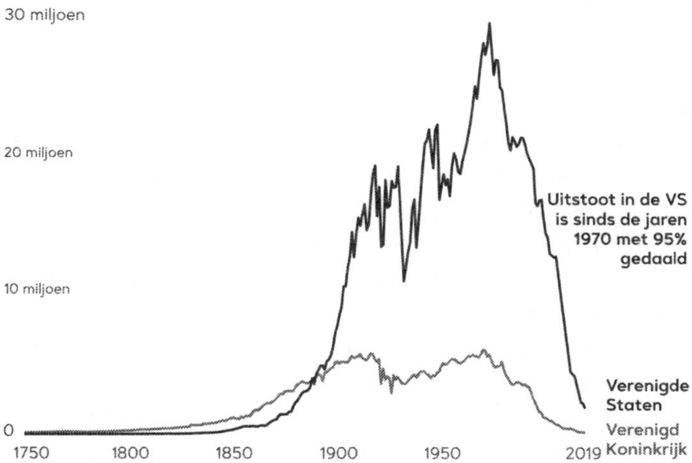

In de jaren tachtig was zure regen inmiddels het grootste milieuprobleem. Het was duidelijk dat afzonderlijke landen het probleem niet in hun eentje konden aanpakken. Het was een grensoverschrijdend probleem: emissies SO_2 uit het VK dreven over Scandinavië, waardoor de Noorse bossen werden verwoest, en emissies in de VS waaiden naar Canada, waar ze zoetwatermeren vervuilden. Na krachtig verzet voerden de Verenigde Staten en een groot deel van Europa strenge voorschriften door. Het effect was bijna onmiddellijk te merken. De SO_2-emissies in de VS daalden met zo'n 95 procent na hun hoogtepunt in de jaren zeventig.[19] In Europa zijn ze met 84 procent gedaald en in het VK met 98 procent. De oplossing was heel eenvoudig: voeg een reactant toe aan de schoorsteen van een kolencentrale, en de SO_2 kan worden verwijderd zodat deze niet in de atmosfeer belandt.

In Noord-Amerika en Europa is zure regen bijna verdwenen. Veel andere landen boeken ook snel vooruitgang. Neem als bewijs daarvan China. In iets meer dan tien jaar is de SO_2-emissie daar met twee derde gedaald. En dat terwijl het gebruik van steenkool er meer dan verdubbeld is.

Zure regen is een probleem dat we kunnen oplossen. Het is eenvoudig technologisch aan te pakken. En wanneer landen dat willen, kunnen ze dat met de juiste politieke wil en investering ongelooflijk snel doen.

Hoe de wereld de ozonlaag repareerde

Het effect dat verontreiniging had op de ozonlaag, was de klimaatverandering van dat moment. Het milieuprobleem dat de nieuwsberichten overheerste. Een probleem dat geen enkel land in zijn eentje kon aanpakken. Nu wordt het nauwelijks nog genoemd.

In de jaren zestig van de twintigste eeuw begonnen wetenschappers de reacties te begrijpen die de fotochemie van de hogere atmosfeer bepaalden. Ozon (O_3) is een gas dat op diverse hoogten aanwezig is in de atmosfeer om de aarde. Het wordt aangetroffen op grondniveau, waar het zich voordoet als een lokale luchtverontreiniger die degenen die het inademen luchtwegklachten bezorgt. De ozon waar wij in geïnteresseerd zijn, zit echter heel hoog in de atmosfeer, zo'n 15 tot 35 kilometer boven het aardoppervlak, in de stratosfeer.

Dit is de zogenoemde 'goede ozon'. Dat speelt een cruciale rol bij de absorptie van gevaarlijke ultraviolet (UV-B)-straling van de zon. Deze beschermende ozonlaag behoedt mensen voor huidkanker, verbranding en blindheid, en beschermt ook andere levensvormen. We willen misschien af van ozon op grondniveau, maar we willen deze zeker niet verwijderen uit de stratosfeer.

Een drietal wetenschappers die later de Nobelprijs zouden krijgen – Paul Crutzen, Frank Rowland en Mario Molina – opperden dat menselijke uitstoot van chloorverbindingen precies dat deed: ozon in de stratosfeer afbreken.[20] Ze konden nog niet waarnemen dat er ozongaten ontstonden en ze konden deze afbraak niet rechtstreeks meten, maar op grond van hun chemisch inzicht stelden ze dat dit zou kunnen gebeuren. Deze chloorverbindingen – waarvan chloorfluorkoolwaterstoffen (cfk's) de bekendste zijn – werden gebruikt in koelkasten, diepvriezen, airco's, spuitbussen en de industrie. Door de concentraties chloormoleculen in de lagere atmosfeer te meten, kwamen ze tot het inzicht dat deze gassen niet uiteenvielen. Nee, ze klommen naar de hogere stratosfeer.[21] Daar zorgde uv-straling ervoor dat de chlooratomen vrijkwamen, zodat ze een reactie konden aangaan met ozon en deze vernietigde.

Nadat deze hypothese in 1974 werd gepubliceerd, was er relatief snel wetenschappelijke consensus over de afname van de ozonlaag, en in 1985 werd in een uitvoerig rapport het bewijs ervoor uiteengezet.[22] De grootste doorbraak was echter de ontdekking van het gat in de ozonlaag boven Antarctica. Als we cfk's uitstoten, verspreiden ze zich meestal gelijkmatig over de hogere atmosfeer – ook naar plaatsen in de wereld zonder rechtstreekse emissies. Cfk's worden over Antarctica getransporteerd en lage temperaturen zijn een belangrijke katalysator voor deze reacties, zodat de ozonafname vooral boven de polen fors is.

Tot dat moment kregen Crutzen, Rowland en Molina krachtig weerwerk van spelers uit de industrie en de politiek die hun bevindingen ontkenden.[23] De baas van DuPont – de grootste producent van cfk's – noemde de theorie 'sciencefiction [...] een hoop flauwekul [...] totale nonsens'. De leidende producenten vormden de Alliance for Responsible CFC Policy om hun inzet te coördineren en startten felle pr-campagnes waarin de theorie over de afbraak van de ozonlaag in diskrediet werd gebracht. Anne Gorsuch, het eerste Amerikaanse vrouwelijke hoofd van het Environmental Protection Agency, wees het afbreken van de ozonlaag van de hand als redeloze milieuangst.[24] Maar de visuele voorstellingen van een groeiend gat in de ozonlaag vielen lastig te negeren: deze zetten overheid en industrie uiteindelijk onder druk om actie te ondernemen.

In 1987 ondertekenden 43 landen het Montreal-protocol, waarin ze afspraken om vanaf 1989 stoffen die de ozonlaag afbreken geleidelijk te elimineren. De eerste landen die in actie kwamen, waren hoofdzakelijk rijkere landen die de voornaamste industriële producenten waren: de VS, Canada, Japan, het grootste deel van Europa en Nieuw-Zeeland. Hun doel was de mondiale productie in 1999 te halveren, waarna ze later aan een totale geleidelijke eliminatie zouden gaan werken.[25, 26]

De voorschriften werden strenger toen er meer bewijzen van het probleem werden geleverd. De deadline voor het elimineren van de productie van gassen die de ozonlaag afbreken werd naar voren gehaald. Rond de millenniumwisseling hadden 174 partijen (voornamelijk landen en enkele onafhankelijke staten) het protocol ondertekend. In 2009 werd het de eerste internationale overeenkomst – van welke soort dan ook, niet alleen milieuovereenkomsten – die alle landen ter wereld ratificeerden.

Deze internationale inspanning is verbluffend succesvol geweest. De geleidelijke afschaffing die op het eerste protocol van 1989 volgde ging snel. Binnen een jaar nam het gebruik van ozon afbrekende stoffen met 25 procent af ten opzichte van 1986. Binnen tien jaar waren de niveaus met bijna 80 procent gedaald. Dat was veel meer dan het oorspronkelijke doel van een halvering. Op dit moment zijn ze gedaald met 99,7 procent.

Internationale aanpak van ozonafname reduceerde emissies met ruim 99%
De wereld nam in 1987 het Montreal-protocol aan om ozonafbrekende stoffen te beperken.
Hieronder is de reductie te zien in mondiale emissies vergeleken met 1989.

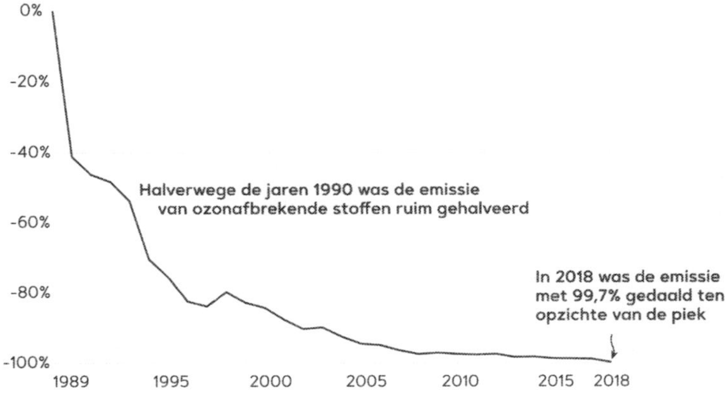

De ozonconcentraties in de stratosfeer namen in de jaren tachtig met meer dan 50 procent af en deze niveaus stabiliseerden in de jaren negentig. Het zal nog altijd lang duren voor de ozonlaag is hersteld en de mondiale ozonconcentraties zullen waarschijnlijk niet voor halverwege de 21ste eeuw terug zijn op het niveau van de jaren zestig.[27] De ozonniveaus in Antarctica zullen misschien pas aan het eind van deze eeuw hun oude niveau hebben bereikt. Zolang we vasthouden aan onze geleidelijke eliminatie van ozonafbrekende stoffen, zal het gat kleiner worden. We hebben actie ondernomen, en nu hoeven we alleen maar te wachten.

De aanpak van klimaatverandering en enkele van de andere problemen in dit boek zal lastiger worden, maar toch zijn er belangrijke lessen te trekken uit de successen met betrekking tot zure regen én ozon. Mensen kunnen grote mondiale problemen oplossen. Elk land heeft de gelegenheid eraan mee te doen. En we kunnen snel in actie komen als we in de puree zitten. We moeten onszelf eraan herinneren dat we in staat zijn zulke mondiale problemen gezamenlijk aan te pakken.

Houd bij het lezen van de volgende hoofdstukken deze lessen ook in je achterhoofd. Je bent misschien sceptisch. Dat was ikzelf in elk geval wel. Toch hoeven barrières die nu misschien onoverkomelijk lijken, dat niet per se te blijven. In de schaduw werken nog een heleboel Crutzens, Rowlands en Molina's onvermoeibaar door.

WAAR WE NU STAAN

Velen van ons ademen de schoonste lucht in eeuwen in

De lucht die ik als kind inademde was veel schoner dan mijn ouders in hun jeugd ooit hadden gekend, en nog véél schoner dan de lucht die mijn grootouders inademden. We ademen lucht in die schoner is dan deze in eeuwen is geweest. Dit succesverhaal vertellen we zelden.

Niet alleen de uitstoot van SO_2 is gedaald in het VK. Emissies van lokale luchtvervuilers zijn nog maar een fractie van wat ze vroeger waren. De hoeveelheid lachgas is met 76 procent ten opzichte van de piek gedaald. Roet is met 94 procent afgenomen, vluchtige organische stoffen zijn met 90 procent afgenomen.

Het VK is geen uitzondering. Hetzelfde verhaal geldt voor de meeste rijke landen ter wereld. De reducties in de VS, Canada, Frankrijk en Duitsland zijn net zo indrukwekkend geweest. Dit succes is vooral het resultaat van succesvolle milieuregels. Het VK implementeerde zijn eerste Clean Air Act in 1956, na de Great Smog in Londen. Deze regels werden decennium in, decennium uit strenger. In reactie hierop moesten industrieën technologieën ontwikkelen die nauwelijks vervuilend waren. We ontdekten hoe we zwavel uit het kolenverbrandingsproces konden filteren. We deden loodhoudende benzine in de ban. Het lukte ons auto's en vrachtauto's te produceren die slechts een fractie van de vervuiling van voorheen uitstootten. De VS implementeerde zijn Clean Air Act in 1970, met even indrukwekkende resultaten.[28]

De stijging en daling van luchtvervuilers in het Verenigd Koninkrijk
Dit patroon – toename en hoogtepunt, gevolgd door snelle reductie van emissies – zien we in de meeste rijke landen. Emissies zijn gemeten in ton per jaar.

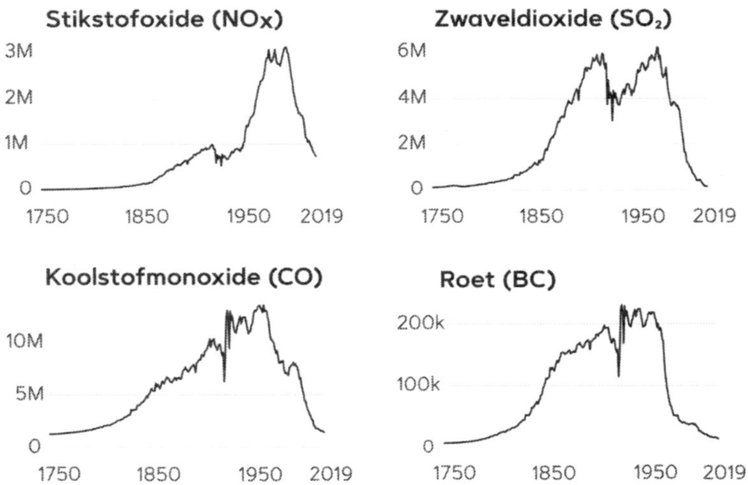

Ingrijpen op milieugebied wordt vaak voorgesteld als nadelig voor de economie. Het is óf klimaatactie óf economische groei. Vervuiling versus de markt. Dit is gewoon niet waar. Landen hebben luchtverontreiniging drastisch verlaagd en tegelijkertijd hun economie laten groeien. Minder verontreiniging, een betere gezondheid én een sterkere economie? Dat klinkt mij als de perfecte *sales pitch* in de oren.

Vaak gaat het achteruit voor het beter gaat: luchtverontreiniging neemt ook af in veel groeiende economieën

Landen volgen een voorspelbaar pad. Een land ontworstelt zich aan de armoede, waardoor de vervuiling aanvankelijk toeneemt. In dit stadium heeft beschikbaarheid van energie de prioriteit. Het verbrandt kolen, olie, gas zonder strenge restricties hoe schoon het moet zijn. Er worden geen eersteklas energiecentrales geëist met beheersingsmechanismen om verontreiniging tegen te gaan, of nieuwe automotoren met fijnstoffilters. De verontreiniging neemt almaar toe doordat meer mensen elektriciteit en auto's krijgen, en zich kunnen veroorloven hun woning te verwarmen of koelen. Het land komt in een industriële hoogconjunctuur. Mensen hebben meer geld en het leven wordt beter. De vervuiling is niet aangenaam, maar dat lijkt het wel waard te zijn.

Uiteindelijk bereikt het land een omslagpunt op zijn weg naar welvaart. Als ons leven eenmaal comfortabel is, gaan we ons druk maken om onze omgeving. Onze prioriteiten verschuiven, en we accepteren geen vieze lucht meer. Ook overheden moeten hun beleid veranderen; ze worden gedwongen actie te ondernemen en de luchtverontreiniging aan te pakken. De luchtverontreinigingscurve bereikt zijn piek en begint te dalen.[29]

Deze reis wordt vaak de 'milieu-Kuznetscurve' genoemd:[30] zet een milieumaatstaf af tegen het inkomen en je ziet een omgekeerde U-vorm (hij is laag als we arm zijn; hij stijgt tot het hoogtepunt bij modale inkomens; vervolgens daalt hij weer als we rijker worden). Voor heel veel milieuwaarden gaat deze Kuznetscurve niet op. Op luchtverontreiniging is die wel degelijk van toepassing, wat wil zeggen dat we kunnen zien in welke fase van de economische ontwikkeling een land zich bevindt door een curve te tekenen van de mate van verontreiniging in de lucht. India nadert bijvoorbeeld het omslagpunt. Het bevindt zich op de rand van de maximale vervuiling. Zoals we zagen, is China al verder en is het de piek voorbij.

Het duurde in landen als het VK en de VS twee eeuwen voor ze de stijging en daling van luchtverontreiniging hadden doorlopen. Dankzij nieuwe technologieën maken landen deze transitie vier keer zo snel door. Beter nog, enkele van de armste landen kunnen de curve misschien helemaal overslaan.

China is nu voorbij de 'piek in luchtverontreiniging'
Luchtverontreiniging neemt nu snel af in veel hogere middeninkomenslanden. Emissies in ton per jaar.

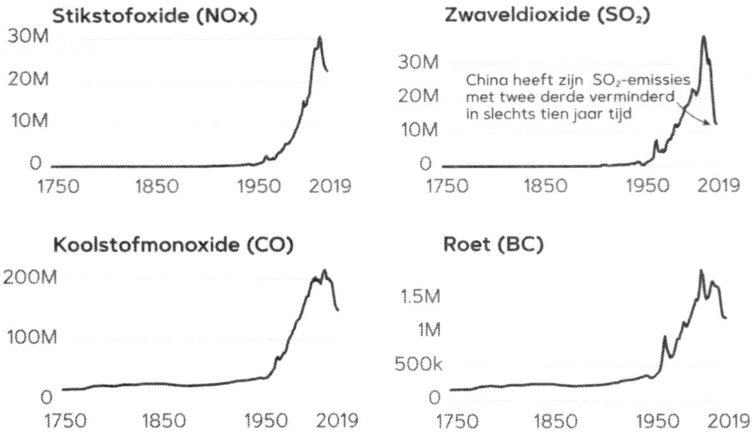

Jaarlijks overlijden miljoenen mensen als gevolg van luchtverontreiniging

Hoewel in veel landen de luchtverontreiniging afneemt, is ze nog altijd een van de grootste moordenaars ter wereld. Ze verhoogt de kans op luchtwegaandoeningen, beroertes, hart- en vaatziekten en longkanker.

Het zijn vooral de kleine deeltjes die we nauwelijks kunnen

zien die slecht zijn voor onze gezondheid. Wetenschappers noemen deze vaak '$PM_{2,5}$' – fijnstof met een diameter van minder dan 2,5 micrometer. Bijna onzichtbaar. Het probleem is dat deze piepkleine deeltjes diep in onze longen en bovenste luchtwegen kunnen kruipen. Als je een keer naar het strand bent geweest, vind je nog dagen irritante zandkorreltjes in je schoenen. Je zult er geen verscholen keien in aantreffen, maar de kleinste korreltjes kruipen in de kleinste kiertjes. Deeltjes in de lucht zijn niet anders.

In 2020 werd de negenjarige Ella Adoo-Kissi-Debrah de eerste mens die 'luchtverontreiniging' op haar overlijdensakte had staan. Ze stierf aan astma, en een Londens gerechtshof oordeelde dat luchtverontreiniging daar een belangrijke rol bij had gespeeld. Dit is een zeldzame uitkomst. Luchtverontreiniging doodt veel mensen, maar ze wordt niet genoemd als doodsoorzaak. Aan de hand van de concentratie van vervuilende stoffen in de lucht en op grond van ons inzicht hoe deze onze kans op dodelijke ziekten vergroot, maken wetenschappers een inschatting van het aantal mensen dat voortijdig overlijdt. Er is geen consensus over het exacte aantal, maar ze zijn het erover eens dat het vreselijk hoog is – in de orde van grootte van miljoenen. Volgens schattingen van de Wereldgezondheidsorganisatie overlijden er jaarlijks acht miljoen mensen aan: 4,2 miljoen als gevolg van luchtverontreiniging búíten, en 3,8 miljoen als gevolg van luchtverontreiniging binnenshuis door hout- en houtskoolverbranding. Het andere grote gezondheidsinstituut in de wereld, het Institute for Health Metrics and Evaluation (IHME), noemt een vergelijkbaar aantal: 6,7 miljoen. Volgens sommige wetenschappers zou dit aantal zelfs nog hoger kunnen liggen: enkele van de recentste en meest geciteerde studies schatten dat ten minste negen miljoen mensen per jaar overlijden ten gevolge van de lucht die ze inademen.[31, 32]

Om deze getallen in een context te plaatsen, dit is vergelijkbaar met het aantal sterfgevallen als gevolg van roken: omstreeks acht miljoen.[33] Het is zes of zeven keer hoger dan het aantal mensen dat omkomt bij verkeersongevallen: 1,3 miljoen. Honderd keer meer dan het aantal mensen dat jaarlijks overlijdt als gevolg van terrorisme of oorlogen. Luchtverontreiniging is de stille moordenaar die onvoldoende in het nieuws komt. Het schokt ons niet zoals beelden van een overstroming of een orkaan ons schokken, maar het doodt zo'n vijfhonderd keer zoveel mensen per jaar als alle 'natuurlijke' rampen bij elkaar, in de meeste jaren.[34]

Toch daalt het sterftecijfer als gevolg van luchtverontreiniging

Dit is een somber verhaal. Toch is dit net als met zoveel voorbeelden in dit boek niet het complete verhaal. Het aantal sterfgevallen als gevolg van luchtverontreiniging is nog altijd verschrikkelijk hoog, maar toch zijn de cijfers hoopgevend. Mogelijk bevinden we ons op de piek van de menselijke tragedie die luchtverontreiniging is. Het kan zijn – het is zelfs waarschijnlijk – dat we de 'piek in verontreinigingsdoden' naderen. Dat klinkt luguber, maar het wil ook zeggen dat we het ergste achter de rug hebben.

Waarom ik denk dat we de piek naderen? Mondiaal is het totaal aantal doden door luchtvervuiling al decennialang hetzelfde. Het aantal slachtoffers is nauwelijks veranderd, ook al zijn er veel meer mensen op de wereld. En vooral oudere mensen, die een veel grotere kans lopen te overlijden aan beroertes, hart- en vaatziekten en kanker. Dit betekent dat het sterftecijfer als gevolg van luchtverontreiniging – of het risico voor een gemiddeld persoon – is afgenomen, en niet een beetje: volgens sommige schattingen is het sterftecijfer sinds 1990 gehalveerd.[35]

Als de mondiale bevolkingsgroei afneemt, en het beter blijft gaan met de luchtverontreiniging, zal de wereld snel de piek van het aantal doden door luchtvervuiling achter zich laten. De neerwaartse helling zou weleens veel steiler kunnen zijn dan de opwaartse helling. Door de lancering van schone technologieën kan het aantal sterfgevallen door verontreiniging binnen enkele decennia snel dalen.

De sterftecijfers als gevolg van luchtverontreiniging dalen, zelfs in landen met de meeste verontreiniging

Sterftecijfer door luchtverontreiniging binnenshuis en buiten, gemeten als het aantal voortijdige doden per 100.000 mensen.

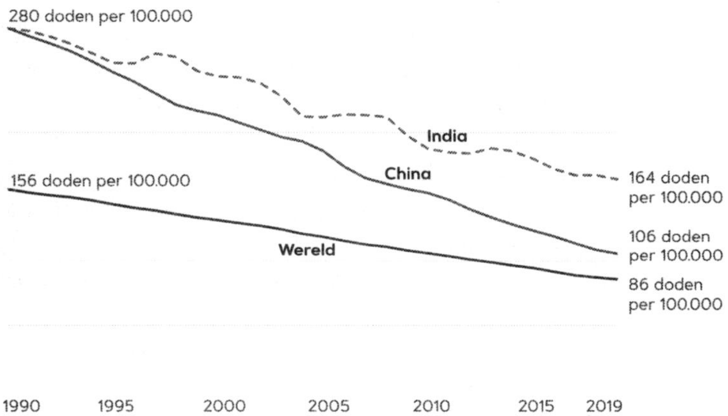

HOE ZORGEN WE VOOR SCHONE LUCHT?

Om te begrijpen wat we moeten doen om luchtverontreiniging een halt toe te roepen, moeten we eerst begrijpen waar die vandaan komt.

De gemiddelde concentratie fijnstof in Delhi – deeltjes kleiner dan 2,5 micrometer – is twintig keer hoger dan volgens de richtlijnen van de WHO aanvaardbaar is. In de winter is het zelfs nog erger. De wind gaat liggen en de vervuiling daalt neer op de stad. Het is in deze maanden niet ongebruikelijk dat de niveaus tot ruim honderd keer de WHO-limiet bereiken.

In januari 2016 snakte de lokale overheid naar een snelle oplossing. Ze besloot de helft van de auto's in Delhi van de weg te halen met behulp van de 'even-oneven'-regel: auto's met een kenteken dat eindigde op een oneven cijfer, mochten alleen op 'oneven' dagen rijden, en als het eindigde op een even cijfer, omgekeerd. Als het niet 'jouw' dag was om te rijden, moest je openbaar vervoer gebruiken of meerijden met iemand met het juiste kenteken. Wie de regel overtrad kreeg een boete.

Je zou verwachten dat dit een spectaculair effect had, maar onderzoekers schatten dat de even-onevenregel in 2016 leidde tot een vermindering van slechts 5 procent van de verontreiniging in Delhi. In november 2019 probeerde de stad het opnieuw, met iets meer succes: een daling van zo'n 13 procent.

Hoe kon het dat zo'n ingrijpende verandering zo weinig verschil maakte? Als we een stapje terug doen om te kijken wáár de verontreiniging in Delhi vandaan komt, ligt het antwoord voor de hand. Die is niet afkomstig van de auto's. Slechts 23 procent van de $PM_{2,5}$-verontreiniging in Delhi in de winter was afkomstig van transport, en maar 4 procent van personenauto's, het leeuwendeel van de rest was afkomstig van vrachtauto's.[36] Maar vrachtauto's, bussen en motoren waren niet opgenomen in het plan. Bovendien waren ook niet alle auto's erin opgenomen. Vrouwelijke chauffeurs waren vrijgesteld. Evenals auto's die schonere brandstoffen gebruikten, taxi's en auto's die vips vervoerden, zoals regeringsfunctionarissen, rechters en ambassadeleden. Met andere woorden: de regel gold voor mannen die geen vip waren, rijdend in een particuliere benzine- of dieselauto. Er zaten voordelen aan dit plan. Om te beginnen waren er veel minder opstoppingen. Toch kon iedereen die de cijfers paraat had weten dat ze hiermee de verontreiniging in Delhi niet onder controle kregen. Om dat voor elkaar te krijgen, zou het beter zijn geweest om te beginnen met de bronnen van vervuiling die auto's overtreffen. Onder andere de gewasverbranding in de winter, wanneer boeren hun akkers gereedmaken voor het nieuwe tarweseizoen door de overgebleven stoppels van hun rijstoogst te verbranden; industriële rook in de stad; stof uit omringende gebieden; dieselgeneratoren voor energie; en kolen- en houtverbranding in woningen.[37]

Onze uitstoot komt mondiaal gezien van een handjevol bronnen. De eerste is het verbranden van hout of houtskool voor energie of het verbranden van gewassen op het veld. Dit is een van de grootste bronnen bij lagere inkomens, die een grote bijdrage levert aan vervuiling binnen én buiten. Vervolgens hebben we emissies van de landbouw, met ammoniak en stikstof afkomstig van mest en kunstmest. De volgende is verbranding van fossiele brandstoffen voor elektriciteit. Daarna uitstoot van de industrie – de rook die chemische fabrieken, metaalfabrieken en textielfabrieken uitstoten. Tot slot hebben we transport – de auto's waarin we rijden, maar ook de vrachtauto's, schepen en vliegtuigen die goederen vervoeren over de hele wereld.

Om te zorgen dat luchtverontreiniging overal tot nul wordt gereduceerd, moeten we deze bronnen één voor één uitschakelen.

HOE WE OVERAL BIJNA HELEMAAL EEN EIND KUNNEN MAKEN AAN LUCHTVERONTREINIGING

De oplossing voor luchtverontreiniging is – zoals we eerder zagen – op een elementair beginsel gebaseerd: hou op met dingen te verbranden. We moeten een manier bedenken om energie te produceren zonder dingen te verbranden. En als we dat toch doen, dan moeten we de deeltjes op een veilige manier vangen en ervoor zorgen dat ze niet in de atmosfeer terechtkomen. Veel landen zijn niet ver verwijderd van deze stap. De armste landen ter wereld blijven achter, maar die kunnen nu al een heel eind komen door ándere dingen te verbranden om aan energie te komen.

1 • Geef iedereen toegang tot schone brandstof om te koken

Niet alles wat we verbranden veroorzaakt dezelfde hoeveelheid verontreiniging. Hout is erger dan kool; kool is erger dan kerosine; kerosine is erger dan gas.

Dit proces van overstappen van de ene energievorm op een andere wordt het beklimmen van de 'energieladder' genoemd. De armste mensen ter wereld zijn nog steeds afhankelijk van hout als hun voornaamste (mogelijk enige) energiebron. Daardoor staan zij onderaan de ladder. Als ze iets rijker worden, gaan ze misschien houtskool verbranden, en iets later steenkool. Deze vaste brandstoffen zijn nog altijd vreselijk vervuilend, en giftig voor diegenen die de emissies dagelijks inademen. Het schokkende is, dat dit de realiteit is voor zo'n 40 procent van de mensheid – ruim drie miljard mensen.

Niemand zou op deze sport van de energieladder moeten staan.

Iedereen zou toegang moeten hebben tot schone brandstoffen om te koken en te verwarmen. Omdat miljarden mensen dat niet hebben, zou dit een van de topprioriteiten moeten zijn van de milieubeweging. Onze eerste stap richting schone lucht is een beproefde: reduceer de armoede en zorg ervoor dat geen mens oude, traditionele brandstoffen gebruikt.

De 'energieladder'

De dominante energiebron om te koken en verwarmen, per inkomensniveau.

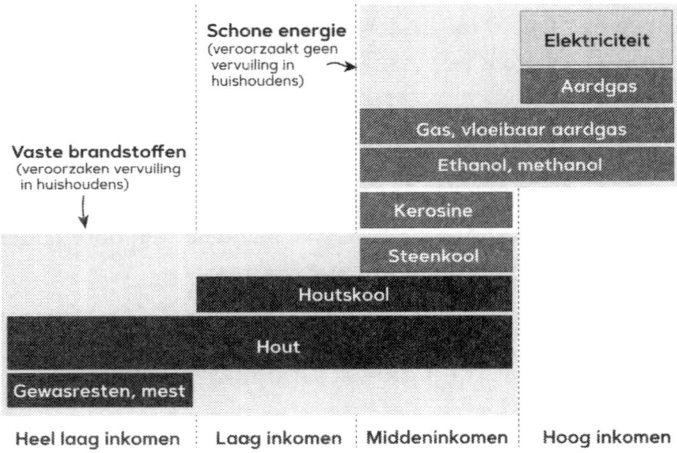

2 • Maak een eind aan gewasverbranding in de winter

Gewasverbranding levert een seizoensgebonden bijdrage aan lokale luchtverontreiniging in India.[38, 39] Oktober en november zijn de overgangsmaanden voor boeren, waarin ze hun rijst oogsten en zich voorbereiden om tarwe te gaan planten. De periode waarin ze kunnen planten is kort – de eerste twee weken van november – waardoor ze snel af moeten van het stro van het rijstgewas dat is achtergebleven op het veld. Verbranden is de gemakkelijke oplossing. Gemakkelijk voor de boer, maar kostbaar voor het land. Alle boeren doen dit tegelijkertijd, en de omringende steden raken vervuild.

Er zijn een paar mogelijke oplossingen. De restanten kunnen verzameld worden om te worden gebruikt voor diervoeding of andere materialen. Of boeren kunnen worden gestimuleerd een andere rotatie van gewassen aan te houden. Er zijn bovendien enkele technologische oplossingen. Een tractorachtige machine die de Happy Seeder wordt genoemd, kan het rijststro afsnijden en optillen, het tarwe eronder zaaien en vervolgens het stro er weer op leggen zodat het dienstdoet als organische mest. Om de inzet van de Happy Seeder te bevorderen, gaf de Indiase overheid subsidie aan boeren die er een wilden kopen. En onderzoeken hebben aangetoond dat dit type technologieën lucratief kan zijn voor de boer.[40] Het probleem is dat dit een dure investering is en een blijvende kostenpost voor de boer, voor een apparaat dat slechts vijftien dagen per jaar wordt gebruikt.

De subsidies van de Indiase overheid moeten substantieel zijn, omdat anders de schaal die nodig is om iets aan gewasverbranding te doen, niet wordt gehaald. Het zou economisch gezien en met het oog op het milieu niettemin een enorm voordeel zijn. Als we kijken wat actie ondernemen kost, zijn we geneigd die prijs te vergelijken met het alternatief: helemaal niets investeren. Dit is een verkeerde benadering. Er zijn maatschappelijke kosten verbonden aan niets doen die we vergeten mee te wegen. Een investering van honderden miljoenen dollars lijkt misschien veel, maar dat komt doordat we het alternatief negeren: de kosten als we het probleem niet oplossen.

Er is niet één schatting van hoeveel luchtverontreiniging ons in financiële termen kost: dat is afhankelijk van welke 'prijs' we toekennen aan een slechte gezondheid en een vroege dood. De meeste studies komen echter met een vergelijkbare orde van grootte: jaarlijks gaan mondiaal biljoenen dollars verloren als gevolg van gezondheidsproblemen, ziekteverlof, productiviteitsverlies, verloren gewassen en andere 'verborgen' effecten.[41] Volgens een rapport van de Wereldbank uit 2022 was dit 8,1 biljoen dollar, wat gelijkstond aan 6 procent van het mondiale bbp.[42] De kosten van luchtverontreiniging in India werden in 2019 geschat op 350 miljard dollar: dat is 10 procent van het Indiase bbp. We kunnen wegkijken en doen alsof deze maatschappelijke kosten er niet zijn, maar zolang we het niet oplossen, blijft die rekening oplopen.

3 • Verwijder zwavel uit fossiele brandstoffen

Steenkool wordt uiteindelijk een brandstof uit het verleden, maar het zal toch nog enige tijd duren voor de wereld hem helemaal in de ban heeft gedaan. Intussen zullen mensen blijven overlijden als gevolg van de vervuiling die hij veroorzaakt en dus moeten we doen wat we kunnen om dit te beperken.

De zwavelachtige nevel die boven Delhi en Mumbai hangt, hoeft daar niet te zijn. We hebben hier al een oplossing voor: het zwaveldioxide afvangen dat uit kolencentrales komt. Energiecentrales moeten een 'wasser' toevoegen aan de schoorsteen. Als je bijvoorbeeld kalksteen toevoegt gaat het zwaveldioxide in het gas een reactie aan waardoor een vaste stof ontstaat die je kunt afvangen.

Wassers kunnen minstens 90 procent van het zwaveldioxide verwijderen, wat verklaart dat de luchtverontreiniging in veel landen de afgelopen vijftig jaar sterk is afgenomen. Een energiecentrale met deze technologie is duurder dan een zonder. Daarom hebben alle rijke landen die en arme landen niet. Maar net zoals we bij China zagen, zullen die stuk voor stuk een omslagpunt bereiken. Wanneer dat gebeurt, liggen de oplossingen klaar. We kunnen de zwavel gewoon wegwassen.

4 • Welke auto rijdt het schoonst?

Als mensen het hebben over luchtvervuiling in steden, denken ze vaak aan auto's met stationair draaiende motoren bumper aan bumper in het verkeer. Nieuwsreportages over luchtverontreiniging gebruiken bijna altijd beelden van uitlaatgassen van auto's. De meeste mensen weten dus dat de vervuiling door auto's slecht is voor de gezondheid.

Deze aandacht nam in 2015 toe, toen 'Dieselgate' in het nieuws kwam. Veel landen hanteren een streng beleid ten aanzien van de hoeveelheid vervuiling die voertuigen mogen genereren. Ze moeten dan ook voldoen aan bepaalde normen voor luchtkwaliteit voor ze op de markt kunnen worden gebracht. In 2015 werd onthuld dat een van de grootste autobedrijven ter wereld, Volkswagen, had gesjoemeld. Ze hadden de vervuilingsregelaars in veel van hun auto's zodanig geprogrammeerd dat die alleen werkten als de auto's werden getest. Tijdens de test werd de regelaar ingeschakeld, zodat de auto's voldeden. Als de auto's de weg op gingen, werkten de regelaars niet meer. Hun uitstoot overschreed de wettelijke limiet ruim. Het schandaal veroorzaakte niet alleen een tijdelijke deuk in de reputatie van Volkswagen, maar zette bovendien de emissies die onze auto's uitbraken in de schijnwerpers.

Sommige overheden probeerden consumenten richting dieselauto's te duwen. De grondgedachte hierachter was dat dieselauto's minder CO_2 per kilometer uitstoten dan benzineauto's. Van benzine overstappen op diesel zou goed zijn voor het klimaat. Toch ging dit niet helemaal volgens plan, en veel overheden keerden op hun schreden terug. Dit werd voor een deel veroorzaakt door Dieselgate, maar het kwam ook doordat dieselauto's veel meer lokaal vervuilende stoffen bleken uit te stoten dan benzineauto's. Er moest worden besloten wat belangrijker was: klimaatverandering of lokale luchtverontreiniging die onze gezondheid schaadt. Toen werd ontdekt dat dieselauto's in werkelijkheid niet veel minder CO_2 uitstoten dan benzineauto's. Dieselauto's moeten zijn uitgerust met technologie die hun emissie van lokaal vervuilende stoffen reduceert, en daar hangt een energieprijs aan. Die prijs neemt veel klimaatvoordelen weg. Volgens sommige studies zijn dieselauto's slechter voor het klimaat én de lokale luchtvervuiling.[43]

In de VS rijden niet veel dieselauto's, zodat Amerikaanse consumenten niet worden geconfronteerd met dit dilemma van benzine versus diesel. Wat is de juiste beslissing voor consumenten in andere landen? Als het om diesel tegenover benzine gaat, is het verschil vaak niet groot. De leeftijd van de auto speelt een grotere rol. Moderne benzine- en dieselauto's zijn veel schoner dan hun voorlopers. Emissienormen zijn strenger geworden en de filtertechnologie is sterk verbeterd. Zoals we in het volgende hoofdstuk zullen zien, zal de discussie over benzine versus diesel snel achterhaald zijn. Auto's die rijden op fossiele brandstoffen zijn op weg naar de uitgang. Elektrische auto's en leven zonder auto beleven een opmars. We zouden de oude technologie snel moeten afdanken, en die overstap zo snel mogelijk moeten maken. Dat zal jaarlijks honderdduizenden levens redden.

5 • Rijd minder; fiets, wandel en gebruik openbaar vervoer

We kunnen erover discussiëren welk soort auto de minste vervuiling veroorzaakt, maar dit gaat voorbij aan de oplossing die ze allemaal overtreft. Als het doenlijk voor je is, is het afschaffen van je auto en in plaats daarvan lopen of fietsen een van de beste manieren waarop individuen luchtverontreiniging (en klimaatverandering) kunnen verminderen. Telkens als je een rij fietsers langs filerijdende, uitlaatgassen uitbrakende auto's ziet zoeven, worden de opstoppings- en vervuilingsvoordelen voor de stad glashelder.

Dit is zowel een individuele als een maatschappelijke verantwoordelijkheid. Velen van ons kunnen de auto laten staan als onze bestemming op loop- of fietsafstand is. We kunnen gebruikmaken van veilige routes. We zijn er gezond genoeg voor. Het is een persoonlijke keuze die ons tegenhoudt. Na wandelen en fietsen is openbaar vervoer het beste.

Sommige mensen hebben deze mogelijkheid niet. Het werk is te ver van huis. Er zijn geen fietspaden, en soms geen trottoirs om op te lopen. Het openbaar vervoer is verouderd. Bussen en treinen hebben vertraging, zijn onbetrouwbaar en komen maar om de zoveel uur (áls ze al komen). Het gebrek aan infrastructuur dwingt mensen de auto te nemen.

We zouden ambitieuzer moeten zijn als het gaat om hoe we onze steden, dorpen en vervoerssystemen in 2040 of 2050 voor ons zien. Die kunnen ingericht worden met het oog op voetgangers en fietsers in plaats van auto's. In mijn droomwereld is er geen noodzaak om een auto te bezítten, vooral als die 23 uur per dag niet wordt gebruikt. We kunnen netwerken creëren van weinig koolstof uitstotende zelfrijdende Ubers die de stad bedienen. Als je een ritje moet maken, toets je iets in op een app en komt er een schoon, autonoom voertuig langs om je op te pikken. Als overheden en planologen hier goed over nadenken, kan dit zelfs een vorm van openbaar vervoer worden. De voordelen voor de gezondheid en de economie zullen enorm zijn.

6 • Ruil fossiele brandstoffen in tegen duurzame energiebronnen en kernenergie

We zijn een eind gekomen door kolencentrales te zuiveren en auto's te voorzien van filtertechnologie. Deze maatregelen kunnen ons helpen verontreinigingsniveaus te halen die nog maar een fractie zijn van wat ze vroeger waren.

Toch is dat niet genoeg. Zelfs in de rijkste landen ademen de meesten van ons nog altijd lucht in die ons leven bekort. Onze kinderen ademen lucht in die mogelijk hun concentratie en leerpotentieel schaadt. Dat het nu niet meer zo erg is als vroeger, wil nog niet zeggen dat we de status quo hoeven te accepteren. We verdienen beter. Als we definitief een einde willen maken aan de luchtverontreiniging, dan moeten we ophouden fossiele brandstoffen te verbranden.

Het goede nieuws is dat we dit hoe dan ook moeten doen als we de klimaatverandering willen tegengaan. Dat wil zeggen dat we twee problemen tegelijkertijd kunnen oplossen. Het feit dat mensen eisen dat hun regering zorgt voor schone lucht, is mogelijk zelfs een belangrijke methode om de klimaatactie te versnellen. Als Beijing of Delhi verscholen gaat onder smog, kunnen mensen dat niet negeren.

Op welke energiebronnen moeten we overstappen als we afstand doen van fossiele brandstoffen? Wat dit betreft ben ik meer agnostisch dan de meesten. Er heerst binnen de milieubeweging een intense rivaliteit tussen twee kampen: pro-nucleair en produurzame energie. De strijd tussen deze stammen is verrassend fel. In mijn ogen is deze rivaliteit frustrerend en contraproductief.

Kernenergie en duurzame bronnen zoals zonne-energie, waterkracht en wind, hebben allemaal een lage koolstofemissie. Omdat we energie en materialen nodig hebben om de panelen en turbines te bouwen, stoten ze niet núl CO_2 uit. Vergeleken met fossiele brandstoffen stoten ze echter heel weinig uit. De overstap van fossiele brandstoffen naar een van deze bronnen is overduidelijk een zege voor het klimaat. En als we overstappen op kernenergie of duurzame bronnen, hoeft er niemand meer te overlijden als gevolg van luchtverontreiniging, zodat het dus ook een grote zege is voor de wereldwijde gezondheid.

Een van de grootste misvattingen is dat kernenergie onveilig is. In werkelijkheid is het een van de veiligste energiebronnen. De afgelopen zestig jaar zijn er maar twee grote kernongelukken geweest: Tsjernobyl in Oekraïne in 1986 en Fukushima in Japan in 2011. Als we het over kernenergie hebben, denken we aan deze twee verschrikkelijke incidenten. Toen ik in mijn vriendenkring peilde hoeveel slachtoffers hierbij volgens hen zijn gevallen, was de meest gehoorde gok honderdduizenden. Het zijn er in werkelijkheid veel minder.[44]

Als we de directe doden als gevolg van de explosie in Tsjernobyl optellen bij de potentiële doden als gevolg van kanker veroorzaakt door de straling, heeft het ongeval waarschijnlijk vierhonderd mensenlevens gekost.[45, 46] Dat zijn stuk voor stuk tragische sterfgevallen, maar het zijn er veel minder dan de meeste mensen denken, vooral gegeven het feit dat dit de ergste kernramp uit de geschiedenis was en dat het onwaarschijnlijk is dat zoiets zich nog eens zal voordoen. De reactoren in Tsjernobyl hadden een oud en onveilig ontwerp, en de geheimzinnigheid van de Sovjet-Unie in die tijd leidde ertoe dat er traag werd gereageerd op de ramp.

In 2011 werd de kerncentrale in Fukushima in Japan getroffen door een tsunami na de zwaarste aardbeving die ooit gemeten is in het land. Frappant genoeg overleed niemand direct als gevolg van het incident. Enkele jaren later liet de regering weten dat één man was overleden aan longkanker, mogelijk in verband met de ramp. Dat is al met al heel opmerkelijk: een kerncentrale werd getroffen door een tsunami met slechts één mogelijk sterfgeval als gevolg. Wel wijt de regering zo'n 2700 voortijdige sterfgevallen toe aan de stress en ontwrichting door de evacuatie uit Fukushima in de jaren erna.

Wanneer het aantal doden in Tsjernobyl en dat in Fukushima bij elkaar worden opgeteld, zijn als gevolg van kernenergie zolang deze bestaat naar schatting een paar duizend mensen omgekomen.

Is het daarmee veiliger of gevaarlijker dan andere energiebronnen? De sterftecijfers – hoeveel mensen zijn gestorven per eenheid elektriciteitsproductie – door kern-, zonne- en windenergie zijn zeer laag.[47] En er is niet veel verschil tussen die drie. Waterkracht is ook tamelijk veilig, al zorgt het ene grote incident – de Banqiaodam in China, die het begaf in 1975, waardoor 171.000 mensen omkwamen – dat het sterftecijfer flink omhoog gaat.

Duurzame energie en kernenergie zijn veel veiliger en beter voor het klimaat dan fossiele brandstoffen
Fossiele brandstoffen doden jaarlijks miljoenen mensen door luchtverontreiniging, en stoten bovendien veel meer broeikasgassen per eenheid elektriciteit uit.

Broeikasgasemissies
Gemeten per gigawattuur elektriciteit gedurende de levensduur van de energiecentrale.

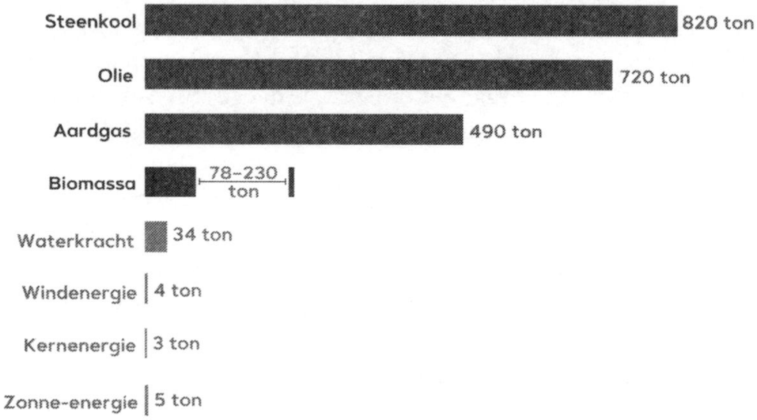

Sterftecijfer door luchtverontreiniging en ongelukken
Gemeten als doden per terawattuur elektriciteitsproductie.

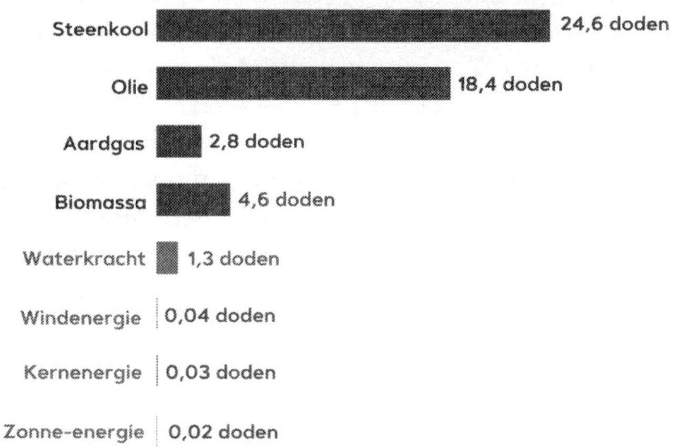

Kijk eens naar het diagram hiervoor om vast te stellen hoe de alternatieven zich verhouden tot fossiele brandstoffen. Luchtverontreiniging door steenkool doodt duizenden malen meer mensen per eenheid elektriciteitsproductie. Olie doodt duizenden keren meer dan kernenergie en duurzame energie.

Diegenen die ruziën over de vraag of het sterftecijfer door kernenergie iets hoger is dan bij zonne-energie, of ietsje lager, of over de vraag of zonne-energie dodelijker is dan windenergie, gaan volledig voorbij aan waar het om draait. Het is haarkloverij om dit onderscheid te maken. Waar het om gaat, is dat ze stuk voor stuk véél minder mensen doden dan alle fossiele brandstoffen. Jaarlijks overlijden miljoenen mensen door fossiele brandstoffen, de schattingen lopen uiteen van 3,6 tot 8,7 miljoen – 1 tot 2,5 miljoen door elektriciteit en de meesten ervan door steenkool.[48] Kernenergie en duurzame energie zijn honderden, zo niet duizenden keren veiliger. En wat heel zwaarwegend is, ze stoten allemaal heel weinig CO_2 uit.

Als het om het sparen van levens gaat, maakt het niet uit op welke bron met weinig CO_2-uitstoot we overstappen. We moeten gewoon op elke denkbare manier van fossiele brandstoffen af. We moeten zorgen dat onze bestaande kerncentrales operationeel blijven. Bouw extra kerncentrales in landen waar dit financieel haalbaar is en waar de technologische expertise aanwezig is. Leg zonnepanelen op daken. Zet zonnepanelen en windturbines op ongebruikte grond.

Als we een eind willen maken aan deze laatste bronnen van luchtverontreiniging, dan moeten we overstappen op energie met weinig koolstofuitstoot en overstappen op elektrische auto's. Deze transitie leek tot voor kort onmogelijk, omdat batterijen, zonnepanelen en elektrische auto's veel te duur waren. Dit is aan het veranderen en het verandert snel.

DINGEN WAAR WE ONS MINDER DRUK OM HOEVEN TE MAKEN

Dagelijks ontmoet ik gemotiveerde en nadenkende mensen die het beste voorhebben met het milieu. Ze denken na over de milieuimpact van bijna elk besluit dat ze nemen. Of ze richten zich op enkele dingen waarvan ze dénken dat die een enorm verschil maken, en maken het soms nog erger, zoals we verderop zullen zien.

Ik zei dat ik duidelijk zou maken om welke dingen we ons minder druk zouden moeten maken. Toch zal ik in dit hoofdstuk niets opsommen om minder stress over te hebben. Er zijn namelijk twee problemen waarover mensen zich naar mijn mening iets méér druk zouden moeten maken. Luchtverontreiniging is er daar één van (de andere is afnemende biodiversiteit). Wij maken ons veel zorgen om klimaatverandering, en om het feit dat deze in de toekomst veel mensen het leven kan kosten. Luchtverontreiniging kost nu al jaarlijks miljoenen mensen het leven en dat is al jaren het geval. Als we nu stoppen met fossiele brandstoffen, zou dat onmiddellijk impact hebben. Hiermee redden we levens, en mensen in zwaar verontreinigde steden zoals Delhi, Lahore of Dhaka merken onmiddellijk het verschil. Ze zouden weer kunnen ademhalen. Een van de meest invloedrijke manieren om ervoor te zorgen dat mensen niet meer sterven, is door luchtverontreiniging terug te dringen. Daar zouden we veel méér over moeten nadenken.

Zijn er dingen – afgezien van wandelen, fietsen, het openbaar vervoer nemen en elektrische auto's gebruiken – die individuen meer moeten doen? Het meest voor de hand liggende is zich uitspreken. Schone lucht eisen, zodat overheden hier prioriteit aan geven. Aan het begin van dit hoofdstuk zagen we hoe effectief het was dat de inwoners van Beijing zich uitspraken. De Chinese overheid hoorde het en zag zich gedwongen in actie te komen. We beschikken al over de meeste middelen en kennis die nodig zijn om luchtverontreiniging te reduceren. Er is geld nodig en de politieke wil om actie te ondernemen. Daar kunnen we invloed op uitoefenen.

Het tweede is de verleiding weerstaan om oude gewoonten op te pakken die milieuvriendelijk líjken maar dat niet zijn. Terwijl ik dit schrijf, neemt in het VK de populariteit van openhaarden en houtkachels weer toe. Dit lijken milieuvriendelijke manieren om je huis te verwarmen – dat deden we voor we fossiele brandstoffen gingen verbranden – die ogenschijnlijk 'natuurlijker' en 'primitiever' zijn. Maar veel van de armste mensen op aarde proberen juist af te komen van houtverbranding. Dit zorgt voor veel vervuiling binnenshuis en draagt ook bij aan luchtverontreiniging buitenshuis. Het is veel slechter dan gas of elektriciteit. Het verbranden van deze vaste brandstoffen was ooit een groot probleem en dat hebben we opgelost. Laten we de verleiding weerstaan om deze vooruitgang teniet te doen: het mag dan een milieuvriendelijke daad lijken, de data vertellen ons dat het dat niet is.

3
Klimaatverandering
De thermostaat lager zetten

> 'Wetenschappers zeggen dat de temperaturen in 2100 mogelijk 6 °C hoger uitkomen en roepen op tot actie aan de vooravond van de VN-bespreking in Parijs.'
> – *The Independent*, 2015[1]

Een wereld die 6 °C warmer is dan nu zou rampzalig zijn. En vergeet niet dat 6 °C maar het gemiddelde is. Sommige delen van de wereld zullen véél warmer worden, vooral de polen. Oogsten mislukken. Veel mensen raken ondervoed. Bossen vervallen tot savannen. Eilandnaties worden volledig overspoeld. Veel steden zullen verdwijnen als gevolg van de zeespiegelstijging. Klimaatvluchtelingen komen in beweging. 'Normale' temperaturen in veel delen van de wereld zullen ondraaglijk zijn. Zelfs de rijkste, meest gematigde naties zullen de meeste winters verwoestende overstromingen en bloedhete zomers beleven. Het risico is heel groot dat we een zichzelf versterkend effect in gang zetten: het gesmolten ijs weerkaatst minder zonlicht, door gesmolten permafrost komt meer methaan vrij uit de bodem van de oceaan, en afstervende bossen kunnen niet meer aangroeien om CO_2 uit de atmosfeer te halen. Een 6 °C warmere wereld blijft misschien maar kort bestaan – dit kan snel spiraalsgewijs naar 8 °C, 10 °C of meer stijgen. Dat zou een gigantische menselijke catastrofe zijn.

Nog maar enkele jaren geleden dacht ik dat we daarnaar op weg waren. Vergeet 1,5 °C of 2 °C – ons noodlot was 4, 5 of 6 °C, en daar viel niets aan te doen. De meeste mensen denken nog altijd dat dit de weg is waarop we ons bevinden. Gelukkig is dat niet zo.

In 2015 ging ik naar Parijs voor de grote, beroemde klimaatconferentie, COP21. Vertegenwoordigers en beleidsmakers uit alle landen kwamen bij elkaar om een nieuwe klimaatafspraak te maken. Het eerdere doel van de internationale overeenkomst was ervoor te zorgen dat de mondiale gemiddelde temperatuurstijging aan het eind van de eeuw onder de 2 °C zou blijven. Toen er geruchten rondgingen dat er werd gesproken over een doel van 1,5 °C, kon ik het dus niet geloven. Waren ze gek geworden? Ik had toen de hoop al laten varen dat we onder de 2 °C zouden blijven. Het lag zo ver buiten bereik. Het leek een illusie dat we de stijging onder de 1,5 °C konden houden. Toch haalde dit doel de uiteindelijke overeenkomst. Vooral als ambitie, maar het stond er toch maar. De wereld deed de plechtige belofte 'mondiale opwarming te beperken tot "ruim onder" de 2 °C boven de pre-industriële niveaus en ook, indien mogelijk, te "streven" naar inspanningen om de opwarming te limiteren tot 1,5 °C'.

Mijn kijk op 1,5 °C is sindsdien nauwelijks veranderd. Zonder een ingrijpende, onverwachte technologische doorbraak zullen we dit doel niet halen. Bijna alle klimaatwetenschappers die ik ken zijn het daarover eens: uiteraard willen zij de opwarming limiteren tot 1,5 °C, maar slechts een enkeling denkt dat dit ook gaat lukken. Dit weerhoudt ze er echter niet van om ervoor te knokken; ze weten dat elke 0,1 °C uitmaakt en de moeite waard is om je best voor te doen. Maar mijn kijk op 2 °C is wel degelijk veranderd. Ik ben nu voorzichtig optimistisch dat we in de buurt kunnen blijven. Het is waarschijnlijker dat we hoger zullen uitkomen dan 2 °C, maar misschien niet heel veel. Er is nog altijd een redelijke kans – als we de uitdaging serieus aanpakken – dat we eronder kunnen blijven.

Mijn visie veranderde snel toen ik in plaats van krantenkoppen de data bestudeerde. Ik concentreerde me niet op waar we nu staan, maar op het tempo waarmee dingen de afgelopen paar jaar zijn veranderd, en wat dit betekent voor de toekomst. Een organisatie – de Climate Action Tracker – volgt het klimaatbeleid van elk land, en de beloften en doelen van de betreffende landen. Deze voegt ze samen om in kaart te brengen wat er zal gebeuren met het mondiale klimaat. Bij Our World in Data beschrijf ik deze toekomstige klimaattrajecten en ik werk deze jaarlijks bij. Elke keer komen ze dichter bij de banen die we moeten volgen om onder de 2 °C te blijven.

Als we vasthouden aan het klimaatbeleid dat landen nu voeren, gaan we af op een wereld met een opwarming van 2,5 tot 2,9 °C.[2] Dit is natuurlijk verschrikkelijk en we moeten dat vermijden. Maar landen hebben plechtig beloofd om veel meer te doen. Ze hebben zich gecommitteerd aan een veel ambitieuzer beleid. Als elk land zich houdt aan zijn klimaatbeloften, komen we uit op 2,1 °C in 2100.

Hoe deze trajecten in de loop der jaren zijn veranderd, is veelbelovender. In een wereld zónder klimaatbeleid, zouden we op weg zijn naar een opwarming van minstens 4 of 5 °C. Dit is de weg waar we ons volgens de meeste mensen nog steeds op bevinden. Dat zou inderdaad een heel griezelige wereld zijn. Gelukkig hebben landen hun toezeggingen in de loop der tijd verhoogd. Geleidelijke toename van ambitie kan enorm veel uitmaken, zoals we zagen bij het voorbeeld van de ozonlaag.

Hoeveel warmer wordt de wereld?

Voorspelde opwarming in 2100 in vergelijking met pre-industriële temperaturen op basis van verschillende scenario's voor klimaatbeleid.

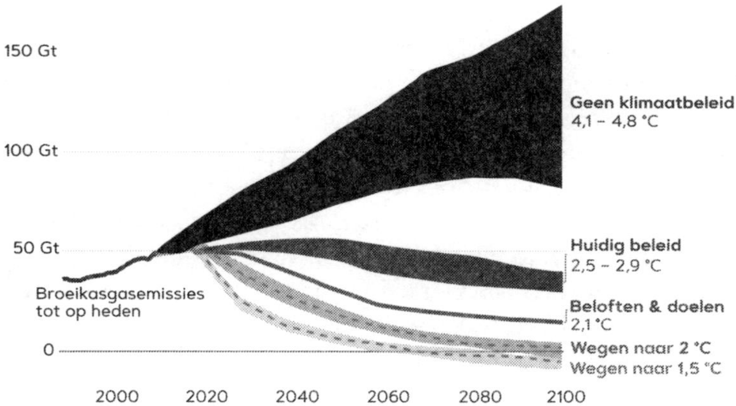

Gebaseerd op beleid en doelen per april 2022

De andere grote verandering is dat de overstap naar een duurzame economie met weinig CO_2-emissie niet meer wordt beschouwd als het offer waar hij vroeger voor werd aangezien. Fossiele brandstoffen waren veel goedkoper dan duurzame energiebronnen.

Elektrische voertuigen kostten een fortuin. Maar technologieën met weinig CO_2-uitstoot worden nu concurrerend qua kosten. Het is nu financieel verstandig om de klimaatvriendelijke weg te kiezen. Leiders zijn optimistischer geworden over hoe het landschap verandert. We zitten nog steeds een eindje verwijderd van een weg richting 2 °C. We moeten ons meer inspannen – en snel. Maar naarmate het realistischer wordt, heb ik er vertrouwen in dat we er steeds dichter bij kunnen komen.

Aan het begin van mijn tienerjaren dacht ik dat de meesten van ons zouden doodgaan aan klimaatverandering. Ik probeerde mijn klasgenoten hier ook van te overtuigen. Bij mijn mondeling examen Engels liet ik een kaart zien met alle steden en kustlijnen die aan het eind van de eeuw onder water zouden staan. Ik liet voorspelde satellietbeelden zien van de natuurbranden die de wereld zouden teisteren. Door te proberen belangstelling aan te wakkeren, gooide ik domweg olie op het vuur van mijn eigen angst.

Toen ik ging studeren aan de universiteit van Edinburgh, werd ik dagelijks overspoeld met beelden. Een deel daarvan zag ik vanzelfsprekend bij colleges, aangezien ik geowetenschappen was gaan studeren. Maar het is veelzeggender dat mijn obsessie met milieuwetenschap gelijk opging met de frequentietoename van de rapportages. Hoe meer vastbesloten ik werd om op de hoogte te blijven, hoe sneller de verhalen me bereikten, vaak samen met filmbeelden. Ik hoefde me het leed van de slachtoffers niet voor te stellen, ik kon dat zelf zien en horen. Als verantwoordelijk burger wilde ik geïnformeerd blijven. Ik moest weten wat de meest recente ramp was. Het leek een verraad aan de levens die verloren waren gegaan als ik me daarvan afsloot.

Doordat ik steeds meer berichten over rampen ontving, leek het erop dat dingen erger werden. Klimaatverandering veroorzaakte een intensivering van rampen, en er stierven meer mensen dan ooit.

Althans, dat dacht ik. Het probleem was dat ik de verhoging van de frequentie van berichten opvatte als een verhoging van de frequentie van rampen. Ik zag een toename van de intensiteit van mijn afgeleid lijden ten onrechte aan voor een toename in de intensiteit van wereldwijd lijden. In werkelijkheid had ik geen idee wat er aan de hand was. Werden rampen erger? Waren er dit jaar meer dan vorig jaar? Kwamen er meer mensen om het leven dan ooit tevoren?

Nadat Hans Rosling me had laten zien dat extreme armoede en kindersterfte daalden en scholing en levensverwachting toenamen, ging ik op zoek naar andere onderwerpen waarover mijn vooropgezette mening misschien onjuist was. Ik begon met data over 'natuurrampen'. Ik zou er veel geld op hebben durven inzetten dat er nu meer mensen omkwamen door rampen dan een eeuw geleden. Ik zat er volledig naast. Het sterftecijfer door rampen is sinds de eerste helft van de twintigste eeuw gedááld. En niet een beetje. Het ligt ongeveer tien keer zo laag.[3, 4]

Hier moet ik één ding benadrukken: niets van het bovenstaande betekent dat klimaatverandering niet plaatsvindt. Dat er minder doden vallen als gevolg van rampen, wil niet zeggen dat de rampen kleiner zijn of minder vaak voorkomen. Ontkenners misbruiken deze data vaak om de risico's van klimaatverandering te bagatelliseren. Maar dat kan helemaal niet op grond van de data.

In het verleden was het gebruikelijk dat rampen jaarlijks miljoenen mensen het leven kostten. Vooral de jaren twintig, dertig en veertig van de vorige eeuw was het raak. Er waren enkele zware aardbevingen die veel levens eisten: China, Japan, Pakistan, Turkije en Italië werden stuk voor stuk getroffen door een reeks aardbevingen die tienduizenden mensenlevens eisten. De meest dodelijke – de aardbeving die in 1920 de provincie Gansu in China trof – veroorzaakte naar schatting 180.000 dodelijke slachtoffers. Toch waren het droogtes en overstromingen die het meest dodelijk waren. China beleefde in de jaren twintig en dertig een aantal grote overstromingen, die vaak tot grootschalige hongersnood leidden en miljoenen mensen in één keer het leven kostten.

Het jaarlijks aantal slachtoffers is tegenwoordig veel kleiner, gewoonlijk tussen tien- en twintigduizend. Af en toe zijn er bijzonder catastrofale jaren waarin het aantal veel hoger ligt – zoals in 2010, toen het dodenaantal meer dan driehonderdduizend bedroeg, grotendeels als gevolg van de aardbeving op Haïti.

Toen ik afstand nam en deze trends bekeek, voelde ik me dom. Ik voelde me ook bedrogen. Ik was beetgenomen door een systeem dat geacht werd mij te onderwijzen over de wereld. Ik was een ijverige student. Ik kreeg onderscheidingen door als hoogste te eindigen bij vakken als aardmaterialen tot sedimentologie, atmosfeerwetenschap tot oceanografie. Ik kon complexe diagrammen van seismische breuken maken, ik kon de chemische formules van bladzijden vol mineralen uit mijn hoofd opsommen, maar had je me gevraagd een diagram te tekenen van de ontwikkeling van het aantal doden door rampen, dan had ik dat omgekeerd getekend.

Er komen veel minder mensen om door natuurrampen dan in het verleden
Dodenaantallen door 'natuur'-rampen, gemeten als het aantal doden per decennium per 100.000 inwoners.
Het aantal doden is gedaald, niet omdat er minder rampen zijn of omdat deze minder ernstig zijn, maar omdat onze infrastructuur, monitorings- en reactiesystemen veel veerkrachtiger zijn geworden.

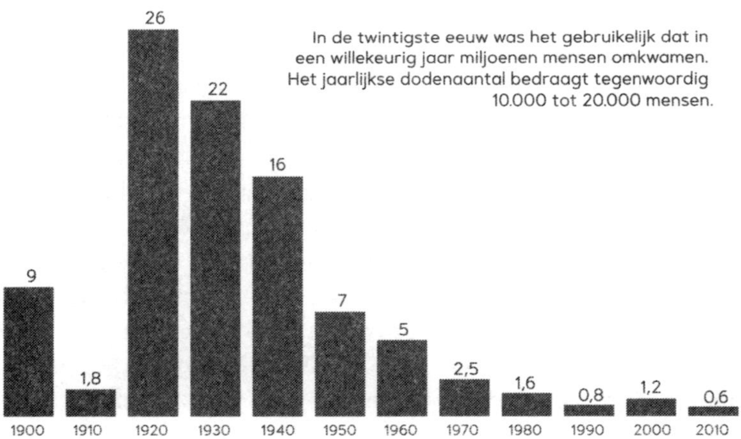

Ik stond niet alleen in mijn onwetendheid. In de Gapminder Misconception Study van 2017 werden mensen uit veertien landen twaalf cruciale vragen gesteld, waaronder deze:

> In welke mate is het jaarlijks aantal doden door natuurrampen in de afgelopen honderd jaar veranderd?
> a. Meer dan verdubbeld
> b. Min of meer hetzelfde gebleven
> c. Ruim gehalveerd

Slechts 10 procent beantwoordde dit correct: c. Het meest gegeven antwoord, 48 procent, luidde a.

Ik vrees dat deze loskoppeling sindsdien alleen maar erger is geworden. Klimaatverandering krijgt meer aandacht, en terecht. Maar de verslaggeving is versimpeld. Sommige media beschouwen de frequentie van verhalen als hun belangrijkste prestatiemaatstaf. 'Met elke drie uur een artikel over het milieu is *The Guardian* toonaangevend in de strijd om de planeet te redden,' staat te lezen op een grote banner op de website van de krant.[5] Met andere woorden: *The Guardian* wil zo veel en zo snel mogelijk vernietigende artikelen afvuren. Hoe sneller ze dit doen, des te meer gaat het 'redden van de planeet' hun aan het hart. Het is angst aanwakkerende informatie, die onvermijdelijk leidt tot de conclusie dat alles steeds erger wordt.

We mogen door het dalende dodental de risico's van klimaatverandering niet bagatelliseren. Dit laat ons juist zien dat mensen in staat zijn problemen op te lossen. Een eeuw geleden leidden overstromingen en droogtes tot ernstige hongersnoden waardoor miljoenen mensen omkwamen.[6] Voedselonzekerheid is nog altijd een groot probleem – waar we ons in hoofdstuk 5 over zullen buigen – maar ernstige hongersnoden behoren bijna tot het verleden. Onze infrastructuur is nu zodanig gebouwd dat deze aardbevingsbestendig is. We kunnen naderende orkanen voorspellen en volgen. We kunnen evacueren voor het te laat is. Als zich toch een ramp voordoet, kunnen we snel reageren. In eigen land zorgen we voor noodopvang en herbouwen we gemeenschappen. In het buitenland faciliteren we internationale ondersteuningsnetwerken. We sturen de beste experts en pakketten met essentiële goederen.

Werken aan veerkracht, en het voorspellen van en reageren op rampen kost geld. Ons succes bij het beperken van de impact ervan vloeit voort uit een toename van kennis en wetenschappelijk inzicht. Meteorologen kunnen een model maken van het stormverloop. Bouwkundigen werken samen met seismologen aan het ontwerp van gebouwen die extreme krachten kunnen weerstaan. Innovaties op het gebied van de landbouw zorgen ervoor dat ons voedselsysteem schokken kan doorstaan en weer kan terugveren. Maar dit succes is ook te danken aan grotere rijkdom. Voor deze hypermoderne netwerken en infrastructuur is geld nodig. Het heeft geen zin om aardbevingsbestendige gebouwen te ontwikkelen als niemand die kan betalen. Het is zinloos ontsnappingsroutes te bedenken als er geen wegen zijn om over te rijden, of voertuigen om mee te rijden. Het heeft geen nut nieuwe landbouwtechnieken te ontwikkelen als boeren zich de zaden en kunstmest niet kunnen veroorloven. Er komen tegenwoordig minder mensen om door rampen omdat de wereld rijker is.

Maar niet iedereen is rijker, en dit is het grootste risico van klimaatverandering. Bovendien is het niet onvermijdelijk dat het aantal dodelijke slachtoffers door rampen zal blijven dalen. Er bestaat een gerede kans dat klimaatverandering deze trend zal terugdraaien. Maar niet als we de klimaatverandering kunnen afremmen en tegenhouden.

Nu gaan we bekijken wat we kunnen doen om klimaatverandering aan te pakken. Om dit zinvol te laten zijn moeten we twee dingen aanvaarden: er is klimaatverandering, en menselijke uitstoot van broeikasgassen is daar verantwoordelijk voor. Het bestaan van klimaatverandering ga ik hier niet trachten te bewijzen – daar heb ik de tijd en ruimte niet voor, en dat is al door vele anderen gedaan. Ten tweede hebben we daar geen tijd voor. Met 'we' bedoel ik de mensheid als collectief. De tijd om te discussiëren over de vraag of er wel of geen klimaatverandering is, ligt achter ons. We moeten overgaan naar de vraag wat we eraan gaan doen.

HOE WE HIER ZIJN GEKOMEN

Van bossen tot fossiele brandstoffen

De CO_2-emissies begonnen na de industriële revolutie snel te stijgen. Mensen prutsen echter al tienduizenden jaren met het evenwicht aan gassen in de atmosfeer. Onze CO_2-emissies komen van twee grote bronnen: verbranding van fossiele brandstoffen en verandering van landgebruik. Als we bomen omhakken, zorgen we dat biologische koolstof in de atmosfeer komt. Ontbossing is bepaald geen recent verschijnsel, zoals we in het volgende hoofdstuk zullen zien. Mensen geven de landschappen van de wereld al duizenden jaren een andere vorm, waarbij ze tegelijkertijd koolstof laten vrijkomen.

Kijken we naar schattingen van de hoeveelheid koolstof die we hebben vrij laten komen in de afgelopen tienduizend jaar door middel van ontbossing en de omzetting van grasland in landbouwgrond, dan komt dat op omstreeks 1400 miljard ton CO_2.[7] Onze voorouders draaiden dus al millennia langzaam aan de thermostaat van de aarde, nog voor we fossiele brandstoffen uit de aarde begonnen te graven.

Tot de achttiende eeuw konden mensen uit slechts drie hoofdbronnen energie halen: hun vee, hout uit bossen en menselijke kracht. Deze bronnen laten zich echter niet goed opschalen: onze hoeveelheid bos is niet onbeperkt, en het menselijk vermogen is ook begrensd. De menselijke ontwikkeling werd gehinderd doordat er geen energiebron was die kon worden uitgebreid. Toen ontdekten we steenkool.

In het VK – de bakermat van de industriële revolutie – nam het steenkoolgebruik in de achttiende en het begin van de negentiende eeuw langzaam toe.[8] Daarna ging het sneller. Andere landen in Europa en de VS deden ook mee. In 1900 bedroegen de emissies in het VK tien ton per persoon.[9] In de VS maar liefst veertien ton. Vergelijk dat met slechts vijf ton in China, en omstreeks één ton in India vandaag de dag. Het valt goed te begrijpen dat veel groeiende economieën boos worden wanneer de welvarende wereld tegen hen zegt dat ze moeten ophouden kolen te verbranden.

Halverwege de twintigste eeuw had de wereld de energie van olie, en vervolgens aardgas, ontsloten. We konden niet alleen elektriciteit genereren, we konden bovendien het transport en de transitie naar schonere manieren om onze woningen te verwarmen, opschalen.

De wereldbevolking groeide snel, en mensen werden rijker. Fossiele brandstoffen betekenden vooruitgang. Mensen dachten in de jaren vijftig van de vorige eeuw niet: laten we de generaties die na ons komen het leven zuur maken door uitsluitend gebruik te maken van een energiesysteem gebaseerd op steenkool en olie. Fossiele brandstoffen maakten de weg vrij naar een betere toekomst.

Uitstoot per hoofd van de bevolking door koolverbranding is een fractie van die van de rijke landen in het verleden
Emissies per capita worden gemeten in tonnen koolstofdioxide (CO_2) per persoon.
China en India gelden nu als grote uitstoters, maar de emissies per capita zijn slechts een fractie van de emissies in het VK en de VS in het verleden.

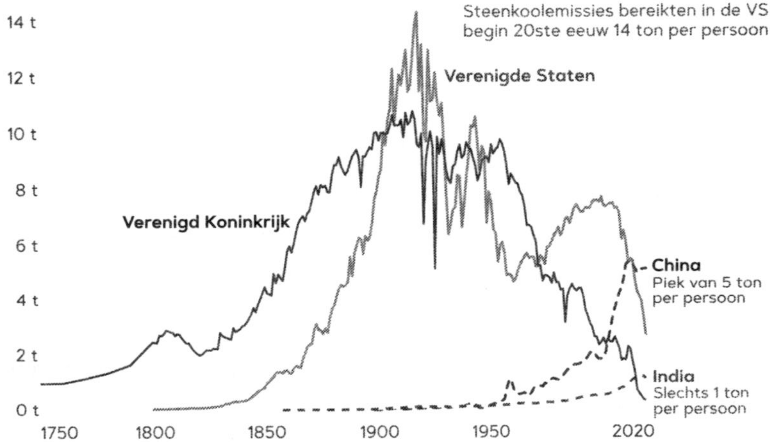

Historisch gezien stootte je meer CO_2 uit naarmate je rijker was, en waren vooral rijke landen verantwoordelijk voor de koolstofemissies op aarde. Daarin kwam verandering in de tweede helft van de twintigste eeuw toen groeiende economieën begonnen op te komen. De opkomst van China, India, Indonesië, Maleisië, Thailand en Zuid-Afrika is een menselijke triomf geweest. Daardoor zijn armoede en leed enorm verminderd. Maar dit werd mogelijk gemaakt door fossiele brandstoffen en dit voegde honderden miljarden ton CO_2 toe aan de atmosfeer. Tegelijkertijd begonnen veel welvarender landen hun emissies te reduceren, terwijl ze tegelijk nóg rijker werden. Met de opkomst van lage- en middeninkomenslanden, en de daling in rijke landen, begon de hoeveelheid koolstofuitstoot per capita in de wereld te convergeren.

WAAR WE NU STAAN

De totale emissies stijgen nog steeds, maar de emissie per persoon is over haar toppunt heen

De wereld is al voorbij de piek van emissies per hoofd van de bevolking. Dat gebeurde tien jaar geleden. De meeste mensen weten dit niet.

In 2012 bereikte de wereld het hoogste punt met 4,9 ton per persoon.[10] Sindsdien zijn de emissies per hoofd van de bevolking langzaam aan het dalen. Lang niet snel genoeg, maar ze dalen niettemin. Dit wijst erop dat de piek van onze totale (niet per hoofd) CO_2-emissies nadert. Dit geldt voor elke meeteenheid in een wereld met een groeiende populatie. Metingen per hoofd van de bevolking zullen eerst een piek bereiken, waarna een kritiek moment volgt: zal onze impact per persoon sneller afnemen dan de populatie groeit?

Daar zijn we heel dichtbij. In de jaren zestig en zeventig stegen de emissies snel, en in de jaren negentig en het begin van de 21ste eeuw opnieuw. De afgelopen jaren is deze groei flink vertraagd. De emissies namen van 2018 tot 2019 nauwelijks toe. En ze daalden zelfs in 2020 als gevolg van de coronapandemie. Ik ben er optimistisch over dat we in de jaren 2020 de piek van de mondiale emissies kunnen bereiken.

WIE STOOT DE MEESTE BROEIKASGASSEN UIT?

Als we de piek van onze emissies willen bereiken om die vervolgens terug te brengen, moeten we weten waar ze vandaan komen. Wie is verantwoordelijk? Dat lijkt een eenvoudige vraag, maar er is geen simpel antwoord. De rekensom is het probleem niet – ik beschik over alle cijfers. Het probleem is overeenstemming bereiken over wat 'verantwoordelijkheid' eigenlijk betekent. Er kunnen allerlei maatstaven worden gebruikt om landen te vergelijken, en mensen worden het er nooit over eens welke de beste zijn.

De wereldwijde CO_2-emissies per hoofd van de bevolking hebben hun piek bereikt; de totale hoeveelheid emissies zullen dat binnenkort ook doen
Koolstofdioxide-emissies uit fossiele brandstoffen en de industrie. Verandering van grondgebruik is niet opgenomen.

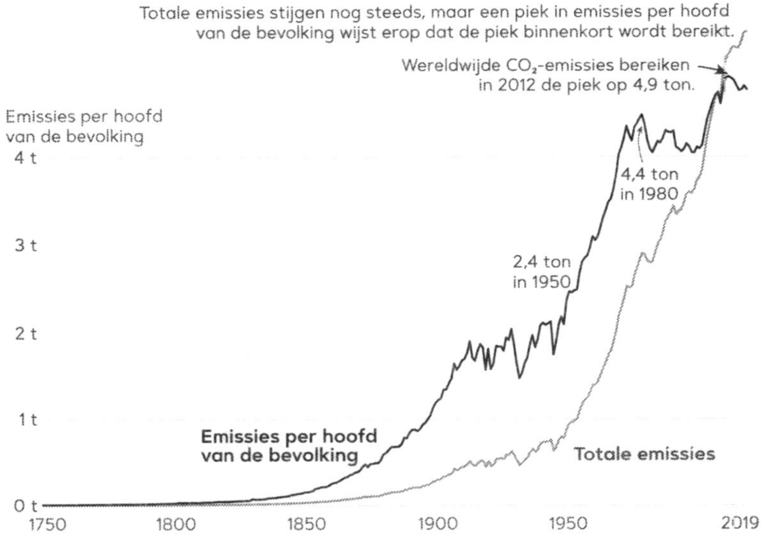

Hebben we het over hoeveel elk land per jaar of per hoofd van de bevolking uitstoot? Hoe zit het met de historische verantwoordelijkheid van een land – moeten we alle emissies in de loop der jaren optellen? Dan is er ook nog de netelige kwestie van handel: als het VK iets koopt wat is gemaakt in China, komen die emissies dan op de rekening van China of die van het VK? Als puntje bij paaltje komt is er niet één 'goed' antwoord.

Het is goed om deze getallen in perspectief te plaatsen, dus laten we bekijken hoe verschillende landen of regio's ervoor staan.[11] China staat bovenaan de lijst van uitstoters. Dit hoeft niet te verbazen, want hier wonen de meeste mensen. Het stoot circa 29 procent van de emissies van de wereld uit. De VS staat met 14 procent op de tweede plaats. De Europese Unie (die bij klimaatonderhandelingen doorgaans als groep deelneemt) is de volgende met 8 procent, gevolgd door India met 7 procent, en daarna Rusland met 5 procent.

Welke landen hebben het meest bijgedragen aan klimaatverandering?
Koolstofdioxide-emissies uit fossiele brandstoffen en industrie.
Veranderingen in grondgebruik zijn niet opgenomen.

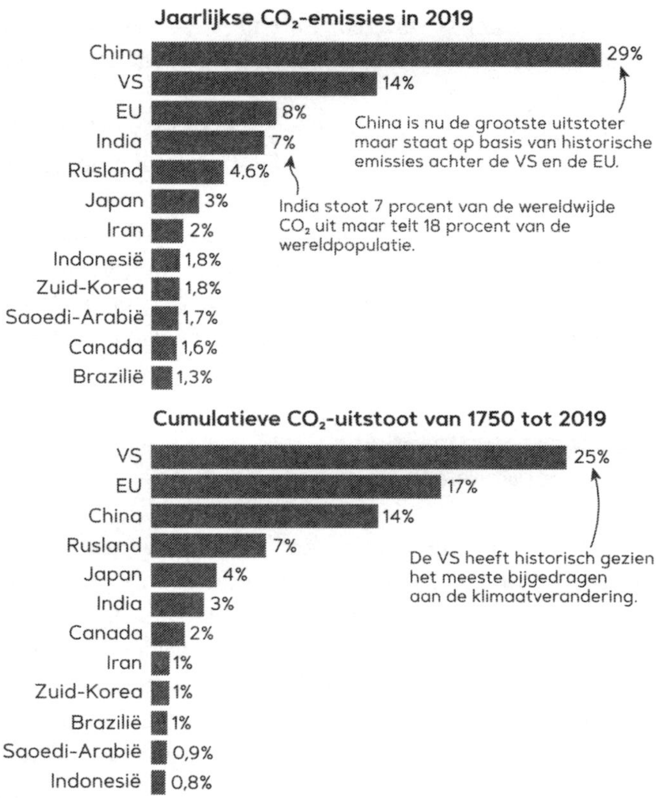

We kunnen de ongelijkheid al zien. India is verantwoordelijk voor 7 procent van de emissies maar telt 18 procent van de wereldbevolking. De VS draagt 14 procent van de emissies bij maar telt slechts 4 procent van de wereldbevolking. Dat is bijna een spiegelbeeld van het hele Afrikaanse continent, waar 17 procent van de wereldbevolking woont maar dat slechts 4 procent uitstoot. Die verschillen worden zelfs nog extremer als we inzoomen op afzonderlijke landen en de emissies per persoon vergelijken.

Ook als we de historische verantwoordelijkheid van elk land onder de loep nemen, is het beeld vertekend. Hiervoor tellen we alle emissies van een land sinds 1750 op. De VS, die 25 procent van alle emissies ter wereld heeft bijgedragen, staat ver bovenaan. De EU staat met 17 procent op de tweede plaats. China zakt op de lijst naar de derde plaats, want het is verantwoordelijk voor maar de helft van de bijdrage van de VS. India staat zelfs nog lager, want dat heeft slechts 3 procent uitgestoten.

Deze perspectieven kunnen handig zijn. Maar als we van klimaatverandering een spelletje zwartepieten maken, houdt het nooit op. Mensen ruziën niet echt over de cijfers. Ze ruziën over welke cijfers ze überhaupt moeten hanteren. Als ze het daar niet over eens kunnen worden – wat vaak zo is – levert de strijd niets nuttigs op. Dit gevecht hindert internationale klimaatafspraken al decennia. De VS en de EU geven China en India de schuld, die vervolgens met een andere (uiterst redelijke) maatstaf terugkaatsen.

Rijkere mensen stoten meer uit, maar dat is niet het hele verhaal

Sommige landen in Afrika ten zuiden van de Sahara dragen vrijwel niets bij aan de mondiale emissies. De gemiddelde inwoner van Tsjaad stoot slechts 0,06 ton CO_2 per jaar uit. In een heel jaar stoten ze dezelfde hoeveelheid uit als de gemiddelde Amerikaan in anderhalve dag. Als je geen fossiele brandstoffen, elektriciteit, een auto of industrie hebt, zal je koolstofvoetafdruk extreem gering zijn.

Als we rijker worden, kunnen we over deze dingen beschikken en nemen onze emissies toe. Dat is niet het hele verhaal. We zien grote verschillen in emissies tussen rijke landen. Cultuur, de infrastructuur van transport en wat we als energiebronnen kiezen, maken veel uit. De levensstandaard in Zweden is net zo hoog als in de VS, zo niet hoger. Toch stoot de gemiddelde Zweed slechts een kwart uit van de emissies van de gemiddelde Amerikaan, en de helft van de gemiddelde Duitser. En sommige middeninkomenslanden – zoals China en Zuid-Afrika – hebben nu veel rijkere landen in Europa ingehaald als het gaat om emissies per hoofd van de bevolking. En dat komt niet alleen doordat rijke landen hun emissies naar andere gebieden hebben geëxporteerd.

Zweden en Frankrijk, met veel kernenergie en waterkracht, hebben zeer koolstofarme elektriciteitsnetwerken. Ze hebben niet de enorme transportemissies van de VS. Een welvarend bestaan hoeft geen hoge klimaatprijs te hebben.

Er bestaan grote verschillen in CO_2-uitstoot per persoon, zelfs tussen rijke landen

Koolstofdioxide-uitstoot door fossiele brandstoffen en industrie, gemeten in ton per jaar. Veranderingen in grondgebruik zijn niet meegerekend.

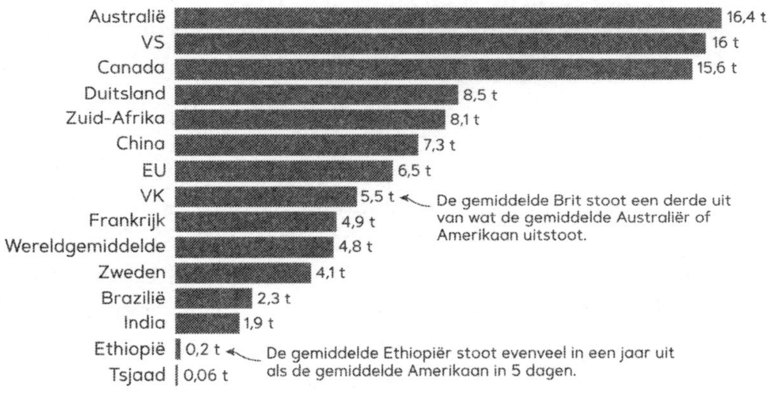

Duurzamer dan mijn oma: veel landen hebben hun emissies al gereduceerd

Een van de eenvoudige dingen die me heel blij maken in het leven, is een e-mail van mijn oma. Mijn oma is bijna negentig en kan bijna met een iPad uit de voeten. Daar bedoel ik mee dat ze de eenvoudige dingen ermee kan doen, zoals een foto bekijken en een e-mail sturen. Ze heeft geen iPhone, laptop of smartwatch. Mijn opa wijst alle moderne technologie, behalve televisie, van de hand. Hun leven is bijna hetzelfde als een paar decennia geleden. Dit heeft een scheidslijn veroorzaakt tussen de generaties als het om klimaatverandering gaat. Velen beschouwen de levensstijl van jongeren als een probleem. We zijn de hele dag met energie slurpende gadgets in de weer. We trekken naar dichtbevolkte steden zonder tuinen of groen. We kopen veel spullen en nemen niet de moeite iets te repareren. We zijn nooit zuinig met voedsel en verspillen er te veel van.

Toch is mijn CO_2-voetafdruk nog niet de helft van die van mijn grootouders toen zij zo oud waren als ik. Toen mijn grootouders twintigers waren, stootte de gemiddelde inwoner van het VK elf ton CO_2 per jaar uit. We stoten nu nog geen vijf ton uit. Het gat tussen mij en mijn ouders is net zo breed. Van de jaren 1950 tot de jaren 1990 veranderden de emissies in het VK nauwelijks. Pas sindsdien – in mijn leven – zijn de emissies scherp gedaald.

Dit lijkt haast niet te geloven. Hoe kan mijn levensstijl nu duurzamer zijn dan die in de jaren vijftig? Ik zal niet pretenderen dat ik net zo zuinig ben als mijn grootouders. Ik verspil veel meer. Ik zet de verwarming eerder aan. Ik sluit mijn gadgets urenlang aan op het elektriciteitsnetwerk om ze op te laden. Toch gebruik ik veel minder energie en stoot ik veel minder koolstof uit.

Dat heeft de technologie mogelijk gemaakt. In 1900 was bijna alle energie van het VK afkomstig van steenkool, en in 1950 voorzag die nog steeds 90 procent ervan. Nu levert steenkool nog geen 2 procent van onze elektriciteit, en de regering heeft beloofd dit in 2025 volledig te hebben geëlimineerd. In de bakermat ervan, waar het allemaal begon, is nu bijna helemaal geen steenkool meer. Die is vervangen door andere energiebronnen: gas, vervolgens kernenergie en nu een transitie naar wind, zonne-energie en andere duurzame bronnen.

Dat wil zeggen dat we voor elke eenheid energie die we verbruiken, veel minder CO_2 uitstoten. Maar dat is niet de enige verandering. We gebruiken bovendien in totaal veel minder energie. Het energiegebruik per hoofd van de bevolking is sinds de jaren zestig met zo'n 25 procent gedaald. Jaar in, jaar uit zijn er efficiëntere apparaten in ons leven verschenen. Eerst ging het om verbeteringen in de energieprestaties van witgoed, daarop volgde de trend inefficiënte gloeilampen te vervangen. Toen kwamen dubbele beglazing en isolatie van woningen om te voorkomen dat warmte naar buiten lekte. Toen ik klein was, was ons televisietoestel – we hadden er 'maar' één – een reusachtige doos van ogenschijnlijk wel twee meter diep. Het scherm was zo klein dat je er echt bovenop moest zitten om iets te kunnen zien. Onze auto slurpte benzine. Niet zoals de SUV's van tegenwoordig. Zo'n auto zouden mijn ouders nooit hebben gekocht. Nee, onze auto was tweedehands en het was een 'stuk roest'. Hij was inefficiënt: je hoorde de motor brullen en je voelde dat die oververhit raakte. Hij reed verschrikkelijk onzuinig.

Dankzij deze technologische reuzenstappen gebruiken we veel minder energie dan vroeger, ondanks het feit dat we schijnbaar een buitensporig energie-intensievere levensstijl hebben. Het klopt gewoon niet dat we zuinig moeten zijn om een koolstofarm leven te leiden. In het VK stoten we nu ongeveer evenveel uit als iemand in de jaren 1850. Ik stoot evenveel uit als mijn betbetovergrootouders. En ik heb een veel hogere levensstandaard.

Mijn koolstofvoetafdruk is de helft van die van mijn grootouders
CO_2-emissies per hoofd van de bevolking in het VK, gemeten als de gemiddelde hoeveelheid ton per persoon.

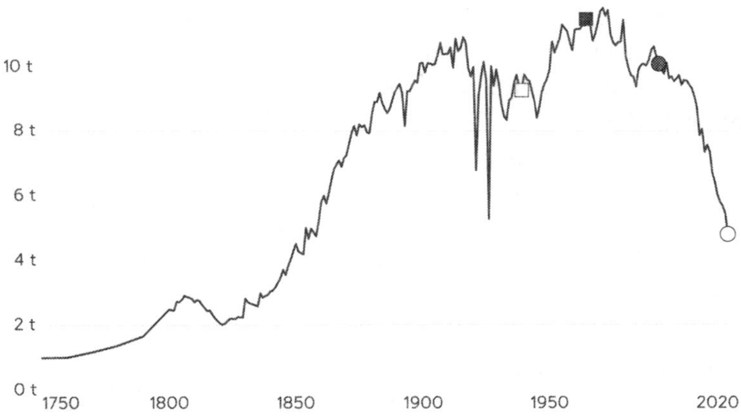

□ **1938:** 9,3 ton per persoon. Geboortejaar van mijn grootouders.
■ **1965:** 11,5 ton per persoon. Geboortejaar van mijn ouders. Mijn grootouders waren zo oud als ik nu ben.
● **1993:** 10 ton per persoon. Mijn geboortejaar. Mijn ouders waren zo oud als ik nu ben.
○ **2019:** 5,5 ton per persoon. Terug op het niveau van 1859. Dezelfde emissies als van mijn betbetovergrootouders.

Net als in het VK dalen de emissies in de meeste rijke landen snel. Emissies per hoofd van de bevolking in de VS en Duitsland zijn met een derde gedaald sinds de jaren zeventig. In Frankrijk zijn ze meer dan gehalveerd en in Zweden zijn ze met bijna twee derde gedaald.

Toch weten maar heel weinig mensen dat de emissies dalen. Een van mijn collega-klimaatwetenschappers, Jonathan Foley, hield onlangs een peiling onder zijn volgelingen op Twitter.[12] Hij vroeg hoe het ervoor stond met emissies in de VS in de afgelopen vijftien jaar. Waren die:

a. Met ruim 20 procent toegenomen
b. Met 10 procent toegenomen
c. Hetzelfde gebleven
d. Met 20 procent gedaald

Duizenden mensen reageerden. Twee derde van hen koos a of b. Slechts 19 procent gaf het juiste antwoord d. Niet gek dat mensen denken dat we eraan gaan.

In veel landen is de economie gegroeid terwijl de emissies zijn gedaald – en dat komt niet doordat ze hun uitstoot naar het buitenland verplaatsen

Als ik vertel dat de emissies in welvarende landen dalen, krijg ik meestal als reactie dat ze 'hun emissies niet echt terugdringen maar die gewoon naar andere landen overhevelen'. Aangezien de CO_2-emissies gewoonlijk worden gemeten op basis van het land waarin ze worden geproducéérd, maken rijke landen misschien een sluwe rekensom om er goed op te kunnen staan. Als ze China, India, Indonesië of Bangladesh zover krijgen dat die hun spullen voor hen produceren, dan hoeven ze die emissies niet in hun verslaggeving op te nemen. Daardoor zouden rijke landen het goed lijken te doen, maar in werkelijkheid niets doen voor het klimaat. Het maakt voor het klimaat niet uit of CO_2 in het VK of in China wordt uitgestoten. Alleen de totale hoeveelheid doet ertoe.

Het 'naar het buitenland brengen' van emissies is een belangrijke kwestie. Gelukkig is het niet het hele verhaal. Onderzoekers kunnen handelsgegevens van de hele wereld gebruiken om aan te passen voor de koolstof die wordt uitgestoten bij de productie van goederen die worden geëxporteerd of geïmporteerd.[13, 14] Als we rekening houden met al deze verhandelde goederen, krijgen we zogenoemde 'op consumptie gebaseerde emissies': voor het VK geven deze niet alleen de emissies die worden geproduceerd binnen de eigen grenzen weer, maar ook die welke samenhangen met alle goederen die het uit het buitenland importeert.

In het VK is het bruto binnenlands product per hoofd van de bevolking sinds 1990 met zo'n 50 procent gegroeid.[15] Binnenlandse uitstoot is gehalveerd. Op consumptie gebaseerde uitstoot – die is gecorrigeerd voor 'verplaatsing naar het buitenland' – is met een derde gedaald. Het is niet waar dat het VK al zijn uitstoot naar het buitenland heeft verplaatst. De reductie van de emissies is echt – of ze nu binnenlands of internationaal worden geteld. Dit geldt voor de meeste welvarende landen. In Duitsland is zowel de binnenlandse als de op consumptie gebaseerde uitstoot met een derde gedaald. Het bbp per hoofd van de bevolking is met 50 procent gestegen. In Frankrijk is de op consumptie gebaseerde uitstoot met een kwart gedaald, het bbp per hoofd van de bevolking met een derde gegroeid. In de VS zijn de emissies sinds 2005 met een kwart gedaald, zowel binnenlands als gecorrigeerd voor verplaatsing naar het buitenland.

Veel landen hebben economische groei en CO_2-uitstoot ontkoppeld
Hieronder wordt het verschil in bruto binnenlands product (bbp) en CO_2-uitstoot per hoofd van de bevolking tussen 1990 en 2019 zichtbaar gemaakt.
CO_2-emissies zijn afgebeeld als op productie gebaseerde binnenlandse uitstoot, en afzonderlijk daarvan als emissies gecorrigeerd voor internationale handel en offshoring.

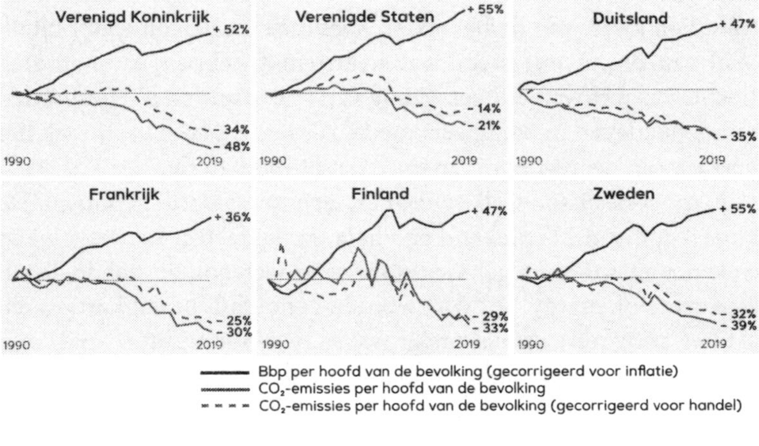

Deze weergave haalt zelden het nieuws. Economische groei en emissiereductie worden vaak als onverenigbaar voorgesteld. Landen laten echter zien dat ze wel degelijk verenigbaar zijn. Dit wil helemaal niet zeggen dat rijke landen de reducties snel genoeg terugdringen, allesbehalve. Dat kunnen en moeten ze veel sneller doen. Maar het laat ons zien dat het reduceren van emissies wel degelijk mogelijk is. En het hoeft niet te betekenen dat de economie tegelijkertijd krimpt.

Koolstofarme technologieën worden steeds goedkoper

Ik heb de gewoonte te onderschatten hoe snel dingen kunnen veranderen. De meesten van ons zijn in het verleden te pessimistisch geweest over duurzame energie, zelfs de deskundigen. Ik zag niet in hoe koolstofarme energie snel genoeg kon groeien en dat was een deel van de reden waarom ik dacht dat 2 °C bij lange na niet haalbaar zou zijn. Energietransities gingen in de loop van de geschiedenis altijd heel langzaam. De wetenschapper Vaclav Smil heeft dit in zijn werk verscheidene keren laten zien.[16, 17, 18] Een nieuwe versie maken van energiesystemen en de overstap van de ene bron naar een andere, van hout naar steenkool of van steenkool naar olie, vergde vele decennia, zo niet langer. En steenkool, olie en gas waren zo veel goedkoper dan zonne- of windenergie, vooral met ruime subsidies voor fossiele brandstoffen.

Laten we even in de tijd teruggaan, naar 2009. Je bent de premier van een arm land en je wilt een nieuwe energiecentrale bouwen. Een kwart van de bevolking heeft helemaal geen elektriciteit. Veel van de inwoners die wél elektriciteit hebben, kunnen zich slechts veroorloven er heel weinig van te consumeren. Honderden miljoenen leven in energiearmoede. Als leider is het jouw taak het bestaan van de inwoners van jouw land te verbeteren.

Jij moet beslissen welk type energiecentrale wordt gebouwd. De kosten zijn vanzelfsprekend een belangrijke factor. We vergelijken elektriciteitsbronnen gebaseerd op een meeteenheid die de 'levelized costs of energy' (LCOE) worden genoemd. LCOE kun je zien als het antwoord op de vraag: wat is de minimumprijs die mijn klanten zullen moeten betalen zodanig dat de energiecentrale gedurende zijn hele levensduur quitte speelt? Hierbij worden meegerekend de kosten van de bouw van de centrale, maar ook de lopende uitgaven voor de brandstof en operaties.

Hieronder staan je keuzemogelijkheden met bijbehorende kosten *per eenheid* elektriciteit:[19, 20]

a. Fotovoltaïsche zonne-energie: $ 359
b. Thermische centrale: $ 168
c. Windturbines op land: $ 135
d. Kerncentrale: $ 123
e. Kolencentrale: $ 111
f. Gascentrale: $ 83

Welke kies je? Als je je zorgen maakt om klimaatverandering, kies je zonne-, wind- of kernenergie. Helaas kost zonne-energie ruim drie keer zoveel als steenkool. Bij een vaststaand budget, voorzie je in drie keer zo weinig elektriciteit. In een land waar een kwart van de mensen helemaal geen elektriciteit heeft en nog veel meer mensen zich maar heel weinig kunnen veroorloven, ontzeg je dan mensen dus betaalbare energie. Dat zou in geen geval goed vallen bij de bevolking. Het was deze keuze waar de meeste landen voor kwamen te staan en ze kozen uiteraard steenkool of gas. Het hoeft dus niet te verbazen dat het zo moeilijk is geweest om landen zover te krijgen dat ze klimaatverandering aanpakten.

Binnen tien jaar is dit volledig veranderd. Nu is het 2019 en moet je hetzelfde besluit nemen. Dit zijn nu de prijzen:

a. Kerncentrale: $ 155
b. Thermische centrale: $ 141
c. Kolencentrale: $ 109
d. Gascentrale: $ 56
e. Wind op land: $ 41
f. Fotovoltaïsche zonne-energie: $ 40

In slechts tien jaar zijn zonnecellen en windenergie van de duurste veranderd in de goedkoopste opties. De prijs van elektriciteit uit zonne-energie is met 89 procent gedaald en die uit wind op land is met 70 procent gedaald. Ze zijn nu goedkoper dan steenkool. Leiders hoeven niet meer de moeilijke keuze te maken tussen klimaatactie en energie voor hun bevolking. De koolstofarme keuze is ineens de zuinige keuze. Het is verbijsterend zo snel als deze verandering zich heeft voltrokken.

Hoe komt het dat de kosten van zonne- en windenergie zo snel zijn gedaald? De prijs van fossiele brandstoffen en kernenergie is afhankelijk van de prijs van de brandstof – steenkool, olie, gas of uranium – plus de kosten van het operationeel houden van de centrale zelf. Bij duurzame energie ligt dat anders. Zonlicht en wind zijn gratis. In plaats daarvan vloeien de kosten voort uit de onderdelen van de technologie zelf – de elektronische componenten en zonnemodules. In de jaren zestig had zonne-energie nooit zo'n hoge vlucht kunnen nemen. Mijn collega Max Roser heeft berekend dat één zonnepaneel in 1956 minstens 596.800 dollar zou hebben gekost in huidig geld. Het zonnepaneel stierf ondanks de exorbitante prijs geen vroege dood, omdat we het in de ruimte nodig hadden. In de jaren vijftig werden ze gebruikt als energiebron voor satellieten. Jaar in, jaar uit werd deze technologie verder ontwikkeld. In de jaren zeventig daalde deze af uit de ruimte naar het land. Wel alleen nog maar in kostbare situaties waar geen gebruik kon worden gemaakt van een elektriciteitsnet: vuurtorens, afgelegen spoorwegovergangen en de koeling van vaccins.

De afgelopen paar decennia is zonne-energie (en windenergie) goedkoper geworden doordat we er meer van zijn gaan gebruiken. Dit noemen we een 'leercurve'. Doordat we technologieën gebruiken en opschalen leren we ze efficiënter te maken. Technologieën kunnen in een opwaartse spiraal raken: er worden meer zonnepanelen gebruikt, de prijzen dalen, de vraag ernaar neemt toe en dus gebruiken we er meer en zo verder. De 'leercurve' voor zonnepanelen lag op 20 procent: dat wil zeggen dat telkens als de geïnstalleerde capaciteit van zonnepanelen verdubbelt, de prijs met 20 procent daalt.[21] Windenergie voor de kust en op land heeft een vergelijkbare weg als zonne-energie achter de rug.

Dit geldt niet alleen voor bronnen van duurzame energie. Voor de aanpak van de periodiciteit van duurzame energie en om technologieën zoals elektrische voertuigen te ontsluiten, hebben we batterijen nodig. Grote, goedkope batterijen. Hier hebben we precies hetzelfde zien gebeuren. De afgelopen drie decennia is de prijs van lithium-ionbatterijen met ruim 98 procent gedaald.[22, 23] Deze zijn pas sinds een paar jaar enigszins betaalbaar voor elektrische voertuigen. Hierover later meer.

Wat geen leercurve heeft gevolgd zijn fossiele brandstoffen, zoals steenkool. Kolencentrales zijn moeilijk efficiënter te maken dan ze zijn. Er valt moeilijk iets te veranderen aan de hoeveelheid energie die je uit een brok steenkool kunt halen en de hoeveelheid verspilde energie. En de prijs van steenkoolenergie is gekoppeld aan de kosten van de brandstof zelf. Deze kosten stijgen en dalen, maar er zijn vaste kosten gebonden aan de prijs om hem uit de grond te halen. Met andere woorden: koolstofarme technologieën worden steeds goedkoper. Fossiele brandstoffen niet.

Deze zeer recente ontwikkelingen zijn zonder meer cruciaal geweest. Ze hebben het landen mogelijk gemaakt nieuwe koolstofarme en goedkope mogelijkheden te kiezen. Daardoor hoeven arme landen niet de zwaar op fossiele brandstoffen leunende en niet-duurzame routes te volgen die rijke landen hebben afgelegd. Ze kunnen onze eeuwen durende reis met sprongen bekorten. En ze hoeven geen menselijk welzijn of toegang tot energie op te offeren. Sterker nog, door deze technologieën over te nemen kunnen ze ervoor zorgen dat nog meer mensen toegang krijgen tot betaalbare energie.

HOE PAKKEN WE KLIMAATVERANDERING AAN?

Als het om klimaatactie gaat begint het de goede kant op te gaan. We hebben het fundament gelegd voor wat er moet veranderen. Nu moeten we daarop voortbouwen. En dat moeten we snel doen.

Tot nu toe hebben 127 landen beloofd klimaatneutraal te worden.[24] Dit is geen geringe prestatie. Hiervoor moeten we onze energiesystemen opnieuw ontwerpen en hervormen. Veranderen hoe en wat we eten. Hoe we leven, ons verplaatsen en hoe we bouwen. Die verandering moet echter wel voorwaarts gaan. Het mag geen stap terug zijn.

We hebben weinig aan oplossingen die gepaard gaan met vermindering van energiegebruik tot uiterst lage niveaus. Mensen hebben energie nodig om een aangenaam en gezond leven te leiden. Die hebben ze nodig voor gezondheidszorg, onderwijs, wasmachines en keukenapparatuur zodat ze tijd hebben om te werken, spelen en leren. Ze hebben ook energie nodig om zich aan te passen aan klimaatverandering.

Wat moeten we doen om onze uitstoot te reduceren? Hoe bereiken we een nul-emissie? Er is helaas geen kant-en-klare oplossing. Om in te zien hoe groot de uitdagingen zijn, moeten we kijken naar waar onze emissies vandaan komen. Als we die opdelen in twee categorieën, kunnen we zien dat het energiesysteem en de industrie verantwoordelijk zijn voor omstreeks driekwart van de broeikasgasuitstoot. Ons voedselsysteem is verantwoordelijk voor het laatste kwart.[25, 26, 27]

Waar komt onze broeikasgasuitstoot vandaan?
Circa een kwart van de mondiale uitstoot is afkomstig van voedselsystemen. Driekwart komt van energie en industrie.

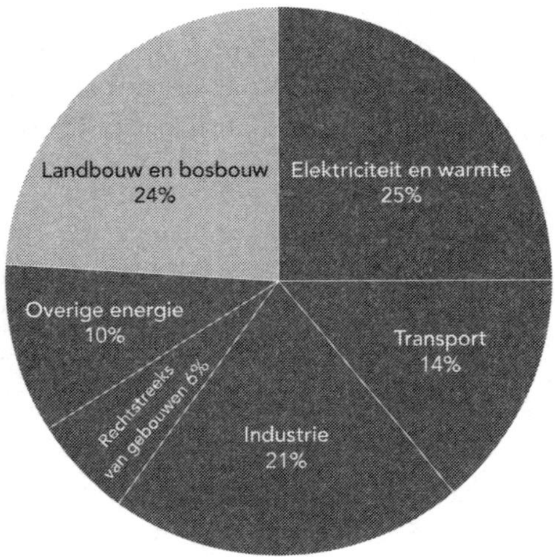

Als we dichter inzoomen op afzonderlijke sectoren zien we dat energie voor de productie van spullen verantwoordelijk is voor zo'n kwart van de uitstoot.[28, 29] Het vervoer van onszelf – en van onze goederen – is verantwoordelijk voor een zesde ervan. Hetzelfde geldt voor energie in onze woningen en kantoren. Daarnaast zijn er enkele emissies van de industrie die heel moeilijk aan te pakken zijn: cement en chemische producten die de basis vormen van veel van de dingen om ons heen.

We kunnen klimaatverandering niet oplossen zonder elk van deze punten van de taart aan te pakken. Hoe doen we dat?

Energie

Zoals we zagen moeten we af van fossiele brandstoffen, en bieden duurzame bronnen en kernenergie geweldige mogelijkheden. Deze stoten heel weinig CO_2 uit, veroorzaken nauwelijks luchtverontreiniging en zijn veel veiliger. De strijd moet gaan tussen koolstofarme bronnen en fossiele brandstoffen, niet tussen kernenergie en duurzame bronnen. We verspillen energie aan discussies over kernenergie.

We zagen al hoe snel er in het VK een einde kwam aan steenkool. Ook in andere landen wordt daarmee gestopt. Dertig jaar geleden haalde het VK bijna twee derde van zijn elektriciteit uit steenkool. Dit is nu nog geen 2 procent. In de VS was dit 55 procent en nu minder dan 20 procent. In Denemarken was het bijna 90 procent en is het nu 10 procent. Overal in de wereld zijn de energiesystemen veranderd.

Steenkool is overal in de wereld een aflopende zaak
Aandeel van de elektriciteitsproductie die afkomstig is van steenkool.

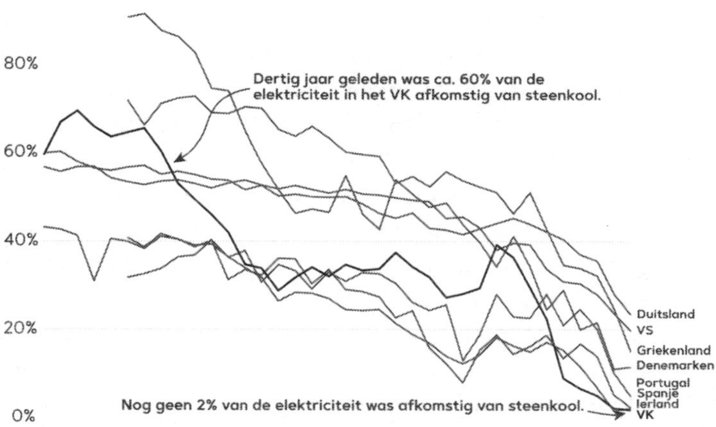

Om zover te komen is duurzame energie in een verbluffend tempo gegroeid. En niet alleen voor de rijken. Enkele onvermoede landen laten de rest van ons zien hoe het moet. In 2014 haalde Uruguay slechts 5 procent van zijn elektriciteit uit wind. Nu nadert het de 50 procent. Op dat moment had Chili geen zonne-energie. Nu is dat 13 procent. Nog veel meer landen zullen hun voorbeeld volgen. Dankzij de gestaag dalende kosten van duurzame energietechnologieën en batterijen zullen deze keuzen binnenkort de standaard zijn.

Door over te stappen op deze bronnen, naast batterijen en energieopslag, decarboniseren we onze elektriciteitssystemen. Maar we moeten ook ander energiegebruik decarboniseren, zoals transport, verwarming en industrie. Dit is moeilijk te verwezenlijken. Er is geen duurzame vloeibare brandstof die benzine of diesel kan vervangen. Het mantra om deze energiebronnen in orde te brengen luidt dus: 'Maak alles elektrisch.' Als we onze auto's, industrie en verwarming kunnen elektrificeren, dan moeten we gewoon voor steeds meer kernenergie en duurzame energie zorgen om die te voeden.

Dat klinkt simpel: zorg gewoon voor heel veel zonne- en windenergie en andere duurzame bronnen. Maar moeten we ons geen zorgen maken om andere dingen? Hebben we genoeg land? Hebben we genoeg mineralen om ze te maken?

Klimaatsceptici vertellen je graag dat ons landschap vol komt te liggen met zonnepanelen. Dat doen ze om te 'bewijzen' dat onze zogenaamde groene technologie vreselijk veel grond opeist en niet duurzaam is. Maar als we de rekensom maken is het resultaat verrassend: door op duurzame bronnen (met name kernenergie) over te stappen, gaan we niet meer land gebruiken. Sterker nog, we kunnen misschien met minder grond toe.

Als we landgebruik van energiebronnen vergelijken, moeten we meer dan alleen de ruimte die de centrale zelf inneemt meerekenen – het gebied dat de kolencentrale of het zonnepaneel fysiek inneemt. We moeten ook het land meerekenen dat wordt gebruikt om de materialen op te graven, brandstoffen uit de grond te halen en het afval na afloop te verwerken. Een uitvoerige raming van de United Nations Economic Commission for Europe maakte een inschatting van de benodigde grond voor elke bron om *één eenheid* elektriciteit te produceren, als we al deze stappen van de aanvoerketen meewegen.[30]

De meest grondefficiënte bron voor elektriciteit was kernenergie: per eenheid elektriciteit heeft deze 50 keer minder grond nodig dan steenkool, en 18 tot 27 keer minder dan zonne-energie op de grond.[31] Gas was de op een na meest grondefficiënte bron.

Hoe efficiënt zonne-energie is wat grond betreft, hangt af van welke mineralen we gebruiken: als panelen zijn gemaakt van silicium en op de grond worden geplaatst in plaats van een dak, ligt het grondgebruik marginaal hoger dan bij steenkool. Dat is uiteraard niet onze enige mogelijkheid bij zonnepanelen, die we ook op daken kunnen leggen. Dan wordt alleen voor de mijnbouw grond gebruikt. In dat geval is zonne-energie bijna net zo goed als gas en veel beter dan steenkool.

We kunnen zonne- en windenergie ook integreren met reeds bestaand gebruik van grond, zoals voor landbouw. Er zijn aanwijzingen dat 'agro-zonnecel'-systemen mogelijk goede voorbeelden zijn van gedeeld land. Recent onderzoek toont aan dat onder bepaalde voorwaarden de opbrengst van zogenoemde *agrivoltaic* gewassen zelfs kan toenemen vergeleken met conventionele gewassen, dankzij een beter waterevenwicht en evapotranspiratie, evenals lagere temperaturen. Hetzelfde geldt voor wind: veel boeren verdienen al wat bij door verspreid over hun land turbines toe te laten. De impact op het boerenbedrijf is gewoonlijk minimaal.

De conclusie is dat een overstap naar schone energietechnologieën niet veel meer land zal vergen dan we nu gebruiken voor fossiele brandstoffen. Als we ook wat kernenergie gebruiken, daken benutten voor zonnepanelen en land delen dat we al gebruiken, hebben we misschien zelfs minder nodig.

We hebben bekeken hoe de landefficiëntie van de verschillende bronnen zich tot elkaar verhoudt. Het is echter de moeite waard om ons af te vragen of het landgebruik van energie er eigenlijk wel zoveel toe doet. Hebben we het over 5, 10, misschien zelfs 50 procent van de grond? Ik schat dat we momenteel zo'n 0,2 procent van het ijsvrije land in de wereld gebruiken voor elektriciteitsproductie – het grootste deel voor het ontginnen van fossiele brandstoffen. (Dat is heel weinig als je bedenkt dat we 50 procent van het ijsvrije land in de wereld gebruiken voor de landbouw.) In een wereld met koolstofarme elektriciteit kunnen we dit cijfer reduceren. Als de wereld zou overstappen naar 100 procent kernenergie, dan hebben we slechts 0,01 procent van het land op de wereld nodig. Als we zonnepanelen op daken gebruiken, zou dat 0,02 tot 0,06 procent zijn.

De wereld zal binnenkort veel meer elektriciteit nodig hebben: we willen dat inwoners van landen met lagere inkomens meer gaan gebruiken, en we zullen meer nodig hebben om onze elektrische auto's te laden en voor onze verwarming te zorgen. Dat is nog altijd geen kolossaal probleem voor het landgebruik: we kunnen bovenstaande hoeveelheden verdubbelen of verdrievoudigen en dan nog zijn ze klein. Veel minder dan 1 procent van het totale landoppervlak op aarde.

Een laatste kwestie is of we genoeg mineralen zullen hebben om de zonnepanelen, windturbines en batterijen die we nodig hebben te maken. Voor deze technologieën is een scala aan verschillende materialen nodig – lithium, kobalt, koper, zilver, nikkel – en we krijgen vaak te horen dat de hoeveelheid mijnbouw immens zal zijn, of dat de voorraad van deze mineralen uitgeput zal raken.

Mensen die beweren dat er voor koolstofarme energie te veel materialen nodig zijn, zouden eens moeten kijken hoeveel we nu ontginnen voor fossiele brandstoffen. De wereld wint jaarlijks zo'n vijftien miljard ton steenkool, olie en gas. Het Internationaal Energieagentschap voorspelt dat de wereld omstreeks 2040 28 tot 40 miljoen ton mineralen nodig zal hebben voor koolstofarme technologieën, op het hoogtepunt van de energietransitie.[32] Dat is honderd tot duizend keer minder dan fossiele brandstoffen. Stenen bestaan uiteraard niet uit zuivere mineralen; de mineralenconcentratie is vaak veel lager, zodat de totale hoeveelheid steen die we moeten verplaatsen, groter zal zijn. Maar voor ontginning van fossiele brandstoffen geldt hetzelfde: om aan die vijftien miljard ton brandstof te komen, graven we nog veel meer uit de aarde. Simpel gezegd: de overstap naar koolstofarme technologieën zal voor minder, niet meer, mijnbouw zorgen.

Onderzoeken tonen ook aan dat we genoeg lithium, nikkel en andere mineralen hebben.[33] De voorraad raakt niet uitgeput. Dit geldt des te meer als we het potentieel van recycling erbij betrekken: veel van de mineralen die we gebruiken in panelen, turbines en batterijen kunnen worden hergebruikt in nieuwe producten. Zo kunnen we een circulaire economie inrichten waar we deze materialen continu hergebruiken zonder de vraag te laten toenemen.

We moeten wel voorzichtig zijn als het gaat om wáár we die mineralen vandaan halen, en hoe ze worden ontgonnen. Sommige ertslagen liggen onder gebieden die we om ecologische redenen willen beschermen, of omdat ze overlappen met inheems grondgebied. We moeten ervoor zorgen dat we ertslagen elders benutten, en dat die onder eerlijke en veilige werkomstandigheden worden ontgonnen. In het tijdperk van de fossiele brandstoffen werden zowel mensen als de planeet uitgebuit. Laten we ervoor zorgen dat de koolstofarme wereld waar we aan werken, geen van beide doet.

Transport

Dat we in enkele uren het land kunnen doorkruisen is een moderne luxe. Dat we de wéreld binnen luttele uren kunnen doorkruisen is een modern wonder.

Deze opwindende wereld van het reizen zal de komende decennia zijn deuren openen voor miljarden mensen. Menigeen heeft nog maar net toegang tot basale energievoorzieningen – elektriciteit en schonere brandstoffen om mee te koken. De volgende halte op hun energiereis zal zijn dat ze zich een motor, misschien zelfs een auto kunnen veroorloven. Daarna zullen ze voor het eerst gaan vliegen. In rijke landen zijn we wanhopig over de neveneffecten van vervoer: de koolstofemissies, de luchtverontreiniging, het verkeer. Maar ondanks zijn problemen heeft transport het potentieel de connectiviteit, ervaringen en perspectieven van miljarden mensen te ontsluiten. Daarin moeten we het juiste evenwicht vinden.

Ongeveer een zesde van de broeikasgasemissies in de wereld is afkomstig van vervoer. Naarmate de mensen wereldwijd rijker worden, zullen de emissies door transport toenemen. Hoe kunnen we dan aan een toekomst werken waarin we de deuren voor reizen openhouden en tegelijkertijd de emissies terugdringen?

Het leeuwendeel van onze vervoersuitstoot komt van wegen. Wegvoertuigen zijn verantwoordelijk voor 74 procent van de transportemissies wereldwijd.[34, 35]

Auto's, vliegtuigen en treinen: waar komt onze vervoers-CO_2-uitstoot vandaan?
74,5% van de vervoersuitstoot is afkomstig van wegverkeer.

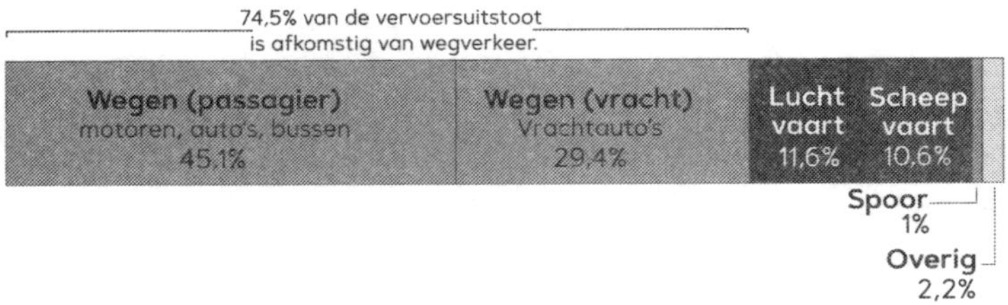

De gemiddelde auto van nu is ruim twee keer zo koolstofefficiënt als de gemiddelde auto in 1975.[36] Dit zijn indrukwekkende verbeteringen die van belang zijn geweest omdat ze een deel van onze uitstoot onder controle hebben gehouden. Toch stijgen de vervoersemissies nog steeds doordat we verder reizen, en de efficiëntie van auto's die rijden op fossiele brandstoffen is gelimiteerd. We decarboniseren ons vervoer niet als we benzine en diesel gebruiken.

Sommigen pleiten ervoor in plaats daarvan biobrandstoffen te gebruiken. Ook hiermee gaan we het niet redden. Onderzoeken hebben aangetoond dat biobrandstoffen vaak méér CO_2 dan benzine uitstoten, vooral als we het landgebruik meewegen.[37, 38] Zoals de hoofdstukken hierna zullen aantonen, is eetbaar graan in auto's doen geen goede oplossing. Als we onze uitstoot van wegvervoer echt willen terugbrengen, kunnen we dat niet laten rijden op olie of voedsel. We moeten zorgen dat het op elektriciteit rijdt.

Stap over op elektrische voertuigen – die zijn echt klimaatvriendelijker

Mijn broer – de minst milieubewuste van onze familie – was de eerste die een elektrische auto kocht. Het was niet de koolstofarme voetafdruk die het hem deed, maar het mooie van het rijden in zo'n auto. Dat is belangrijk: als we iedereen zover willen krijgen dat ze overstappen op een koolstofarm leven, dan moeten we zorgen dat het cool is. Mensen moeten het gevoel hebben dat hun leven er beter door wordt.

Is dit besluit wel écht beter voor het milieu of zijn elektrische voertuigen een vorm van groene zwendel? Veel mensen denken dat ze net zoveel CO_2 uitstoten als benzineauto's – zo niet meer – als we de productie van de batterij, en de elektriciteit om die te laden, meerekenen. Laten we de cijfers doornemen om te zien hoe het zit.

Mijn broer stond voor de keuze: een nieuw elektrisch voertuig (EV) of een nieuwe benzineauto. Toen hij de EV net had aangeschaft, had deze meer koolstof uitgestoten, want het kost meer energie om de batterij te produceren dan om een verbrandingsmotor te maken. De *productie* van een elektrisch voertuig zorgt inderdaad voor meer koolstofemissie dan die van een benzineauto. Maar als we ermee gaan rijden, zijn de rollen snel omgedraaid.

Rijden met een EV stoot veel minder koolstof uit dan rijden met een diesel- of benzineauto. Hoeveel minder hangt af van hoe schoon onze elektriciteit is. In het VK halen we ruim de helft van onze elektriciteit uit koolstofarme bronnen, en we zijn nu hoofdzakelijk kolenvrij (ook als het VK een nieuwe kolenmijn opent geldt dit nog steeds, want deze steenkool zal niet worden gebruikt voor de productie van elektriciteit). Als je in Frankrijk, Zweden of Brazilië in een EV rijdt, zijn de voordelen zelfs nog groter. In steenkoolhongerig China of India minder. Maar zelfs in deze landen is een EV beter dan een benzineauto.

Dankzij de lagere emissies van het rijden in een EV kan een elektrische auto zijn schuld snel 'terugbetalen'. In het VK is de termijn van deze terugbetaling nog geen twee jaar.[39] Je elektrische auto is dus al binnen twee jaar beter voor het milieu. Binnen tien jaar heeft deze slechts een derde van de CO_2 van een benzineauto uitgestoten.

Dit is zo mogelijk een pessimistische kijk: de koolstofemissie van elektrische voertuigen zou zelfs nog verder kunnen dalen. Het is een vrij nieuwe technologie, zodat er veel ruimte voor verbetering is. Bovendien weten we dat onze elektriciteitsnetwerken – de brandstof van onze EV – steeds schoner worden.

Maar was de nieuwe auto van mijn broer klimaatvriendelijker dan het besluit van mijn ouders om door te rijden met hun benzineauto? Na vier jaar overstijgt de emissie van het rijden met een bestaande benzineauto die van een nieuwe elektrische auto. Mijn broer wint dus.

Elektrische voertuigen zijn beter voor het klimaat
Op basis van het rijden met een gemiddelde auto in het VK. Productie van elektrische auto's stoot meer broeikasgassen uit, maar dit wordt binnen 2 jaar goedgemaakt.

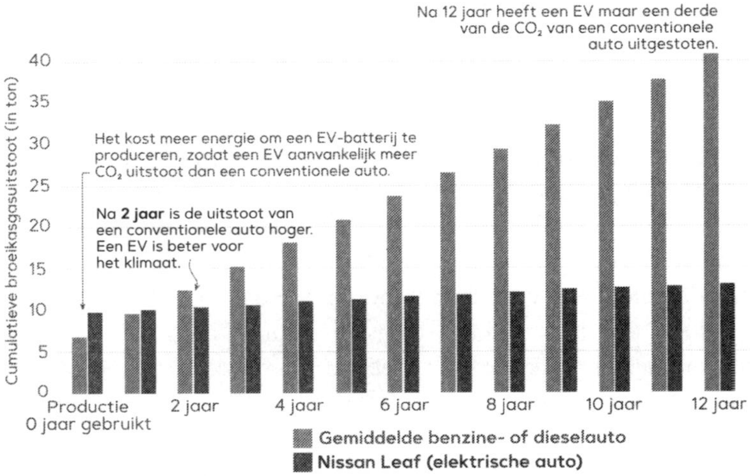

In 2022 was iets minder dan 14 procent van de wereldwijd verkochte auto's elektrisch.[40] Dat lijkt misschien weinig, maar wat echt verbijsterend is, is de verandering in de loop der tijd. Twee jaar ervoor was het slechts 4 procent. In 2019 iets meer dan 2 procent. De EV-verkoop stijgt snel. In sommige landen domineren ze nu de automarkt. In Noorwegen was in 2022 88 procent van de verkochte auto's een elektrische. In Zweden 54 procent. In het VK lag dat op 23 procent. De VS loopt achter, want daar is slechts 8 procent van de verkochte nieuwe auto's elektrisch (al zou Joe Bidens nieuwe klimaatdeal daar snel verandering in kunnen brengen). In China was in 2022 bijna twee derde (29 procent) van de nieuwe auto's elektrisch. Dit is een reuzensprong in vergelijking met 2020, toen het nog maar 6 procent was.

De prijs van lithium-ionbatterijen is de afgelopen drie decennia met meer dan 98 procent gedaald. Dit heeft de wereld van elektrisch transport geopend. De batterij van een Tesla kost nu zo'n 12.000 dollar. De batterij van een Nissan Leaf zo'n 5000 tot 6000 dollar. In de jaren negentig zouden deze batterijen tussen de

Het aandeel van nieuwe auto's die elektrisch zijn
Verkoop van nieuwe auto's met een verbrandingsmotor piekte in 2017.

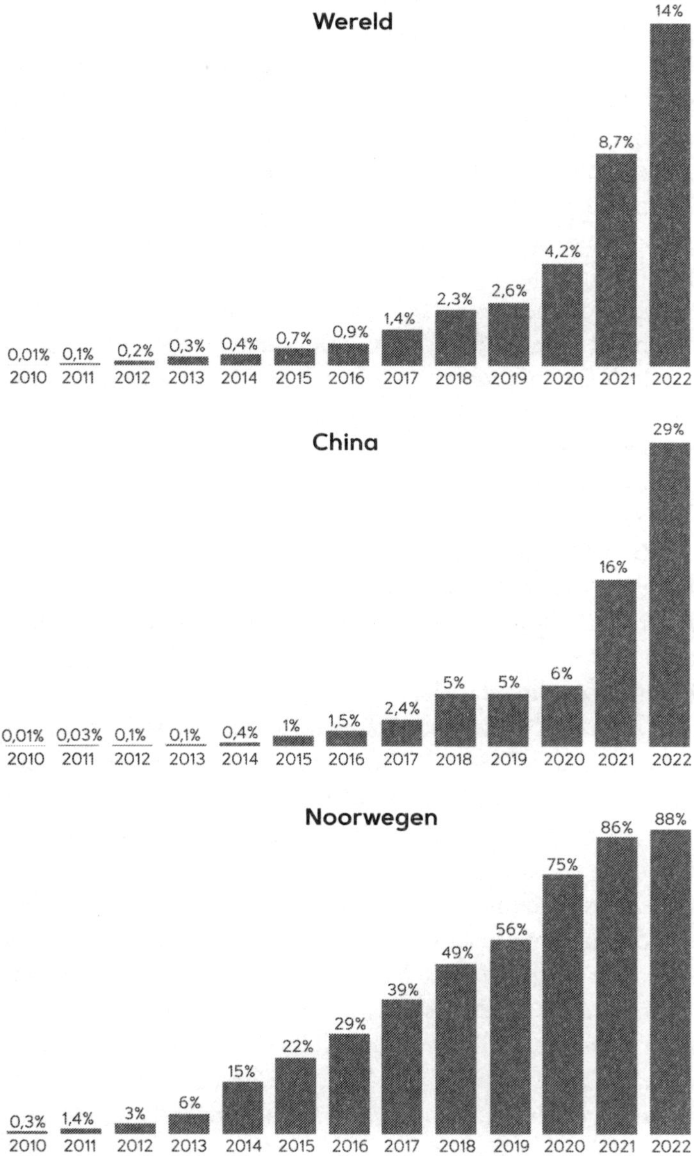

500.000 en 1.000.000 dollar hebben gekost.[41] Een 'betaalbare' elektrische auto bestond toen niet.

Door deze groei in elektrische voertuigen heeft de wereld de piek van het aantal benzineauto's al achter zich gelaten. De verkoopcijfers van nieuwe benzineauto's wereldwijd bereikten in 2017 hun piek.[42] Aangezien mensen meestal zo'n tien jaar met een auto doen, zal het nog een paar jaar duren voor we de piek van het aantal benzineauto's op de weg – 'vlootpiek' – achter ons hebben, maar die gedenkwaardige gebeurtenis zit er ook aan te komen.

Betaalbaarheid zal de cruciale stuwkracht zijn achter onze vervoersrevolutie. De kosten van deze technologieën zullen echter mogelijk onvoldoende snel dalen om onze klimaatdoelen te halen. We moeten het combineren met politieke actie. Veel landen doen dit nu al door de verkoop van nieuwe benzine- en dieselauto's te verbieden. In het VK is dit verbod vanaf 2030 van kracht. Steeds meer landen beloven geleidelijk die stop te zetten in 2030, of op zijn laatst in 2040. China en de VS hebben 2035 als richtjaar. Landen met lagere inkomens voeren ook een harde lijn: Ghana en Kenia hebben zich aan 2040 gebonden. Deze combinatie van snel dalende prijzen en politieke actie brengt ons een heel eind. De benzineauto zal veel sneller verdwijnen dan vroeger misschien werd gedacht.

Er is echter één ding dat elektrische voertuigen overtreft in onze pogingen om onze vervoersemissies terug te dringen, en dat is helemaal geen auto hebben. Zelf woon ik in Londen, waar een auto bezitten meer gedoe is dan het waard is. Ik kan de metro nemen en me veel sneller door de stad begeven dan de filerijdende auto's, waarbij ik maar heel weinig CO_2 uitstoot.

De rest van mijn familie kan dit niet doen: ze wonen in een kleine plaats waar het openbaar vervoer niet zo best is. Het is zelfs nog moeilijker voor verdere familieleden, die in een dorpje op het platteland wonen, waar de dichtstbijzijnde winkel kilometers ver weg is. Mensen schilderen milieuvriendelijk leven vaak af als een plattelandsbestaan. Op je boerderij op het platteland wonen, dat is pas echt milieubewust leven. Wonen in de dichtbevolkte, energie slurpende stad heeft de planeet naar de gallemiezen geholpen. In werkelijkheid geldt het tegenovergestelde. Steden hebben duidelijke milieuvoordelen: we kunnen efficiënte, verbonden netwerken in het leven roepen om ons te verplaatsen.[43] Kijken we naar de reisemissies in steden, dan zien we een duidelijk patroon: mensen in dichter bevolkte steden stoten minder uit.[44]

Als we onze transportemissies willen terugbrengen, dan moeten we onder andere onze leefruimte heroverwegen. Veel Europese steden boeken op dit gebied vooruitgang. Auto's vormen niet meer het middelpunt, dat zijn voetgangers en fietsers. Steden worden niet alleen rustiger, minder verontreinigd, ze functioneren ook veel efficiënter. Niets is zo inefficiënt als wegen vol met auto's die bumper aan bumper staan. Een goed ontworpen combinatie van fietspaden, wandelwegen en snel openbaar vervoer kan de totale indruk en efficiëntie van steden transformeren. Het vermindert de uitstoot drastisch en geeft ons ook schonere lucht.

In de jaren 2000 en 2010 was het grootste dilemma de keuze tussen een diesel- en een benzineauto. Het grote dilemma van de jaren 2020 en later is of we een elektrische auto of helemaal geen auto nemen.

Langeafstandsvervoer vraagt om innovatie

Het wordt lastig als we kijken naar vrachtverkeer en langeafstandsreizen. Het probleem van batterijen is dat ze zwaar zijn. Hoe zwaarder je voertuig, hoe meer energie batterijen moeten opslaan. Daar worden ze ook nog zwaarder van. Op de schaal van auto's kan deze evenwichtsoefening werken. Maar vrachtwagens en vliegtuigen zijn gewoon te groot.

Als elektrisch vervoer en batterijtechnologie worden verbeterd, komen we misschien dichter bij een oplossing. Bij vrachtvervoer over kleine afstanden is al vooruitgang geboekt.[45] We hebben met succes elektrische vliegtuigen de lucht in gestuurd, maar dat zijn kleine vliegtuigen: bij lange na niet de jumbojets die ons over de hele wereld vervoeren. Of deze oplossingen zullen worden uitgebreid naar het niveau dat we nodig hebben – en of dit snel genoeg gaat lukken – is een open vraag.

In de tussentijd moeten we andere opties uitproberen. Een mogelijkheid is vliegen op zonne-energie, waarbij we tijdens de vlucht zonlicht opslaan zodat we minder batterijcapaciteit nodig hebben. Een andere technologie in ontwikkeling is waterstofenergie. Waterstofbrandstof wordt geproduceerd door watermoleculen (H_2O) te splitsen in waterstofgas (H_2) en zuurstof.[46] Waterstof in deze vorm is ideaal: het is opgeslagen energie in een gasachtige vorm. Het houdt deze energie vast tot we het verbranden, net zoals we bij benzine of diesel doen. Alleen is het veel beter dan die twee, omdat het drie keer zoveel energie per eenheid kan opslaan en vrijgeven.

Waterstof kan voor een doorbraak zorgen. Het grote knelpunt is dat splitsing van watermoleculen energie kost. Als we deze energie produceren in de vorm van elektriciteit uit koolstofarme bronnen, dan kan het een CO_2-arme brandstof zijn. Als we gebruikmaken van fossiele brandstoffen, dan gaat het uiteraard ten koste van het milieu. Om van waterstof een brandstof van de toekomst te maken, moeten we de efficiëntie ervan verbeteren. Tegelijk moeten we de hoeveelheid koolstofarme elektriciteit opvoeren.

Misschien vraag je je af waarom ik er niet voor pleit rigoureus een einde te maken aan vliegen. 'Flygskam' of 'vliegschaamte' begon in 2018 als een milieubeweging in Zweden. Maar mensen praten al zo lang als ik me kan herinneren over minder vliegen. Dat is een heel redelijk standpunt: de meeste mensen in de wereld hebben nog nooit gevlogen. Het is een luxe voor een kleine minderheid. Sommige mensen waren eraan gewend geraakt voor een bespreking van een uur het vliegtuig te nemen. Als de coronapandemie ons één ding heeft geleerd, dan is het wel dat de meeste van die besprekingen net zo goed online kunnen worden gehouden. Het is volkomen redelijk dat diegenen die wel vliegen, dat minder doen. Maar de luchtvaart heeft de wereld te veel geschonken om dit volledig af te schaffen. Vliegen heeft mensen de kans gegeven om van het ene naar het andere land te verhuizen. Dankzij de luchtvaart kunnen ze op familiebezoek in hun oude land. De luchtvaart heeft werkgelegenheid gebracht. Innovaties in nieuwe technologieën aangewakkerd. Deze heeft onze samenlevingen meer divers en multicultureel gemaakt en heeft ons in staat gesteld de schoonheid van andere landen te ervaren. Ik gun iedereen in de wereld de mogelijkheid van zulke ervaringen.

We hóéven niet de wereld over te vliegen om met anderen in contact te komen. We kunnen andere methoden om te reizen bedenken, en we komen een heel eind door online contact te maken. Toch is het een stap achteruit als we van vliegen een schaamtevolle daad maken. Als we vliegen een incidentele ervaring voor mensen willen maken, dan moet het er wel een zijn die ze waarderen. Het zou geen ervaring moeten zijn die ze het jaar erna proberen goed te maken.

Voedsel

Iedereen die blindvoer op de Netflix-documentaire *Cowspiracy* zou denken dat de klimaatcrisis voorbij is als we stoppen met vlees eten. In die film wordt beweerd dat ruim de helft van de broeikasgasemissies in de wereld afkomstig is van vee. Dat is onzin. In werkelijkheid is dat iets minder dan een vijfde.[47]

De klimaatverandering wordt niet opgelost door te veranderen wat we eten. Om dat voor elkaar te krijgen moeten we ophouden fossiele brandstoffen te verbranden. Toch komen we er ook niet door alleen onze energiesystemen aan te pakken en voedsel te negeren. Onderzoekers hebben een schatting gemaakt hoeveel broeikasgasemissies onze voedselsystemen zullen uitstoten in de komende paar decennia als we blijven eten zoals we nu doen. Het nieuws is niet goed. Dan schieten we voorbij onze doelen van 1,5 en 2 °C.

Tussen 2020 en 2100 zou de voedselproductie circa 1360 miljard ton aan broeikasgassen uitstoten.[48] Om een redelijke kans te maken de wereldwijde opwarming onder de 1,5 °C te houden, mogen we slechts zo'n 500 miljard ton uitstoten.[49] En dat budget is niet alleen voor voedsel bestemd, maar voor alles bij elkaar: voedsel, elektriciteit, transport, industrie, alles. Voedsel alleen zou bijna drie keer zoveel uitstoten als ons budget voor 1,5 °C toelaat. Het zou ons hele budget opsouperen voor 2 °C. De cijfers zijn zonneklaar: willen we een kans maken om klimaatverandering aan te pakken, dan kunnen we voedsel niet negeren.

Het goede nieuws is dat we het kúnnen. Hoewel we een bord vol mogelijkheden hebben, komen de meeste ervan neer op enkele cruciale veranderingen op het gebied van wat we eten (en níét eten), en hoe productief we zijn bij de productie van ons voedsel. In de volgende twee hoofdstukken gaan we uitvoeriger in op voedsel.

Laten we voorlopig kijken naar de dingen die we moeten doen

om het klimaateffect van ons voedsel te verminderen. Elke dag staat er wel weer een andere boosaardige voedselbron in de media: eet geen X; eet geen Y; als je Z eet moet je je schuldig voelen. Als we al het voedsel dat in het nieuws komt moeten schrappen, blijft er niets meer over om te eten. Gelukkig is de lijst dingen die echt iets uitmaken maar kort. Dit zijn de vijf belangrijke punten om ons op te concentreren.

1 • Eet minder vlees en zuivel, met name rundvlees

Dit zal het grootste verschil maken. Dit is een van de meest effectieve dingen die je kunt doen om je CO_2-voetafdruk te verkleinen. Als we kijken naar de impact van verschillende soorten voedsel, zien we een hiërarchie. Helemaal bovenaan deze lijst – ver boven de rest – staat rundvlees. Bij de productie van honderd gram eiwit uit rundvlees wordt zo'n vijftig kilo koolstofdioxide-equivalent uitgestoten. Daarna komt lam, met circa twintig kilo. Dan zuivel, varkensvlees, gevolgd door kip. De duidelijke rangorde in dierlijk voedsel valt op: van het grootste dier (koeien) tot de kleinste dieren (kip, daarna vis). In hoofdstuk 5 bekijken we waarom dit zo is.

Het meeste plantaardige voedsel – soja, erwten, bonen, linzen, granen, noten – staat onderaan de lijst. Dit heeft een veel lagere koolstofvoetafdruk dan dierlijke producten. De les hieruit is eenvoudig: als we onze koolstofvoetafdruk willen terugbrengen, dan moeten we een plantaardiger eetpatroon kiezen. Dat wil niet zeggen dat we veganistisch moeten worden. En die mensen op de wereld die zich slechts een paar kilo vlees per jaar kunnen veroorloven, hoeven ook niet te stoppen met het eten van vlees. Het wil wel zeggen dat diegenen onder ons die vijftig of meer kilo per jaar eten, een groot effect bereiken door voor minder vlees te kiezen. Zelfs kip nemen in plaats van rundvlees – de kipburger in plaats van de beefburger – scheelt al heel wat.

Volgens schattingen van onderzoekers halveren we onze uitstoot uit voedselproductie als iedereen een meer plantaardig eetpatroon hanteert. Dit patroon gebaseerd op plantaardige voeding sluit ons vlees en onze zuivel niet helemaal uit.[50] Het bevat het equivalent van een plak bacon, vier dunne plakjes kip en een glas melk per dag. Je mag ook om de zoveel dagen een ei en visfilet. Dit is veel minder dan de meeste mensen in rijke landen eten. Het is meer dan veel mensen in armere landen binnenkrijgen.

Plantaardig voedsel is beter voor het klimaat
Gemeten in kilo koolstofdioxide-equivalenten (CO_2e) per 100 gram eiwit.

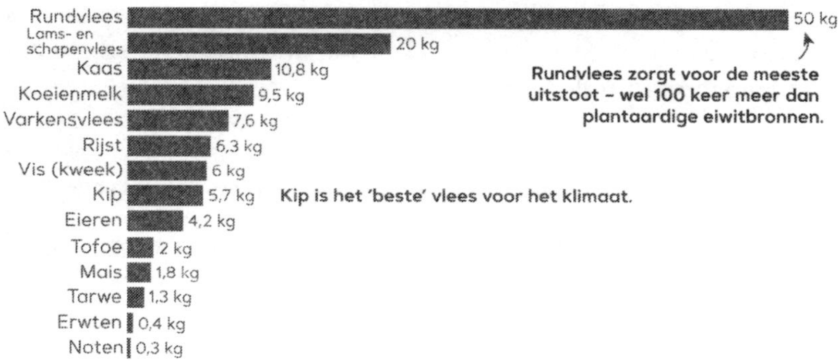

2 • Gebruik de beste en meest efficiënte landbouwmiddelen

Bovenstaande cijfers zijn mondiale gemiddelden uit onderzoeken die duizenden boerderijen verspreid over de wereld omspannen. Landbouwpraktijken variëren echter sterk. Rundvlees van een efficiënte producent in Nieuw-Zeeland of de Verenigde Staten heeft mogelijk niet dezelfde koolstofvoetafdruk als dat van een producent in Brazilië, die een deel van het regenwoud in de Amazone heeft moeten kappen.

Dat argument hoor ik vaak als ik zeg dat minder vlees eten – vooral minder rundvlees – de meest effectieve manier is om je koolstofvoetafdruk te verkleinen. Mensen voeren aan dat het rundvlees dat zij consumeren – dat afkomstig is van hun lokale boerderij in het VK – een véél geringere koolstofvoetafdruk heeft dan het mondiaal gemiddelde. Het stoot waarschijnlijk minder uit, maar nog altijd veel meer dan plantaardige alternatieven.

Kijken we voorbij het wereldwijde gemiddelde naar de distributie van koolstofvoetafdrukken van alle voedselbronnen – van de meest duurzame producenten tot de minst duurzame – dan verandert de boodschap als geheel niet. Het sléchtste plantaardige voedsel heeft nog steeds een lagere koolstofvoetafdruk dan het béste rund- of lamsvlees. Minder rundvlees en lamsvlees eten is nog altijd de meest effectieve manier om je voetafdruk terug te brengen, maar deze verschillen binnen een bepaald voedselproduct zijn wel van belang. Mensen blijven rundvlees, lam, zuivel en varkensvlees eten, dus moeten we die betrekken van de efficiëntste en milieuvriendelijkste producenten.

Het meest CO_2-arme vlees stoot meer uit dan het meest vervuilende plantaardige eiwit

Emissies worden gemeten in kilogram koolstoofdioxide-equivalent (CO_2e) per 100 gram eiwit. Dit is gebaseerd op data van 39.000 commercieel levensvatbare boerderijen uit 119 landen.

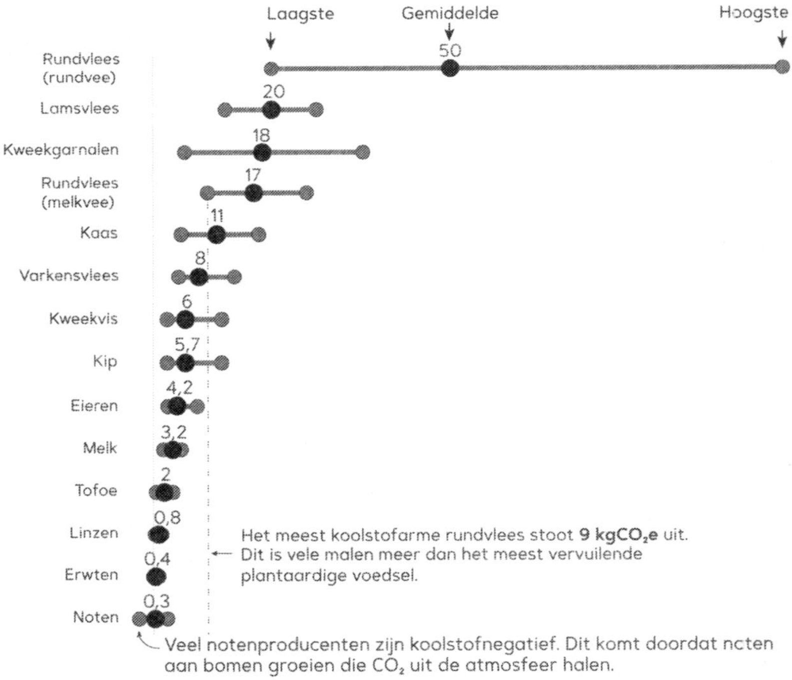

3 • Reduceer overconsumptie

Er wordt op de wereld twee keer zoveel voedsel geproduceerd als nodig is om iedereen te voeden. Hierop gaan we in hoofdstuk 5 nader in. Helaas bestaat er enorme ongelijkheid. Een op de tien mensen krijgt onvoldoende calorieën binnen. Vier op de tien krijgen te veel en hebben overgewicht. Dit is een gesprek waar we vaak voor terugdeinzen, maar het zou voor de hand moeten liggen dat we om de overconsumptie van voedsel terug te dringen, om te beginnen minder moeten produceren.

4 • Zorg voor minder voedselverspilling

We moeten voorkomen dat voedsel onderweg van de boerderij naar de schappen gaat rotten en we moeten voorkomen dat het in de afvalbak verdwijnt als het eenmaal bij ons is. We zullen dit waarschijnlijk niet volledig stoppen, maar we kunnen voedselverspilling op zijn minst halveren.

5 • Dicht de wereldwijde opbrengstkloven

De wereld heeft de afgelopen eeuw bereikt wat onmogelijk leek: een enorme toename van de gewasopbrengsten. In veel landen zijn die verdrievoudigd, verviervoudigd of meer. Dit betekent dat we veel meer voedsel kunnen verbouwen zonder meer land te gebruiken en bossen om te hakken. Sommige landen blijven echter achter. Als we deze wereldwijde kloven kunnen dichten, kunnen we het kappen van heel veel bos voorkomen.

Als we ons houden aan de vijf opgesomde geboden, kunnen we een koolstofarm voedselsysteem vormen. In de tabel zien we de impact als we een van deze dingen op zich doen. Daar kunnen we een eind mee komen. Als het ons lukt om ze allemaal te doen, kunnen we onze netto-emissie uit voedsel tot nul terugbrengen. Niet dat we dan niets uitstoten – er zouden nog altijd emissies zijn van kunstmest en kleine hoeveelheden vee – maar die kunnen worden gecompenseerd door alle grond die we vrijmaken, de bossen die weer groeien en de wilde graslanden die zich herstellen. Zelfs als het ons lukt maar de helft van het doel van elk punt te bereiken (bijvoorbeeld voedselverspilling met maar een kwart terugbrengen in plaats van met 50 procent, of de helft van de huidige overconsumptie), kunnen we de emissies met twee derde terugdringen. Hierdoor komt er veel ruimte vrij in ons koolstofbudget en winnen we tijd om onze emissies van energie en andere sectoren tot nul te reduceren.

Als het om voedsel gaat zijn er enkele interventies die veel minder verschil maken dan we denken. Het eten van lokaal geproduceerd voedsel maakt niet veel verschil. Biologisch voedsel eten evenmin. Sterker nog, die keuzen kunnen onze uitstoot vergróten als we producten verbouwen die geschikter zijn voor een ander klimaat of andere condities. De plastic verpakking van ons voedsel maakt voor onze koolstofvoetafdruk ook niet veel uit. In hoofdstuk 5 ga ik nader in op deze drie misvattingen.

Hoe reduceren we broeikasgasuitstoot uit voedsel?

Hieronder staan schattingen van emissies uit onze voedselsystemen tussen 2020 en 2100 gebaseerd op een onveranderd scenario, en vijf opties om ze te reduceren.

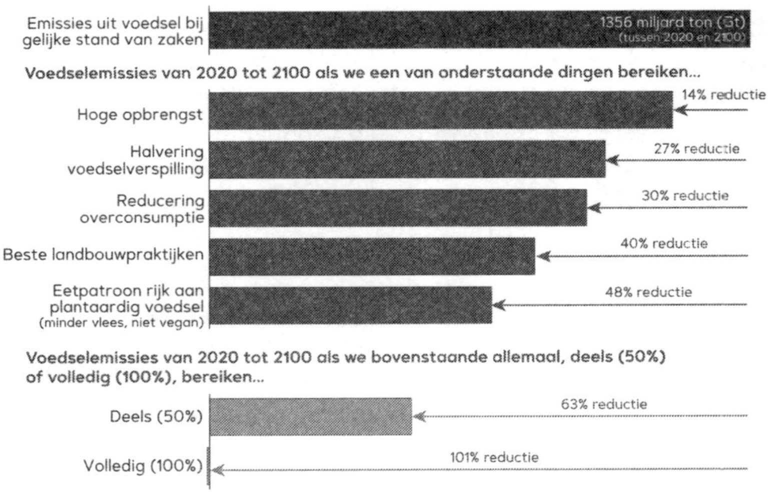

Toen ik klein was ging mijn vader heel vaak voor zijn werk naar China. Dit was begin jaren 2000. Toen hij er onlangs – na ruim tien jaar – weer heen ging, geloofde hij zijn ogen haast niet, zoveel was er veranderd. Achter elke rij huizen werd een nieuwe gebouwd.

Het tempo van deze ontwikkeling is verbijsterend geweest. Voor deze transformatie waren veel bouwmaterialen nodig. Cement, staal, ijzer. China gebruikt in drie jaar meer cement dan de VS in de hele twintigste eeuw, wordt vaak beweerd. Dit klopt. Dat weet ik, want ik heb het zelf opnieuw uitgerekend om dit te controleren.

China is niet het enige land met een snelle ontwikkeling. Mensen verhuizen in hoog tempo van de landelijke gebieden naar de steden. Dit is voor de menselijke ontwikkeling een positieve stap, maar brengt als het gaat om duurzame stedenbouw wel problemen met zich mee. Zo'n 5 procent van onze CO_2-uitstoot van fossiele brandstoffen en industrie is afkomstig van de cementproductie. Dat lijkt misschien niet zoveel, maar de komende decennia zullen miljarden mensen naar de steden trekken, zodat dit zal toenemen.

Als het om energie gaat, beschikken we al over veel van de benodigde oplossingen. Het decarboniseren van *hoe we dingen maken* zal moeilijker worden. Voor de productie van cement is energie nodig, wat op zichzelf geen obstakel is: als we energie kunnen halen uit koolstofarme bronnen, is dit geen probleem. De echte moeilijkheid van cement is dat de chemische processen waarmee de productie gepaard gaat, ook CO_2 produceren.[51] Aanpassingen aan dit proces kunnen deze emissies misschien een beetje reduceren, maar brengen ons niet in de buurt van cement zonder koolstof.[52]

We moeten de CO_2 afvangen en er iets anders mee doen.[53] We zouden die ondergronds kunnen opslaan en ervoor zorgen dat die niet in de atmosfeer belandt. Misschien zijn we in staat om de CO_2 weer in het proces te injecteren, om een deel van de reactie en vervolgens het cement zelf te vormen. Dan krijgen we cement waar permanent CO_2 in zit 'opgesloten'. Veel bedrijven werken aan veelbelovende oplossingen voor dit lastige probleem.

Waarom maken we alles niet van andere materialen en danken we cement niet gewoon af? Het eerste probleem draait om kosten en schaal. Ontwikkelende economieën groeien snel en hebben een continu aanbod van goedkope materialen nodig om mee te bouwen. Cement was voor landen zoals China perfect. Het is moeilijk om snel reusachtige hoeveelheden hout te produceren. Dat is bovendien duurder. En onmogelijk zonder een totaal ander gebruik van het land op aarde. Veel landen zouden hun primaire, natuurlijke bossen moeten kappen en in plaats daarvan houtplantages moeten aanleggen. Op zeer lange termijn bespaart dit wat koolstof door middel van het herhaalde proces van bos verbouwen, omhakken en het opnieuw laten aangroeien, maar het kan de biodiversiteit ook ernstig schaden. Zoals we in het volgende hoofdstuk zullen zien, behoren houtplantages wereldwijd tot de grootste aanjagers van ontbossing. Op lokale schaal zijn duurzame projecten misschien haalbaar, maar voor de schaal en de termijn waarop we materialen nodig hebben, is het geen mondiale oplossing.

De realiteit is dat er koolstofarme innovaties nodig zijn voor materialen zoals cement en staal. Hoe sneller we die hebben hoe beter het is, want overal ter wereld zijn steden in opkomst.

Hang een prijskaartje aan CO_2

De laatste maatregel die we moeten nemen om onze economie te decarboniseren, is niet specifiek voor één sector. Het gaat om een interventie die de rest ondersteunt.

Ik heb vele economen gevraagd wat we moeten doen om klimaatverandering aan te pakken. Allemaal gaven ze me hetzelfde antwoord: hang een prijskaartje aan CO_2. Dit is misschien het énige waar economen het over eens zijn.

Wat bedoelen we met een prijskaartje hangen aan CO_2? Het gaat dan om een koolstofbelasting op alles wat we kopen, gebaseerd op de hoeveelheid broeikasgassen die bij de productie ervan vrijkwamen. Gebruik van koolstofrijke brandstoffen zoals steenkool, olie en gas zou resulteren in hogere belasting. Gebruik van koolstofarme brandstoffen zoals kernenergie, zonne- en windenergie zou nauwelijks belast worden, en zou in vergelijking veel goedkoper zijn.

Het argument voor de invoering van deze belasting is dat de huidige prijs die we betalen voor dingen geen accurate weerspiegeling is van wat ze in werkelijkheid kosten. We betalen een prijs voor het verbranden van fossiele brandstoffen die niet wordt weerspiegeld in de markt: hieraan zijn kosten verbonden in de vorm van klimaatverandering (waar wij en toekomstige generaties voor zullen moeten betalen) en andere impact zoals luchtverontreiniging die nu al jaarlijks miljoenen mensen het leven kost. Het doel van een koolstofbelasting is dit speelveld gelijk te maken, de markt opnieuw in balans te brengen zodat we onze schulden beginnen te vereffenen.[54]

Een koolstofbelasting verandert de beslissingen van consumenten. De energievretende SUV wordt veel duurder dan de schone, elektrische Nissan Leaf. Rundvlees wordt duur vergeleken met de geliefde plantaardige Impossible Burger. Hierdoor wordt iedereen gestimuleerd over te stappen op koolstofarme keuzen. Deze heffing verandert ook voor de maakindustrie de prikkels. De dingen die veel koolstof veroorzaken worden uit de markt geprijsd. Producenten belanden dan in een genadeloze concurrentiestrijd om hun prijzen te verlagen. Om hun prijzen te verlagen, moeten ze hun koolstofvoetafdruk verkleinen.

Een koolstofprijs zou ongelooflijk effectief zijn. Zelfs de grootste klimaatontkenners zouden duurzamere keuzen gaan maken. Dat doen ze niet voor de planeet; ze doen het voor hun eigen portemonnee. Zelfs leiders als Donald Trump kiezen dan voor zonne- en windenergie boven steenkool. Om onze economie te decarboniseren is het essentieel dat we dit zo pijnloos mogelijk doen. Het moet gemakkelijk zijn en de producten moeten goedkoop zijn.

Een ding waar ik bezorgd om ben – net als vele anderen – is dat laten betalen voor koolstof de armste mensen het hardst zal treffen. Als je morgen de benzineprijs verdubbelt, voelt de rijkaard met vijf Lamborghini's misschien wel iets. Maar met hem komt het wel goed. Misschien moet hij een van zijn vijf auto's verkopen en moet hij eerste klasse gaan vliegen in plaats van met zijn eigen vliegtuig. Dat overleeft hij wel. Maar de ouders die op de armoedegrens leven, kunnen hun huis misschien al bijna niet verwarmen of hun kinderen niet naar school brengen. Zij kunnen zich geen elektrische auto veroorloven. Beleid om koolstof te tariferen moet gepaard gaan met ondersteuning van arme gezinnen ter compensatie van de hogere energiekosten. Dit kan worden gedaan door de belastinginkomsten naar armere huishoudens over te hevelen. Deze inkomsten kunnen op andere positieve manieren gebruikt worden: om te investeren in ontwikkelingen in koolstofarme technologieën, voor innovaties in schone energie en duurzaam vlees, om duurzame steden te bouwen, ontbossing tegen te gaan of gekapte bossen te herstellen.

De rijken – diegenen die de meeste koolstof uitstoten – zouden het meeste moeten betalen. Elke koolstofheffing moet zodanig in elkaar zitten dat dit gebeurt.

HOE PASSEN WE ONS AAN KLIMAATVERANDERING AAN?

De allerarmste landen ter wereld hebben zo goed als niets bijgedragen aan het klimaatprobleem. Tot nu toe nog niet eens 0,01 procent van de totale emissies op de wereld. Toch zullen die landen het hardst getroffen worden door de klimaatverandering en de minste middelen hebben om zich aan te passen. Ondraaglijke warmte wordt draaglijk als je de hele dag de airconditioning kunt aanzetten. Als je je irrigatie kunt veroorloven, is het mogelijk gewassen te verbouwen. Je kunt je beschermen tegen overstromingen als je in beschermingsinfrastructuur kunt investeren en de schade kunt repareren als het water zich heeft teruggetrokken. Als je van de hand in de tand leeft, kan één slechte oogst het einde betekenen voor jou en je gezin. Dat is het wrede van klimaatverandering.

We moeten manieren bedenken om ons aan te passen aan de veranderingen die eraan komen en er al zijn. Sommigen zullen aanvoeren dat deze gerichtheid op aanpassing ons afleidt van de emissiereductie. Dat is niet waar. Er bestaat geen twijfel over: we moeten de uitstoot van broeikasgassen in de wereld snel terugdringen. Maar hoe snel we die emissies ook reduceren, enige klimaatverandering is onvermijdelijk. Zelfs als het ons op miraculeuze wijze lukt de temperatuursverhoging tot 1,5 °C te beperken, dan nog moeten we ons aanpassen aan een wereld die warmer is dan nu. Voor veel mensen in de wereld behoort negeren niet tot de mogelijkheden.

Het jongste rapport van het Intergovernmental Panel on Climate Change (IPCC, Intergouvernementele Werkgroep inzake Klimaatverandering) over de invloed van en aanpassing aan klimaatverandering telt 3675 pagina's.[55] We kunnen niet ingaan op de essentie van hoe elk land zich moet aanpassen aan klimaatverandering, maar er zijn enkele universele basisprincipes.

1 • Haal mensen uit de armoede

Het belangrijkste wat we moeten doen om ons aan te passen aan klimaatverandering is mensen uit de armoede halen. Armoede maakt je ongelooflijk kwetsbaar voor de invloed van klimaatverandering. Om eerlijk te zijn maakt armoede je kwetsbaar voor bijna élke crisis. Als je vlak boven de armoedegrens leeft, is één schok al genoeg om je eronder te duwen. Als je al onder de armoedegrens leeft, leef je onder de onophoudelijke stress dat de geringste schok de laatste druppel zou kunnen zijn. Dat is echt een vreselijke positie om in te verkeren, maar voor miljarden mensen wel de realiteit.

Hoewel het aantal doden als gevolg van natuurrampen met zo'n 90 procent is gedaald in de loop van de twintigste eeuw, verwachten we dat de frequentie en intensiteit van rampen erger zullen worden door klimaatverandering. Zoals we zagen komen minder mensen om het leven door natuurrampen omdat we inmiddels weten hoe we ons ertegen moeten beschermen. Een groot deel van die veerkracht is te danken aan armoedeverlichting. We kunnen extreem weer ruim van tevoren voorspellen, maar alleen dankzij goede netwerkverbindingen kunnen we dit doorgeven aan verschillende landen zodat mensen zich kunnen voorbereiden, met huizen en infrastructuur die bestand zijn tegen overstromingen en orkanen.

2 • Verbeter de weerstand van onze gewassen tegen droogte, overstromingen en een opwarmende wereld

Het zorgelijkste aspect van klimaatverandering is in mijn ogen de impact die deze kan hebben op voedselzekerheid. Gewassen zijn vaak aangepast aan bepaalde klimatologische omstandigheden. Als deze condities veranderen, zal de respons van onze gewassen dat ook doen: misschien krijgen we een betere oogst, we zullen vaak een kleinere oogst krijgen; in sommige gevallen kunnen de oogsten mislukken. We beschikken over een groot potentieel om gewassen te ontwikkelen die hetzij beter bestand zijn tegen deze veranderingen, hetzij beter aangepast aan het nieuwe klimaat dat we aan het creëren zijn. We weten dat we dit kunnen, want we hebben het in het verleden ook gedaan. We kunnen oogsten verbeteren dankzij voedingsstoffen, pesticiden en irrigatie; maar we kunnen ook zadenrassen ontwikkelen die resistent zijn tegen ziekten en plagen.

In milieukringen heeft genetische manipulatie een slechte reputatie, maar toch is deze zonder meer essentieel geweest voor de groei van de oogsten wereldwijd. Gentechnologie kan bovendien een veel grotere rol spelen als we landbouw willen ontwikkelen die goed functioneert in een veranderend klimaat. Niet alleen zouden boeren goede, stabiele oogsten behalen, het zou zelfs kunnen betekenen dat we minder kunstmest en pesticiden hoeven te gebruiken. Wat het meest frustrerend is aan het verzet tegen gentechnologie, is dat ook dit de armen vaak het hardst treft. Degenen die het meest kwetsbaar zijn voor een mogelijk mislukte oogst en instorting van de voedselvoorraad. Het is onrechtvaardig oplossingen in de weg te staan die deze schade kunnen verzachten.

3 • Pas onze levensomstandigheden aan om met de verzengende hitte om te gaan

Extreme temperaturen zullen steeds gebruikelijker worden. We hebben een reeks maatregelen nodig, variërend van uiterst fundamentele gezondheidsadviezen over hoe je koel blijft tot een grotere capaciteit van de gezondheidsfaciliteiten om degenen die lijden bij te staan. Opnieuw moet ik teruggrijpen op mijn eerste opmerking over armoedebestrijding: degenen die het meest kwetsbaar zullen zijn, zijn diegenen die geen beschutting of airconditioning kunnen betalen, of wel móéten werken in de extreme hitte. In de 21ste eeuw zou iedereen toegang moeten hebben tot airconditioning als ze die nodig hebben. In milieudiscussies is dit een controversiële uitspraak omdat daar meer energie voor nodig is. Maar ik houd dit staande. We willen een aangename toekomst voor iedereen en bakken in extreme hitte hoort daar niet bij.

De financiering van die aanpassingen is een van de grote knelpunten geweest van internationale klimaatafspraken. De landen die het minst hebben bijgedragen aan klimaatverandering en die de minste middelen hebben, zijn de landen die zich het meest moeten aanpassen. Rijke landen moeten financieel bijdragen aan die aanpassing. Dat hebben ze ook toegezegd, maar ze komen niet over de brug. Hier moet verandering in komen, en dat moet snel gebeuren.

DINGEN WAAR WE ONS MINDER DRUK OM HOEVEN TE MAKEN

Het is lastig om af te komen van de reputatie iemand met verstand van klimaatdata te zijn. Artsen krijgen op feestjes vragen over alle mogelijke dodelijke ziekten. Mij wordt gevraagd 'is dit echt slecht voor het milieu?' of 'wat is erger, dit of dat?' Die vragen gaan vaak heel ver – tot en met gedrag waarmee slechts enkele grammen CO_2 gepaard gaan.

Ik geef graag antwoord op die vragen, vooral omdat ik zelf los ben gegaan op alle relevante getallen. Het boek *How Bad Are Bananas? The Carbon Footprint of Everything* van Mike Berners-Lee was mijn bijbel die ik altijd bij me had.[56] Ik wilde wanhopig elk minuscuul detail van mijn koolstofvoetafdruk begrijpen en optimaliseren. Ik wilde weten of ik de handendroger of een papieren handdoekje moest gebruiken. (Het antwoord is papieren handdoek als je maar één velletje gebruikt, maar handendroger als je er twee gebruikt.) Wat is klimaatvriendelijker, een boek lezen of tv-kijken? (Een boek lezen, absoluut.) Moet ik de vaatwasser gebruiken of met de hand afwassen? (Tenzij je koud water gebruikt, of heel zuinig bent met warm water, wint de vaatwasser.)

Deze vergelijkingen zijn leuk en nerdy. Soms doen ze echter meer kwaad dan goed. Ik kan rechtvaardigen dat ik me er veel mee bezighoud omdat het mijn werk is. Maar mensen moeten zich niet druk maken over elke kleine beslissing. Dat kan je overstelpen. De aanpak van klimaatverandering lijkt wel een enorm offer dat ons leven heeft overgenomen. Dat zou prima zijn als al deze handelingen echt verschil maakten, maar dat is niet zo. Het is een misplaatste inspanning en stress, die soms zelfs ten koste gaat van de enkele acties die wel degelijk uitmaken. Er bestaat een concept dat 'moral licensing' wordt genoemd: dit verklaart het psychologische kunstje dat we onszelf flikken als we het ene gedrag rechtvaardigen omdat we op een ander gebied een offer hebben gebracht. Dat we een biefstuk nemen is niet zo erg, want we recyclen het plastic waarin die verpakt zat. Of dat we de auto in plaats van de fiets nemen, omdat we de 'eco'-knop van de wasmachine hebben gebruikt.

Als we aan mensen vragen hoe ze volgens hen hun CO_2-voetafdruk het meest effectief kunnen reduceren, noemen ze vaak dingen met de minste impact.[57] Recyclen, spaarlampen gebruiken, de tv niet op stand-by laten staan of de was buiten laten drogen. De belangrijke dingen zien ze vaak over het hoofd: minder vlees eten, een elektrische auto nemen, een keertje minder vliegen, hun woning isoleren of investeren in koolstofarme energie.[58, 59]

Dáárom is het belangrijk de getallen goed te begrijpen. Niet om ons druk te maken over hoeveel CO_2 we uitstoten door naar Netflix te kijken, maar door mensen te laten inzien welke gedragsveranderingen echt verschil maken.

Waar moeten we ons dus minder druk om maken als het om klimaatverandering gaat?

Hieronder zie je in willekeurige volgorde een opsomming van dingen die volgens mensen groot verschil maken, maar meestal een geringe impact hebben op hun koolstofvoetafdruk. Ga er vooral mee door als je dat wilt (dat doe ik ook), maar ga niet zitten stressen en doe ze in elk geval niet in plaats van de belangrijke dingen die er echt toe doen.

- Plastic flessen recyclen (zie hoofdstuk 7)
- Oude gloeilampen vervangen door spaarlampen
- Je hoeft niet op te houden met tv-kijken, films streamen of internet gebruiken
- Hoe je leest: het maakt niet uit of het Kindle, papier of een luisterboek is
- De afwas met de hand doen of met de vaatwasser, het maakt niet veel uit
- Lokaal voedsel eten (zie hoofdstuk 5)
- Biologisch voedsel eten (dit kan sléchter zijn voor je CO_2-voetafdruk – zie hoofdstuk 5)
- Je tv of computer op stand-by laten staan, het maakt niet veel uit

- Je telefoon aan de oplader laten zitten, het maakt niet veel uit
- Plastic of papieren zak – je plastic zak heeft in werkelijkheid een kleinere CO_2-voetafdruk, maar het maakt niet veel uit

Wat volgens ons effectief is om onze CO_2-voetafdruk te reduceren, is dat vaak niet

Handelingen als de auto eruit doen, meer plantaardig voedsel eten, minder vliegen of overstappen op een elektrische auto zijn het meest effectief om onze persoonlijke koolstofvoetafdruk te verkleinen.
Onderzoeken onder 21.000 volwassenen in 30 landen lieten echter zien dat mensen denken dat handelingen zoals recyclen en spaarlampen nemen tot de top 3 behoorden van meest effectieve dingen die je kunt doen.

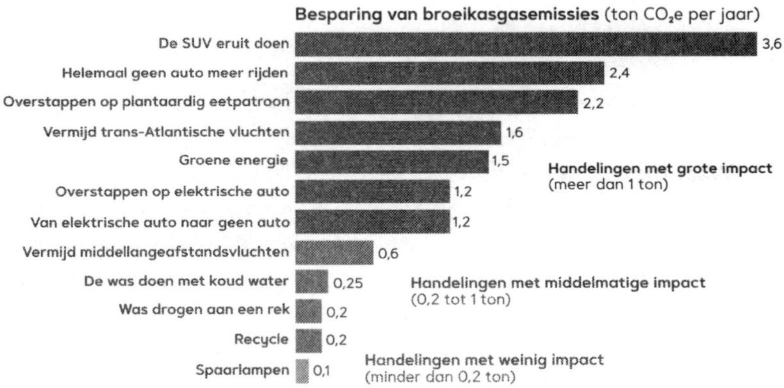

4

Ontbossing

Door de bomen het bos zien

> 'Het Amazoneregenwoud – de longen die 20 procent van de zuurstof op onze planeet produceren – staat in brand.'
> – President Emmanuel Macron, 2019[1]

Het Amazoneregenwoud wordt vaak de 'longen van de wereld' genoemd. Emmanuel Macron is niet de enige die heeft beweerd dat het 20 procent van de zuurstof op aarde produceert. Onder anderen Leonardo DiCaprio, Kamala Harris en Cristiano Ronaldo hebben vergelijkbare uitspraken gedaan.[2, 3] Voormalig NASA-astronaut Scott Kelly twitterde dit cijfer zelfs, gevolgd door: 'we hebben O_2 nodig om te ademen!'[4]

Zij menen dat het verdwijnen van het Amazoneregenwoud een bedreiging is voor de zuurstofvoorraad op de planeet. Als we horen dat het Amazoneregenwoud ten onder gaat, worden deze beweringen beangstigend. In een artikel in *The New York Times* stond dat 'als er genoeg regenwoud verloren gaat en niet kan worden hersteld, het gebied een savanne wordt, die niet zoveel koolstof opslaat, wat een afname van de "longcapaciteit" van de planeet betekent'.[5] Er bestaan nu grote zorgen over een 'omslagpunt' in de Amazone. Die zorgen hebben alleen niet met zuurstof te maken. Het Amazoneregenwoud voorziet niet in 20 procent van de zuurstof in de wereld. Per saldo draagt het er bijna niets aan bij.

Het Amazoneregenwoud produceert grote hoeveelheden zuurstof. Tijdens de fotosynthese neemt het koolstofdioxide op en stoot het O_2 uit. Maar de schatting van 20 procent is te hoog: het komt meer in de buurt van 6 tot 9 procent.[6, 7] Deze cijfers doen er echter niet toe: het Amazoneregenwoud produceert veel zuurstof, maar het neemt ook een heleboel op. 's Nachts, als er geen zonlicht is voor fotosynthese, zetten bomen suiker om in energie, en om dat proces te voeden gebruiken ze zuurstof. Bacteriën op de bodem van het woud consumeren ook zuurstof bij het afbreken van het organisch materiaal dat uit het bladerdak is neergekomen. De hoeveelheid zuurstof die het Amazoneregenwoud consumeert, is bijna even groot als de hoeveelheid die het produceert. Deze heffen elkaar op, dus het levert bijna niets van de zuurstof in de atmosfeer.

Het gaat niet alleen om het Amazonewoud. Geen van de bossen en niets van de vegetatie op de wereld draagt veel bij aan onze zuurstofvoorraad. Shanan Peters, een geoloog, berekende: 'Als alles wat leeft zou verbranden behalve mensen, zou het zuurstofniveau dalen van 20,9 procent naar 20,4 procent.'[8] Het zou bovendien miljoenen jaren duren voor de zuurstofvoorraad op aarde met een significante hoeveelheid is verminderd. De zuurstof in onze atmosfeer is miljoenen jaren geleden uit fytoplankton in de oceanen gekomen. Daarvoor zat er helemaal geen zuurstof in de atmosfeer op aarde; micro-organismen leefden anaeroob – dat wil zeggen dat ze geen zuurstof nodig hadden – of waren 'extremofielen' die in extreme omstandigheden leefden, gevoed door elementen zoals zwavel. Zo'n tweeënhalf miljoen jaar geleden beleefde de aarde zijn 'zuurstofcrisis' waarin cyanobacteriën – de eerste organismen waarin fotosynthese voorkwam – CO_2 begonnen om te zetten in O_2. Daar komt het grootste deel van onze zuurstof vandaan, en dit evenwicht laat zich heel moeilijk ingrijpend veranderen.

Dit zou ons er niet van moeten weerhouden actie te ondernemen. Het Amazoneregenwoud – en andere tropische regenwouden – bevat ecosystemen met de meeste biodiversiteit op aarde. Deze worden bedreigd. Ontbossing is bovendien heel slecht voor het klimaat, want als we bomen vellen, komt de koolstof die honderden of duizenden jaren was opgeslagen vrij. De werkelijkheid is al erg genoeg en zou ons voldoende motivatie moeten geven om in actie te komen. We hoeven geen misleidende krantenkoppen te maken om aandacht te trekken, want als de waarheid aan het licht komt, zijn die schadelijk voor het publieke vertrouwen in wetenschappers en voor het geloof in de redenen waarom we ons er echt druk om moeten maken.

Er zijn zelfs redenen om voorzichtig optimistisch te zijn dat we een eind kunnen maken aan de ontbossing. De koppen die het '20 procent van de zuurstof op de wereld'-getal vaak vergezellen, beweren ook dat de ontbossing in het Amazoneregenwoud zich op een historisch hoogtepunt bevindt. Ook dit klopt niet: de ontbossingscijfers in het Amazoneregenwoud bereikten eind jaren negentig een piek en zijn sindsdien gedaald.

HOE WE ZIJN GEKOMEN WAAR WE NU ZIJN

De rijke landen van nu verloren hun bossen lang geleden

Voor veel landen was de dreiging dat hun bos opraakte reëel. Duizend jaar geleden was de helft van Frankrijk bedekt met bos. In de negentiende eeuw besloeg het nog maar 13 procent van dat land. Tussen het jaar 1000 en 1300 verdubbelde de Franse bevolking van acht tot zestien miljoen mensen. Dit was een periode van vrede – de bevolking kon zonder onderbreking groeien, aangezien er geen oorlogen werden gevoerd. Een land met meer inwoners heeft meer voedsel, energie en bouwmaterialen nodig. Dit betekende dat er bomen werden omgehakt om huizen te verwarmen en ruimte vrij te maken voor landbouwgrond. Sommigen omschreven deze periode als het 'grote avontuur van het Franse platteland'. De helft van de bossen van het land werd omgehakt.

Toen werd Europa getroffen door de zwarte dood. Deze pest werd veroorzaakt door een bacterie die werd verspreid door vlooien, maar ook van mens tot mens door druppels en aerosolen. Deze was ongelooflijk dodelijk. Maar liefst de helft van de bevolking op het continent stierf. Frankrijk werd zwaar getroffen en de bevolking kromp van zestien miljoen naar zo'n tien miljoen. Nu er minder inwoners waren, had Frankrijk minder voedsel, energie en bestaansmiddelen nodig. Landbouwgrond werd verlaten en de bossen keerden terug. In de loop van de veertiende en vijftiende eeuw werd het bosgebied weer bijna twee keer zo groot. Na de zwarte dood was deze terugkeer van natuurlijk landschap overal in Europa te zien. Als onderzoekers pollenmonsters uit herstelde bossen en grasland bekijken, zien ze een sterke afname van resten van granen en een terugkeer van andere plantensoorten.[9] Deze terugkeer van bossen was slechts tijdelijk. Het duurde enkele eeuwen, maar de Franse populatie bereikte uiteindelijk haar niveau van voor de pest weer, en nog heel wat hoger. Frankrijk werd een wereldmacht. De vraag naar grond, energie en hout schoot omhoog. Ze hadden schepen nodig voor expedities om te werken aan hun dominantie. Een van de grote zorgen was dat ze zonder hout zouden komen te zitten. In de zeventiende eeuw riep Lodewijk XIV uit dat 'Frankrijk ten onder zal gaan door gebrek aan hout!'

De bevolking moest ook goed worden gevoed. De gewasopbrengsten waren maar een fractie van wat ze nu zijn, en de enige mogelijkheid om meer voedsel te verbouwen, was door van bosgebied boerderijen te maken. De regering moedigde dit actief aan: in de achttiende eeuw kregen inwoners die de grond hadden vrijgemaakt gedurende vijftien jaar een belastingontheffing. De vraag naar brandhout nam uiteindelijk ook toe. Overal in Frankrijk namen stadscentra een hoge vlucht. Mensen hadden hout nodig om huizen te verwarmen en het bedrijfsleven van energie te voorzien. De ene hectare na de andere bosgrond verdween.

Aan de andere kant van Het Kanaal gebeurde hetzelfde in Groot-Brittannië. Duizend jaar geleden was 20 procent van Schotland en 15 procent van Engeland bedekt met bos.[10, 11] In de negentiende eeuw was dit weggekapt tot nog geen 5 procent in beide regio's.[12, 13] Aan de andere kant van de Atlantische Oceaan vielen de bomen eveneens om. In de zeventiende eeuw bestond bijna de helft van de huidige VS uit bos, twee eeuwen later was dit geslonken tot zo'n 30 procent.[14]

Wie in achttiende-eeuws Frankrijk of Groot-Brittannië woonde, ging er misschien van uit dat deze achteruitgang zou doorzetten. Maar net toen het erop leek dat de bossen volledig zouden verdwijnen, keerden landen het tij.

Deze ommekeer was niet zoals de piek na de zwarte dood. Dit keer keerden de bossen terug hoewel de bevolking nog steeds groeide. Hiervoor zijn verscheidene redenen. Een ervan was het begin van de transitie naar productieve landbouw. Door de intensivering van de landbouw begonnen gewasopbrengsten toe te nemen (zij het langzaam). Landen stapten over op productievere gewassen – Frankrijk ruilde rogge in tegen aardappelen, waarmee per hectare veel meer mensen gevoed kunnen worden. En het beleid ver-

De verdwijning en terugkeer van bossen in rijke landen
Het aandeel van elk land dat was bedekt met bos.

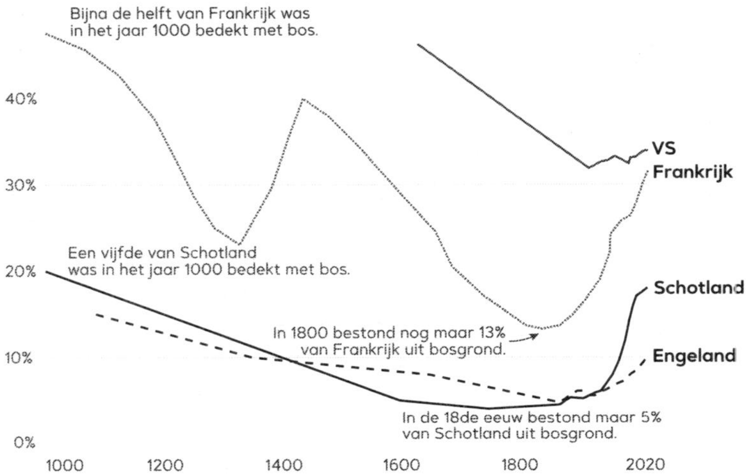

anderde: in plaats van mensen aan te moedigen bossen om te hakken, voerden overheden streng beleid tegen ontbossing in en overreedden ze de plattelandsbevolking onproductieve landbouwgrond te verlaten.

Ten slotte begon de kolenhausse. In Parijs gebruikte de gemiddelde inwoner in 1815 1,8 m³ brandhout per jaar. In de jaren 1860 was dit gedaald tot 0,45 m³, en in 1900 lag het op 0,2 m³. Hout was uit, steenkool was nu in de mode.

Deze veranderingen betekenden dat rijke landen bevolkingsgroei – en economische groei – wisten te ontkoppelen van ontbossing. Deze weg is een consistent patroon dat we nog altijd overal ter wereld waarnemen. Het typeert de reis van een land van een geringe naar een sterke industrialisatiegraad. Ontbossing en ontwikkeling zijn nauw met elkaar verweven als een land arm is, maar deze relatie wordt uiteindelijk verbroken. Als landen eenmaal welvarend genoeg zijn, maken bossen hun comeback.

De wereld is sinds de laatste ijstijd beroofd van een derde van haar bossen

Laten we het niet mooier voorstellen dan het is. Het mag dan nu in veel landen beter gaan, de prijs van de mondiale ontbossing is gigantisch geweest.

De wereld is sinds de laatste ijstijd circa tienduizend jaar geleden beroofd van een derde van haar bos.[15, 16] Dat is een gebied ter grootte van twee keer de Verenigde Staten. De helft hiervan ging voor 1900 verloren. Toch heeft de wereld ook in de afgelopen eeuw een verbijsterende hoeveelheid bos verloren. Dit kan vrijwel allemaal worden toegeschreven aan de expansie van de landbouw. Het oppervlak aan akkerland en weide is bijna verdubbeld. We gebruiken nu veel meer van ons land voor de landbouw dan we nog overhebben aan bossen. Landbouw is lang de drijvende kracht achter ontbossing geweest, en is dat nog altijd. Dit patroon is nergens zo duidelijk als in Brazilië.

De mensheid kapte een derde van de bossen ter wereld om ruimte vrij te maken voor landbouw
Landbouw is altijd de grootste aanjager van ontbossing geweest. Dat geldt ook nu nog.

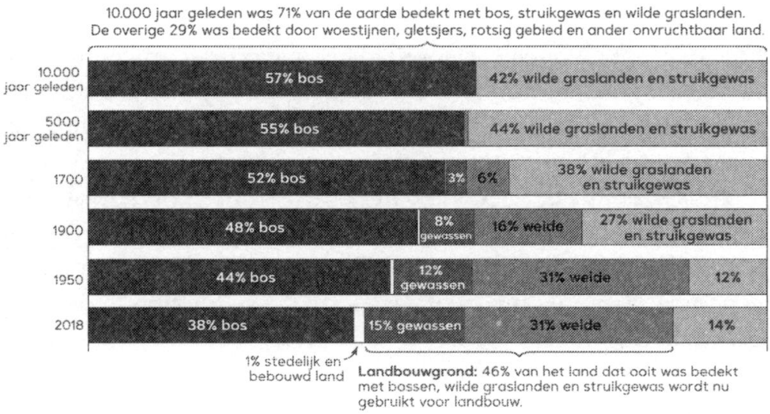

De oud-president van Brazilië, Jair Bolsonaro, trok vaak een rookgordijn op met zijn beloften de ontbossing aan te pakken. Op de internationale klimaatconferentie in Glasgow in 2021 – COP26 – beloofde de regering-Bolsonaro ervoor te zorgen dat in 2028 een einde zou komen aan illegale kap, twee jaar vroeger dan eerder was afgesproken.

Terwijl andere landen hun handtekening zetten, juichte de wereld. In Brazilië gaat het grootste deel van de bossen van de wereld verloren. Als we daar een einde kunnen maken aan de ontbossing, dan kunnen we dat overal. Op dat podium klonk Bolsonaro als een man die echt een einde wilde maken aan de ontbossing in het Amazoneregenwoud. Een paar maanden later werd duidelijk dat de wereld zich niet had moeten laten bedotten. INPE – het Braziliaans Ruimteagentschap – publiceerde de jongste ontbossingsresultaten. De percentages in 2021 waren de hoogste in vijftien jaar.[17] Dit vernietigende en belangrijke cijfer haalde de krantenkoppen. Dat gebeurde in 2022 opnieuw. Je zou al snel denken dat de mondiale ontbossingscijfers nooit eerder zo hoog waren geweest en steeds slechter werden.

Maar als we uitzoomen zien we dat dit een onvolledig beeld is. De afgelopen tien jaar is er wereldwijd heel wat bos gekapt. En we verliezen het nog steeds in een alarmerend hoog tempo. Het Forestry Report van de VN uit 2020 schat dat er in het decennium tussen 2010 en 2020 110 miljoen hectare is gekapt. Een gebied twee keer zo groot als Spanje. De wereld liet ongeveer 50 miljoen hectare bos aangroeien, dus het netto verlies aan bos was ongeveer de helft. Maar uit de data blijkt ook dat de wereldwijde ontbossing niet meer op haar piekniveau uit de jaren 1980 zit.

De VN houdt de toestand van de bossen in de wereld al ruim een halve eeuw bij. Uit hun inventarisatie van 2020 blijkt dat het tempo van de ontbossing sinds de jaren 1990 met 26 procent is afgenomen. Eerdere rapporten geven aan dat het tempo in de jaren 1980 zelfs nog hoger was.

De cijfers over de ontbossing roepen nu de nodige controverse op. Onderzoekers zijn het zelfs niet eens over de simpele vraag wat een 'bos' is. Er zijn verschillende methoden om ontbossing te meten; ze zijn geen van alle perfect. Een wat nieuwere methode gebruikt *remote sensing* en satellieten. In 2022 publiceerden de VN een volledig overzicht dat was gemaakt met behulp van remote sensing. De resultaten strookten met hun eerdere rapporten over een teruglopend tempo van de wereldwijde ontbossing.

Waar de schattingen afwijken, komt dat doordat satellietmethoden vaak 'het verlies aan bosbedekking' meten. Dat is iets anders dan ontbossing. Ontbossing wordt gedefinieerd als de *permanente* omzetting van bos in ander landgebruik, zoals voor weidegrond, akkerland, steden of wegen. Verlies aan bosbedekking omvat ontbossing maar ook bomen die tijdelijk verloren gaan als gevolg van bosbranden, agrobosbouw of de periodieke oogst van houtplantages. Aangezien bomen weer aangroeien, vallen ze niet binnen de VN-definitie van 'ontbossing'. Er bestaan geen consistente langetermijndata over verlies aan bosbedekking, maar uit recente data blijkt dat het tempo daarvan nog steeds heel hoog ligt en in sommige regio's nog toeneemt.

Al met al laten de data ons zien dat het tempo van de ontbossing nog steeds zorgwekkend hoog ligt. Tragisch genoeg vindt bijna al dit verlies plaats in de tropen, waar de biodiversiteit het hoogst is. De *mondiale* ontbossing heeft vermoedelijk tientallen jaren geleden haar piek bereikt. Bovendien zijn er allerlei voorbeelden – waarvan we er later een paar zullen zien – die aantonen dat landen met de juiste middelen en het juiste beleid de ontbossing inderdaad drastisch kunnen verminderen.

WAAR WE NU STAAN

Waar verliezen en winnen we nu bos?

Door te kijken naar de geschiedenis van de ontbossing – en die is lang – krijgen we een beeld van de hoeveelheid verloren bos, en begrijpen we waarom landen het überhaupt hebben omgehakt. We moeten de ontbossing een halt toeroepen, en dat moeten we snel doen. Het is onvoldoende als we bos bijplanten in gematigde gebieden terwijl we bos in de tropen kwijtraken. Er gaat zo veel verloren als we deze bossen kappen. We raken veel meer kwijt dan koolstof. Als we een tropisch regenwoud kappen, verliezen we het evenwicht dat het in de loop van eeuwen of millennia heeft opgebouwd. In tropisch regenwoud wemelt het van unieke natuur; het zal heel lang duren voor die ecosystemen zijn hersteld, als ze al zullen terugveren. Het voorkomen van één hectare tropische ontbossing is veel beter dan het opnieuw aanplanten van één hectare bos. Het is niet hetzelfde als wanneer je voor je vliegreis in de zomervakantie een compensatie betaalt.

Als we bekijken welke landen bos verliezen, en welke meer bos aanplanten, dan is er een duidelijke scheiding. Rijke landen planten doorgaans extra bos. Lage- en middeninkomenslanden verliezen hun bossen. Dit is geen toeval. Bosbedekking volgt de klassieke U-vormige curve die ook de ontwikkeling van een land weergeeft. In het domein van de ontbossing noemen we dit het 'bostransitie'-model.[18, 19, 20]

Deze curve telt vier fasen, die door slechts twee variabelen worden gedefinieerd: hoeveel bos er in een land is, en hoe dit per jaar verandert.

In fase 1 – *de pretransitiefase* – is er veel bos in een land en gaat er in de loop der tijd niet veel van verloren. Er is misschien wel enige ontbossing, maar dan gaat het om een zeer geringe hoeveelheid.

In fase 2 – *de vroege transitiefase* – beginnen landen heel snel bos te verliezen. De bosbedekking neemt rap af, en het jaarlijks verlies aan bos is groot.

In fase 3 – *de late transitiefase* – neemt de ontbossing weer af. Landen verliezen in deze fase nog steeds bos, maar in een lager tempo dan eerst. Aan het einde van deze fase naderen landen het 'transitiepunt'.

In fase 4 – *de posttransitiefase* – doorlopen landen de transitie van bosafname naar bostoename. Bossen beginnen vanzelf weer te groeien, of landen planten weer bos aan. Een land heeft aan het begin van deze fase mogelijk niet veel bos meer over, maar het is op de weg terug. Hopelijk zal een land aan het eind van deze fase niet alleen een deel van zijn bos hebben hersteld, maar nadert het zelfs oude bedekkingsniveaus. Dit zou zelfs een geheel nieuwe fase kunnen zijn: fase 5.

Van Engeland en Frankrijk tot de VS en Zuid-Korea hebben landen dit uiterst voorspelbare U-vormige patroon gevolgd. Maar waarom, en wat is het verband met economische ontwikkeling? Denk terug aan waarom mensen bomen rooien. Ofwel ze willen het materiaal – voor energie, om te bouwen, om schepen van te maken of papier – ofwel ze willen het land om voedsel te verbouwen. Als landen zich bevrijden uit de impasse van een kleine bevolking of weinig economische groei, neemt hun vraag naar beide toe. We hebben meer brandhout nodig om te koken, meer huizen om in te wonen en, wat heel belangrijk is, meer voedsel om te eten. Dat is het moment waarop landen overgaan van fase 1 naar fase 2. Ze gaan bossen kappen en dit gaat steeds sneller doordat de vraag blijft stijgen.

Maar deze vraag neemt af naarmate landen rijker worden. In plaats van hout te gebruiken als brandstof, stappen mensen over op fossiele brandstoffen (of nu, hopelijk, meer duurzame en kernenergie). Gewasopbrengsten nemen toe zodat we minder grond nodig hebben voor landbouw. Hier gaat het land over in fase 3: de ontbossing neemt aanzienlijk af. Ten slotte bereikt een land de ontwikkelingsfase waarin er een eind komt aan ontbossing. De landbouw is zeer productief, er is een geringe bevolkingstoename, niemand verbrandt hout als brandstof, en we ontwikkelen andere materialen om dingen mee te bouwen. Landen bereiken fase 4 – het punt waarop bossen terugkeren.

De meeste lage- tot middeninkomenslanden liggen in de tropen, dus 95 procent van de ontbossing op aarde vindt plaats in de tropen.[21] Dat is slecht nieuws. Tropische bossen bevatten enkele van de meest waardevolle en diverse ecosystemen ter wereld. Hier leeft meer dan de helft van de soorten op aarde.[22] Deze bossen slaan ook veel koolstof op; als we deze omhakken, is dat verschrikkelijk voor de klimaatverandering.[23]

Het is glashelder: we moeten ervoor zorgen dat er een eind komt aan ontbossing in de tropen. Aangezien bossen de ontwikkeling van landen volgen, zou dit vanzelf kunnen gebeuren als we gewoon achteroverleunen en de boel op zijn beloop laten. Landen zullen rijker worden en uiteindelijk fase 4 bereiken. Maar dit duurt te lang. Dan kunnen we de klimaatverandering niet aanpakken, en daarbij verliezen we te veel natuur. Het zou tragisch zijn als lage- tot middeninkomenslanden dezelfde weg volgen als geïndustrialiseerde landen.

Het goede nieuws is dat dit niet hoeft te gebeuren. Ze verkeren niet in de positie waarin Groot-Brittannië zich twee eeuwen geleden bevond. We beschikken over technologie waarmee we landbouw productief kunnen maken. We hebben instellingen die beleid en voorschriften kunnen afdwingen. We hebben satellieten waarmee we ontbossing wereldwijd kunnen opsporen en in de gaten kunnen houden. We hebben alternatieven voor hout als energiebron. En we hebben elkaar: een internationaal netwerk van mensen die samenwerken en kennis delen.

We moeten arme landen snel door deze transitie loodsen. Of fase 2 en 3 helemaal over laten slaan, wat nog beter zou zijn. We hebben er de middelen voor. De vraag is of we genoeg gemotiveerd zijn om die te gebruiken.

Hoeveel van het Amazoneregenwoud hebben we verloren, en verliezen we het in een recordtempo?

Het Amazoneregenwoud bevat 14 procent van al het bos op aarde, maar neemt een veel groter aandeel van het mondiale gesprek in beslag. Mensen bekijken wat er in het Amazoneregenwoud gebeurt en extrapoleren van daaruit.

Toch is het moeilijk om een goed beeld te krijgen van wat er aan de hand is, nu er zoveel berichtgeving over is. Hoeveel van het Amazoneregenwoud is gerooid? Hoeveel is er nog over? En hebben de ontbossingscijfers nu echt records behaald?

Het Amazonebekken strekt zich uit over 7 miljoen vierkante kilometer – een gebied zo groot als Australië. Het eigenlijke regenwoud is 5,5 miljoen vierkante kilometer – een gebied van 23 keer de omvang van het VK. Zo'n 60 procent ervan ligt in Brazilië, en de rest is verdeeld over andere Zuid-Amerikaanse landen.

De meeste ontbossing heeft in Brazilië plaatsgevonden, grotendeels in de laatste drie decennia van de twintigste eeuw, dus we kunnen 1970 gebruiken als het beginpunt waarop de ontbossing echt begon. Voor 1970 bedroeg het Braziliaanse Amazoneregenwoud 4,1 miljoen km^2; dat is nu 3,3 miljoen km^2. Dit wil zeggen dat we zo'n 20 procent van het Braziliaanse Amazoneregenwoud hebben verloren. In de buurlanden waren de ontbossingscijfers iets lager, zodat we ongeveer 11 procent van het Amazoneregenwoud als geheel hebben verloren.[24]

En dan nu de vraag hoeveel ervan we nog altijd verliezen. Waar de mondiale cijfers in de jaren tachtig op hun hoogtepunt waren, bleven deze in het Amazoneregenwoud in de jaren negentig en aan het begin van de 21ste eeuw stijgen, verdubbelden die zelfs binnen tien jaar van 15.000 km^2 per jaar naar bijna 30.000 km^2 per jaar. Toen Lula da Silva in 2003 president van Brazilië werd, beloofde hij het tij te keren. En dat deed hij. Aan het einde van zijn termijn in 2010 had hij de ontbossingscijfers met 80 procent verminderd, van 25.000 tot 5000 km^2. In de jaren erna stabiliseerden die zich om vervolgens weer te stijgen, al kwamen ze nooit meer in de buurt van de cijfers aan het begin van de 21ste eeuw.

Ontbossing in het Braziliaanse Amazoneregenwoud bereikte begin 21ste eeuw een piek

Ontbossingscijfers zijn gemeten in vierkante kilometers.

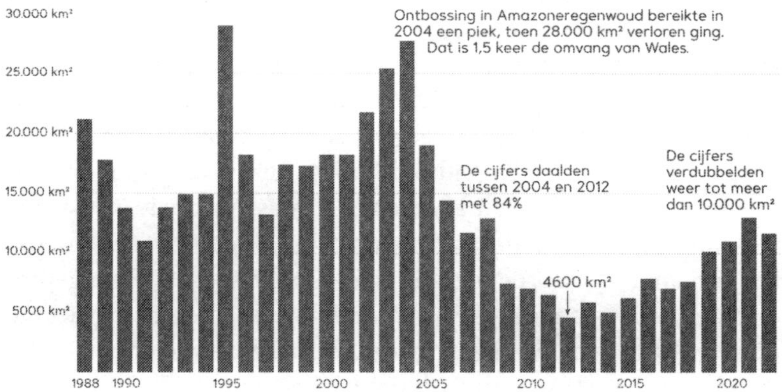

De ontbossingscijfers in het Amazoneregenwoud zijn nu nog niet de helft van wat ze aan het begin van de eeuw waren. Dat is nog altijd ruim twee keer zo hoog als op hun dieptepunt. Dit maakt een paar dingen duidelijk. Ten eerste hebben we de piek van de ontbossing van het Amazoneregenwoud achter ons gelaten. Nieuwsberichten over absolute records kloppen niet. Ondanks een toename van de cijfers in de afgelopen paar jaar, werd er veel minder van het Amazoneregenwoud gekapt dan in het verleden. In de tweede plaats is het mogelijk om snel vooruitgang te boeken. Onder het presidentschap van Lula da Silva slaagde Brazilië erin binnen zeven jaar de ontbossing met 80 procent te verminderen. In oktober 2022 werd hij herkozen als leider van Brazilië. Dat moet ons hoop geven. Alle mensen die beweren dat het onmogelijk is om in 2030 ontbossing te beëindigen, hebben niet gezien hoe snel dingen kunnen veranderen. In de derde plaats zal dit niet vanzelf gaan, en als we achteroverleunen zullen de dingen net zo snel weer in de oude situatie vervallen.

Wat zijn de aanjagers van ontbossing?

'Ben & Jerry's produceert geen ijs dat palmolie bevat,' staat bovenaan de website van de ijsfabrikant.[25]

In 2017 raakte het bedrijf af van de laatste zalige stukjes die dat spul nog bevatten. Het werd geprezen vanwege zijn duurzaamheidsbelofte. Consumenten die het merk hadden geboycot vulden hun diepvriezers weer met cookie dough. Ongeacht of het een pr-stunt was, het is duidelijk waarom ze wilden verkondigen dat ze geen palmolie meer gebruikten. Iedereen heeft de pest aan palmolie. Dat gaat inmiddels door voor het vergif van de voedselindustrie.

Een paar jaar geleden had ook ik een hekel aan palmolie. Het was 2018 en de traditionele kerstreclamewedstrijd op de Britse televisie begon. Welk van de grote merken zou de natie tranen ontlokken en winnen? Nou, de reclame van Iceland[26] werd dat jaar geproduceerd door Greenpeace. In de tekenfilm zeilt een orang-oetang door de kamer van een klein meisje. Ze haalt de kamer overhoop, gooit haar chocola weg en huilt om haar shampoo. 'There's a rangtan in my bedroom, and I don't want her to stay. So I told the naughty rangtan that she had to go away,' vertelt de actrice Emma Thompson.

Een nieuwe scène in het regenwoud volgt: 'There's a human in my forest, and I don't know what to do. You destroyed all of our trees for your food and your shampoo. [...] He took away my mother, and I'm scared he'll take me too. There are humans in my forest, and I don't know what to do. They are burning it for palm oil, so I thought I'd stay with you,' zegt ze tegen het meisje. Aan het eind van het filmpje laat Iceland weten dat het al zijn huismerkproducten zal ontdoen van palmolie.

Deze reclame heeft ons tv-scherm nooit gehaald. Toezichthouders verboden die omdat de reclame te politiek was. Perfect. Precies wat Iceland nodig had om te zorgen dat de boodschap een hype werd op internet. Wat veroorzaakt er nou meer verontwaardiging dan een verbóden politieke reclame? Ik was woedend.

Een paar jaar dacht ik er zo over. Gevraagd naar adviezen over duurzaam leven, was het schrappen van palmolie een van mijn voornaamste tips. Ik juichte de Ben & Jerry's van deze wereld toe.

Toen ik voor Our World in Data ging werken werd het tijd om ons grote project over ontbossing aan te pakken. Het plan was een volledig mondiaal beeld te geven: hoeveel bos is er gekapt, wáár, wat zet aan tot ontbossing en wat kunnen we eraan doen? Ik wist dat palmolie een grote rol zou spelen. Ik vroeg me zelfs af of het moderne verhaal over ontbossing misschien daarop gebaseerd zou kunnen zijn. Ik verdiepte me in het onderzoek.

Ik las talloze wetenschappelijke artikelen en beleidsdocumenten. Ik dacht dat de boodschap van de deskundigen duidelijk zou zijn: palmolie is een toonaangevende aanjager van ontbossing, en we moeten het een halt toeroepen. Ik verwachtte aanbevelingen tot een boycot. Die waren niet te vinden. Sterker nog, een boycot van palmolie werd een heel slecht idee genoemd. Als we dat doen, gaat het alleen maar slechter met de ontbossing in de tropen.

Hoe meer ik las, hoe deemoediger ik werd. Ik had het bij het verkeerde eind gehad. Palmolie, ontbossing en voedsel zijn gecompliceerde problemen, en ik had me laten inpakken door simplistische berichten die op mijn emoties inspeelden. Geconfronteerd met zo'n probleem is het verleidelijk een boosdoener te zoeken: 'Jij bent het probleem, dus als we eenmaal korte metten hebben gemaakt met jou, is alles weer in orde.' Palmolie paste die rol uitstekend.

Laten we teruggaan naar het gevoelige, complexe onderwerp palmolie. Verliezen orang-oetangs werkelijk hun bos door palmolie? Klopte die Iceland-reclame? Ja en nee.

Indonesië en Maleisië produceren circa 85 procent van alle palmolie ter wereld. Het is onmiskenbaar waar dat beide landen bossen hebben gekapt om ruimte vrij te maken voor hun palmboomplantages. Minder duidelijk is hoevéél. De International

Union for Conservation of Nature (IUCK, Internationale Unie voor Natuurbescherming) riep een taakgroep in het leven om de gevolgen van palmolie voor het milieu en de biodiversiteit te onderzoeken, en wat we daaraan kunnen doen.[27] Hun schattingen van het percentage bomen dat mondiaal verloren ging ten gevolge van palmolie, varieerden van 0,2 tot 2 procent. Kijken we naar het percentage van de primaire bossen op aarde – de oude, gevarieerde bossen die niet recentelijk zijn omgehakt – dan ligt dat misschien meer in de buurt van 6 tot 10 procent.

Er wordt veel bos – veel orang-oetangverblijven – omgehakt. Toch is mondiaal gezien palmolie niet significant erger geweest dan veel andere aanjagers. Hoe zit het met specifiek Indonesië en Maleisië? Palmolie was het eerste decennium van de 21ste eeuw de grootste aanjager van ontbossing in Indonesië, verantwoordelijk voor een kwart ervan.[28] Maar die bijdrage is afgenomen, en de afgelopen paar jaar was palmolie in feite een van de kleinste aanjagers ervan.

Het is lastig om een concreet getal op ontbossing door palmolie te plakken, want dat hangt af van of je alleen palmboomplantages die bestaande bossen rechtstreeks vervingen in beschouwing neemt, of dat je ook plantages meerekent die bossen vervingen die al waren omgehakt voor hout en papier. In een artikel in *Nature* bepaalden onderzoekers op basis van satellietbeelden welke soorten land op Indonesisch en Maleisisch Borneo waren vervangen door palmboomplantages.[29] Ze kwamen tot de ontdekking dat driekwart van de olieplantages op land groeide dat in de jaren zeventig van de vorige eeuw was bebost. Driekwart van de olieplantages van na 1973 groeide op land waar het bos al was gekapt voor de papier- en pulpindustrie. Slechts een kwart van de olieplantages verving bebost maagdelijk land.

We weten dus niet precies hoeveel ontbossing is aangejaagd door palmolie. Zeker een deel ervan. Veel minder dan door andere producten zoals rundvlees. Desondanks is het verantwoordelijk geweest voor het tragische verlies aan bossen en moeten we er iets aan doen. Onze instinctieve reactie is vaak een product gewoon volledig uit te bannen. Dat deed Ben & Jerry's. De meeste consumenten willen dat merken dit voorbeeld volgen. Toch zou dat het probleem niet oplossen. Het zou het zelfs erger kunnen maken. Als je palmolie schrapt, vervang je deze door een andere oliesoort. De meeste alternatieven zijn niet beter.

Voor we ingaan op de duurzaamheid van voedsel zoals palmolie met het oog op het *milieu,* moet ik enkele zorgen over de gezondheidsimpact ervan aanstippen. Recent is er verzet ontstaan tegen 'zaadoliën', een overkoepelende term voor geraffineerde plantaardige olie zoals sojaboon-, koolzaad-, maïs-, zonnebloem-, raapzaad- en palmolie. Critici hebben aangevoerd dat zulke olie slecht is voor onze gezondheid en bijdraagt aan diabetes, hartziekten en andere ziekten. Volgens hen kunnen we beter alternatieven zoals kokos-, avocado- of olijfolie gebruiken.

Ik heb hiervoor geen geloofwaardig bewijs gevonden. Het eigenlijke argument voor de ongezondheid van oliën uit zaden is dat ze veel omega 6 bevatten, dat volgens sommigen verband houdt met ontstekingen.[30] Veel onderzoeken wijzen juist op het tegendeel: meer consumptie van omega 6-vetzuren wordt in verband gebracht met een geríngere kans op ziekten. Onderzoekers aan de Harvard-universiteit hebben stelling genomen tegen dit verzet.[31] Een metaonderzoek onder dertig studies kwam tot de conclusie dat omega 6-vetzuren de kans op een hartziekte verkleinden: mensen die daar meer van in hun bloed hadden liepen een 7 procent kleinere kans een hartziekte te krijgen.[32] Bij een ander onderzoek werden zo'n 2500 mannen gedurende gemiddeld 22 jaar gevolgd, en hieruit bleek dat diegenen met de meeste omega 6-vetzuren in hun bloed een veel kleiner risico liepen aan welke ziekte dan ook te sterven. Onderzoeken tonen aan dat ze het cholesterolgehalte en de bloedsuikerspiegel verlagen.[33] En de Amerikaanse Hartstichting stelde vast dat je kans op een hartziekte kleiner is als je 5 tot 10 procent van je calorieën uit omega 6-vetzuren haalt.[34] Dat wil niet zeggen dat we bovenmatig veel olie uit zaden moeten eten. Of dat alternatieven, zoals olijfolie, niet eveneens enorme gezondheidsvoordelen hebben. Ik maak me in elk geval geen zorgen om het consumeren van olie uit zaden om gezondheidsredenen.

Laten we terugkeren naar de milieukundige kwalificaties. Oliepalm is een krankzinnig productief gewas. Dat verklaart zijn succes. De oogsten zijn ongelooflijk groot – veel groter dan die van een van de andere opties. Een hectare palmen levert ons momenteel zo'n 2,8 ton olie op. Olijven leveren 0,3 ton op. Kokosnoten leveren 0,26 ton op – tien keer zo weinig. Aardnoten slechts 0,18 ton.[35]

Stel je voor wat dat betekent. Als we palmolie boycotten en vervangen door een van deze alternatieven, hebben we veel meer landbouwgrond nodig. Als elk bedrijf het voorbeeld van Ben & Jerry's volgt en zijn palmolie vervangt door kokosolie, hebben we tien keer zoveel land nodig voor oliegewassen. Waar moet dat land vandaan komen? Kokospalm is een tropisch gewas. Dat zal ten koste gaan van tropische regenwouden. Dat lijkt mij geen duurzame oplossing. Het zou een ramp zijn.

Oliepalmen zijn veel productiever dan andere oliegewassen
De hoeveelheid plantaardige olie die we halen uit een hectare grond.

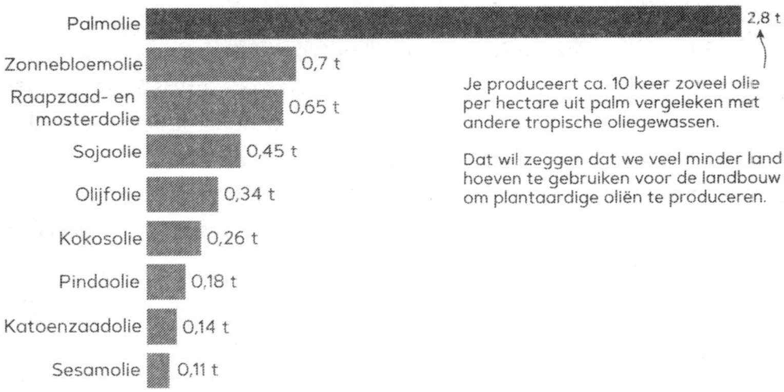

Een ander gedachte-experiment om dit glashelder te maken: hoeveel land zou de wereld nodig hebben om álle plantaardige olie te produceren uit een van deze mogelijkheden? Momenteel gebruiken we 322 miljoen hectare om oliegewassen te verbouwen. Dat is een oppervlak zo groot als India. Als we alle olie uit palmbomen halen, hebben we slechts 77 miljoen hectare nodig – vier keer zo weinig. We zouden veel land vrijmaken. Als we anderzijds alle olie uit sojabonen halen, hebben we *meer* land nodig: 490 miljoen hectare. Voor olijfolie hebben we twee keer zoveel grond nodig als nu – circa 660 miljoen hectare. Twee keer India. We zouden weer wat minder land nodig hebben als ál deze gewassen voor olieproductie werden gebruikt, maar we zouden nog altijd véél meer land nodig hebben dan wanneer we palmolie gebruiken.

Bij een grootschalig consumentenonderzoek in het VK kwam palmolie van alle plantaardige oliën als de minst milieuvriendelijke naar voren.[36] Palmolie was volgens 41 procent van de ondervraagden 'slecht voor het milieu', vergeleken met 15 procent voor sojaolie, 9 procent voor raapzaadolie, 5 procent voor zonnebloemolie en 2 procent voor olijfolie. Niettemin is oliepalm, met al zijn tekortkomingen, een 'land besparend' gewas, althans in een wereld met een grote vraag naar plantaardige olie. Hij heeft een slechte reputatie, maar is zonder meer de beste uit een rijtje boosdoeners.

Ontbossing heeft vrijwel uitsluitend te maken met landbouw: ongeveer driekwart ervan wordt veroorzaakt door de omzetting van primaire bossen voor landbouw of plantages voor de papier- en pulpindustrie. Veruit de grootste aanjager is rundvlees.[37] Boskap om ruimte vrij te maken waar runderen kunnen grazen, is verantwoordelijk voor ruim 40 procent van de ontbossing wereldwijd.[38] Het grootste deel van deze afbraak vindt plaats in Zuid-Amerika. Alleen al de Braziliaanse rundvleesproductie is verantwoordelijk voor een kwart van de mondiale ontbossing.

De op een na grootste categorie bestaat uit oliegewassen. Die omvat een breed scala aan gewassen, maar wordt gedomineerd door twee soorten: sojabonen en oliepalmen. Voor beide zijn de ontbossingscijfers de afgelopen tien jaar snel gedaald, wat een teken zou kunnen zijn dat enkele beleidsmaatregelen die wereldwijd worden genomen, effect hebben.[39, 40]

De uitbreiding van papier- en pulpindustrieën is een andere belangrijke aanjager van tropische ontbossing. Bomenplantages zijn snel gegroeid, met name in Azië en Zuid-Amerika. In het VK planten we veel bomen die we vervolgens rooien om hout of papier van te maken. Deze bomen worden vaak geplant op niet-bebost land – of eigenlijk land waar eeuwen geleden bos groeide maar nu al lang niet meer. Deze plantages zijn in zekere zin duurzaam. Ze halen koolstof uit de atmosfeer als ze groeien, verliezen daar wat van als ze worden omgehakt, maar halen het er weer uit als ze weer worden aangeplant. Dit gaat anders in Indonesië, waar *oude, primaire regenwouden* worden omgehakt om ruimte te maken voor plantages, waarbij veel meer koolstof vrijkomt en ecosystemen worden vernietigd die in de loop van eeuwen of meer zijn gevormd.

Tot slot is er nog een scala aan andere gewassen die hier ver achterblijven. Gewassen zoals granen, koffiebonen, cacaobonen en rubber. Veel hiervan – zoals mais of tarwe – zijn belangrijke voedingsmiddelen die landen nodig hebben om zichzelf te voeden. Veel arme landen – vooral in Afrika ten zuiden van de Sahara – staan voor het probleem dat hun gewasopbrengsten zeer laag zijn. Daarom is het voor de planeet, en voor de bewoners, zo belangrijk de gewasopbrengsten te verbeteren.

Wat zijn de aanjagers van tropische ontbossing?
Het grootste deel van de mondiale ontbossing vindt plaats in de tropen. Hieronder staan de aanjagers van de conversie van primair bos in de periode van 2005 tot 2013.

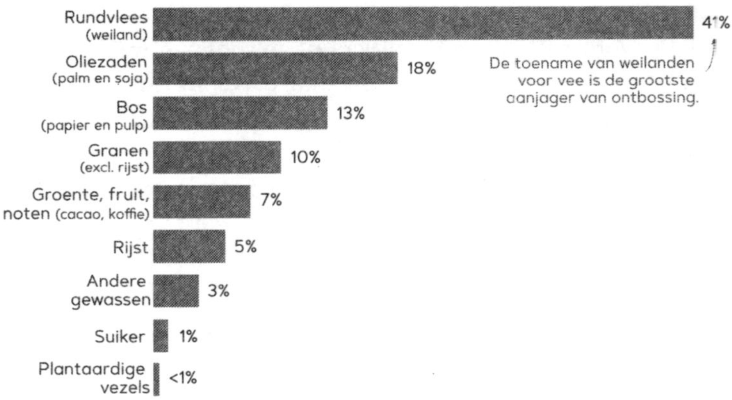

Hoeveel ontbossing wordt veroorzaakt door handel?

Als rijke landen herbebossen, en landen met een laag en middeninkomen hun bossen kappen, zijn de rijke dan uit de problemen? Niet zo snel. Ontbossing draait niet alleen om onze binnenlandse bossen. Landen zijn ook schuldig als ze voedsel importeren uit armere landen.

Dit is vergelijkbaar met het concept 'offshoring van emissies' uit het vorige hoofdstuk. Er is onderzoek gedaan naar hoeveel ontbossing kan worden toegeschreven aan het voedsel dat een land importeert.[41] Het is lastig om deze analyse uit te voeren zonder voedsel nauwkeurig te volgen door de toevoerketen (wat bedrijven veel meer zouden moeten doen). Maar de gegevens waarover we wel beschikken, zijn verrassend. Deze wijzen erop dat het grootste deel van de ontbossing in de wereld wordt aangejaagd door de vraag op binnenlandse markten. Ongeveer 71 procent ervan. Opnieuw is rundvlees de grootste boosdoener, aangezien dit vaak dicht bij huis wordt geconsumeerd. Veel meer soja, palm, cacao en koffie worden internationaal geconsumeerd. Al met al vindt iets minder dan een derde (29 procent) van de ontbossing plaats voor de productie van goederen die vervolgens worden verhandeld. Ik was verbouwereerd door deze bevinding: ik had verwacht dat de bijdrage van de wereldhandel groter zou zijn.

Rijke landen zijn niet de enige die voedsel importeren, maar zij zijn verantwoordelijk voor zo'n 40 procent van de ontbossing als gevolg van handel. Een rekensommetje leert ons dat rijke landen verantwoordelijk zijn voor 12 procent van de huidige ontbossing op de wereld als gevolg van de producten die ze kopen.[42]

Als rijke consumenten hun koopgewoonten veranderen, zal dat zeker helpen, maar daarmee komt er geen einde aan de mondiale ontbossing. Dit druist in tegen de boodschap die we vaak horen in de media. 'Als rijke landen hun voedsel nou gewoon lokaal produceerden, zou dit geen probleem zijn.' Was het maar zo simpel.

HOE MAKEN WE EEN EIND AAN MONDIALE ONTBOSSING?

Beleid om van ontbossing af te komen, geen boycots

Ben & Jerry's is niet het enige bedrijf dat palmolie boycot. Veel andere bedrijven, en consumenten, doen dat ook. Maar de boodschap van deskundigen is glashelder: het zou een grote vergissing zijn helemaal te stoppen met palmolie. Zoals we hierboven zagen, moeten we meer land gebruiken en riskeren we mogelijk zelfs nog meer ontbossing als we palmolie vervangen door een andere olie. Maar we moeten ontbossing voor palmolie niet als iets onvermijdelijks accepteren. We kunnen de voordelen van de hoge productiviteit ervan benutten en tegelijk de bossen van de orang-oetangs beschermen. Met boycots bereiken we dat niet. Wat kunnen we in plaats daarvan doen?

De belangrijkste aanbeveling van deskundigen is te garanderen dat we gecertificeerd duurzame palmolie kopen, ook als we daar iets meer voor moeten betalen. Het bekendste certificeringssysteem is dat van de Roundtable on Sustainable Palm Oil (RSPO). Gecertificeerde leveranciers voeren effectrapportages uit, beheren en beschermen hoogwaardige biodiversiteitsgebieden, hakken geen primaire bossen om en vermijden branden voor landontginning. Leveranciers kunnen alleen een certificaat krijgen als hun plantages geen primair bos of gebieden met een rijke biodiversiteit hebben vervangen.

Onderzoeken hebben aangetoond dat het RSPO-systeem succes heeft geboekt met het terugdringen van de ontbossing in Indonesië.[43] Voor we het helemaal de wereld uit helpen, hebben we nog een lange weg te gaan. Slechts 19 procent van de totale palmolieproductie wordt bestreken door de RSPO. Voor een serieuze, permanente impact moet de certificering gelden voor een veel groter aantal telers. Daarom moeten consumenten – dat wil zeggen jij en ik – duurzame palmolie eisen. Daarmee worden voedsel- en cosmeticaproducenten onder druk gezet. Het beloont de meest duurzame verbouwers en stimuleert andere om hun gebruiken te veranderen en ook een certificaat te behalen. Maar daar houdt onze druk niet mee op. Hoewel RSPO-normen natuurlijk beter zijn dan helemaal geen normen, zijn die niet volmaakt. Er zijn verscheidene voorbeelden van nalatigheid van de kant van de RSPO, dus als we ontbossing volledig willen uitroeien, moeten we er niet alleen voor zorgen dat al onze gewassen onder deze certificering vallen, maar moeten we de regels ook strenger maken.

Voor veel van de voedselproducten die we kopen, kan palmolie een goede keuze zijn. Er zijn echter enkele sectoren waar we deze gewoon achterwege moeten laten. Palmolie wordt gebruikt in industriële producten van shampoo tot cosmetica, en als we die daar vervangen door synthetische oliën – die in het laboratorium worden gemaakt – kunnen we ons doel met een veel geringere impact behalen.

Palmolie wordt ook in biobrandstof voor transport gebruikt. Hier moeten we absoluut korte metten mee maken. Mondiaal gezien stoppen we slechts kleine hoeveelheden palmolie in bio-energie. Slechts 5 procent van de totale productie. Maar in sommige landen – vaak de rijkste – is bio-energie een grootgebruiker van palmolie. Duitsland is daar een voorbeeld van: 41 procent van de Duitse palmimport gaat naar bio-energie. Dat is meer dan het invoert voor voedselproducten. Dit is ongelooflijk stom, en verschrikkelijk voor het milieu. Begrijp dit goed: Duitsland importeert palmolie uit een gebied waar het risico dat het ten koste gaat van het tropisch regenwoud groot is, om deze in áúto's te stoppen. Nog erger is dat het dit meerekent voor zijn 'duurzame energie'-doel. In werkelijkheid leidt biodiesel uit palmolie tot meer koolstofemissies dan benzine of diesel.[44] In dit geval is een boycot zeker gerechtvaardigd.

Ten slotte, en misschien wel het simpelst, kunnen we als geheel minder olie consumeren: dat zou niet alleen onze vraag naar palmolie reduceren, maar voorkomt ook dat we op nog meer landhongerige alternatieven overstappen.

Eet minder vlees – vooral rundvlees

Als je een liefhebber bent van cheeseburgers, is het slechte nieuws dat rundvlees er in dit boek wel heel beroerd op staat. Dat komt doordat de impact ervan zo groot is en verband houdt met zo veel onderling verbonden problemen. Rundvlees is de grootste aanjager van ontbossing op de wereld. De meest voor de hand liggende manier om ontbossing tegen te gaan is dus minder rundvlees eten.

Het houden van runderen is een manier om voedsel te maken die heel veel middelen kost. Koeien hebben veel voedsel en water nodig, stoten veel broeikasgassen uit en hebben veel land nodig. Voor de productie van een kilo rund- en lamsvlees is veel meer land nodig dan voor welke andere voedselsoort ook. Hetzelfde geldt als we voedselsoorten vergelijken op basis van de hoeveelheid eiwitten, of calorieën. Om honderd gram eiwit uit rundvlees te produceren, hebben we 164 m^2 landbouwgrond nodig. Dat is veel meer dan voor andere vleessoorten nodig is. Varkensvlees gebruikt slechts 11 m^2, vijftien keer zo weinig. Voor kippenvlees is maar 7 m^2 nodig. En rundvlees heeft honderd keer zoveel land nodig als plantaardige eiwitten, zoals tofoe of bonen.

Grondgebruik per 100 gram eiwit

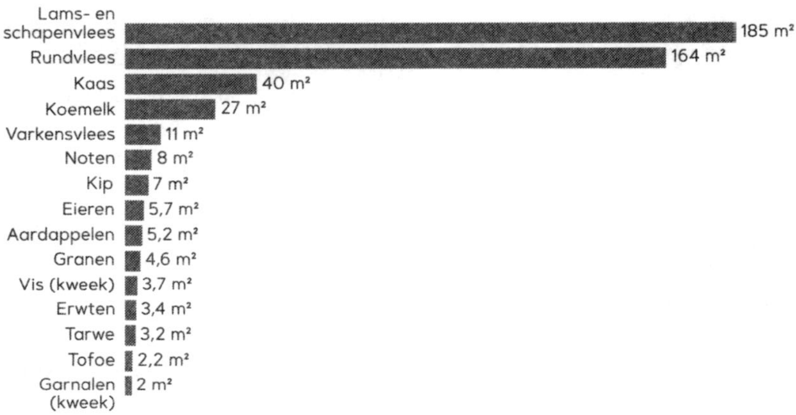

Als ik mensen vertel dat de ontbossing zal worden verminderd door minder vlees te eten, komen ze altijd met twee tegenargumenten. Het eerste is dat omstreeks twee derde van het land waar koeien op grazen ongeschikt is om gewassen op te verbouwen. Daarom, zeggen ze, is het beter dat land te gebruiken voor vee dan te proberen er gewassen te verbouwen. Dat is niet onze enige optie: we kunnen het land ook in bos, grasland of andere wildernis laten overgaan.

Mondiaal gezien hebben we het niet nodig voor de voedselproductie. Als we minder vlees eten, heeft de wereld in werkelijkheid zelfs mínder akkerland nodig dan we nu gebruiken, zoals we in het volgende hoofdstuk zullen zien. We voeren veel van onze gewassen aan dieren, en door onze vleesconsumptie te verminderen kunnen we dit land gebruiken om gewassen te verbouwen voor mensen, en kunnen we meer land aan de natuur laten.

Het tweede tegenargument is dat niet al het rundvlees hetzelfde is. Veel mensen voeren aan dat hún lokaal gekochte rundvlees veel beter is dan het gemiddelde omdat het afkomstig is van koeien die op grote open weiden zijn opgegroeid. Het is zeker waar: voor een deel van het rundvlees is meer land nodig dan het mondiale gemiddelde, en voor een ander deel veel minder. In Zuid-Amerika geproduceerd rundvlees vergt bijvoorbeeld véél meer land.[45, 46] Dit is heel erg als dat land moet worden onttrokken aan het Amazoneregenwoud. Maar de beste keuze voor het klimaat is vaak het tegenovergestelde van wat mensen denken: koeien die uitsluitend van grasland leven (in plaats van gras en granen) hebben twee tot drie keer zoveel land nodig als het mondiale gemiddelde. Dat gaat ten koste van het klimaat.

We zitten dus met diverse, op elkaar gestapelde gevaren. Voor rundvlees is veel land nodig. Koeien die van gras leven hebben zelfs nog méér land nodig dan koeien die leven van graan en gewassen. De grazende koeien die op uitgestrekte graslanden bij de laagste dichtheid worden gehouden, leven in de regio's waar het risico van ontbossing het grootst is.

Er zijn drie oplossingen voor deze problemen. Ten eerste kunnen we allemaal proberen minder rundvlees te eten. Dat is de verandering met de grootste impact. Het lijkt mogelijk dat mensen een beetje minder gaan consumeren, maar we zullen in de nabije toekomst niet allemaal helemaal stoppen met het eten van rundvlees. Dus moeten we oplossingen bedenken voor het rundvlees dat we nog wel eten.

Dat brengt ons bij de tweede oplossing, die bij veel mensen niet in goede aarde zal vallen: overstappen op runderen die zijn gevoerd met granen in plaats van gras. Daar is veel minder land voor nodig, en als het om ontbossing gaat is dat ons doel.[47] Wat dit betreft is er een belangrijk conflict – dat ook later aan de orde komt als we aan andere soorten vlees denken – namelijk dat dierenwelzijn en milieugevolgen als doel niet altijd parallel lopen. De milieuvriendelijke of 'efficiënte' keus is helaas vaak slechter voor het dier. Hoe je deze prioriteiten afweegt, is aan jou.

De derde oplossing is optimalisering van de rundvleesproductie in de regio's die dat het meest efficiënt kunnen doen. De 'slechtste' (waarbij we 'slechtste' definiëren als zij die het meeste land gebruiken) 25 procent rundvleesproducenten gebruikt 60 procent van de totale hoeveelheid land die voor rundvleesproductie wordt gebruikt. Als we er wereldwijd in slagen de hoeveelheid rundvlees die we eten met 25 procent te verminderen, en dit aan de 'slechtste' rundvleesproducenten onttrekken, neemt het landgebruik voor de productie van rundvlees met maar liefst 60 procent af.

Als het om oplossingen gaat, worden ons vaak extremen voorgesteld. Iemand beweert dat we allemaal van de ene op de andere dag veganistisch moeten worden. Of we moeten een eind maken aan alle voedselbronnen – vlees, soja, palmolie, avocado's – tot er niets meer over is. Als we de oplossingen moeten kiezen die echt effectief zijn, zijn de benodigde veranderingen vaak niet zo ingrijpend als we denken.

Verbeter gewasopbrengsten – vooral in Sub-Saharisch Afrika

In de vorige eeuw was een van de krachtigste wapens ter wereld tegen ontbossing de sterke toename van gewasopbrengsten. Als we op een gegeven stuk land meer voedsel kunnen verbouwen, hoeven we geen bossen te kappen. Dit is in heel Europa, Noord-, Midden- en Zuid-Amerika en Azië een enorm succesverhaal geweest. Eén regio is echter achtergebleven: Afrika ten zuiden van de Sahara.

Het is niet zo dat de gewasopbrengsten daar helemaal niet zijn verbeterd. Maar ze bleven achter bij de rest van de wereld. Laten we het vergelijken met Zuid-Azië. Beide regio's hebben de graanproductie sinds 1980 verhoogd. Ze bereikten deze verhoging op totaal verschillende wijzen: Afrika door meer land te gebruiken, Azië door de oogsten te vergroten. Zuid-Azië gebruikt net zoveel land voor graanproductie als in 1980, maar de opbrengsten zijn met bijna 150 procent toegenomen van slechts 1,4 ton naar 3,4 ton per hectare. In Afrika zijn de opbrengstverbeteringen gering geweest – ze zijn met slechts 30 procent gegroeid (van 1,1 naar 1,5 ton per hectare). Om deze matige opbrengsten te compenseren heeft het veel meer landbouwgrond nodig. Landgebruik voor granen is ruim verdubbeld. Deze extra landbouwgrond moet ergens vandaan komen, en vaak is dat van bestaande wouden.

Als we naar de komende decennia kijken, dan betekent bevolkings- en economische groei dat Sub-Saharisch Afrika veel meer voedsel zal moeten produceren. Als het dit voedsel niet kan produceren door hogere gewasopbrengsten, moet het meer van zijn prachtige wouden kappen waar het wemelt van de biodiversiteit. Zo hoeft het natuurlijk niet te gaan. Onderzoeken tonen aan dat landen in Sub-Saharisch Afrika veel meer voedsel kunnen produceren zonder meer landbouwgrond als ze hun opbrengstachterstand kunnen inlopen.[48]

In het volgende hoofdstuk bekijken we hoe landen – niet alleen in Afrika ten zuiden van de Sahara, maar in de hele wereld – dit voor elkaar kunnen krijgen.

Rijke landen moeten armere landen betalen zodat deze hun bossen niet kappen

Eeuwen geleden, toen mijn voorouders in het VK de bossen omhakten, bestond er niet zoiets als een 'koolstofbudget' of een 'emissiedoel'. Dat wolven- of hertenpopulaties achteruit konden gaan, deed weinig mensen wat. Er waren geen internationale conferenties waar leiders met de vinger naar elkaar wezen omdat ze niet genoeg deden voor de planeet. Als je bomen wilde rooien, deed je dat gewoon.

Rijke landen werden welvarend door deze schuldeloze verwoesting. Ze maakten land vrij om voedsel te verbouwen, ze konden energie halen uit hout, en ze konden gevechtsschepen, wapens en een infrastructuur maken om de rest van de wereld te koloniseren. Het is vergelijkbaar met het verhaal over fossiele brandstoffen. Rijke landen verbrandden in de negentiende en het begin van de twintigste eeuw overvloedig kolen en genereerden daarbij enorme rijkdom. Lage- en middeninkomenslanden hebben geprobeerd na te doen wat rijke landen eeuwen geleden deden, maar daarvoor worden ze te schande gemaakt – we zeggen tegen die landen dat ze daarmee op moeten houden, dat ze hier niet mee kunnen doorgaan omdat de wereld anders zijn klimaatdoelen niet haalt.

Dit is een oneerlijke en wrede houding. We kunnen doen alsof ontwikkelingslanden hier geen prijs voor hoeven te betalen, maar dat is een leugen. Duurzame energie wordt veel goedkoper en hopelijk zal het binnenkort minder nodig zijn een compromis te vinden tussen toegang tot energie en zorgen dat fossiele brandstoffen in de grond blijven. Maar voor ontbossing zijn de kosten er nog steeds. Als een boer kiest voor behoud van het bos, geeft hij geld en voedsel op. Er zijn voordelen op de lange termijn voor landen die hun bossen behouden – ze hebben een belangrijk ecologisch nut – maar op de korte termijn kleven aan het stoppen van ontbossing duidelijke alternatieve kosten. Dit zijn alternatieve kosten waarmee mijn voorouders nooit hoefden te worstelen.

Er valt veel voor te zeggen dat landen moeten worden betaald om de ontbossing te staken. Deze landen moeten op zijn minst enige vorm van compensatie krijgen voor het geld dat ze zullen mislopen. Het is een controversieel voorstel. Hoeveel moeten landen betaald krijgen? Wie moet dat geld krijgen? Hoe weten we of landen zich aan hun belofte houden?

Sommige vragen zijn gemakkelijker te beantwoorden dan andere. We weten het als een bos is gekapt, en hoeveel er is gekapt. Door samen te werken met lokale organisaties kunnen we vaak wel nagaan wie daarvoor verantwoordelijk was. Het lijkt doenlijk een systeem te ontwerpen om de compensatie te berekenen. Een mogelijkheid is de alternatieve kosten te berekenen van een gegeven hectare bos. Patronen in de gewasproductie zijn tamelijk voorspelbaar. Sommige regio's verbouwen soja, andere mais, weer andere bananen. We kunnen veronderstellen wat er op die hectare bos zou worden verbouwd en berekenen hoeveel die bananen of soja op de markt zouden opbrengen.

Een lastigere kwestie is het erover eens te worden *hoeveel* landen echt zouden hebben gerooid zonder de compensatieregeling, aangezien er sterke prikkels zijn om de ontbossingsplannen te overdrijven. Hiervoor is het nuttig naar de vroegere ontbossingspatronen te kijken. Als een land in een gestaag tempo van een miljoen hectare per jaar bossen heeft gekapt en opeens beweert dat het tien miljoen hectare zou hebben gekapt, kunnen we er vrij zeker van zijn dat het er een slaatje uit probeert te slaan.

Sommige kleinschaliger programma's hebben al enig succes geboekt met compensatieregelingen. Het bekendste – de REDD+-regeling – werd in het leven geroepen door het VN Framework for Climate Change. Dit heeft gezorgd voor een overdracht van betalingen van rijke naar armere landen, en heeft aangetoond dat zo'n overdracht succes kan boeken met het reduceren van ontbossing en koolstofemissies.[49] Het leeuwendeel van de financiering is echter afkomstig van slechts een handvol landen – Noorwegen ging voorop, gevolgd door de VS, Duitsland, het VK en Japan.[50] En deze financiering haalt bij lange na de schaal niet die nodig is om een eind te maken aan ontbossing in de tropen.

De voor de hand liggende vraag hierbij is: wat hebben de rijke landen hieraan? Om te beginnen lijkt dat overduidelijk als leiders zich net zoveel zorgen maken om klimaatverandering en de biodiversiteit als ze in toespraken tijdens conferenties beweren. Als zij menen dat het een van onze grootste uitdagingen is een einde te maken aan mondiale ontbossing, dan is ondersteuning van deze inspanningen de aangewezen actie. Om van de ethische reden over te stappen op de economische: ontbossing stoppen is eerlijk gezegd een betrekkelijk goedkope manier om koolstofemissies tegen te gaan. Het is veel minder duur (en eenvoudiger) dan rundvleesconsumptie tegengaan of vliegverkeer decarboniseren.

Het hoeft hierbij niet alleen te gaan om het ene land dat het andere steunt. Ook ondernemingen en de particuliere sector kunnen eraan meedoen. Vele betalen al op een of andere manier om hun emissies te compenseren door bomen te planten. Betalen om ontbossing zelf te voorkomen zou meer impact hebben. Als we ons geld zo willen uitgeven dat de positieve impact op het klimaat en de biodiversiteit wordt geoptimaliseerd, is het tegengaan van ontbossing een goede keus.

DINGEN WAAR WE ONS MINDER DRUK OM HOEVEN TE MAKEN

Steden en stedelijke gebieden hebben geringe impact

Veel mensen denken dat de opkomst van steden ten koste is gegaan van de bossen op aarde. Deze betonnen jungles lijken te conflicteren met hun groene neven. Zou het misschien helpen als we van deze stedelijke naar rurale gebieden verhuizen, en deze dichtbevolkte centra ontmantelen?

Het is een romantische gedachte, maar deze slaat de plank volledig mis. Onze steden en stedelijke gebieden nemen slechts 1 procent van het bewoonbare land op aarde in beslag. De landbouw neemt 50 procent in beslag. Onze grootste voetafdruk op het land dat er in de wereld is, is niet de ruimte die wij zelf in beslag nemen, en waar we ons huis op bouwen; het is het land dat wordt gebruikt om ons voedsel te verbouwen en te telen. Dit is de grootste aanjager van ontbossing, niet de toename van verstedelijking.

De migratie van mensen van rurale gebieden naar steden is zelfs vooral góéd geweest als het gaat om de bescherming van onze bossen. Er zijn nog steeds inheemse populaties die een belangrijke rol spelen bij de bescherming van lokale bossen en ecosystemen. Ze leven in evenwicht met deze omgeving en onderhouden die balans. Maar dit werkt alleen op piepkleine schaal. Bij grote populaties hebben de migratie naar steden en de intensivering van de landbouw gezorgd dat er weer bos kan terugkomen. Het is voor de bossen op aarde een ramp als miljarden van ons op het platteland gaan wonen.

Je tofoe, sojamelk en vegaburgers veroorzaken geen ontbossing

In Brazilië wordt veel soja verbouwd. Het Amazoneregenwoud ligt deels in Brazilië. Het Amazoneregenwoud wordt gekapt. Hier kun je gemakkelijk uit concluderen dat onze tofoe, sojamelk en vegaburgers de regenwouden kapotmaken. Mensen staan voor een dilemma. Ze willen minder vlees en zuivel tot zich nemen, maar zijn bang dat de vervangers net zo erg zijn. Dit is niet waar.

Ongeveer een derde van de hoeveelheid soja in de wereld komt uit Brazilië. Argentinië produceert nog eens 11 procent ervan. Vroeger, vooral in de jaren negentig van de vorige eeuw en het begin van de 21ste eeuw, was soja direct én indirect verantwoordelijk voor ontbossing. Maar het is niet jouw tofoe of sojamelk die dit aanjaagt. Omstreeks driekwart van alle soja ter wereld wordt gebruikt als dierenvoer: vooral voor kippen en varkens, maar ook voor een deel van het rundvee en van de vissen.[51] Een vijfde gaat rechtstreeks naar voedsel voor mensen, en het leeuwendeel daarvan dient voor plantaardige olie. Slechts 7 procent gaat naar de typische 'vegan' producten zoals tofoe, tempé en plantaardige melksoorten. Dit geldt met name voor soja die in Brazilië wordt verbouwd. Voor bijna alle Braziliaanse soja – 97 procent – worden genetisch gemodificeerde (GM) soorten gebruikt die hoogstwaarschijnlijk in dierenvoer terechtkomen en niet dienen voor menselijke consumptie. In sommige markten, zoals de Europese Unie, is GM-soja zelfs niet toegestaan voor directe menselijke consumptie.

Het is hoogst onwaarschijnlijk dat jouw tofoe fataal is voor het Amazoneregenwoud. De kans is veel groter dat je het woud redt dan dat je het vernietigt door van vlees en zuivel over te stappen op deze alternatieve producten.

Driekwart van de soja op de wereld wordt als veevoer gebruikt
We associëren soja vaak met vleesvervangers, maar slechts een piepklein deel ervan wordt rechtstreeks gebruikt voor menselijk voedsel.

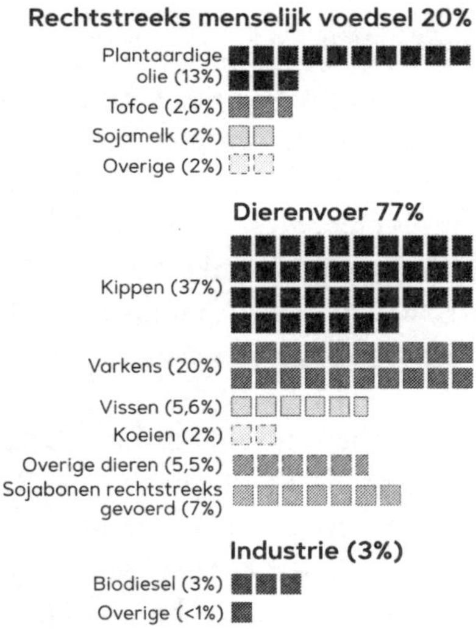

5 Voedsel

Hoe zorgen we ervoor dat we de planeet niet opeten?

'Landbouw rest nog maar zestig jaar
als bodemaantasting doorzet.'
– *Scientific American*, 2014[1]

Een van de meest beangstigende beweringen over onze milieuproblemen is dat de wereld nog maar 'zestig oogsten rest', omdat de bodem zo snel wordt aangetast dat deze in het jaar 2074 onbruikbaar zal zijn. Als het waar is, dan is dit cijfer zo somber stemmend dat het bijna al het andere in dit boek zinloos maakt. En alsof dat nog niet griezelig genoeg is, waarschuwde de Britse minister voor milieu Michael Gove in 2017 dat het VK nog maar dértig oogsten had.

Googel *harvests left* en je krijgt honderdduizenden hits. Deze beweringen hebben verscheidene keren de voorpagina's van *The Independent* en *The Guardian* gehaald, en ze zijn herhaald door vooraanstaande milieuactivisten. Het aantal dat ze noemen is soms slechts dertig jaar en andere keren is het een 'royale' honderd jaar. Wat deze beweringen gemeen hebben, is dat ze nonsens zijn.

De kop over de 'zestig oogsten' schijnt in 2014 te zijn bedacht door iemand tijdens een landbouwconferentie van de Voedsel- en Landbouworganisatie (FAO) van de VN. Hoe kwamen ze op die zestig? Dat weet niemand. De FAO is nooit met iets gekomen om dit te bevestigen, en degene die die uitspraak deed, heeft zich nooit gemeld om die te verdedigen. Het klinkt al met al alsof ze het hebben verzonnen.

Hoe zit het met de andere voorspellingen? Het aantal van 'honderd jaar' was kennelijk ontleend aan een onderzoek uit 2014 waarin de hoeveelheid organisch materiaal in volkstuintjes in Leicester werd vergeleken met die van omringende landbouwgrond.[2] Ten eerste vraag ik me af of één onderzoek naar een volkstuintje in Engeland veel zegt over de bodemconditie van de hele wereld. Of zelfs over de bodem in het VK. Ten tweede, wat zorgwekkender is, zei het onderzoek niets over het 'aantal oogsten dat ons rest'. Het aantal honderd werd in elk geval niet genoemd. De plantkundige James Wong heeft – tevergeefs – geprobeerd de bron te achterhalen.[3] Ook ik heb er zonder succes naar gezocht. Ook dit aantal lijkt te zijn verzonnen. Wat de bewering van Michael Gove over die 'dertig jaar' aangaat: wie weet.

Het precieze aantal doet er eigenlijk niet toe, want er ís geen aantal. Vraag aan een bodemkundige hoeveel oogsten de wereld nog resten, en deze zal beginnen te lachen. Het concept ontbeert een wetenschappelijke betekenis. De bodem op de wereld is zo divers en heterogeen: een deel gaat achteruit, een deel gaat vooruit, en een groot deel is stabiel. De gedachte dat er een tijdslimiet bestaat waarna de bodem op aarde zal sterven – kennelijk overal tegelijk – is krankjorum.

Bodemkundigen die de 'levensduur' van de bodem verspreid over de wereld onderzochten, constateerden dat deze vijf orden van grootte omspande.[4, 5] Dunner wordende bodem is slecht; dikker wordende bodem is goed. Op sommige plaatsen werd de bodem snel dunner, en deze kan in honderd jaar in moeilijkheden verkeren. Elders ging de bodem achteruit, maar had deze een 'levensduur' van duizenden of tienduizenden jaren. Weer elders ging de bodem helemaal niet achteruit: deze werd dikker.

Niet dat bodemuitputting geen enkel probleem is. Dat is het wel degelijk. We moeten landbouwmethoden bedenken die ervoor zorgen dat de bodem wordt verbeterd in plaats van uitgeput. Maar de gedachte dat we nog maar dertig, zestig of honderd oogsten te gaan hebben, is gewoon onjuist. Deze zombiecijfers zijn frustrerend, maar er zit één voordeel aan: zo weet je welke activisten en journalisten meer belangstelling hebben voor een krantenkop dan voor de waarheid. Als iemand zo'n boude bewering doet zonder de moeite te nemen te controleren of er iets van klopt, dan moet dat ons aan het denken zetten.

Door vergelijkbare nieuwsberichten over honger in de wereld

zou je denken dat we voortdurend bijna geen voedsel meer hebben. Als je een stapje terugzet om de gegevens te bekijken, zie je dat ook dit gewoon onwaar is.

'Vandaag gaan we het hebben over hoe we iedereen kunnen voeden zonder tegelijkertijd de planeet te ruïneren.' Het publiek werd stil, waar ik dankbaar voor was. Ik was nog maar 21 jaar en ik gaf mijn eerste college aan een zaal met studenten aan de universiteit van Edinburgh. Ik was doodsbang. Ik had maar twee doelen: zorgen dat zo veel mogelijk studenten wakker bleven, en zorgen dat ze na afloop iets hadden geleerd wat ze nog niet wisten.

'Gemiddeld heeft een mens circa 2000 à 2500 calorieën per dag nodig. Als we alle voedselproductie ter wereld eerlijk zouden verdelen tussen alle inwoners, hoeveel calorieën krijgt de gemiddelde mens dan?'

Als je een gok wilt wagen, ga je gang.

'Steek je hand in de lucht als je denkt dat we allemaal minstens 1000 calorieën kunnen krijgen.' Alle aanwezigen staken hun hand in de lucht. Pff. Ze waren bereid om mee te doen.

'Hou je hand omhoog als je denkt dat we minstens 1500 calorieën kunnen krijgen.' Zo'n 10 tot 20 procent liet hun hand zakken. De rest hield die in de lucht.

'En 2000 calorieën?' Nog eens 50 procent van de zaal liet de hand zakken. Nog geen derde hield de hand in de lucht.

'2500 calorieën?' Bijna iedereen deed de hand omlaag. Nog geen 10 procent deed nog mee.

'3000 calorieën?' Van zo'n honderd studenten geloofde nog maar één erin.

'3500?' De laatste hand ging naar beneden. Het spel was voorbij.

Ik grinnikte. Dit was mijn Hans Rosling-moment. 'Als we de mondiale voedselproductie gelijk verdelen tussen iedereen, kunnen we allemaal minstens 5000 calorieën per dag krijgen. Ruim twee keer zoveel als we nodig hebben. Of, om het anders te formuleren, we produceren genoeg voedsel voor een wereldbevolking die twee keer zo groot is als de huidige.'

Het werd stil in de zaal. Niemand was in slaap gevallen. Nog voor ik mijn slides had vertoond had ik mijn twee doelen bereikt.

Ik zou willen dat iemand mij dat had verteld tijdens mijn studie. Ik zou willen dat ik beter had gekeken naar hoe de voedselproductie wereldwijd was veranderd. Ik zou willen dat ik beter naar de data had gekeken en minder tijd had besteed aan het lezen van de nieuwsberichten.

Als ik tussen de studenten in die collegezaal had gezeten, zou ik mijn hand bij 2500 calorieën per dag hebben laten zakken. De wereld kon misschien nét genoeg voedsel voor iedereen produceren, maar omdat sommige mensen te veel eten, lijden andere honger. De mondiale honger moest dus wel erger worden.

Daar had ik gelukkig geen gelijk in. De wereld heeft de afgelopen decennia spectaculaire vooruitgang geboekt bij het terugdringen van honger. Hoewel de ondervoedingscijfers nog steeds tragisch hoog zijn, aangezien bijna een op de tien mensen in de wereld niet genoeg calorieën binnenkrijgt, is dit cijfer veel lager dan vroeger. Gedurende bijna onze hele geschiedenis waren we het grootste deel van de tijd bezig met jagen op of produceren van voldoende voedsel voor iedereen. De voeding was vaak ongelooflijk armzalig. Een paar eeuwen terug kregen de meeste mensen nauwelijks voldoende te eten.

Het feit dat honderden miljoenen nog steeds honger lijden terwijl we voldoende voedsel produceren om twee keer de huidige wereldbevolking te voeden, is werkelijk schokkend. Toch zou de wetenschap dat de wereld zo veel voedsel kan produceren, ons allemaal de benodigde middelen en motivatie moeten geven om het probleem op te lossen. Het ís oplosbaar. Er is tegenwoordig nog altijd honger en er zijn hongersnoden, maar de oorzaak ervan is politiek en sociaal van aard. De beperkingen waardoor we niet iedereen voeden, zijn volkomen zelfopgelegd. Dit is een unieke situatie in de menselijke geschiedenis: tot de vorige eeuw werd ons vermogen om grote hoeveelheden mensen goed te voeden beperkt door ons vermogen om dieren te bejagen, en daarna door ons vermogen om meer voedsel te verbouwen op de beperkte grond die we hadden. Nu wordt die alleen nog beperkt door wat we doen met het geproduceerde voedsel.

De eindeloze strijd om aan genoeg voedsel te komen

De evolutie van niet alleen voedselsystemen maar ook van voedselculturen is zo enorm, zo gevarieerd, zo individueel, dat ik die nooit recht kan doen in slechts één hoofdstuk. Maar om te begrijpen hoe het er nu voor staat met onze voedselsystemen, hebben we enige context nodig hoe we hier zijn gekomen.

De vroegste mensachtigen – miljoenen jaren geleden, van de *erectus* tot de *neanderthalensis* en de *sapiens* – verbouwden niet hun eigen voedsel. Ze namen van wat er al was: ze bejaagden dieren en gingen op vruchten, noten en zaden uit. Volgens een veelgehoorde misvatting aten jager-verzamelaars veel vlees en heel weinig koolhydraten. Dat is het typische 'paleo'-dieet dat veel mensen tegenwoordig volgen. Als we de archeologische bewijzen bekijken, en het eetpatroon van inheemse stammen vandaag de dag, dan zien we geen universeel 'paleodieet'.[6] Het verschilt heel sterk van groep tot groep, maar ook door het jaar heen. Tijdens droge seizoenen eten ze meer vlees; in de nattere seizoenen meer bessen en honing.[7] Sommige maanden bestaat ruim de helft van hun voedsel uit vlees; andere nog geen 5 procent.

Misschien denk je dat deze kleine populaties in volmaakt evenwicht met de natuur leefden. Helaas niet. Zoals we in het volgende hoofdstuk zullen zien, hebben mensen langzaam maar zeker bijgedragen aan het uitsterven van veel grote zoogdieren. Wat verbijsterend is, is hoe weinig mensen er toen waren. De wereldpopulatie lag in orde van grootte van miljoenen. De totale impact van onze voorouders de jager-verzamelaars mag dan niet vergelijkbaar zijn met die van ons nu, maar dat ze in een volmaakt evenwicht leefden met andere soorten is een waanidee. Mensen hebben altijd met andere dieren gestreden, eerst door ze rechtstreeks te bejagen en het landschap met vuur te beïnvloeden, en later door met ze te strijden om ruimte voor het verbouwen van gewassen.

Het grootste deel van de menselijke geschiedenis bestaat uit lange tijdvakken van ongelooflijk trage, lineaire verandering. Er zijn een paar keerpunten, innovaties die ons op een volkomen ander pad brachten. Landbouw was er daar een van. Die begon circa tienduizend jaar geleden, en stelde ons in staat grotere samenlevingen te ontwikkelen, allemaal rond één plaats. In plaats van zich te laten meevoeren door de grillen van de 'natuur' konden we die zelf vormgeven. Het dóél van het boerenbedrijf is het vormen van de omgeving, want het gaat om het zodanig verzorgen van de bodem dat de omstandigheden precies goed zijn voor wat je wilt verbouwen, en het zorgvuldig verdelgen van indringers – onkruid en plagen – die in de weg zitten.

Het was niet eenvoudig om te boeren (dat is het nu nog steeds niet). Om te beginnen had het mogelijk zelfs een schadelijk effect op de voeding en gezondheid. Archeologen constateren op grond van onderzoek naar menselijke skeletten in de loop der tijd dat die uit de vroege boerensamenlevingen meestal korter waren dan die van hun voorouders, en kleiner dan die van hun buren uit foeragerende stammen.[8] Hoofdvoedsel zoals granen en knolgewassen groeien heel goed. Ze vormen een heel goede bron van calorieën en koolhydraten. Maar niet op zichzelf: als je het leeuwendeel van je calorieën uit deze voedselbronnen haalt, dan krijg je van belangrijke voedingsstoffen te weinig binnen. Door de overstap van een gevarieerd voedingspatroon met vlees, fruit, groenten, zaden en ander voedsel naar een patroon dat werd gedomineerd door granen, ging het voedingspatroon van de gemiddelde persoon waarschijnlijk achteruit. Hier konden wel veel meer mensen mee worden gevoed. Omdat ze over voldoende calorieën beschikten, konden menselijke samenlevingen groeien. De landbouwrevolutie was waarschijnlijk slecht voor het individu, maar voordelig voor de populatie als geheel.

Ons gevecht met de landbouw draaide om één ding: op het juiste moment voldoende voedingsstoffen in de bodem te krijgen. Tot honderd jaar geleden werd ons vermogen om meer te verbouwen beperkt door een cruciaal element: stikstof. Stikstof is de bouwsteen van het leven. Het is de basis van eiwitten en essentieel voor de succesvolle groei van alle gewassen. Als er niet genoeg stikstof in de bodem zit, zullen gewassen slecht groeien áls ze al groeien. Het is het meest overvloedige element in onze atmosfeer – het beslaat er 78 procent van. Maar in de vorm waarin het in de atmosfeer zit, is het inert. Dat betekent dat gewassen het niet kunnen gebruiken: daarvoor moet het in een reactieve vorm zitten waar het kan reageren met waterstof, koolstof en andere belangrijke biologische elementen. Slechts een piepklein deel van de stikstof in de wereld is beschikbaar in deze reactieve vorm die gewassen en dieren kunnen gebruiken om te groeien.

Onze voorouders hadden drie mogelijkheden om dit te overwinnen. *Zwerflandbouwers* gingen op zoek naar nieuwe grond waar nog stikstof in zat. Dit wordt 'hakken en branden' genoemd. Deze soorten zich verplaatsende landbouwsystemen konden zo'n tien keer zoveel mensen voeden als zelfs de meest productieve jager-verzamelaarssamenlevingen. De voortdurende beweging van deze samenlevingen was ontwrichtend en liet geen nederzetting van grotere groepen toe.

Sedentaire – of zogenoemde 'traditionele' – landbouw ging nog een stap verder. Deze bleef op één plaats en bracht stikstof weer terug in de grond in plaats van rond te trekken op zoek naar stikstofrijke plaatsen. *Traditionele landbouw* kon voor tien keer zoveel mensen zorgen als zwervende landbouwers. Zo konden zich grote samenlevingen en culturen gaan ontwikkelen.

Traditionele landbouwers konden de stikstof op twee manieren terug in de grond brengen. Bij de eerste werd gebruikgemaakt van het wonder van erwten en bonen. De meeste gewassen kunnen stikstof in zijn atmosferische vorm niet gebruiken. Peulvruchten zijn bijzonder omdat ze stikstof uit de lucht kunnen halen en zelfstandig bruikbare stikstof kunnen maken. Als je peulvruchten plant voeg je stikstof toe aan de aarde. Niet zoveel dat je een eindeloze voorraad hebt, maar genoeg voor een behoorlijke hoeveelheid. De tweede mogelijkheid was vee houden en *mest* over de velden verspreiden. Dit was een doeltreffende manier om voedingsstoffen toe te voegen aan de bodem, maar je had er ontzettend veel van nodig. Het was moeilijk om te verzamelen, en veel van de voedingsstoffen belandde in de omringende omgeving in plaats van door de gewassen te worden opgenomen.

Duizenden jaren redden menselijke samenlevingen het met deze aanpak. Hierbij waren ze nog altijd beperkt door stikstof. Maar toen, aan het begin van de twintigste eeuw, bereikten we weer een keerpunt. Onze patstelling met stikstof werd eindelijk doorbroken. Fritz Haber en Carl Bosch vonden synthetische mest uit, een innovatie die de wereld onherkenbaar veranderde.

Haber-Bosch: voedsel halen uit de lucht

Een van mijn favoriete websites is Science Heroes: hierin staan de reuzen uit de wetenschappelijke wereld gerangschikt op grond van de schattingen van het aantal levens dat ze hebben gered. We denken misschien dat iemand uit de geneeskunde de lijst aanvoert. Maar nee, het zijn de landbouwwetenschappers Carl Bosch, Fritz Haber en Norman Borlaug. Velen van ons danken het feit dat we nog leven aan hen.

Van het tweetal Haber-Bosch deed Haber het wetenschappelijke sleutelwerk, en was Bosch verantwoordelijk voor de schaalvergroting ervan.

Fritz Haber werd in 1868 geboren in Polen (toen Pruisen, een onderdeel van het Duitse Rijk) en werkte aanvankelijk op het chemiebedrijf van zijn vader.[9] Na het zoveelste mislukte zakelijk experiment werd hij naar de academische wereld gestuurd. Daar boog hij zich over de aanpak van het stikstofprobleem. Stikstof komt in de atmosfeer voor in de vorm van N_2: twee verbonden stikstofatomen. Om die in een vorm te krijgen die kan worden gebruikt door gewassen, moeten we er ammoniak (NH_3) van maken. Dat voor elkaar te krijgen was geen kleinigheid. De meeste mensen dachten dat het onmogelijk was. Fritz Haber liet zich niet afschrikken. De truc was te zorgen voor precies de juiste druk en temperatuur. Stikstof en waterstof moesten onder hoge druk worden gezet en de temperatuur tot 400 à 500 °C worden verhoogd. Met behulp van een katalysator werd de ongelooflijk sterke driedubbele binding die de stikstofatomen bij elkaar houdt, doorbroken. Alleen zo konden stikstof- en waterstofatomen NH_3 vormen. In 1909 lukte het Fritz Haber het procedé te kopiëren dat erwten en bonen zonder moeite voor elkaar krijgen. Hij haalde ammoniak uit de lucht.

Het probleem was nu dit procedé op grote schaal uit te voeren. Het moest veranderen van een demonstratie in een laboratorium, in iets wat de wereld kon voeden. Het Duitse bedrijf BASF kocht de rechten en zette een van zijn knapste koppen op het project: Carl Bosch. Het was zijn taak van Habers uitvinding iets verkoopbaars te maken. Het kostte hem slechts een jaar. In 1910 kon synthetische ammoniak – van het Haber-Bosch-procedé – geïntroduceerd worden in de wereld.

Beide wetenschappers zouden uiteindelijk de Nobelprijs voor Scheikunde krijgen voor hun werk, Fritz Haber in 1918, Carl Bosch in 1931. Het staat vast dat de twee mannen de wereld onherkenbaar hebben veranderd, en hun doorbraak veranderde het landbouwbedrijf volledig. Het duurde enkele decennia voor het voldoende energie- en kostenefficiënt was om het in de wereldmarkt te lanceren, maar halverwege de eeuw vloog de productie omhoog. De Amerikaanse markt slorpte het op en in de jaren tachtig was het ook een wezenlijk onderdeel geworden van de landbouw in opkomende economieën.

Door de toevoeging van voedingsstoffen aan de bodem werden gewassen productiever dan ze ooit waren geweest. Gewasopbrengsten waren duizenden jaren hardnekkig gering geweest. Plotseling namen ze toe. Kunstmest was niet de enige innovatie in de landbouw – irrigatie, verbeterde variëteiten van zaden en aangekochte werktuigen zoals tractoren kwamen er ook bij – maar de eerste was cruciaal voor de productie van meer voedsel. Zonder de uitvinding van kunstmeststoffen zou ongeveer de helft van de wereld nu niet in leven zijn. Verscheidene wetenschappers hebben los van elkaar geschat hoeveel mensen de wereld kan voeden zonder deze toegevoegde voedingsstoffen, en ze komen allemaal uit op een vergelijkbaar aantal: ongeveer de helft zoveel.[10, 11, 12] In de tropen is de bijdrage van kunstmest mogelijk zelfs nog groter.

Dat maakt discussies of de wereld moet overstappen op biologisch voedsel of niet zo troebel. In werkelijkheid kán de wereld niet overstappen op biologisch. Om in leven te blijven zijn te veel mensen afhankelijk van kunstmest. Zoals we verderop zullen zien, kunnen veel landen de hoeveelheid kunstmest die ze gebruiken wel verminderen zonder hun voedselproductie op te offeren, maar dat kan niet overal.

De helft van de wereldbevolking is voor haar voedsel afhankelijk van kunstmest

Zonder synthetische meststoffen zou de wereld de helft van de huidige populatie kunnen voeden.

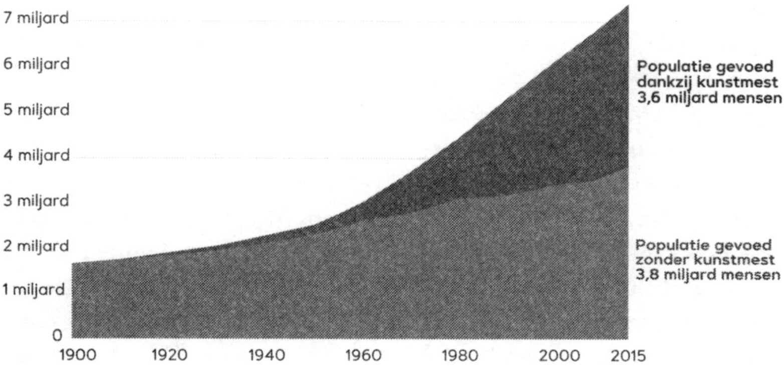

Norman Borlaug: de groene revolutionair

Fritz Haber en Carl Bosch waren de landbouwhelden van de eerste helft van de twintigste eeuw. Norman Borlaug verdient die eer voor de tweede helft.

Borlaug was een Amerikaanse wetenschapper, geboren in 1914, kort na de doorbraak van Haber en Bosch met kunstmest.[13] In de jaren veertig kwam hij in dienst van de Rockefeller Foundation en werd hij naar Mexico gestuurd om zich met een probleem bezig te houden dat velen al hadden opgegeven. Mexicaanse boeren kampten met de zogenoemde 'zwarte roest'. Hun tarwe werd geïnfecteerd met een schimmel, *Puccinia graminis*, die ziekten veroorzaakt in het gewas. Het is een veelvoorkomend maar verschrikkelijk probleem voor de tarweproductie. Door de roest is de oogst en opbrengst van tarwe heel slecht: deze zuigt de essentiële voedingsstoffen op die het gewas nodig heeft om te groeien.

Borlaug moest hiervoor een oplossing bedenken. Hij startte een ambitieuze reeks experimenten in gewasveredeling. Een ervan was het kweken van hetzelfde type tarwe op verschillende hoogten en bij een wisselend klimaat, een experiment dat volkomen indruiste tegen alle basisregels van de botanie – tot grote wanhoop van zijn chef. De omstandigheden bij dit programma waren moeilijk. De Mexicaanse boeren ontvingen hem bepaald niet met open armen – zij hadden al te veel van dit soort mislukte experimenten meegemaakt. Borlaug had noch voldoende financiering noch de mensen voor zijn ambitieuze project, maar in de loop van tien jaar experimenteerde hij met ruim zesduizend kruisingen van tarwegewassen. Borlaugs volharding betaalde zich uit, en hij behaalde een reeks doorbraken die de gewassen transformeerden en waar boeren in heel Mexico baat bij hadden.

In 1960 konden Mexicaanse boeren rekenen op een tarweopbrengst van 1,5 ton per hectare. Tegenwoordig, dankzij de verbeterde tarwevariëteiten die Borlaug mogelijk maakte, kunnen ze 5,5 ton per hectare behalen. Met meer dan verdrievoudigde gewasopbrengsten veranderde Mexico van een netto-importeur van tarwe in een netto-exporteur. Waar het voorheen afhankelijk was van andere landen, kon het land nu meer verbouwen dan het ooit nodig zou hebben om de eigen bevolking te voeden.

Daarmee was Borlaug nog niet klaar. Al snel bevond hij zich in Zuid-Azië, waar India en Pakistan dezelfde resultaten behaalden als Mexico: stroeve gewasopbrengsten schoten ineens de lucht in. In 1960 behaalden ze nog geen ton per hectare. Nu produceerden ze ruim drie ton. Later werd deze ingrijpende verandering in de wijze waarop gewassen wereldwijd werden geproduceerd, de 'groene revolutie' genoemd. Norman Borlaug kreeg in 1970 de Nobelprijs voor de Vrede voor zijn werk. Zijn doorzettingsvermogen en bereidheid de conventionele regels in de wind te slaan hebben de levens van naar schatting ruim een miljard mensen gered. De mensen die riepen dat de wereld binnenkort op de rand van een hongersnood zou staan, werd dankzij hem de mond gesnoerd. Zijn doorbraken op het gebied van kruisingen lieten zien dat er vaak een mogelijkheid is om ons eruit te modificeren, zelfs als de uitdagingen onoverkomelijk lijken.

Dankzij de innovaties van genieën zoals Carl Bosch, Fritz Haber en Norman Borlaug kunnen we nu onvoorstelbare hoeveelheden voedsel verbouwen – een productie die de hoeveelheid die we nodig hebben ver overstijgt.[14] Toch bestaat er nog altijd paniek over overbevolking. Voortdurend hoor ik mensen zeggen dat 'er gewoon te veel mensen zijn, dat is het probleem'. De gedachte dat er honger is op de wereld doordat er gewoon te veel monden zijn om te voeden, is wijdverbreid en leidt zelfs tot oproepen tot ontvolking.

Dankzij de groene revolutie stegen de tarweopbrengsten spectaculair
Beschikbaarheid van kunstmest, verbeterde gewasvariëteiten en agrarische input leidden tot een verdubbeling, verdrievoudiging of nog sterkere toename van de opbrengsten.

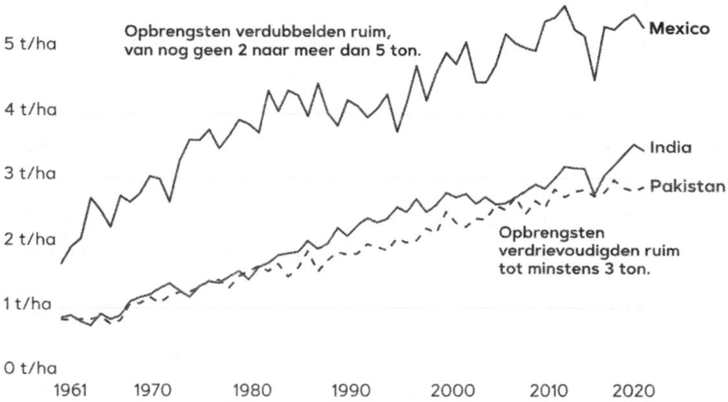

Het argument voor ontvolking is niet nieuw. In de jaren vijftig, zestig en zeventig waren er grote zorgen dat er te weinig voedsel op de wereld zou zijn. In 1968 bracht de VN een rapport uit met als titel 'Internationaal ingrijpen om dreigende eiwittencrisis af te wenden.'[15] In hetzelfde jaar werd in *The Population Bomb* van Paul R. Ehrlich verkondigd dat de bevolkingsgroei onbeheersbaar was geworden; we kunnen nooit voldoende voedsel produceren; er komen grootschalige hongersnoden; binnen enkele decennia komen honderden miljoenen om van de honger.

Inmiddels weten we natuurlijk dat deze voorspellingen niet uitkwamen. Dat is helemaal niet erg: bijna iedereen die voorspellingen doet, blijkt ernaast te zitten. Wat zijn boek zo weerzinwekkend maakt, zijn zijn inhumane beleidsvoorstellen op basis van zijn absolute (en onjuiste) overtuiging. De wereldbevolking moest strikt worden beheerd. Mensen waren een vorm van kanker – een zich reproducerend organisme dat in toom moest worden gehouden. Hij zei het zo: 'We kunnen ons niet meer veroorloven enkel de symptomen van de kanker van bevolkingsgroei te behandelen; de kanker zelf moet worden weggesneden.'

Hij bespreekt in de VS en andere rijke landen de mogelijkheden tijdelijke sterilisatiemiddelen toe te voegen aan water of voedsel.[16] In plaats van gezinnen financiële ondersteuning te geven, konden 'prijzen voor verantwoordelijkheid' worden uitgereikt aan stellen die een vijfjarig kinderloos huwelijk bereikten, of mannen die akkoord gingen met onomkeerbare sterilisatie. Een ander plan was de invoering van speciale loterijen waarvoor alleen mensen zonder kinderen loten kregen.

Dat is misselijkmakend. Maar het is nog niets vergeleken met zijn voorstellen voor 'onderontwikkelde landen'. Hij opperde niet alleen sterilisatieprogramma's, maar hij stelde ook een 'triagesysteem' voor om te bepalen wie er van de honger mochten omkomen. Sommige landen waren mogelijk te redden – misschien konden die zich daaruit bevrijden. Maar voor andere landen was het een hopeloze zaak. Rijke landen moesten ophouden met voedselhulp en ondersteuning, en die mensen gewoon laten sterven. Hoe zeer Paul R. Ehrlich deze ideeën werkelijk aanhing, is niet duidelijk. Maar veel mensen – onder wie hoge functionarissen binnen de Amerikaanse regering – namen zijn suggesties serieus. Hij had het leven van miljarden mensen wreed kunnen treffen op basis van voorspellingen die onjuist bleken te zijn.[17]

Het is mogelijk acht, negen, tien miljard mensen van een voedzaam eetpatroon te voorzien zonder de planeet te ruïneren. Daar hebben we geen populatiebeheersing voor nodig; er is alleen een beter plan nodig om te ontwikkelen wat we nodig hebben en dit efficiënter te gebruiken.

WAAR WE NU STAAN

Hongerig vee; gulzige auto's

Hoe is het in hemelsnaam mogelijk dat het ons moeite kost om iedereen te voeden terwijl we vijf- à zesduizend calorieën[18] per persoon per dag produceren, meer dan het dubbele van wat we nodig hebben?

Het voor de hand liggende antwoord is wereldwijde ongelijkheid. Honderden miljoenen mensen krijgen niet genoeg te eten, maar miljarden krijgen te veel. Ongeveer vier op de tien volwassenen ter wereld hebben overgewicht. Het grootste deel van de menselijke geschiedenis was voldoende te eten te krijgen het grootste probleem. De hongerenden vormen nu een minderheid. Het feit dat het obesitascijfer wereldwijd zo snel is gestegen, wijst eigenlijk op het nieuwe en zeldzame van deze situatie: omdat we zijn geëvolueerd in een wereld van schaarste, zijn we zodanig geprogrammeerd dat we alles wat we te pakken kunnen krijgen, maximaal willen benutten. Dus ja, een deel van het antwoord is dat we mondiaal meer eten dan we nodig hebben. Toch eten we geen vijfduizend calorieën per dag. We eten waarschijnlijk ongeveer de helft daarvan. Het belangrijkere vraagstuk is hoe we in hemelsnaam de hélft van het voedsel dat we produceren kunnen verliezen voor het zelfs maar op ons bord terechtkomt. Dat is een vreselijk ondoelmatig systeem.

De reden hiervoor is dat we vee en auto's voeden in plaats van mensen. Mondiaal wordt jaarlijks drie miljard ton granen geproduceerd. Nog niet de helft hiervan gaat naar voedsel voor mensen; 41 procent wordt gebruikt als veevoer, en 11 procent wordt gebruikt voor industriële toepassingen, zoals biobrandstoffen. Die mondiale toewijzing is verrassend, maar als we naar specifieke landen kijken, is de balans verbijsterend.

Arme landen gebruiken bijna al hun granen als voedsel voor mensen. Dat percentage bedraagt in bijvoorbeeld Tsjaad, Malawi, Rwanda en India ruim 90 procent. Als je maar net genoeg kunt produceren voor iedereen, kun je je niet veroorloven het in auto's te stoppen, of er andere dieren mee te voeren. Het is een luxe om voedsel voor iets anders dan mensen te bestemmen. Veel rijkere landen voeren deze luxe door tot in het extreme. De hoeveelheid mais die de VS in de vorm van biobrandstoffen in auto's doet, ligt 50 procent hoger dan wat het hele continent Afrika produceert.[19] De VS is hier niet uniek in: wereldwijd wordt langzamerhand de helft van de gewassen gebruikt om mensen rechtstreeks te voeden. De hoeveelheid die in de VS bestemd is voor biobrandstoffen is wel uniek. In de meeste andere landen overheerst dierenvoedsel; onze granen gaan naar hongerige kippen, rundvee en varkens.

Slechts de helft van de granen ter wereld gaat rechtstreeks naar voedsel voor mensen

Armere landen gebruiken bijna al hun granen rechtstreeks als menselijk voedsel.

Rijkere landen bestemmen steeds meer voor dierenvoeding en industriële toepassingen, zoals biobrandstoffen.

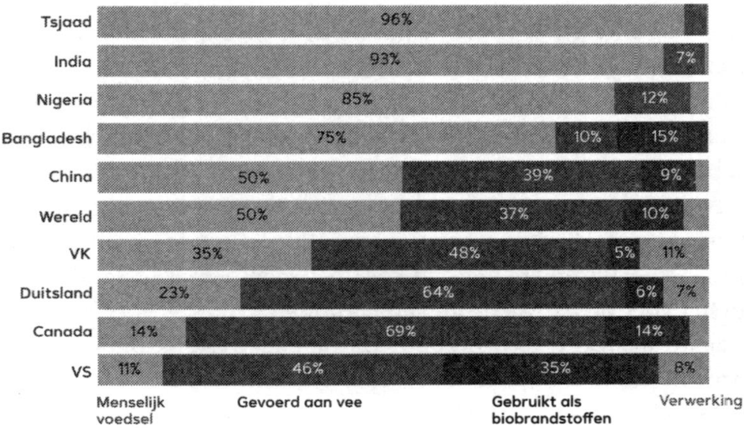

Het geldt niet alleen voor granen. Dit gaat ook op voor andere gewassen. Ongeveer driekwart van de soja ter wereld wordt verwerkt tot voedsel en verdwijnt in de bekken van kippen, varkens en koeien, zoals we in het vorige hoofdstuk zagen.[20]

Vlezig dilemma: een inefficiënte manier om lekker eten te maken

Als we dieren voeden, gaat een deel van de calorieën naar de vorming van mager weefsel en vet dat we later kunnen eten. Maar het meeste verdwijnt. Hoe kan dit? Waar gaan die calorieën naartoe?

We willen dat dieren zwaarder worden omdat we daar meer vlees voor terugkrijgen. Maar zelfs als ze niet zwaarder worden, moeten we ze toch voeden om ze in leven te houden. Die calorieën worden bij de normale dagelijkse dingen verbrand: rondzwerven, pikken, loeien, alle organen laten functioneren. Het is niet anders dan bij mensen. De calorieën die we dieren te eten geven om ze in leven te houden, zijn in zeere wrede zin ‘verspilling’. Hoeveel ‘verspilling' hangt af van de diersoort. Hoe groter het dier, hoe meer voedsel we nodig hebben om het in leven te houden. Ook in dit opzicht is het niet anders dan bij mensen. Arnold Schwarzenegger moet veel meer eten dan ik om op gewicht te blijven. Dat komt gewoon doordat ik kleiner ben. Zelfs als we elkaars routine kopieerden en dezelfde activiteiten verrichtten, zou hij waarschijnlijk minstens 50 procent meer calorieën verbranden.

Deze eenvoudige relatie is nuttig: kleinere dieren zijn calorie-efficiënter. Vis en kip zijn doorgaans het meest efficiënt, gevolgd door varkens, schapen en koeien.[21] Helaas betekent dit het tegenovergestelde voor het dierenwelzijn: je moet er meer van doden om dezelfde hoeveelheid vlees te krijgen. Dat morele dilemma mag je zelf zien op te lossen. Door de 'calorie-efficiëntie' te meten, weten we welk percentage van de calorieën waarmee we dieren voeden, wordt omgezet in 'eetbare' producten voor mensen. Deze cijfers zijn tamelijk schokkend.

Bij koeien is dat maar 3 procent.[22, 23, 24] Dit betekent dat we voor elke 100 calorieën die we een koe voeren, maar 3 calorieën in vlees terugkrijgen; 97 calorieën worden feitelijk verspild. Bij lammeren is het zo'n 4 procent. Iets beter dan bij runderen, maar nog altijd verschrikkelijk slecht. Voor varkensvlees ligt het op bijna 10 procent. Voor kip is het 13 procent. Zelfs bij de meest efficiënte dieren wordt de overgrote meerderheid van de calorieën – ruim 80 procent – verspild. Dat is een moeilijk te verkroppen feit. Kun je je voorstellen dat je een heel brood koopt, er een boterham van afsnijdt en de rest – ruim 90 procent ervan – in de vuilnisbak gooit? Als het om calorieën gaat, is dat zo ongeveer wat we doen met vlees.

De calorievergelijking ziet er bij vlees dus niet zo best uit. Maar hoe zit het met eiwitten? Wat dit betreft is vee ook een tamelijk inefficiënte omzetter van eiwitten. Bij varkens-, lams- en rundvlees gaat meer dan 90 procent van de eiwitten die de dieren binnenkrijgen verloren. Stop er 100 gram eiwitten in, en je krijgt maar 10 gram terug. Kip doet het beter, maar we krijgen nog altijd maar 20 procent van de eiwitten terug in de vorm van kippenvlees.

Vlees en zuivel zijn wél goed in die zin dat ze een zogenoemde 'complete' bron van eiwitten zijn. Ze mogen dan veel eiwitten verliezen waarmee we ze voeren, maar wat ze produceren is van een bétere kwaliteit, met een compleet spectrum van de essentiële aminozuren die we voor een goede gezondheid nodig hebben. Granen hebben een paar van deze aminozuren maar niet alle. Als je alleen granen eet, krijg je een eiwittekort.[25] Dit geldt niet voor alle plantaardige producten. Peulvruchten zoals erwten, bonen en soja hebben een heel goed aminozurenprofiel. Met een mengsel van granen en peulvruchten in je voeding haal je met gemak de vereiste hoeveelheid eiwitten.

Het merendeel van de calorieën wordt verspild als we vee voeren voor vlees

Slechts een klein percentage van de calorieën waarmee we dieren voeden, wordt omgezet in vlees. Grotere dieren 'verspillen' meer calorieën.

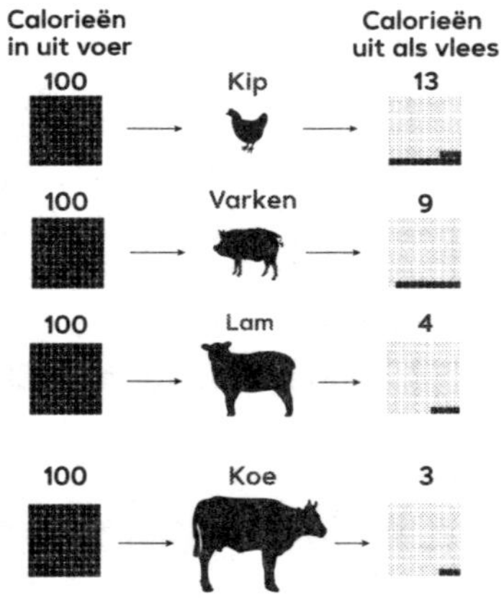

Vlees en zuivelproducten zijn ook een heel goede bron van micronutriënten – stoffen als calcium en ijzer. Die kunnen we ook binnenkrijgen uit plantaardig voedsel, als we de juiste voedselcombinatie kiezen. De uitzondering hierop is vitamine B_{12}, die uitsluitend in dierlijke producten zit. Dit is de enige bouwstof die strikte vegetariërs ter aanvulling zouden moeten innemen. Dus eigenlijk hebben we geen vlees en zuivel nódig voor een voedzaam voedingspatroon. Je kunt met goed uitgekiende en gevarieerde plantaardige voeding aan die vereisten voldoen. Dit is echter niet voor iedereen haalbaar. Voor mij is het gemakkelijk, want ik kan naar een grote supermarkt twee straten verderop gaan, waar al het voedsel dat je maar kunt bedenken te koop is. Het allerbelangrijkste is dat ik zo bevoorrecht ben dat ik het nodige kan uitgeven aan een breed scala aan voeding. Ik kan supplementen kopen als ik die nodig heb. En na al mijn studie weet ik welke voedingsartikelen ik nodig heb om ervoor te zorgen dat ik qua voedingswaarden niets tekortkom.

De meeste mensen op aarde hebben het niet zo gemakkelijk. In armere landen is ruim twee derde van de calorieën die mensen binnenkrijgen afkomstig van basisvoedingsmiddelen, zoals granen en knolgewassen. In Bangladesh bijvoorbeeld komt bijna 80 procent van de calorieën daaruit. De meerderheid is afhankelijk van rijst en tarwe. In het VK, ter vergelijking, halen we slechts een derde uit granen en wortelgewassen. De rest komt uit diverse bronnen: fruit, groenten, peulvruchten, vlees en zuivel. Het is een voorrecht om over verschillende voedingsmiddelen te beschikken en die te kunnen betalen.

Vlees speelt al duizenden jaren een essentiële rol in het menselijk voedingspatroon. Het is verspillend maar voedzaam, en ook nog smakelijk. Maar als we een voedselsysteem willen creëren waarmee íédereen kan worden gevoed zonder de planeet te ruïneren, dan moeten we onze relatie met vlees opnieuw bezien.

Voedsel: de kern van de duurzaamheidsproblemen op de wereld

Welk milieuprobleem van de wereld we ook bekijken, voedsel ligt altijd dicht bij de kern ervan. Het bevindt zich echt in het centrum van duurzaamheid. Het voedselsysteem is verantwoordelijk voor een kwart van de broeikasgasemissies in de wereld, zoals we in hoofdstuk 3 zagen. En zelfs als we klimaatverandering erbuiten laten, dan nog moeten we ons voedselsysteem aanpakken om onze andere milieuproblemen op te kunnen lossen.

Maak je je zorgen over de druk op de zoetwatervoorraden? De landbouw is verantwoordelijk voor zo'n 70 procent van het mondiale zoetwatergebruik. In sommige tropische landen wordt meer dan 90 procent gebruikt voor de landbouw.[26] Bezorgd over ontbossing? Zoals we zagen is dat probleem er zonder de landbouw bijna niet. Bezorgd om het verlies van biodiversiteit? Alweer is voedselproductie de zwaarste belasting op de natuur.[27] Dat is altijd zo geweest. Kijk naar de overbejaging van dieren om aan voedsel te komen en het overnemen van hun habitat om er landbouwgrond van te maken. Of het vernietigen van ecosystemen met pesticiden en kunstmest. Altijd vormt de menselijke vraag naar voedsel de grootste bedreiging voor de dieren. Bezorgd over waterverontreiniging? Je raadt het al: de landbouw staat bovenaan. Als we voedingsstoffen in onze bodem en gewassen stoppen, stroomt het grootste deel ervan de rivieren, meren en de oceaan in. Die voedingsstoffen verwoesten ecosystemen: soorten zoals algen maken er gebruik van en komen overal tot bloei. Vissen en andere dieren lijden zuurstoftekort, en onze wateren veranderen in levenloze zones.

De helft van het bewoonbare land op aarde wordt gebruikt voor landbouw
Landbouw is de grootste aanjager van ontbossing en habitatverlies. Driekwart van de landbouwgrond wordt gebruikt voor vee.

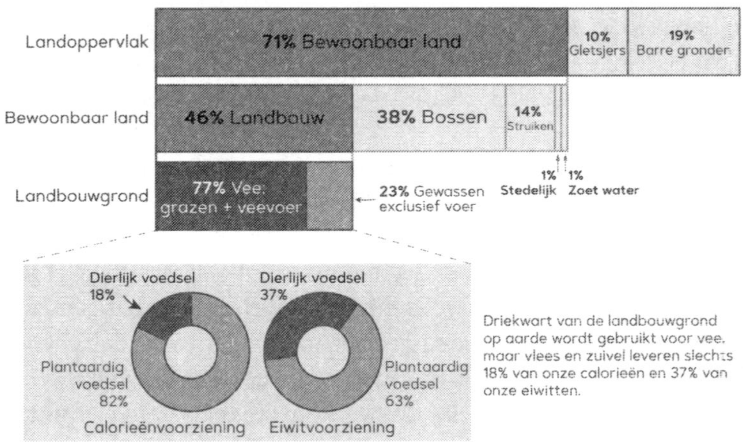

Als we uitzoomen kunnen we zien hoeveel invloed de landbouw heeft gehad op het hervormen van onze planeet. De helft van het ijs- en woestijnvrije land wordt nu gebruikt voor landbouw. Er is veel meer landbouwgrond dan er bossen zijn op aarde. Driekwart hiervan wordt gebruikt voor veeteelt – waar vee op graast of gewassen worden verbouwd om het vee te voeren. De onbalans is verbijsterend als het gaat om het voedsel dat we uiteindelijk consumeren. Vlees en zuivel leveren ons maar 18 procent van onze calorieën, en 37 procent van onze eiwitten. We steken heel veel middelen in vee, maar de opbrengst is niet best.

Als we een wereldkaart zouden maken die laat zien waar het land voor wordt gebruikt – door de soorten landgebruik stuk voor stuk bij elkaar te zetten – zou het land voor het houden van dieren heel Noord-, Midden- en Zuid-Amerika bij elkaar in beslag nemen, van het hoogste punt van Alaska tot en met de Río Grande in Argentinië.

Veel milieuproblemen in verband met landbouw hebben met twee dingen te maken: hoeveel land we gebruiken, en hoe we toevoegingen zoals water en kunstmest beheren. Willen we iedereen op een duurzame manier voeden, dan zullen we de hoeveelheid land die we gebruiken voor landbouw zo veel mogelijk moeten beperken. We moeten de rest van de natuur zo veel mogelijk land teruggeven. Hierin boeken we mondiaal gezien vooruitgang, vaak dankzij de *intensivering* van landbouw: input zoals kunstmest gebruiken voor een hogere opbrengst. Daarin boeken we ook vooruitgang – dat gegeven verrast veel mensen.

De wereld is de landbouwgrondpiek mogelijk al voorbij

Er moeten meer mensen gevoed worden, en mensen stappen over op voedingspatronen waarvoor meer land nodig is (hoe meer vlees we eten, hoe meer land we nodig hebben). We zouden dus kunnen denken dat onze vraag naar landbouwgrond oneindig is en wereldwijd zal blijven stijgen tot de populatie niet meer groeit. Dat zou bijzonder slecht nieuws zijn.

Gelukkig is het niet waar. Een paar jaar geleden voorspelde een aantal onderzoekers dat we mogelijk de piek van de hoeveelheid landbouwgrond naderen.[28] Ik moet toegeven dat ik dacht dat het onzin was toen ik dat hoorde. Dat kon toch niet waar zijn? Goed, de gewasopbrengsten stegen en zouden misschien de bevolkingsgroei nét kunnen bijhouden, maar onze vraag naar vlees nam ook snel toe. Het leek onwaarschijnlijk dat we zo efficiënt aan het worden waren dat ook dat probleem kon worden opgelost.

Ik begon me te verdiepen in de data en maakte berekeningen.

De toonaangevende databron (de FAO van de VN) stelt dat we de piek rond het jaar 2000 achter ons hebben gelaten. Andere onderzoeken zijn op dit werk gebaseerd en kwamen tot dezelfde conclusie: de wereld is al voorbij het hoogtepunt.[29] Ik aarzel om van een 'zekere' piek te spreken. Op grond van de data kunnen we inderdaad zeggen dat mondiaal het hoogtepunt van de hoeveelheid weiland voorbij is. Maar dat geldt niet voor akkerland. Als de hoeveelheid akkerland blijft groeien, kan deze overwinning teniet worden gedaan.

De wereld is op z'n minst dicht bij de landbouwgrondpiek. En toch produceren we elk jaar steeds meer voedsel. Er heeft een mondiale ontkoppeling plaatsgevonden van landbouwgrond en voedselproductie.[30] Dit is een belangrijk moment in onze milieugeschiedenis. De natuur op aarde wacht al duizenden jaren tot wij ophouden met uitbreiden. Eindelijk is er de kans om dit te laten gebeuren.

De wereld is de landbouwgrondpiek mogelijk voorbij
Mondiaal is de hoeveelheid weiland over haar hoogtepunt heen, maar de hoeveelheid akkerland niet. Het gebruik van landbouwgrond is uiteraard niet overal ter wereld voorbij zijn piek.

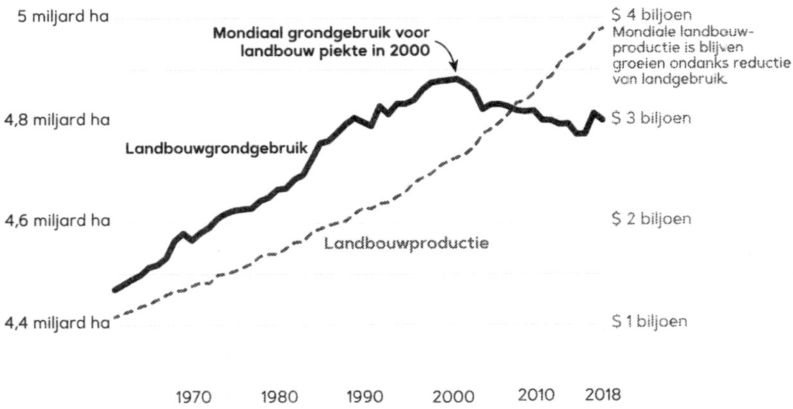

Dit gebeurt zeker niet overal. In veel rijke landen daalt het gebruik van landbouwgrond. In andere landen neemt de hoeveelheid akkerlanden en weilanden nog steeds toe, vaak ten koste van bossen.

De afname weegt ruim op tegen de expansie. Dit resulteert mondiaal gezien in een afname. Het is een krachtig signaal dat we meer voedsel met minder land kunnen produceren. Als we deze lessen overal toepassen, kunnen we dit overal voor elkaar krijgen. Het laat zien dat de toekomst van de voedselproductie niet dezelfde destructieve weg hoeft te gaan als in het verleden.

De wereld zal de kunstmestpiek snel passeren

Het is allemaal leuk en aardig dat we minder land gebruiken. We kunnen echter zoveel produceren per hectare grond omdat we kunstmest, pesticiden en irrigatie gebruiken. Veel mensen maken zich zorgen dat we gewoon het ene niet-duurzame gebruik inwisselen voor een ander en zo in een ratrace belanden om kunstmest.

De hoeveelheid kunstmest die de wereld jaarlijks gebruikt is in werkelijkheid het afgelopen decennium nauwelijks veranderd. Het kunstmestgebruik groeide snel in de vijftig jaar ervoor, toen het ruim verviervoudigde. Die groei is nu tot stilstand gekomen. Mogelijk bevinden we ons op het keerpunt waarop het kunstmestgebruik gaat afnemen.

De wereld nadert misschien 'piek kunstmestgebruik'
Doelmatiger gebruik van kunstmest betekent dat meer landen meer voedsel met minder kunstmest produceren.

Hoe is dit mogelijk nu er meer monden gevoed moeten worden? Het kunstmestgebruik neemt in veel armere landen op de wereld nog steeds toe. Dit is positief: eerder zagen we hoe groot de impact is geweest van de innovatie van Fritz Haber en Carl Bosch.

In veel rijke landen is het kunstmestgebruik echter op een plateau beland of gaan dalen. In de VS is het gebruik van kunstmest sinds halverwege de jaren zeventig van de vorige eeuw niet meer toegenomen. De voedselproductie is intussen gegroeid met 75 procent. Frankrijk gebruikt nu ongeveer de helft zoveel kunstmest als in de jaren tachtig. Hetzelfde geldt voor het VK en Nederland. Zelfs in de snelst groeiende economieën bereikt het kunstmestgebruik een piek. China is daar al voorbij. In 2010 gebruikte dat land omstreeks 25 keer meer kunstmest dan vijftig jaar eerder. Die steile lijn zag er zorgwekkend uit. Maar het Chinese kunstmestgebruik bereikte in 2015 een piek, en is sindsdien gedaald.

Deze reductie deed zich niet voor omdat landen minder voedsel produceerden of overstapten op biologische landbouw en helemaal ophielden met het gebruik van kunstmest. Het komt doordat we het efficiënter gebruiken. Een van de grootste en indrukwekkendste onderzoeken ter wereld laat dit heel duidelijk zien.[31] Bij een proef die een decennium omspande, werkten onderzoekers met 21 miljoen kleine boeren in China. Ze wilden kijken of ze hun gewasopbrengsten konden helpen verhogen en tegelijk de milieu-impact van de landbouw konden terugdringen. Het was een succes. Tussen 2005 en 2015 groeide de gemiddelde oogst van mais, rijst en tarwe met zo'n 11 procent. Tegelijkertijd nam de stikstofbemesting met ongeveer een zesde áf. Ze produceerden letterlijk meer met minder.

We nemen bij kunstmestgebruik dus een consistent patroon waar. Eerst gebruiken boeren in de armste landen heel weinig kunstmest. Ze kunnen het zich niet veroorloven. Dit is ongunstig voor hen, want ze behalen slechte oogsten en verdienen weinig geld. Het is ook slecht voor de planeet, want ze hebben meer landbouwgrond nodig. Wanneer ze iets rijker worden, neemt het gebruik van kunstmest toe. Gewasopbrengsten verbeteren. Maar uiteindelijk verschuift de focus naar een efficiënter gebruik van deze middelen. Het gebruik van kunstmest daalt niet naar nul, maar boeren leren precies de goede hoeveelheid te gebruiken om gewassen de nutriënten te geven die ze nodig hebben.

Hoe kunnen we zonder de planeet te verwoesten deze eeuw nog eens twee miljard mensen voeden?

Eén ding dat nu duidelijk moet zijn, is dat we niet terug kunnen. Het is verleidelijk te denken dat we terug moeten naar een voedselproductie die meer geworteld, meer gegrond lijkt in hoe het vroeger was. Die methoden kunnen op kleine schaal werken. Maar je voedt er geen miljarden mensen mee. Die rekensom klopt gewoon niet.

Ik heb berekend hoeveel land we nodig zouden hebben om onze huidige wereldbevolking van acht miljard mensen te voeden met verschillende foerageer- en landbouwregimes. Vergeet niet dat de hoeveelheid bewoonbaar land op aarde – dat wil zeggen al ons ijs- en woestijnvrije land – zo'n 100 miljoen km² bedraagt, en dat we momenteel de helft ervan – 50 miljoen km² – gebruiken voor de landbouw.

Om acht miljard monden te voeden door middel van jagen en foerageren, zouden we 8000 tot 800.000 miljoen km² bruikbaar land nodig hebben. Dat is honderd tot tienduizend keer de hoeveelheid land die we op aarde hebben. En dan negeren we bovendien de ongemakkelijke waarheid dat we daarbij alle zoogdieren zouden uitroeien.

Hoe zit het met het pastoralisme? Kleine gemeenschappen die gebruikmaken van vee? Dat is niet veel beter dan de meest productieve foeragerende samenlevingen. We zouden zo'n 3000 tot 8000 miljoen km² nodig hebben. Oftewel tien keer de aarde.

En een terugkeer naar vroege, biologische landbouwmethoden? Is het mogelijk dat we allemaal ons eigen lapje grond hebben, de mouwen opstropen en terugkeren naar hoe het vroeger ging? Voor zwerflandbouw – de hak-en-brandstijl – hebben we 80 tot 800 miljoen km² nodig. Komt meer in de buurt, maar voor die leefstijl hebben we nog steeds lang niet genoeg land. Voor meer traditionele landbouw op één plaats hebben we 8 tot 80 miljoen km² nodig, wat – in de minimale vorm – veel realistischer is. Maar dit kan alleen als iedereen zich houdt aan een plantaardig eetpatroon zodat we ons efficiënt kunnen voeden met behulp van akkergrond. En daarbij zouden we waarschijnlijk veel bossen moeten kappen.

Met de moderne landbouw kunnen we acht miljard mensen

voeden met behulp van veel minder land. Misschien maar vier à acht miljoen km^2, mits we overal ter wereld voor zeer productieve landbouw zorgen en mits we overstappen op een plantaardig eetpatroon (wat twee zeer grote mitsen zijn).

Een terugkeer is dus gewoon niet haalbaar. Er is gewoon niet genoeg plaats voor acht miljard mensen om dat te doen.

Hoe we een meer duurzaam voedselsysteem in het leven roepen

Ik schiet in een kramp als mensen de gevreesde vraag stellen: 'En, Hannah, wat doe jij?' Ik weet dat ik al snel diep verwikkeld zal zijn in een verhitte discussie over wat iedereen op de wereld zou moeten eten. Mensen vinden het héérlijk om het daarover te hebben. Iedereen heeft er een mening over. Hoe en wat we eten is zeer persoonlijk. Ons eetpatroon is vaak een belangrijk deel van onze identiteit. Het wordt iets tribaals. De regels zijn zwart-wit. Een veganist is iemand die geen dierlijke producten eet. Doe je dat wel, nou, dan ben je geen veganist. Je valt buiten de stam. Om in een echte ketogene toestand te verkeren, is het vereist dat je heel weinig koolhydraten eet. Hou je je daar niet aan, dan word je uit de ketogene groep gegooid. Biologisch en ggo (genetisch gemodificeerd organisme)-vrij zijn allebei binaire etiketten. Iets is wel of niet biologisch gecertificeerd. Het is wel of niet genetisch gemodificeerd. Preken en verwijten zijn aan de orde van de dag. Ik wíl mensen helemaal niet zeggen wat ze moeten eten. Dat gaat me niets aan. Maar ik wil wel duidelijke en eerlijke antwoorden geven op de fundamentele vragen over hoe we duurzamer kunnen eten. Ik wil mensen de informatie geven die ze nodig hebben om een afgewogen besluit te nemen, op basis van hun eigen normen en waarden. Als zij geen probleem hebben met de koolstofvoetafdruk van hun eetpatroon, vind ik dat prima. Wat ik wel pijnlijk vind, is wanneer mensen wél duurzaam willen eten maar keuzen op basis van slechte informatie maken en hun best doen voor de verkeerde dingen. Ze zetten zich enorm in, maar zorgen niet dat het beter gaat. Soms maken ze dingen zelfs erger.

Hieronder geef ik mijn voornaamste aanbevelingen hoe we een duurzamer voedselsysteem kunnen vormen. Of je dit advies opvolgt moet je zelf weten. Soms botsen deze aanbevelingen met andere waarden die je belangrijk vindt, en dat is prima. Jij moet zelf je prioriteiten in evenwicht brengen.

1 • Verbeter wereldwijd de gewasopbrengsten

We zitten momenteel in een unieke positie. We hebben de patstelling met de natuur doorbroken: we kunnen inmiddels meer voedsel halen uit minder land.[32]

Gewasopbrengsten in Afrika ten zuiden van de Sahara blijven achter
Graanoogsten zijn gemeten in ton per hectare.

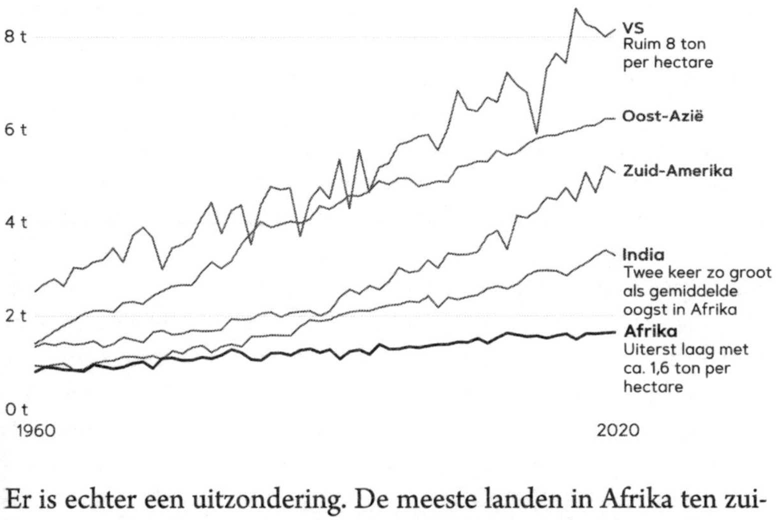

Er is echter een uitzondering. De meeste landen in Afrika ten zuiden van de Sahara zijn achteropgeraakt. Gewasopbrengsten zijn niet veel vooruitgegaan, en blijven hardnekkig gering. De gemiddelde graanopbrengst in Afrika is de helft zo groot als in India en een vijfde van de opbrengsten in de VS. Dit is niet alleen slecht voor de planeet, maar ook voor mensen. Ruim de helft van de beroepsbevolking in Sub-Saharisch Afrika bestaat uit boeren, die daarmee heel weinig verdienen. Velen leven van het equivalent van minder dan een paar dollar per dag.[33]

Afrika zal de komende decennia veel meer voedsel moeten verbouwen. Naar verwachting zal de bevolking van Afrika de komende dertig jaar met een miljard groeien, en in de dertig jaar daarna met weer een miljard. Onderzoekers schatten dat de hoeveelheid land die nodig is voor gewassen in 2050 bijna kan verdrievoudigen als de oogsten niet verbeteren.

Verbetering van de gewasopbrengsten – vooral in Sub-Saharisch Afrika – moet een deel van het plan zijn. Als de regio hierin slaagt – als deze zijn 'oogstkloof' weet te dichten van wat biologisch en technologisch haalbaar is – dan kan hij zichzelf voeden zonder iets van de bossen of natuurlijke habitat te verliezen. Het goede nieuws is dat wij weten hoe ze dit moeten doen.

De technologie en investeringen die al voor veel landen effectief zijn geweest – van meststoffen tot verbeterde zaadrassen en irrigatie – zullen door de klimaatverandering nog belangrijker worden. Bij stijgende temperaturen en frequentere droogtes die bovendien ernstiger zijn, zullen boeren ervoor moeten zorgen dat ze meer controle hebben over het beheer van nutriënten en water.

Norman Borlaug zorgde met veredeling voor superproductieve tarwesoorten in Mexico, India, Pakistan, Brazilië (de lijst is nog langer). Ook wij kunnen nieuwe gewasvariëteiten ontwikkelen die beter tegen droogte en hogere temperaturen kunnen. Dankzij dit soort innovaties krijgen we gewassen waarvoor minder meststoffen en pesticiden nodig zijn. Gewassen die minder chemische toevoegingen nodig hebben, zijn beter resistent tegen droogte én hebben een hogere opbrengst – wie kan daar nou tegen zijn? Dat klinkt als een win-winsituatie voor de bevolking en de planeet. Gek genoeg zijn veel milieuactivisten fel tegen het kruisen en genetisch modificeren van gewassen, ook al is dat ongelooflijk belangrijk geweest voor de bescherming van ecosystemen en habitats wereldwijd. We moeten dit verzet weerstaan. Als we tien miljard mensen willen voeden zonder nog meer bos te kappen, dan moet de milieubeweging de vooruitgang door efficiëntere productie behoedzaam omarmen in plaats van mijden.

2 • Eet minder vlees, vooral rund- en lamsvlees

Deze aanbeveling heb je al eerder gelezen.

In hoofdstuk 3 keken we naar de uitwerking van verschillende voedingsmiddelen op het klimaat. De CO_2-voetafdruk van vlees – en dan vooral van rundvlees en lamsvlees – viel echt op. Maar het gaat niet alleen om klimaatverandering. Omdat voedsel zo'n belangrijke rol speelt bij veel milieukwesties, heeft deze ene verandering veel positieve bijkomende effecten. Of het nu gaat om de uitstoot van broeikasgassen, grondgebruik, waterconsumptie of waterverontreiniging,[34] de hiërarchie is bijna altijd hetzelfde: rund- en lamsvlees zijn het slechtst, gevolgd door zuivel, varkensvlees en kip, en daarna plantaardige voedingsmiddelen zoals tofoe, erwten, bonen en granen. Of we ze nu vergelijken qua kilogrammen, calorieën of eiwitten, het gaat altijd op. De verschillen zijn niet gering. We hebben het hier niet over een klein verschil zoals tussen honderd en negenennegentig vierkante meter landbouwgrond. Het gaat om het verschil tussen honderd en één vierkante meter. Een verschil van een factor honderd.

Het meest effectieve dat we dus kunnen doen, is alweer minder vlees en zuivel eten. Als we dingen echt ingrijpend willen veranderen, moeten er veel mensen meedoen. We zouden de uitstoot, het grond- en watergebruik veel sterker verminderen als de helft van de bevolking twee dagen per week geen vlees zou eten dan als we een paar procent meer veganisten hadden.

De meeste mensen zullen niet veranderen als ze voor een alles-of-nietskeuze worden gesteld. Als je mensen zover wilt krijgen dat ze hun vleesconsumptie verminderen, moet je vooral niet tegen hen zeggen dat ze veganist moeten worden. Dat werkt gewoon niet. We moeten het eenvoudig en aangenaam maken om een beetje te minderen. Dat kunnen *meatless mondays* of vleesloze lunches zijn. Vaak proberen mensen voorzichtig een plantaardig eetpatroon uit en ontdekken ze dat het gemakkelijker is dan gedacht.

Maar het gaat niet alleen om hoevéél vlees en zuivel we consumeren. Welke soort doet er ook toe. Door gewoon de ene vleessoort te vervangen door de andere kunnen we al een enorm verschil maken. Als je een groot liefhebber bent van rundvlees, is het vervangen van een deel van je wekelijkse portie door kip of vis het belangrijkste wat je kunt doen. Die verandering maakt zelfs een veel groter verschil dan een kipliefhebber die vegetariër wordt.

Welke voedingsmiddelen hebben de grootste milieu-impact?

Vlees en zuivel – met name rund- en lamsvlees – hebben een veel grotere milieu-impact dan plantaardige bronnen van eiwitten. De voedingsmiddelen zijn vergeleken per 100 gram eiwit.

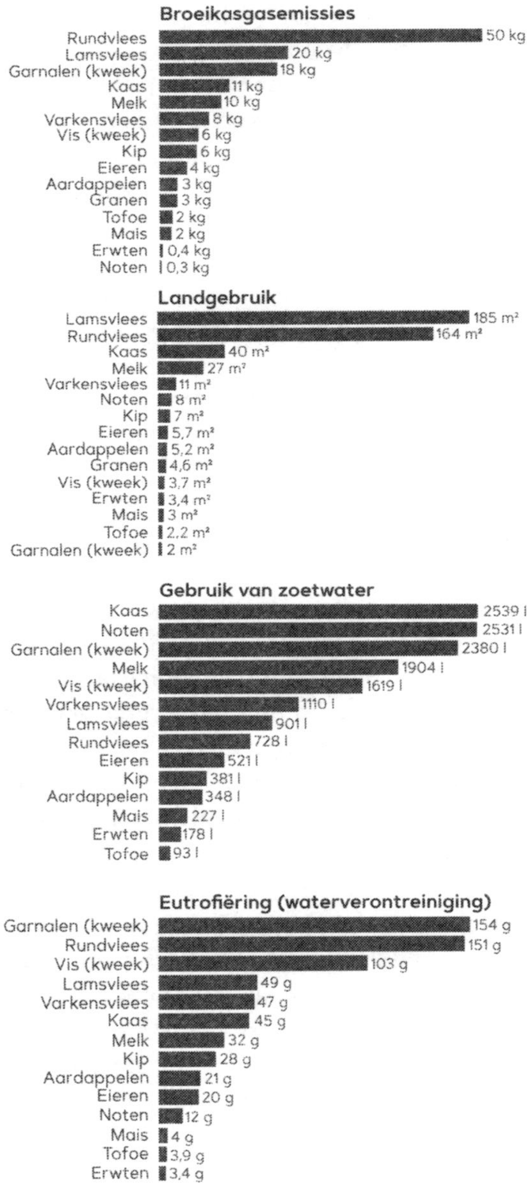

Als het om het gebruik van landbouwgrond gaat, kunnen we dat heel duidelijk zien. De wereld gebruikt zo'n vier miljard hectare grond om voedsel te verbouwen.[35] Onderzoekers hebben in kaart gebracht hoe dit zou veranderen als iedereen een ander eetpatroon zou volgen. Het geeft ons een interessant inzicht in hoe ons wereldwijde landgebruik eruit zou kúnnen zien. Als we gewoon geen rund- en lamsvlees meer zouden eten (maar wel melkkoeien zouden behouden), zouden we nog maar iets minder dan de helft van onze landbouwgrond nodig hebben. We zouden twee miljard hectare besparen, een oppervlak van tweemaal de Verenigde Staten. Daar komen veruit de grootste besparingen vandaan. En dat wil niet zeggen dat we allemaal veganist moeten worden.

Als we ook geen zuivel meer gebruiken, halveren we het landgebruik nog eens tot iets meer dan een miljard hectare en hebben we drie boerderijen ter grootte van de VS bespaard. Maar daarna zijn de reducties marginaal. Het veganistische eetpatroon levert inderdaad een maximale reductie op: als iedereen veganistisch zou eten, zouden we de hoeveelheid landbouwgrond kunnen verminderen met 75 procent. Een oppervlak zo groot als Noord-Amerika plus Brazilië. Maar de besparing in vergelijking met een eetpatroon met een beetje kip, of een beetje vis en eieren is niet zo groot.

Dit onderzoek maakt ook korte metten met een andere veelgehoorde zorg: 'We kunnen niet allemaal veganist worden, want we hebben niet genoeg land om alle gewassen op te verbouwen!' Zoals ik al eerder liet zien, zouden we mínder akkerland nodig hebben dan we nu gebruiken als we allemaal veganist werden, want dan besparen we alle grond die wordt gebruikt om gewassen te verbouwen die als veevoer worden gebruikt. Nog niet de helft van de granen ter wereld wordt rechtstreeks gebruikt om mensen te voeden. De rest gaat naar vee of biobrandstoffen. Hetzelfde geldt voor soja. We zouden dat voedsel simpel anders kunnen gebruiken, of dat land anders kunnen gebruiken om andere gewassen te verbouwen.

Dit klinkt in principe allemaal heel eenvoudig, maar het is moeilijk om mensen zover te krijgen dat ze hun gedrag veranderen. Ik denk niet dat genoeg mensen deze ommezwaai louter uit ethische overwegingen zullen maken. Als we willen dat mensen overal ter wereld hun eetpatroon wijzigen, dan hebben we nieuwe, lekkere vleesvervangers nodig.

Door een overstap naar een plantaardig eetpatroon kan het gebruik van landbouwgrond met 75% worden gereduceerd
Het wereldwijde gebruik van landbouwgrond voor akkerland en weideland om vee te laten grazen, aangenomen dat de hele wereldbevolking een bepaald eetpatroon volgt. Dit is gebaseerd op referentie-eetpatronen die voldoen aan de voedingsvereisten qua calorieën en eiwitten.

3 • Investeer in vleesvervangers: produceer burgers in het laboratorium

Toen ik begon met vegetarisch eten, nam de koolstofvoetafdruk van ons gezin toe. Dat kwam niet door mij maar door mijn broer: hij begon precies tegelijk aan een fitnessmanie. Hij ging zes keer per week naar de sportschool en verdubbelde op advies van de ene op de andere dag zijn vleesconsumptie. Elke maaltijd vlees met broccoli. Waar ik mijn vleesconsumptie verminderde deed hij mijn goede bedoelingen teniet, en meer dan dat.

Hij zou nooit sojaburgers en Quorn-worstjes hebben gegeten. Volgens hem smaakten die helemaal niet zoals vlees. In die tijd waren er maar heel weinig vleesvervangers op de markt. We probeerden ze weleens stiekem in een maaltijd voor het gezin te verwerken om te kijken of hij het zou merken. Kippenfajita's werden fajita's met kipachtige Quorn. Spaghetti bolognese werd spaghetti bolognese met gehakt op sojabasis. Hij trapte er nooit in.

Ik wist dat de wereld op het goede spoor zat – dat we echt vooruitgang boekten – toen hij enkele jaren later zonder het door te hebben een plantaardige maaltijd at. Zijn vrouw verwerkte stiekem een van de 'plantaardige vleessoorten' in een chili con 'carne' en hij zei er niets van. Sterker nog, hij kon niet geloven dat het geen vlees was. Hij zei in elk geval dat het de lekkerste chili was die hij ooit had gegeten. Als mijn broer kan worden overtuigd, kan bijna iedereen worden overtuigd.

Vleesvervangers behoren tot de snelst groeiende voedselsoorten. Het zijn interessant genoeg voornamelijk vleeseters die ze eten. Van alle Amerikaanse consumenten die plantaardig vlees kochten, kocht 98 procent ook vleesproducten.[36] Dat is een heel goed teken: we willen dat iedereen bereid is plantaardige vleesproducten te proberen. Het moet geen nicheproduct zijn voor de veganisten en vegetariërs van deze wereld.

Om echt te knagen aan de vleesmarkt moeten ze vier dingen bereiken: ze moeten smakelijk zijn, toegankelijk, gemakkelijk te verwerken in standaardmaaltijden en goedkoop. Als we op een van deze punten falen, blijven ze voorgoed aan de zijlijn staan.

De meeste mensen houden van vlees, en dus is de theorie achter vleesvervangende producten eenvoudig: proberen de vleeservaring na te bootsen zonder de impact op het milieu en de zorgen rond dierenwelzijn. De wereld is binnen een paar jaar een heel eind gekomen. Namaakburgers en -worstjes smaakten vroeger naar karton. Maar merken zoals Impossible Foods en Beyond Meat – de grootste bedrijven in veganistische vleesvervangers in de VS – zorgen voor een doorbraak. Ze zetten hoog in op de productie van burgers met de smaak en textuur van echt vlees. Deze strategie vormt de kern van hun branding.

Een bewering van Impossible Foods maakt dit overduidelijk: 'Vóór Impossible Foods was er vlees en waren er gewassen. Wij begonnen in 2011 met een eenvoudige vraag: "Waardoor smaakt vlees als vlees?" Toen ontdekten we hoe we het van gewassen konden maken.' Het geheim van dit succes is het molecuul heem. 'Heem zorgt ervoor dat vlees smaakt als vlees. Het is een essentieel molecuul dat in elk levend gewas en dier zit – het meest overvloedig in dieren – en iets wat we al sinds het begin van de mensheid eten en begeren.'

Met hun 'bloedende plantaardige burger' is Impossible Foods er naar mijn mening in geslaagd een bijna volmaakte imitator te maken. Een paar jaar geleden zat ons team drie maanden in San

Francisco. Er waren maar een paar restaurants in de wereld waar je de Impossible Burger kon krijgen, en wij logeerden pal naast een ervan. De eerste hap die ik nam werkte als een tijdmachine. Ik heb er geen moeite mee om vegetariër te zijn – ik kom zelden in de verleiding vlees te eten – maar die hap bracht me met een klap in herinnering hoe een vleesburger smaakt. Het was ongelooflijk. Ik was er kapot van toen we terug naar het VK moesten, waar deze niet verkrijgbaar was.[37] Maar sindsdien zijn er nog veel meer producten op de markt gekomen, die stuk voor stuk hard hun best doen om echt vlees te benaderen.

Veel mensen betwijfelen of deze producten werkelijk veel beter zijn voor het milieu. Het antwoord is ja. Ze zijn véél beter dan rundvlees.[38, 39] De emissies van Quorn-producten liggen 35 tot 50 keer lager dan die van rundvlees. Als je je hamburger inruilt voor een Beyond Meat of Impossible Burger, verminder je de emissies met zo'n 96 procent. Dit gaat op als we deze producten vergelijken met de mondiale gemíddelde voetafdruk voor rundvlees. Vervangers hebben een voetafdruk die nog altijd zo'n tien keer kleiner is dan die van rundvlees uit de VS of Europa. En zelfs de voetafdruk van het rundvlees met de minste koolstofuitstoot ter wereld is nog altijd vijf keer groter dan die van de Beyond Meat of Impossible Burger, en tien keer groter dan die van Quorn.

De meeste hebben ook een lagere koolstofvoetafdruk dan varkensvlees en kip, al scheelt het soms niet veel. Deze voedingsmiddelen verschillen in die zin dat er veel ruimte voor verbetering is: een groot deel van hun koolstofvoetafdruk is afkomstig van de elektriciteit die nodig is om ze te produceren. Naarmate het elektriciteitsnetwerk op de wereld koolstofarmer wordt, zal de voetafdruk van deze voedingsmiddelen ook kleiner worden. Dat geldt niet voor vlees: we zitten nu al dichtbij de grens van hoe efficiënt we dieren kunnen produceren.

Als we vlees op mondiaal niveau met succes van het land naar het laboratorium willen verplaatsen, moet het veel goedkoper worden. Mensen in armere landen kunnen zich deze producten domweg nog niet veroorloven. Als we zorgen dat ze goedkoper zijn dan vlees, kan dat echt voor een ommekeer zorgen in de mondiale voeding. Dan kunnen we de wereld een eiwitrijk, voedzaam eetpatroon bieden en tegelijk onze milieu-impact reduceren. Telkens als je een nieuwe vleesvervanger koopt, verklein je niet alleen je eigen CO_2-voetafdruk, je draagt ook bij aan een prijsverlaging voor de rest van de wereld.

De meeste vleesvervangers hebben een veel lagere CO_2-voetafdruk dan vlees

De CO_2-voetafdruk wordt getoond per 100 gram eiwit voor elk product. Dit is gebaseerd op levenscyclusanalyses: deze omvatten emissies op de boerderij, veranderingen in landgebruik, grondstoffen, voedselverwerking, transport en verpakking.

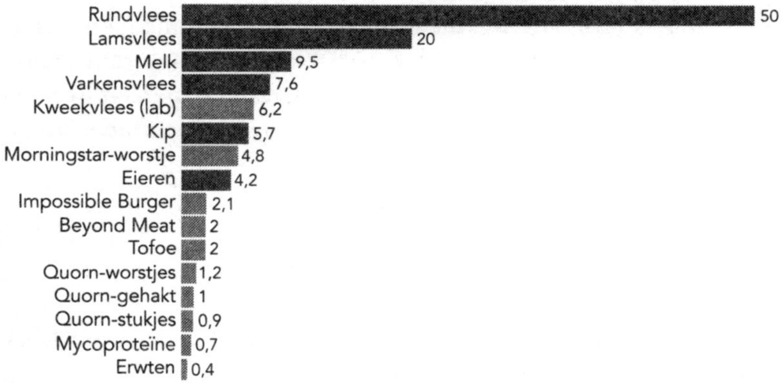

4 • Produceer een hybride burger

Waar de een best zijn tanden in een plantaardige Impossible Burger wil zetten, zal de ander vasthouden aan beefburgers. Nou, misschien kan die zijn rundvlees krijgen maar er ook wat van sparen.

Een mogelijkheid is rundvlees mengen met kip, soja of een andere koolstofarme bron om zo een hybride burger te produceren. Die smaakt dan nog steeds als rundvlees. Hij zou de textuur hebben van een normale beefburger. Zeg nou zelf, het zou rundvlees zijn. Interessant genoeg geven mensen als ze blind proeven meestal de voorkeur aan de gemengde burger boven een alternatief dat voor 100 procent uit rundvlees of vlees bestaat.[40, 41] Als je de blinddoek wegneemt en vertelt dat ze een 'gemengde' burger eten, zijn ze doorgaans minder enthousiast. Als we deze mentale blokkade kunnen slechten, kunnen hybride burgers voor een enorm verschil zorgen.

Laten we uitrekenen hoe groot dat verschil is: als zowel McDonald's als Burger King van al hun burgers een mengsel van half rundvlees, half soja zouden maken, scheelt dat volgens mijn berekeningen jaarlijks vijftig miljoen ton broeikasgas.[42] Dat is evenveel als de uitstoot van Portugal. Het zou ook een gebied dat groter is dan Ierland vrijmaken en elk jaar drie miljoen koeien behoeden voor de slacht.

Dat zijn slechts twee ondernemingen. Stel je voor dat we dit op een veel grotere schaal deden. We zouden jaarlijks emissies van hele landen, grond ter waarde van hele landen en miljoenen dieren besparen. Het grootste voordeel is dat consumenten hun eetgewoonten helemaal niet hoeven te veranderen. Ze merken het verschil misschien nauwelijks op. Beter nog, misschien vinden ze de hybride burgers zelfs wel lekkerder.

5 • Vervang zuivel door plantaardige alternatieven

In het doorsnee-eetpatroon in de EU is zuivel verantwoordelijk voor iets meer dan een kwart van de koolstofvoetafdruk, soms maar liefst een derde.[43]

Velen van ons zoeken plantaardige alternatieven. Onderzoek wijst uit dat een kwart van de volwassenen in het VK tegenwoordig een plantaardige melksoort drinkt;[44] onder jongere populatiegroepen is dit zelfs nog meer in, want in de groep 16- tot 23-jarigen kiest een derde ervoor. Er zijn tegenwoordig diverse mogelijkheden. Maar welke 'melk' is de beste? Dit is een van de meest gestelde vragen die me worden voorgelegd.

Het korte antwoord is: ze zijn allemaal goed. Neem wat je wilt. Alle plantaardige alternatieven hebben een geringere milieu-impact dan koemelk. Koemelk genereert zo'n drie keer zoveel broeikasgasemissies, heeft tien keer zoveel land nodig, twintig keer zoveel zoetwater en veroorzaakt veel meer eutrofiëring (de verontreiniging van water met overtollige nutriënten).[45]

Welke van de veganistische melksoorten de beste voor je is, hangt af van de impact waar je je het meeste zorgen om maakt.

Amandelmelk heeft bijvoorbeeld een lagere broeikasgasemissie en vergt minder land dan soja, maar er is meer water voor nodig. Er is niet voor elke meeteenheid een duidelijke winnaar. Kies gewoon het type dat je het lekkerst vindt.

Ik moet hierbij het voorbehoud maken dat plantaardige melk niet dezelfde voedingswaarde heeft als zuivel. Gewone melk bevat meestal meer calorieën en eiwitten. Deze bevat bovendien micronutriënten, zoals vitamine B_{12} die niet in plantaardige melk zit. Aan plantaardige melk wordt nu vaak vitamine D en B_{12} toegevoegd. Mensen met een gevarieerd eetpatroon en diegenen die geen melk nodig hebben als belangrijke eiwitbron hoeven zich nergens druk om te maken als ze zuivel vervangen door plantaardige melk. Je kunt aan deze behoeften voldoen met andere voedingsmiddelen. Maar voor bepaalde bevolkingsgroepen – met name jonge kinderen, en mensen met een lager inkomen en geringe diversiteit in hun eetpatroon – zou dit een slechte overstap kunnen zijn.

Welke melksoort is het beste voor het milieu?

De gevolgen voor het milieu zijn gegeven per liter melk. Niet één plantaardige melk wint voor elke meeteenheid, maar ze hebben stuk voor stuk veel minder invloed op het milieu dan koemelk.

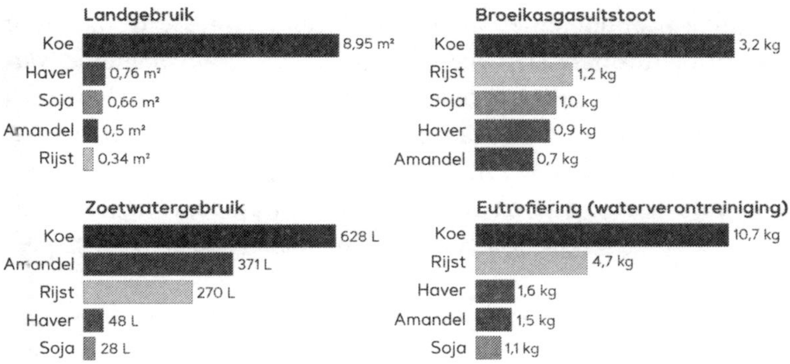

6 • Verspil minder voedsel

Ongeveer een derde van al het voedsel ter wereld wordt verspild.[46, 47] Alle energie die we verspillen als we gewassen aan vee voeren of als brandstof gebruiken in onze auto's reken ik hier niet tot 'verspilling'. Ik bedoel voedsel dat letterlijk wegrot, zonder ergens voor te zijn gebruikt.

Dat cijfer van een derde is gebaseerd op het gewícht van voedsel. Het is niet per se de hoeveelheid die we verliezen in termen van calorieën of eiwitten. Op basis van calorieën is het minder – waarschijnlijk zo'n 20 procent. De reden voor dit verschil is dat de voeding waarvan we het meeste verspillen, zware producten zijn die veel water bevatten. Fruit, groenten, suikerriet en knolgewassen zoals cassave. Die raken snel gekneusd en beschadigd, en rotten snel. Deze voedingsmiddelen zijn heel goed voor een gevarieerd eetpatroon en rijk aan nutriënten, maar bevatten minder calorieën dan graan- en vleesproducten.

Als we aan voedselverspilling denken, stellen we ons vaak rijke mensen voor die hun restjes in de vuilnisbak gooien. In veel landen is dit dan ook de dominante soort. Het gaat om het voedsel dat we thuis en in restaurants weggooien of de producten die in de supermarkten in de schappen blijven staan. Het gebeurt tot op zekere hoogte opzettelijk. We kiezen er bewust voor het niet te eten.

Maar op mondiale schaal, en zeker in armere landen, vindt de meeste verspilling in de bevoorradingsketens plaats, en wordt dit 'verliezen' genoemd. Gewoonlijk gebeurt dit niet met opzet, en het is pijnlijk voor boeren en voedselproducenten omdat die daardoor inkomsten mislopen. Dit voedsel gaat op een aantal manieren 'verloren'. Boeren proberen te oogsten met ongeschikt gereedschap en een groot deel van de gewassen blijft achter op het veld; voedsel wordt bewaard in oude zakken van stof die aan alle kanten lekken; gewassen worden geteisterd door plagen en ziekten; ze liggen te rotten in de zon; en vaak is er geen koeling om ze tijdens het transport vers te houden.

Toen ik het met een van mijn vroegere leidinggevenden – Mike Berners-Lee – over voedselverlies had, merkte hij op dat het 'gewoon een tupperwareprobleem' is. Dat is me altijd bijgebleven. Hij heeft gelijk. Als er meer tupperware was in de wereld, zou er veel minder voedsel verloren gaan. Er zijn zelfs onderzoeken die dit aantonen.[48] Onderzoekers in Zuid-Azië testten wat het verschil zou zijn als stoffen zakken werden vervangen door goedkope plastic dozen. Je kunt je wel voorstellen hoe gebutst en beschadigd tomaten en mango's zijn tegen de tijd dat ze op de markt komen als boeren en distributeurs hun voedsel vervoeren in zakken. Maar liefst een vijfde van het voedsel dat op deze manier wordt getransporteerd, moet worden weggegooid. Als ze in plaats daarvan plastic dozen gebruikten, werden deze verliezen met 87 procent teruggebracht; in plaats van een vijfde te verliezen, verloren ze slechts 3 procent.

Dat is niet de enige verandering die we moeten doorvoeren in de bevoorradingsketens. We moeten ook zorgen voor meer koeling onderweg van boerderij naar markt en als het voedsel op de markt ligt. Producten verpakken in materiaal zoals plastic (je gruwt, ik weet het) zorgt voor een langere houdbaarheid en beschermt tegen plagen en ziekten. Er moeten ook goede opslaglocaties voor voedsel zijn, zodat het niet in de zon blijft liggen. Dit lijken simpele veranderingen, maar ze maken een reusachtig verschil.

Voedselverspilling in huishoudens, restaurants en winkels is een andere kwestie. In beginsel zou het eenvoudig moeten zijn: koop niet meer dan je nodig hebt en zorg dat je het ook opeet. Maar menselijk gedrag laat zich moeilijk veranderen. Er zijn een paar dingen die kunnen helpen. Kies 'lelijker' fruit en 'lelijke' groente die in de supermarkt als wezen blijven liggen. Bezwijk niet voor aanbiedingen als 'twee halen, één betalen' of 'drie voor de prijs van twee', tenzij je die echt opeet. Laat je niet leiden door 'ten minste houdbaar tot'-data. Veel supermarkten laten die data tegenwoordig weg, omdat mensen 't.h.t.' vaak verwarren met 'uiterste verkoopdatum' en aannemen dat dit een begrafenisdatum is. Maar het is precies zoals het er staat: het meest smakelijk en vers voor die datum, maar erna nog steeds goed. We moeten betere manieren bedenken om ongebruikt voedsel van supermarkten en restaurants te distribueren. Het behoort in geen geval op de vuilnishoop te belanden terwijl er nog prima onderdak voor is, vooral bij mensen die moeilijk kunnen rondkomen.

De milieuvoordelen van het terugdringen van voedselverspilling en -verliezen zijn kolossaal, en blijven niet beperkt tot de milieukosten van het voedsel dat rot op de vuilnishoop. Zeker, daar komt broeikasgas bij vrij, maar dat is slechts een piepkleine fractie van de impact ervan. Het echte probleem is de verspilling van land en water, en de broeikasgasemissies bij de productie van het voedsel waarmee het begon.

Ik juich nieuwe technologie toe. Misschien denk je daarom dat ik zou dwepen met elke innovatie waardoor we meer voedsel kunnen produceren terwijl we veel minder land gebruiken. Dat is wat indoor- en verticale landbouw belooft. Helaas is dit een technologie die volgens mij niet aan de verwachtingen zal voldoen.

Het concept van verticale landbouw is heel eenvoudig. In plaats van zonne-energie te gebruiken om gewassen te verbouwen, kunnen we binnen ledverlichting gebruiken. In plaats van de bodem te gebruiken, kunnen we voedingsstoffen en zaden in waterbakken doen – wat 'hydrocultuur' wordt genoemd. De magie zit hem erin dat je deze bakken op elkaar kunt stapelen. Verticale boerderijen zijn zoiets als wolkenkrabbers. Het was voor megasteden een worsteling om zoveel mensen te huisvesten zonder naar alle kanten uit te breiden. De oplossing was in de hoogte bouwen. Met verticale boerderijen kunnen we tien, twintig, misschien zelfs honderd keer zoveel voedsel verbouwen per hectare als met een normale boerderij.[49]

Er wordt veel minder water en kunstmest gebruikt.[50] Alle omstandigheden – temperatuur, luchtvochtigheid en licht – kunnen we beheersen. Bovendien zijn gewassen niet langer overgeleverd aan de genade van de jongste plaag of extreme weersgebeurtenis. We kunnen al ons voedsel midden in steden produceren, daar waar we het nodig hebben.

Als dat iets te mooi klinkt om waar te zijn, dan komt dat doordat het dat ook is. Het probleem van verticale landbouw is dat er heel veel energie voor nodig is. De zon wordt vervangen door elektrische verlichting die behoorlijk sterk moet zijn om de koperen ploert na te bootsen. Ik wilde weten hoeveel elektriciteit we precies nodig zouden hebben om een deel van ons voedsel in verticale boerderijen te produceren. Ik nam sla als voorbeeld – een van de meest geliefde indoorgewassen. Als de VS alle sla in verticale boerderijen zou produceren, dan zou de vraag naar elektriciteit gelijkstaan aan circa 2 procent van het totale elektriciteitsgebruik in de VS. Mocht 2 procent je weinig lijken, bedenk dan dat sla iedereen voorziet van ongeveer vijf calorieën per dag. We zouden het Amerikaanse elektriciteitsgebruik met 2 procent verhogen om te voldoen aan 0,2 procent van het Amerikaanse caloriegebruik.

Verticale landbouw is voor slechts enkele gewassen geschikt, en dat dan nog niet eens echt. Groente en fruit zijn kostbaar om te verbouwen maar ook rendabel voor boeren. De hogere kosten van verticale landbouw kunnen misschien net worden gedragen door gewassen zoals sla, champignons en tomaten. Sommige producenten zullen dan quitte spelen of zelfs een bescheiden winst maken. Maar we kunnen geen van onze basisvoedingsmiddelen met verticale boerderijen produceren. De wereld haalt de meeste calorieën uit mais, tarwe, rijst, cassave en sojabonen. Dit zijn zulke goedkope gewassen dat het verschrikkelijk kostbaar wordt om te proberen die binnen te verbouwen. Volgens een onderzoek kost de productie van een brood van tarwe die afkomstig is uit een indoorboerderij naar schatting 18 dollar. En dat is alleen nog maar om de verlichting te betalen. De efficiëntie van de ledverlichting zal vooruitgaan, maar zelfs als we ons zeer royale verbeteringen in verlichting voorstellen, zullen de kosten van de productie van granen minstens zes keer hoger liggen dan waartegen we ze nu verkopen.

Een andere nagel aan de doodskist is dat veel van de milieuvoordelen teniet worden gedaan als we de benodigde elektriciteit om de verticale boerderijen te verlichten meewegen. Aangezien we nog geen koolstofvrije elektriciteitsnetwerken hebben, zullen we om die energie te produceren wat CO_2 uitstoten. In sommige gevallen zullen we heel veel CO_2 uitstoten. We kunnen aanvoeren dat we deze boerderijen binnenkort van stroom kunnen voorzien door middel van zonnepanelen en dat ze dan bijna koolstofvrij zullen zijn. Maar we hebben dan nog altijd land nodig voor die panelen. Als we het landgebruik van de elektriciteitsbron meerekenen, vallen de grondbesparingen door verticale boerderijen daar mogelijk geheel tegen weg. In sommige gevallen zullen ze zelfs méér land nodig hebben dan een normale akker.

Ik zou het fantastisch vinden als deze technologie mijn ongelijk bewijst, maar zoals het er nu voorstaat, werkt verticale indoorlandbouw alleen voor een paar speciale gewassen die nooit de hele wereld kunnen voeden.

Lokale producten – de mythe van milieuvriendelijk voedsel

Een paar jaar geleden kreeg ik een uitnodiging van de universiteit waaraan ik heb gestudeerd om een prijs in ontvangst te nemen voor wetenschapscommunicatie. Het was zo'n deftige plechtigheid waarbij alle aanwezigen maar wat staan te kijken, wijn drinken, over koetjes en kalfjes praten en rondlopen in de zaal. Mocht het niet al duidelijk zijn: ik vind dit soort evenementen een nachtmerrie.

Bij het diner zat ik naast een van mijn oude docenten. Het was gek om als gelijken te worden beschouwd en niet als student en docent. Toen ons eten werd geserveerd ging het gesprek vanzelf over voedsel. Ik had het vegetarische gerecht gekozen, mijn docent had lamsvlees besteld. 'Ik weet dat vlees niet zo goed is voor het milieu, daarom eet ik geen kip en varkensvlees. Maar ik eet wel lamsvlees, want het is lokaal en heeft dus een koolstofarme voetafdruk.' Ik dacht dat ze een grapje maakte. Dat was niet het geval. Ik kon het niet geloven: hoe kon een docent die lesgaf over milieuonderwerpen dit echt geloven – dat vlees een koolstofarme voetafdruk heeft alleen maar omdat het van dichtbij komt?

Als ik nu in dezelfde situatie zou belanden, zou ik misschien wel tegengas geven. Maar toen was ik daar te verlegen voor. Ik glimlachte, hield mijn mond en at mijn vegetarische biefstuk op.

Maar toen ik na dat diner naar huis ging, wilde ik die vraag wel definitief beantwoorden: reduceer je door lokaal voedsel te eten werkelijk je CO_2-voetafdruk? Wie had het bij het verkeerde eind, zij of ik? In de loop van het jaar erna vond ik het ene na het andere wetenschappelijk onderzoek dat tot dezelfde conclusie kwam: wát we eten is van veel meer belang voor onze koolstofvoetafdruk dan van hoe ver weg het komt.

Ik publiceerde mijn bevindingen – inclusief alle data – in een artikel, waarna ik om de een of andere reden de reputatie kreeg van het 'meisje dat tegen lokaal voedsel is'. Ik ben helemaal niet tegen lokaal. Mensen kunnen allerlei redenen hebben om voor lokaal voedsel te kiezen; misschien willen ze boeren in hun gemeenschap steunen of met eigen ogen zien waar hun voedsel vandaan komt.

Dat zijn volkomen valide redenen. Lokaal voedsel eten voor een koolstofarme voetafdruk is géén valide reden. Dit geldt des te meer als je selectief koolstofrijke voedingsmiddelen verkiest boven koolstofarme, omdat ze van dichter bij huis komen. Toch krijgen we regelmatig de aanbeveling om lokaal te eten, zelfs van vooraanstaande bronnen zoals de Verenigde Naties.

In 2021 hield Ipsos een onderzoek onder 21.000 volwassenen uit dertig landen om hun kennis van en opinies over klimaatverandering te peilen. Een van de vragen luidde:

> Welke van de volgende twee acties reduceert volgens u de broeikasgasemissies van een persoon het meest?
> a. Een eetpatroon met hoofdzakelijk lokaal geproduceerd voedsel, inclusief lokaal vlees en lokale zuivelproducten.
> b. Een vegetarisch eetpatroon, zelfs als een deel van het fruit en de groenten uit het buitenland is geïmporteerd.

In elk land – behalve India, dat een meer plantaardige cuisine kent – dachten mensen dat lokaal geproduceerd vlees beter voor het klimaat is dan een eetpatroon zonder vlees met een paar geïmporteerde voedingsmiddelen. Van alle ondervraagden dacht 57 procent dat een lokaal geproduceerd eetpatroon met vlees beter was, 20 procent dacht dat een vegetarisch eetpatroon beter was, en de resterende 23 procent koos geen van beide.

De grondgedachte achter lokaal voedsel is logisch; bij voedseltransport worden broeikasgassen uitgestoten, dus hoe langer de reis, hoe meer gassen worden uitgestoten. Lijkt correct, en het is waar. Maar we moeten de hoeveelheid uitgestoten CO_2 tijdens voedseltransport relativeren. Het transportgedeelte van de voedselketen bedraagt zo'n 5 procent van alle broeikasgasuitstoot door voedsel. Het grootste deel van onze voedselemissies is afkomstig van veranderingen in landgebruik en emissies *op de boerderij*: de methaan boerende koeien; de emissies van kunstmest en mest; de koolstof die vrijkomt uit de bodem.

Hoe is het mogelijk dat het transport zo onbeduidend is? Volgens mij denken veel mensen dat voedsel uit het buitenland – bananen uit Guatemala, sojabonen uit Brazilië, avocado's uit Peru en cacaobonen uit Ghana – per vliegtuig naar ons land wordt vervoerd. In werkelijkheid gaat er bijna helemaal geen voedsel via de lucht. Vliegen is heel duur – bedrijven doen het niet als het niet per se moet. Nee, de meeste internationale voedselhandel gaat per schip, en vervoer over zee is een tamelijk koolstofarme manier van reizen. Vervoer van voedsel per schip stoot ruim vijftig keer minder CO_2 uit dan transport per vliegtuig.

De 5 procent voedselemissies ten gevolge van transport is bijna volledig afkomstig van verkeer over de weg – de levering van voedingsmiddelen op regionaal of lokaal niveau. Vervoer van goederen per schip is verantwoordelijk voor maar 0,2 procent, en per vliegtuig zelfs nog minder, 0,02 procent.

Transport is verantwoordelijk voor maar een kleine hoeveelheid voedselsysteememissies

Transport is voor maar 5 procent van de voedselsysteememissies verantwoordelijk. Het grootste deel van deze emissies komt uit binnenlands transport over de weg en niet van internationaal transport per schip of vliegtuig.

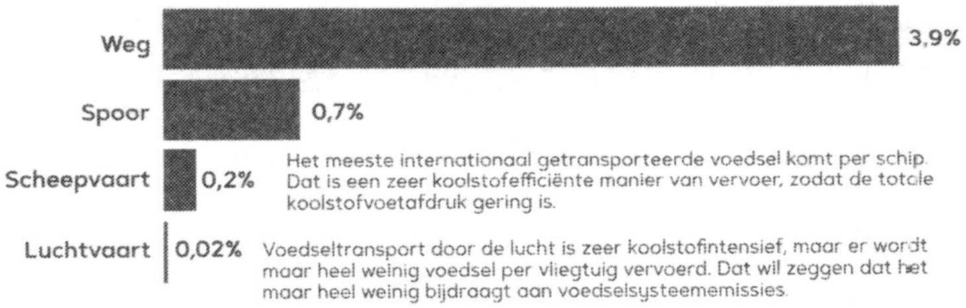

Een veelgehoord bezwaar tegen de overstap naar een meer plantaardig eetpatroon is dat de populairste 'veganistische' voedingsmiddelen vaak uit het buitenland komen. Avocado's, soja, bananen. Mensen zeggen vaak dat deze producten veel slechter zijn voor het milieu dan vlees uit 'eigen land'. Dit is niet waar, want deze producten worden bijna altijd verscheept.

Dit gaat niet op als voedsel door de lucht wordt vervoerd. Hoe kunnen we weten welke voedingsmiddelen per vliegtuig gaan? Er is helaas geen eenvoudige manier om dat te bepalen. Ik pleit al lang voor een vliegtuigsymbooltje op de verpakking van voedingsmiddelen die door de lucht zijn vervoerd. Dit is niet moeilijk uitvoerbaar, maar zou ons leven wel veel gemakkelijker maken. Zonder zo'n luchttransportlabel kunnen we een paar algemene regels gebruiken. Bedrijven kiezen alleen voor luchttransport als het per se noodzakelijk is dat het voedsel snel bij ons is. Dat wil zeggen voor voedsel met zeer geringe houdbaarheid dat binnen een paar dagen na de oogst verrot, vooral fruit- en groentesoorten: bijvoorbeeld asperges, sperziebonen en bessen. Fruit en groenten als bananen, avocado's en sinaasappels vallen niet in deze categorie. Vermijd dus voedsel met een zeer korte houdbaarheid dat van heel ver komt (het land van herkomst staat vaak op het etiket).

Wat je eet doet er veel meer toe dan waar het vandaan komt
Emissies door transport en verpakking vormen meestal maar een klein deel van de CO_2-voetafdruk van ons voedsel. Een meer plantaardig eetpatroon is klimaatvriendelijker dan het streven meer lokaal voedsel te eten. Emissies zijn uitgedrukt in koolstofdioxide-equivalenten per kilo voedsel.[51]

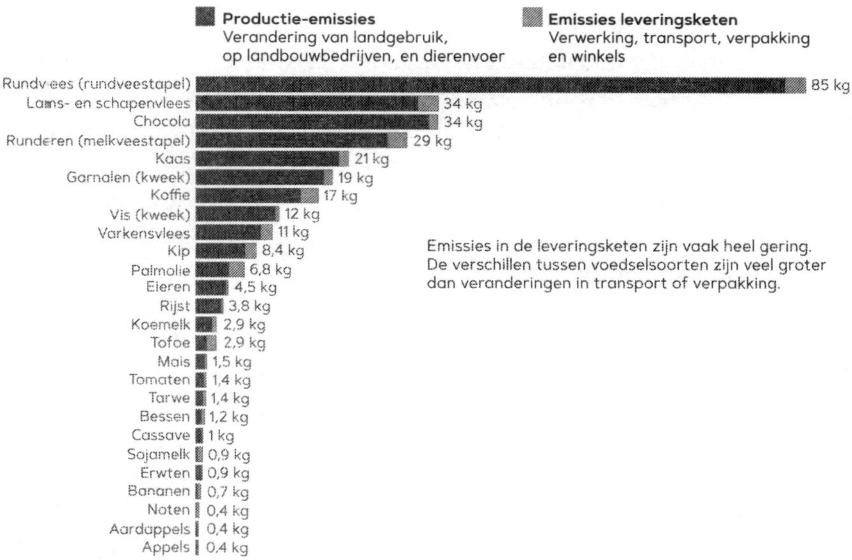

Een tweede voorbehoud is dat het een verschil maakt wáár het voedsel is geproduceerd, maar dat de *afgelegde afstand* er niet toe doet. Waar voedsel is geproduceerd, kan zelfs heel veel uitmaken;

de landbouwgebruiken, het klimaat en de condities voor landbouw en veeteelt verschillen wereldwijd heel sterk. Zelfs voor één voedselsoort kunnen er grote verschillen zijn in de koolstofvoetafdruk, afhankelijk van hoe en waar die is verbouwd.

Dit betekent dat lokaal voedsel eten zelfs sléchter voor het milieu kan zijn, vooral als we het verbouwen waar het normaal niet wordt verbouwd. Het VK zal nooit geschikt worden voor cacaobonen of bananen. We kunnen een tropische omgeving creëren in een broeikas, maar daar is heel veel energie voor nodig, veel meer dan nodig is voor het verschepen van voedselproducten uit Afrika of Zuid-Amerika, waar ze het fantastisch doen. Er zijn veel voorbeelden van geïmporteerde voedingsmiddelen met een lagere CO_2-voetafdruk. Spaanse sla importeren in het VK in de winter vermindert de emissies met het drie- tot achtvoudige.[52] Voor tomaten uit Zweedse broeikassen is tien keer zoveel energie nodig als voor de import van tomaten uit Zuid-Europa als het er de tijd voor is.[53]

Als we er bij stilstaan, is het een absurd idee dat 'lokaal eten' als algemene regel zinvol kan zijn. Voor Brazilianen betekent lokaal rundvlees misschien dat ze rundvlees eten waarvoor bossen in het Amazonegebied zijn gekapt. Een betere regel is dat je het best voedingsproducten kunt eten die afkomstig zijn van plaatsen waar de omstandigheden optimaal zijn. Dat betekent dat je tropische voedingsproducten uit tropische landen moet kopen, granen uit landen met zeer hoge opbrengsten en vlees uit landen waar productieve weilanden zijn waarvoor geen bossen hoefden te worden gekapt. Afhankelijk van waar je woont, is dat voor jou wel of niet lokaal. Waar het om gaat is dat die overweging er niet echt toe doet.

Biologisch – niet altijd beter voor het milieu

Dit is moeilijk te accepteren. Denk aan een duurzaam voedseletiket en je denkt 'biologisch'.

Maar biologische landbouw is eigenlijk niet zo vanzelfsprekend beter voor het milieu dan 'conventionele'.[54] Biologische landbouw bevordert doorgaans de biodiversiteit – met name voor insecten. Vergelijken we een hectare biologische akkers met een hectare conventionele akkergrond, dan treffen we vermoedelijk gezondere ecosystemen aan op de biologische boerderij. Maar de grote achilleshiel is dat biologische landbouw meestal lagere gewasopbrengsten geeft, en dat betekent (ja, je weet waar ik heen wil) dat we er meer land voor nodig hebben. Dat zorgt vervolgens voor een uitruil en een meningsverschil over hoe we de biodiversiteit het beste kunnen behouden: moeten we op een kleiner gebied intensievere landbouw bedrijven of moeten we kiezen voor biologische landbouw, waarbij we de biodiversiteit van een veel groter gebied beïnvloeden.[55] Daar zijn we nog niet uit.

Maar wat is beter voor het klimaat: biologische of conventionele landbouw? Er blijkt geen duidelijke winnaar te zijn. Bij een meta-analyse werden de resultaten van 164 gepubliceerde studies en 742 landbouwsystemen samengevoegd om hun milieu-impact te vergelijken. Wat de uitstoot van broeikasgassen betreft is er een wisselend beeld. Bij sommige onderzoeken was biologisch de winnaar, bij andere conventionele landbouw.

Uit dezelfde meta-analyse bleek ondubbelzinnig dat biologische landbouw slechter is als het om landgebruik gaat. Bovendien bleek dat biologische landbouw het slechter doet als het gaat om de verontreiniging van rivieren en meren. We maken ons vaak zorgen om de schade die door synthetische meststoffen aan de omringende ecosystemen wordt aangericht, maar het is een misvatting dat dit bij biologische landbouw niet gebeurt. Biologische boeren voegen ook nutriënten toe aan hun gewassen – vaak in de vorm van mest. Dit betekent helaas dat heel veel overtollige nutriënten uit mest domweg wegspoelen naar rivieren en meren, waar ze algengroei en andere verstoringen in ons ecosysteem veroorzaken.

Er is zonder meer plaats voor biologische landbouw – lokaal kan die hier en daar beter zijn dan het alternatief – maar het werkt niet op mondiale schaal. En biologische landbouw is in elk geval niet het groene wondermiddel zoals het vaak wordt afgeschilderd.

Terwijl ik dit schrijf helpt biologische landbouw boeren in Sri Lanka in de vernieling. In 2021 verbood de Sri Lankaanse regering plotseling de invoer van kunstmest in het land. Ze wilde dat het land zou overstappen op een biologisch landbouwsysteem. Dat is catastrofaal gebleken. In het hele land is de voedselproductie ingestort en de prijzen zijn de lucht in gevlogen – groenten zijn ruim vijf keer zo duur geworden. Verkopers zeiden dat ze nog nooit zulke barre tijden hadden meegemaakt. De meeste mensen kunnen nauwelijks aan groente komen en als ze die vinden, kunnen ze die niet betalen. Veel boeren verwachten een halvering van de oogst die ze gewend waren. Het hele experiment is op een mislukking uitgelopen, en de Sri Lankaanse regering probeert het nu snel terug te draaien.

Deze overhaaste beslissing – die voor zo veel mensen een verwoestende uitwerking heeft gehad – heeft ons een inkijkje gegeven in hoe de wereld eruit zou kunnen zien als we overstappen op biologisch. Voor alle duidelijkheid: er is niets inherent verkeerd aan biologische landbouw. Als er een goede bodem is en er zijn voldoende voedingsstoffen, kan het goed uitpakken. In sommige situaties ís het de beste oplossing. Maar het kan geen algemene oplossing zijn en biologisch gaat ons voedselsysteem niet redden.

Mensen veronderstellen vaak dat biologisch voedsel inherent gezonder is dan niet-biologisch voedsel. Consumenten zijn vaak bang pesticiden binnen te krijgen als ze niet-biologisch voedsel eten, en het is waar dat biologisch voedsel doorgaans minder synthetische pesticiden bevat. Na bestudering van drie onderzoeken in de Verenigde Staten bleken biologische voedselproducten zo'n drie keer minder pesticideresten te bevatten dan conventioneel verbouwde producten.[56] Dit hoeft ons niet te verbazen. De belangrijke vraag is echter of we ons zorgen moeten maken om deze niveaus van pesticideresiduen. De Wereldgezondheidsorganisatie heeft 'veilige' dagelijkse niveaus van inname vastgesteld, het niveau waarop die geen negatieve effecten op de menselijke gezondheid hebben. Overheden en voedsel- en warenautoriteiten moeten zich dus aan deze niveaus houden. En in veel landen doen ze dat ook.

Bij een studie in de VS werden de tien meest voorkomende pesticideresiduen in twaalf groepen voedingsmiddelen onderzocht. Ze kwamen tot de ontdekking dat het pesticideniveau van alle voedingsmiddelen rúím onder de limiet lag. De meerderheid (75 procent) bevatte nog niet eens 0,01 procent van de limiet. Dit wil zeggen dat het residuniveau een miljoen keer lager lag dan het niveau dat waarneembare effecten op onze gezondheid zou hebben. Er zijn vergelijkbare voorbeelden uit diverse landen.[57, 58] Maar we kunnen er niet van uitgaan dat dit overal zo is. Er zullen landen zijn waar voedsel na de oogst niet correct wordt behandeld, waardoor je er niet zeker van kunt zijn dat pesticideresiduen de WHO-limiet niet overschrijden. Aangezien steeds meer boeren werken met pesticiden – met name in landen met lagere inkomens – moeten we ervoor zorgen dat tegelijkertijd de regulering en controle op orde zijn.

Kortom, in landen met een goed functionerende voedselwaakhond is niet-biologisch voedsel volkomen veilig. Er zijn bovendien weinig aanwijzingen dat biologisch voedsel gezonder is. Als je mijn persoonlijke advies wilt hebben: ik probeer nooit zo veel mogelijk biologisch voedsel te kopen. Ik ga er niet speciaal naar op zoek. Ik mijd het evenmin. Ik ben agnostisch. Vergelijkbaar met het verhaal over 'lokaal eten': ik weet dat het er meer toe doet wát ik eet dan of het biologisch is of niet. Dit geldt ook voor de milieu- en voedingsimpact. Ik let veel meer op wat er ín de verpakking zit dan of er een goedkeuringslabel op zit.

Plastic verpakking – de impact ervan wordt zwaar overdreven

Ik snap het wel: ons voedsel hoeft niet in vijf lagen plastic verpakt te worden. Bedrijven overdrijven en voegen vaak extra verpakkingsmateriaal toe om producten op te doffen of hun merk te laten opvallen. Maar het zou een ramp zijn als we helemaal niet meer verpakken. Dan gaan we nog meer voedsel verspillen, wat nog erger is voor het milieu.

Ook hier geldt dat het er veel meer toe doet wát je eet en dat je het ook echt opeet dan waar het in verpakt is. De koolstofvoetafdruk van de plastic verpakking is piepklein vergeleken met de voetafdruk van het voedsel dat erin zit. Slechts 4 procent van de emissies van voedsel is afkomstig van de verpakking.

In hoofdstuk 7 gaan we uitvoeriger in op plastic en de impact ervan op het milieu. Voorlopig raad ik je aan overtollige verpakking zo veel mogelijk te mijden. Bananen hoeven niet in plastic te worden verpakt, want die hebben al een schil. Maar bij veel voedselproducten zit het plastic er met een reden omheen: daardoor blijft het voedsel veilig en vers, en gooien we het niet weg, wat een veel groter verschil maakt.

HOE ZOU DE WERELD ERUIT KUNNEN ZIEN ALS WE AL DEZE DINGEN DOEN?

Het is het jaar 2060. Iedereen heeft – zowaar – dit boek gelezen en mijn aanbevelingen omgezet in daden. Hoe ziet de wereld er dan uit?

Er zijn tien miljard mensen. We zijn dus niet uitgeroeid – dat is een goed begin. Dankzij indrukwekkende vooruitgang in landbouwtechnologie en betere zaadsoorten zijn gewasopbrengsten wereldwijd verder toegenomen.

We hebben ook vooruitgang geboekt in het vertragen van de klimaatverandering, maar zoals verwacht is het toch warmer geworden op de wereld. Gelukkig hebben we dankzij deze innovaties variëteiten ontwikkeld die hogere temperaturen en perioden van droogte verdragen. Zelfs als het tegenzit, behalen boeren nog een behoorlijke oogst.

Landen in Afrika ten zuiden van de Sahara verbouwen niet simpelweg voldoende om zichzelf te voeden; het zijn ook belangrijke exporteurs naar de rest van de wereld. Rijke landen hebben hun agressieve en verstikkende handelspolitiek ingetrokken en zijn van die landen afhankelijk voor hun cacao, koffie en tropisch fruit. Dankzij hoge landbouwopbrengsten hoeft nu niet de hele familie meer op de boerderij te werken. In plaats daarvan gaan kinderen naar school en de universiteit en worden ze docent of beginnen ze een bedrijf in de stad. De boeren werken minder en worden aanzienlijk beter betaald per uur. Het is ze gelukt hun voedselproductie door grotere opbrengsten te verhogen, dus hun prachtige bossen staan nog overeind.

Iedereen op aarde heeft een toereikend en voedzaam eetpatroon, niet alleen qua hoeveelheid calorieën, maar ook qua eiwitten en essentiële micronutriënten. We eten een gevarieerd scala aan voedingsmiddelen. Sommige mensen eten nog steeds dierlijke producten, maar de wereld als geheel eet er veel minder van dan in de jaren 2020. Het eetpatroon is veel meer plantaardig; we beschikken over allerlei verschillende granen, vruchten, groenten en peulvruchten. We hebben uitgedokterd hoe we van plantaardige producten gelijkwaardige zuivelproducten kunnen maken. Ze smaken precies hetzelfde.

De hoeveelheid land die de wereld gebruikt voor landbouw is nog maar een fractie van wat die in de jaren 2020 was. Als je er vanaf grote hoogte een luchtfoto van maakt, zie je dat bossen weer aangroeien op de plaats waar ze vroeger waren. Wilde graslanden keren terug. Ecosystemen komen weer tot leven.

Dit klinkt misschien als een magisch, al te optimistisch toekomstbeeld. Maar als we de componenten apart bekijken, is er geen voor de hand liggende reden waarom dit niet zou kunnen slagen. Het is misschien niet eenvoudig of simpel. Maar het is te doen. Als we willen is deze toekomst voor ons mogelijk.

6

Biodiversiteitsverlies

Bescherming van de natuur

'Twee generaties mensen hebben ruim de helft
van de dierenpopulaties op de wereld uitgeroeid.'
– *The Washington Post*, 2018[1]

Om de twee jaar verschijnt een versie van deze krantenkop wanneer het Wereld Natuur Fonds zijn grote rapport publiceert over de toestand van de natuur in de wereld. Al die koppen interpreteren de cijfers verkeerd. En toch gaan ze viraal.

Dit is niet verrassend, en ik mag er niet mee spotten. De methoden om de biodiversiteit te meten, zijn vaak ingewikkeld, en velen raken weleens verstrikt in verkeerd geïnterpreteerde termen, ik ook. Een paar jaar geleden werd ik op de Amerikaanse National Public Radio geïnterviewd over een stel uiterst belangrijke cijfers. Ik wilde de zorgwekkende afname van het aantal dieren in het wild benadrukken, dus gebruikte ik de cijfers uit de kop boven de Living Planet Index van het Wereld Natuur Fonds. Ik weet niet meer wat ik precies zei – en het is te pijnlijk om het terug te luisteren – maar ik raakte in paniek. Ik zei iets in de trant van 'de dierenpopulaties zijn sinds 1970 met 68 procent afgenomen'. Dit is onwaar – dat is niet wat die meting laat zien. Het is gênant dat ik zo vreselijk stuntelde; het hoort immers bij mijn werk om verkeerde berichten over data te corrigeren.

Ik kan mijn fout niet terugnemen, maar ik kan wel proberen ervoor te zorgen dat we in de toekomst correct rapporteren. Waarom zijn deze koppen onjuist, en wat laat de Living Planet Index werkelijk zien? Die probeert de verandering in de 'abondantie' van soorten te meten – hoeveel individuen er zijn – onder ruim dertigduizend dierenpopulaties. Een 'populatie' wordt gedefinieerd als een soort binnen een geografisch gebied. De Afrikaanse olifant in Zuid-Afrika en de Afrikaanse olifant in Tanzania gelden dus als verschillende populaties ook al behoren ze tot dezelfde soort. De Living Planet Index meet de gemíddelde verandering in de grootte van deze populaties. Om te laten zien hoe gemakkelijk je deze getallen verkeerd interpreteert, nemen we een scenario door.

Neem het werkelijk bestaande voorbeeld van twee populaties van de zwarte neushoorn: de ene in Tanzania, de andere in Botswana. In 1980 waren er 3795 neushoorns in Tanzania, en maar 30 in Botswana. In de loop van een paar decennia nam de populatie in Tanzania vervolgens door grootschalige stroperij af tot een extreem bedreigde status: in 2017 waren er nog maar 160 neushoorns over. In dezelfde periode ging de situatie in Botswana vooruit: het aantal neushoorns nam toe van 30 tot 50. De Tanzaniaanse neushoorns verging het duidelijk niet goed: ze verloren 96 procent van hun populatie. In Botswana nam het aantal toe met 67 procent.

Als we de gemiddelde verandering van deze twee populaties berekenen, komen we op -15 procent, wat betekent dat de gemiddelde daling onder zwarte neushoorns 15 procent bedroeg. Ik hanteer hier om het eenvoudig te houden het 'rekenkundig gemiddelde'. In de LPI gebruiken onderzoekers het 'meetkundig gemiddelde', dat iets anders is maar met hetzelfde probleem kampt: het neemt het gemiddelde van vele populaties en is gevoelig voor uitschieters. Op het nieuws hoor je misschien dat 'we 15 procent van de zwarte neushoorns zijn kwijtgeraakt', maar dat klopt niet. In 1980 bedroeg het totale aantal van deze dieren 3825. Vervolgens verloren we er daar 3615 van. Dat wil zeggen dat we 95 procent van de neushoorns zijn kwijtgeraakt! De LPI is een heel andere maat dan het aantal of percentage verloren dieren.

Dit onderstreept een nog groter gevaar wanneer we uitgaan van de LPI. Door het gemiddelde te nemen van deze twee populaties hebben we geen idee van de status van beide. De zwarte neushoorn in Tanzania heeft 96 procent van zijn populatie verloren en wordt ernstig bedreigd. Aan de andere kant gaat er in Botswana iets goed. Dit kan ertoe leiden dat we geen prioriteit geven aan de Tanzaniaanse zwarte neushoorn terwijl dat wel echt nodig is. En misschien verliezen we een belangrijke les uit Botswana uit het oog over hoe we in levensgevaar verkerende populaties kunnen laten groeien.

Wat de Living Planet Index eigenlijk laat zien, is dat deze aantallen in 2018 *gemiddeld* zijn afgenomen met 69 procent sinds 1970. Er is zonder meer sprake van een zorgwekkende en versnelde afname van veel diersoorten. Maar als we iets dieper graven, ontdekken we dat er voor sommige dieren ook iets goed gaat. Kijken we naar de veranderingen, dan krijgen we een heel wisselend beeld. Bijna de helft van de dierenpopulaties groeide, en de andere helft kromp.[2] Er was een toename te zien van 47 procent van de zoogdierenpopulaties, 43 procent nam af en 10 procent veranderde helemaal niet. Van de vogelsoorten nam 41 procent toe, 52 procent nam af en 7 procent veranderde helemaal niet. Er zijn ongeveer evenveel populaties toegenomen als afgenomen. Voor zo'n hoge gemíddelde afname onder alle populaties moeten populaties die afnemen dat veel sneller of veel sterker doen dan populaties die toenemen.

Deze resultaten wijzen er niet op dat we ons geen zorgen hoeven te maken over de toestand van de natuur. Er is geen twijfel over mogelijk dat we de biodiversiteit in een recordtempo aan het vernietigen zijn – veel soorten zijn razendsnel op weg naar de ondergang. Maar om dit probleem op te lossen moeten we extra aandacht geven aan de soorten die het erg moeilijk hebben.[3] Als we het echte verhaal over biodiversiteit willen vertellen, moeten we beseffen wat de krantenkoppen níét vertellen.

Zoals we verderop zullen zien, zou het verlies van 69 procent van alle soorten op aarde binnen enkele decennia betekenen dat we op een haar na verwijderd zijn van massa-extinctie. Gelukkig zijn we daar nog ver van verwijderd, en hebben we ruim de tijd om het tij te keren.

De noordelijke witte neushoorn staat op het punt van uitsterven. Najin en haar dochter, Fatu, zijn de laatste twee. Sudan, het laatste mannetje dat er nog was, stierf in 2018. De ondergang van dit prachtige dier is tragisch. In 1960 waren er nog ruim tweeduizend van, waarvan de meeste in Sudan en de Democratische Republiek Congo leefden. Sindsdien is hun aantal door intensieve stroperij hard achteruitgegaan.

We hebben niet 69 procent van de dieren in het wild verloren, maar veel populaties hebben het moeilijk

De Living Planet Index van 2022 meldde een gemiddelde afname van 69 procent onder populaties in het wild sinds 1970. Slechts een deel van de diersoorten heeft het moeilijk: ongeveer de helft van de populaties groeide en de helft nam af.

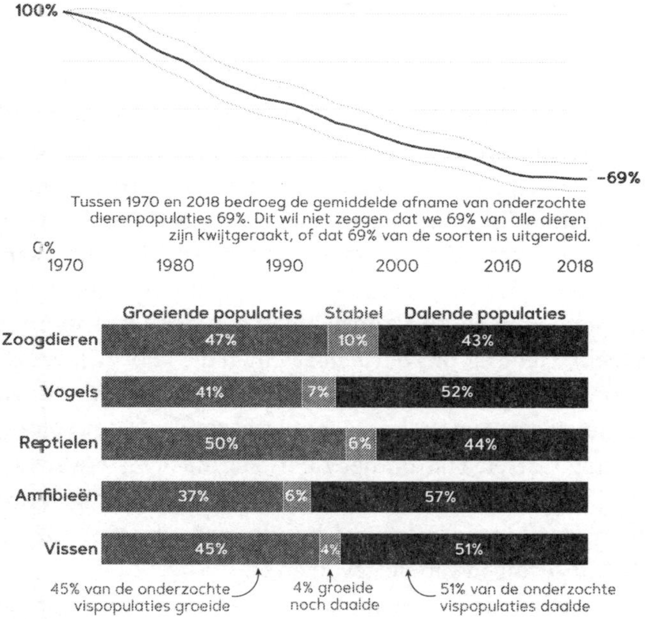

Aangezien de laatste twee neushoorns wijfjes zijn, is de kans op voortplanting uiterst gering. Toch steken wetenschappers en natuurbeschermers tijd en geld in het behoud van de soort. Najin en Fatu leven in het Ol Pejeta Conservancy, een natuurreservaat in Kenia. Ze worden dag in, dag uit beschermd door gewapende bewakers. Hun hoorns zijn afgezaagd om stropers te ontmoedigen. Wereldwijd proberen wetenschappers in laboratoria voortplantingsbehandelingen te ontwikkelen – stamcellen, hybride embryo's, embryo-implantatie – om deze neushoorns voor de ondergang te behoeden. Het is een internationale inspanning met weinig kans van slagen.

Waarom zetten zoveel mensen zich in voor de redding van deze ene soort? Het is niet echt logisch. Het is kostbaar om maar twee individuen te beschermen, tijd en geld die ook voor allerlei andere dingen gebruikt kunnen worden. Zoals proberen populaties van de zúídelijke witte neushoorn te herstellen – de verwante soort waarmee het nog goed gaat maar die wordt bedreigd. Het zijn niet alleen wetenschappers en natuurbeschermers die zich op dit project hebben gestort. Velen van ons voelen zich betrokken bij dit verhaal.

Dit hangt samen met de grotere vraag waarom we ons eigenlijk bekommeren om biodiversiteit. De wetenschapper in mij wil een praktisch argument voor mijn bekommernis om de neushoorns. Mensen zijn afhankelijk van evenwichtige ecosystemen. We hebben biodiversiteit nodig om te overleven. Dat is meestal waar, maar niet altijd. Er zijn enkele soorten waarvoor deze functionele waarde duidelijk is. Bij andere is dat minder duidelijk. Ecosystemen zijn complex: de behoeften en onderlinge afhankelijkheid van soorten zijn ingewikkeld. Het gaat ons berucht slecht af die te begrijpen. Er zijn in de loop van de geschiedenis talloze voorbeelden van onze bemoeienis met ecosystemen die slecht uitpakte. Zoals de ecoloog en microbioloog Garrett Hardin het zei in Hardins eerste wet van de ecologie: 'Je kunt nooit maar één ding doen.' Het is vragen om moeilijkheden als je geen rekening houdt met effecten van de tweede orde (de gevolgen van de gevolgen).

Bij veel soorten waarvan de functionele waarde niet voor de hand ligt, kan de waarde dus verborgen liggen in een ingewikkeld web van prooi, predator en ecologische verbindingen. We zien het niet tot het fout gaat. Daarom is het niet duidelijk welke soorten we 'nodig hebben' en welke niet. Dit wordt nog lastiger doordat verschil in de mate van biodiversiteit ons aanzet tot 'bescherming' van bepaalde soorten en delen van de wereld.[4] We moeten altijd bescheiden zijn als we in de verleiding komen ons erin te mengen.

Er zijn gevallen waarbij het belang – of het ontbreken ervan – van een soort duidelijk is. De noordelijke witte neushoorn is een goed voorbeeld van een 'niet-belangrijke' soort. Najin en Fatu zijn niet essentieel voor het behoud van het leven waarvan wij afhankelijk zijn. Opgesloten in een beschermende omheining zijn ze afgesneden van wilde ecosystemen. Als ze er niet meer zijn, volgt er geen ecologische instorting. Ons zou niets overkomen. Om het bot te zeggen: we hebben ze niet nódig. Als Najin en Fatu morgen sterven, breekt alleen ons hart.

Het functionele argument is dus niet het enige wat achter onze affiniteit zit. De natuur is prachtig en maakt ons blij. We genieten van de natuur: zoeken naar hommels of vlinders in de tuin, speuren naar eekhoorns in het bos, of naar vissen bij een duik in de oceaan. Zelfs als we dieren in het wild niet met eigen ogen zien (ik heb nog nooit een neushoorn gezien), is het genoeg te weten dat ze er zijn.

De ecoloog Ken Thompson stelt in zijn boek *Do We Need Pandas? The Uncomfortable Truth about Biodiversity* dat we – de titel zegt het al – onevenredig veel aandacht hebben voor de soorten met de minste functionele waarde (de panda's), en de soorten die er echt toe doen, willen we in leven blijven (de wormen en bacteriën) negeren.[5] Lange tijd heb ik me verzet tegen dit onderscheid, maar inmiddels vind ik het prima om gemotiveerd te worden door een van de twee standpunten of allebei tegelijk. Als iets, wat dan ook, ons aanspoort om op een positieve manier in actie te komen, dan moeten we daar gebruik van maken. Voor de een zal het gaan om een ecologische bijdrage aan het voortbestaan van de mensheid. Een ander zal vooral de schoonheid van het leven om ons heen willen vieren, of willen opkomen voor de rechten van andere soorten.

Voor velen, zoals voor mij, zal het een of andere combinatie zijn. Een combinatie die niet altijd logisch is. Mijn wetenschappelijke/menselijke dilemma wordt in het voorwoord bij Thompsons boek mooi verwoord door Tony Kendle:

> Ons ongemak door onze subjectiviteit tipt een kwestie aan die de kern raakt van de moeilijkheid van milieubescherming en de rol van de wetenschap. Soms knokken we het hardst voor de bescherming van dingen omdat ze ons ontroeren, niet vanwege een objectieve waardering van hun functionele belang. [...] Bacteriën zorgen meer voor ons behoud dan beren, maar beren dragen eraan bij dat het leven de moeite waard is.

We houden misschien meer van grote beesten dan van bacteriën en wormen, maar dat heeft ons er niet van weerhouden er jacht op te maken. De meest zichtbare en sterkste impact die de mens heeft gehad op de dieren in het wild, is de transformatie van ons eigen koninkrijk: de zoogdieren.

De vraag wanneer mensen zich voor het eerst vanuit Afrika verspreidden over de continenten heeft heel wat discussie opgeroepen. Voor de betreffende tijdstippen hebben we nu veel archeologische aanwijzingen. Er is echter nog een andere manier om de reis van de mens over de planeet te volgen: kijken wanneer bepaalde zoogdieren ophielden te bestaan. Telkens als we constateren dat grote zoogdieren uitstierven, zien we niet lang daarvoor de voetstappen van onze voorouders.

Niet lang nadat mensen waren aangekomen in Australië werden soorten reuzenkangoeroes uitgeroeid. Toen we Noord-Amerika bereikten, stierf de Amerikaanse mastodont uit. Onze komst in Zuid-Amerika betekende het einde van de grondluiaard. Deze golf van zoogdierenuitroeiing strekte zich over de hele aardbol uit van omstreeks 52.000 tot 9000 v.Chr. tijdens een gebeurtenis die de quartaire megafauna-extinctie wordt genoemd.[6] 'Megafauna' bestaat uit grote zoogdieren die meer dan 44 kilo wegen, en omvat alles van schapen tot en met mammoeten. Ten minste 178 van de grootste zoogdieren op aarde stierven uit.

Volgens sommigen stierven deze dieren uit door klimaatverandering. Maar er is nu overtuigend bewijs dat het misschien wel geheel de schuld van onze voorouders is.

Het laatste spoor van bewijs in dit moordmysterie is afkomstig uit fossielen. Als we kijken naar de grootte van zoogdieren in de loop van de menselijke geschiedenis, zien we één duidelijke trend: ze zijn kleiner geworden.[7] Het bewijsmateriaal voor deze achteruitgang is te vinden in veel resten verspreid over de hele wereld.

In de Levant – het oostelijk Middellandse Zeegebied – hebben onderzoekers de massa van zoogdieren tot ruim een miljoen jaar geleden gereconstrueerd. Ze ontdekten dat de gemiddelde massa van bejaagde zoogdieren met meer dan 98 procent afnam.[8] Anderhalf miljoen jaar geleden zwierf onze voorouder *Homo erectus* over

De uitroeiing van grote zoogdieren volgde de voetstappen van menselijke migratie

De quartaire megafauna-extinctie maakte tussen 52.000 en 9000 v.Chr. een einde aan ruim 178 van de grootste zoogdierensoorten op aarde. Deze uitroeiing bracht de migratie van de mens over de continenten van de wereld nauwkeurig in kaart.

Afrika
Mensachtigen hadden zich naast grote zoogdieren ontwikkeld, zodat deze beter bestand waren tegen de druk van de mens.
20% stierf uit

Europa
Komst van de mens: 35.000 tot 45.000 jaar geleden
Uitroeiingen: 23.000 tot 45.000 jaar geleden, daarna 10.000 tot 14.000 jaar geleden.
36% stierf uit

Europese leeuw stierf in 14.000 v.Chr. uit.

Australië
Komst van de mens: 40.000 tot 50.000 jaar geleden
Uitroeiingen: 33.000 tot 50.000 jaar geleden.
88% stierf uit

Veel reuzenkangoeroesoorten stierven uit in deze periode.

Noord-Amerika
Komst van de mens: 13.000 tot 15.000 jaar geleden
Uitroeiingen: 11.000 tot 15.000 jaar geleden.
83% stierf uit

Amerikaanse mastodont stierf 11.000 jaar geleden uit.

Zuid-Amerika
Komst van de mens: 8000 tot 16.000 jaar geleden
Uitroeiingen: 8000 tot 12.000 jaar geleden.
72% stierf uit

Alle grondluiaardsoorten stierven 11.000 tot 12.000 jaar geleden uit.

de aarde, waar zoogdieren van enkele tonnen rondliepen. Zo had je de Euraziatische bosolifant (die elf à vijftien ton woog), de zuidelijke mammoet en ongelooflijk grote nijlpaarden. Deze majestueuze diersoorten begonnen een voor een te verdwijnen. Bijna alle dieren die uitstierven waren groot. Als dat aan het klimaat lag, zou het niet erg logisch zijn dat alleen de grootste zoogdieren eronder leden. De soorten die het meest kwetsbaar zijn voor klimaatverandering omspannen een heel scala aan grootten, van vlinders en hommels tot giraffen. Het klimaat maakt geen onderscheid, mensen wel.

Waarschijnlijk doodden onze voorouders tienduizenden jaren geleden honderden van de grootste zoogdieren op de wereld. Dat deden ze vooral door overbejaging; misschien soms ook uit zelfverdediging, maar waarschijnlijk waren ze vooral uit op voedsel.

In deze periode waren er nooit meer dan *vijf miljoen* mensen tegelijk op enig moment. Bijna tweeduizend keer minder dan er nu op aarde leven. Een wereldbevolking die de helft zo groot was als de bevolking van de stad waar ik woon – Londen – was verantwoordelijk voor het uitsterven van honderden van de grootste zoogdierensoorten. Het is moeilijk om je dat voor te stellen. Het druist in tegen het gebruikelijke milieuverhaal dat we tegenwoordig horen: dat ecologische schade het resultaat is van onbeheersbare bevolkingsgroei. Als slechts vijf miljoen mensen het hele koninkrijk der zoogdieren konden transformeren, klopt dit duidelijk niet.

Hiermee was de mens niet klaar met de transformatie van de zoogdieren op aarde. Voor de start van de landbouw circa tienduizend jaar geleden was de grootste bedreiging voor dieren de directe jacht door de mens. Toen de landbouw zijn intrede deed was het de verwoesting van hun habitat. Langzaam maar zeker werden onze landbouwgronden uitgebreid. Om slechts een kleine hoeveelheid voedsel te verbouwen was veel grond nodig. Zoals we in hoofdstuk 4 zagen, ging dat zwaar ten koste van het milieu. Enorme stukken bos werden omgehakt. Grasland werd overgenomen. Hele ecosystemen werden volledig getransformeerd. Om te beginnen krompen de leefgebieden en routes van veel grote soorten, waarna ze helemaal werden geëlimineerd.

De jacht is verantwoordelijk voor het uitsterven van de grootste zoogdieren
Fossielen uit de Levant-regio laten zien dat zoogdieren in de loop der tijd steeds kleiner zijn geworden.

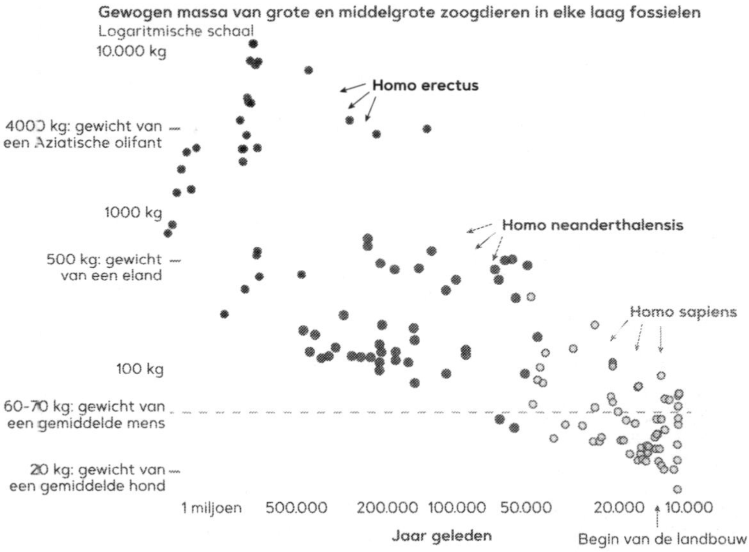

Deze reeks gebeurtenissen was als een linkse directe gevolgd door een uppercut. Ze vernietigden het zoogdierenrijk. Sinds de opkomst van de mens is de biomassa van de wilde zoogdieren op land met 85 procent afgenomen.[9, 10, 11] Biomassa is in feite de hoeveelheid 'spul' waaruit we bestaan. Elk dier wordt gemeten in ton koolstof, de fundamentele bouwsteen van het leven. Ter vergelijking: een ton koolstof is gelijk aan pakweg honderd mensen of twee olifanten.

Volgens wetenschappelijke schattingen stonden wilde landzoogdieren honderdduizend jaar geleden gelijk aan zo'n twintig miljoen ton koolstof. De quartaire megafauna-extinctie maakte een eind aan een kwart van deze biomassa en reduceerde de wilde zoogdieren tot vijftien miljoen ton. In 1900, toen de landbouw wereldwijd groeide, nam deze biomassa met nog eens vijf miljoen ton af. Wilde zoogdieren waren qua gewicht aan biomassa gehalveerd, nog voor het begin van de twintigste eeuw met zijn snelle bevolkingsgroei en mondiale industrialisatie.

Het tempo van de achteruitgang in de afgelopen honderd jaar was zelfs nog hoger. De biomassa van wilde zoogdieren bedraagt nu nog maar drie miljoen ton koolstof. Slechts 15 procent van wat honderdduizend jaar geleden over de aarde zwierf.

Mensen dringen wilde zoogdieren al heel lang terug
Schattingen van de totale biomassa van wilde landzoogdieren. De biomassa van wilde zoogdieren is met 85 procent afgenomen sinds de opkomst van de mens.

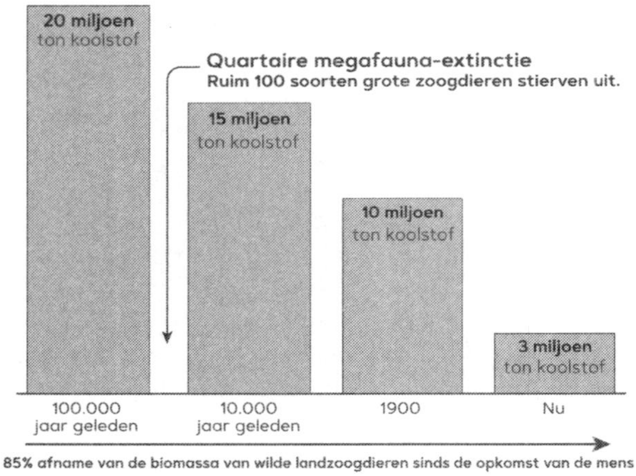

De verandering zit niet alleen in deze reusachtige áfname van het aantal wilde zoogdieren. Het gaat ook om wat daarvoor in de plaats is gekomen. Het hele evenwicht in de zoogdierenwereld is omgeslagen: mensen en ons vee hebben het overwicht gekregen. Dit zien we als we de biomassa van mensen en onze koeien, varkens, geiten, schapen en andere boerderijdieren bij elkaar optellen.[12]

In 1900 vormden wilde zoogdieren slechts 17 procent van de totale zoogdierenbiomassa. Mensen vormden 23 procent en ons vee maar liefst 60 procent. Deze disbalans is nu zelfs nog verder doorgeslagen. Wilde zoogdieren vormen een nietige 2 procent, mensen 35 procent en ons vee 63 procent.

Zelfs als we het zeeleven toevoegen – voornamelijk walvissen, die veel koolstof omvatten – vormen wilde zoogdieren slechts 4 procent van de totale taart. Het zoogdierenrijk wordt nu gedomineerd door mensen. We wegen met ons acht miljard heel wat. Bijna tien keer meer dan wilde zoogdieren. Maar het zijn de dieren die we fokken om te eten die het beeld echt veranderen. Alleen de koeien al wegen bijna tien keer zoveel als alle wilde zoogdieren bij elkaar. De biomassa van alle wilde zoogdieren op aarde is ongeveer even groot als die van onze schapen.

Terwijl de diversiteit van het zoogdierenrijk is afgenomen, is de totale omvang ervan enorm toegenomen. Tienduizend jaar geleden droegen alle landzoogdieren op aarde – inclusief de mens en zijn vee – naar schatting twintig miljoen ton bij. Dit is nu zo'n negen keer meer. Mensen hebben de omvang van het zoogdierenrijk bijna vertienvoudigd.

We concentreren ons hier op zoogdieren, dus wilde vogels of pluimvee zijn niet meegerekend. Maar voor vogels geldt hetzelfde verhaal: de biomassa van kippen is twee keer zo groot als die van wilde vogels.

Mensen vormen slechts een fractie van al het leven op aarde: 0,01 procent.[13] Maar wij zijn degenen die dit onherkenbaar hebben veranderd. De milieudeskundige Stewart Brand formuleerde het als volgt: 'We gedragen ons als goden, dan kunnen we er maar beter ook goed in worden.'

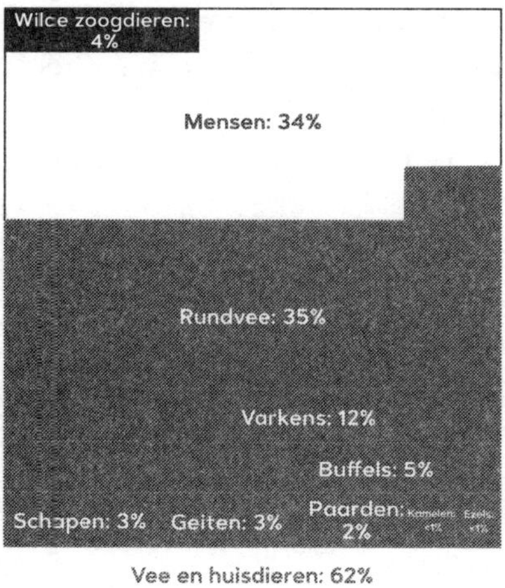

De meeste zoogdieren zijn nu mensen en hun vee
Zoogdieren zijn vergeleken op basis van hun biomassa, in het jaar 2015. Wilde zoogdieren vormen slechts 4% van alle zoogdieren.

Wilde zoogdieren zijn verdrongen door mensen en ons vee
De zoogdieren op aarde zijn vergeleken in termen van hun biomassa. Deze wordt gemeten in ton koolstof.

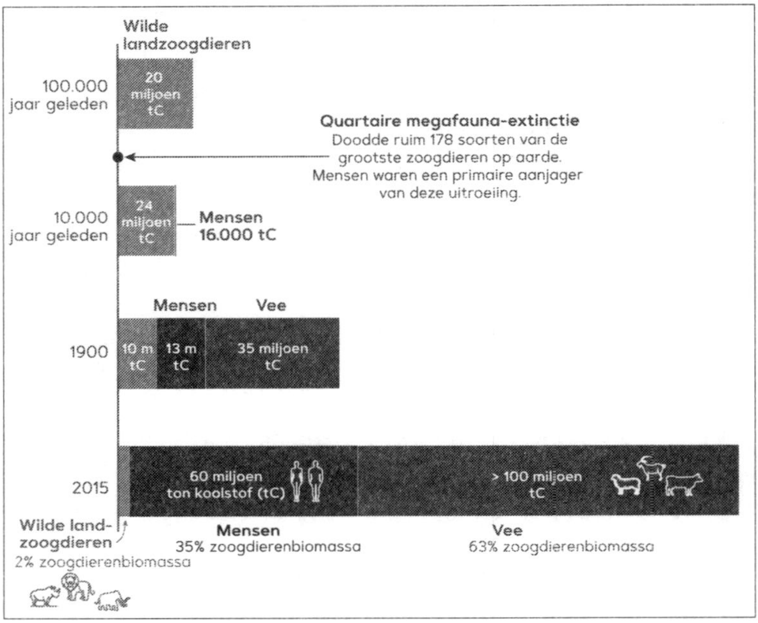

WAAR WE NU STAAN

Met hoeveel soorten delen wij onze planeet? Dit is een heel fundamentele vraag om de wereld om ons heen te begrijpen, maar het is er een die de taxonomen blijft ontgaan.

De ecoloog Robert May vatte het mooi samen in een artikel in het tijdschrift *Science*:

> Wat zou de eerste vraag van de bezoekers kunnen zijn als een buitenaardse versie van Starship Enterprise op aarde zou aankomen? Ik denk dat die zou luiden: 'Hoeveel verschillende levensvormen – soorten – zijn er op jullie planeet?' Tot onze schande zou onze beste gok zijn ergens tussen de vijf en tien miljoen eukaryoten (vergeet de virussen en bacteriën), maar aantallen van maar liefst honderd miljoen of slechts drie miljoen zijn ook verdedigbaar.[14]

Een van de meest genoemde schattingen is dat er nu omstreeks 8,7 miljoen soorten op aarde zijn: 2,2 miljoen in de oceaan en 6,5 miljoen op het land.[15, 16] Onderzoekers zijn het meestal wel eens over de best onderzochte taxonomische groepen: de zoogdieren, de vogels en de reptielen. Waar ze het niet over eens zijn, is de telling van alle piepkleine en ontoegankelijke levensvormen die we niet kunnen zien: de insecten, schimmels en andere microbiële soorten.

Het eerlijke antwoord op de vraag 'hoeveel soorten zijn er?' is dat we het eigenlijk niet weten. Maar volgens recente schattingen is het ergens tussen de vijf en tien miljoen.

We weten bitter weinig van de meeste van die tien miljoen soorten. De Rode Lijst van de IUCN houdt het aantal beschreven soorten bij en geeft jaarlijks een update. In 2020 telde de lijst 2,12 miljoen soorten. Dus er zijn heel wat soorten die er niet op staan.

Mensen maken maar 0,01 procent van het leven op aarde uit

Onderzoekers hebben zich verdiept in de verdeling van de biomassa over alle organismen op aarde. Hieruit kwam duidelijk naar voren dat de aarde een planeet van gewassen is. Of meer specifiek (en ondanks het hoge tempo van ontbossing) een planeet van bossen. Die overheersen het leven op aarde, want ze nemen ruim 82 procent van de biomassa voor hun rekening. Op de tweede plaats staat verrassend genoeg het leven dat we niet kunnen zien: minuscule bacteriën vormen 13 procent. En hoewel we ons haast uitsluitend concentreren op het dierenrijk, neemt dat slechts 0,4 procent voor zijn rekening.

Als we inzoomen op dat dierenrijk, dan constateren we dat het wordt gedomineerd door insecten en vissen. Dit zijn de dieren die we zelden zien omdat ze in bomen of de bodem genesteld zitten, of leven in de onbekende wateren van de oceaan. Mensen vormen een piepkleine fractie: slechts 0,01 procent van het totaal, en 2,5 procent van de dieren.

De insectenapocalyps

'De insectenapocalyps is aangebroken,' luidde een kop in *The New York Times* die insloeg als een bom.[17] Die term heeft standgehouden. We gaan er nu van uit dat het einde van de insecten nadert. Maar – zoals je inmiddels wel zal verwachten – zo eenvoudig is het niet.

Het boek *Silent Spring* uit 1962 van Rachel Carson was een van de redenen waarom ik me ging interesseren voor biodiversiteit. Zij was in haar tijd baanbrekend, een van de eersten die waarschuwden voor de ondergang van ecosystemen als gevolg van het lukraak sproeien met het insecticide DDT. Carson was een wegbereider die wetenschap en integriteit belangrijker vond dan populariteit. Wetenschappers maken zich dus al lang zorgen om deze kwestie. Maar ze gebruiken pas de afgelopen vijf jaar termen zoals *insectageddon*. Iedereen begon er pas echt over te praten in 2017 toen een onderzoek uit Duitsland meldde dat de biomassa aan vliegende insecten met ruim 75 procent was afgenomen in slechts 27 jaar.[18] Dit waren schokkende resultaten. Als in nog geen dertig jaar 75 procent was verdwenen, dan zouden ze binnen tien jaar volledig verdwenen kunnen zijn. En als álle insecten in hetzelfde tempo aan het verdwijnen waren, zou de wereld misschien binnenkort helemaal geen insecten meer tellen.

Zoals Edward O. Wilson zei: 'Insecten zijn "de kleine dingen die de wereld bestieren".'[19] We weten dat insecten een van de fundamenten zijn van gezonde ecosystemen. Sommige – zoals bijen en vlinders – spelen een belangrijke rol bij de voedselproductie. Ik dacht altijd dat ons voedselsysteem volkomen afhankelijk was de bestuivers in de wereld; dat we zonder deze insecten zouden omkomen van de honger. Dit is niet waar. Omstreeks driekwart van onze gewassen is tot op zekere hoogte afhankelijk van bestuivers, maar dat geldt slechts voor een derde van al het voedsel dat we produceren.[20, 21, 22] Dit komt doordat een paar van onze gewassen met de grootste productie – basisvoedsel zoals tarwe, mais en rijst – er helemaal niet van afhankelijk zijn. Ze worden bestoven door de wind. Maar heel weinig gewassen zijn volledig afhankelijk van bestuivers. Zonder de bijen zouden de meeste een daling in de opbrengst te zien geven, maar ze zouden niet helemaal instorten. Al

Leven op aarde
Mensen maken slechts 0,01% van het leven op aarde uit, gemeten in biomassa. Maar onze impact is vele malen groter.

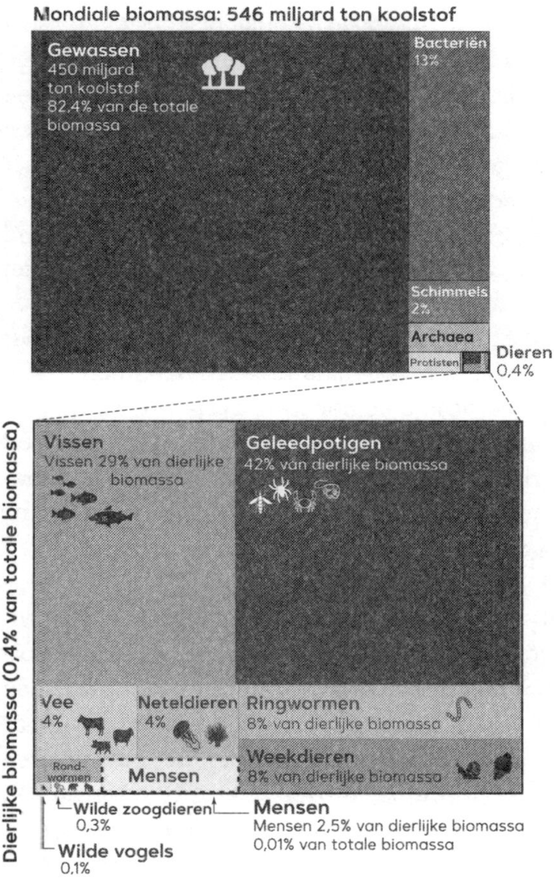

met al wijzen studies erop dat gewasproductie met omstreeks 5 procent zou afnemen in landen met hoge inkomens en met 8 procent in landen met lage en middeninkomens als bestuivende insecten zouden verdwijnen. Dat zeg ik niet om het belang van insecten te bagatelliseren. Die zijn essentieel. Ze breken organisch materiaal af zodat de voedingsstoffen kunnen worden opgenomen door gewassen. Ze houden onze bodem gezond. Ze bevinden zich vlak bij de basis van onze voedselketen en zorgen ervoor dat de ecosystemen boven hen kunnen gedijen. Ze spelen een sleutelrol in de diversiteit van onze gewassen en zijn voor sommige voedingsmiddelen essentieel: paranoten, fruit zoals kiwi's en meloenen en cacaobonen zouden zonder niet groeien. Een wereld zonder bestuivers zou een wereld zonder chocola betekenen. In zo'n wereld wil ik niet leven. Dus, ja, we kunnen misschien wel aan voldoende calorieën komen zonder die insecten, maar ons voedselpatroon zou te weinig variatie hebben en overal ter wereld zouden boeren moeite hebben om het hoofd boven water te houden.

Hoeveel zorgen moeten we ons dus maken om de insectenstand in de wereld? Bezorgdheid is op haar plaats, maar de situatie is niet zó erg als veel mensen denken. We weten niet precies wat er met de insecten in de wereld aan de hand is omdat ze zo moeilijk te meten zijn. Olifanten zijn een stuk makkelijker te tellen dan mieren. Het is al moeilijk om erachter te komen hoeveel insecten er nú zijn; stel je voor dat je moet schatten hoeveel er decennia geleden waren. Bij andere dieren voorzien resten van beenderen of historische bronnen ons van bruikbare aanwijzingen. Maar in de negentiende eeuw telde geen mens regenwormen, en die hebben niet veel nagelaten in de vorm van ecologische voetafdrukken.

Daarom houden we ons vaak aan de bevindingen uit één onderzoek, zoals de studie die in Duitsland het nieuws haalde. We extrapoleren de trend met betrekking tot één insectensoort in één locatie naar de rest van de wereld. Deze onderzoeken zijn heus leerzaam, maar we moeten behoedzaam zijn met het extrapoleren van hun resultaten. De bevindingen over één soort kever op een terrein in Cheltenham vertellen ons niet hoe de insecten er mondiaal voor staan.

Als we naar een grotere groep onderzoeken kijken, is het beeld complexer. De grootste meta-analyse van insectenpopulaties tot nu toe is afkomstig van de wetenschapper Roel van Klink en zijn collega's, en werd gepubliceerd in *Science*.[23] Zij voegden de resultaten van 165 studies samen, verspreid over 1676 verschillende terreinen, en uitgevoerd tussen 1925 en 2018. De duur van de studies varieerde – maar gemiddeld besloegen ze twintig jaar.

Dit gaf een sterk gevarieerd beeld te zien en er was geen consistent patroon. Sommige insectenpopulaties gingen echt heel snel achteruit. Met andere ging het wel. Met sommige ging het zelfs uitstekend. Na samenvoeging van de resultaten stelden de onderzoekers vast dat voor insecten op het land de gemiddelde trend neerwaarts was. De populaties krompen met gemiddeld 0,9 procent per jaar. De achteruitgang was het ergst in Noord-Amerika, waar die gemiddeld 2 procent per jaar was.

Voor zoetwaterinsecten gold het tegenovergestelde – die namen juist in aantal toe, met een gemiddeld tempo van 1,1 procent per jaar. Deze toename strookt met andere studies. Een grootschalige analyse uit het VK liet het herstel zien van veel insectensoorten in de afgelopen paar decennia;[24] een Nederlandse analyse kwam tot dezelfde conclusie.[25]

Dit klinkt haast ongelooflijk. Hoe is het mogelijk dat insectenpopulaties in zoetwater gróéien? Nou, de waterkwaliteit is verbeterd. De VS voerde in de jaren 1970 de Clean Water Act in, waarna de waterverontreiniging aanzienlijk minder werd. Maatregelen om verontreiniging tegen te gaan zijn ook in de Europese Unie heel succesvol geweest. Dit is positief nieuws: effectief milieubeleid kán dingen ten goede doen keren. Maar deze regulering betekende geen volledig verbod op de uitstoot en lozing van chemicaliën. De VS en de EU stopten niet met het gebruik van kunstmest en pesticiden; ze voerden beleid in om die doelmatiger en zorgvuldiger te gebruiken. Het hoeft niet alles of niets te zijn, al pleiten veel milieubeschermers daarvoor.

Studies uit Zuid-Amerika, Afrika en Azië laten zien dat de neerwaartse trend voor insecten op het land in de tropen net zo erg is, zo niet erger.[26] Dit hoeft ons niet te verbazen; hier gaat de ontbossing het hardst, de landbouw groeit er en natuurlijke habitats verdwijnen er het snelst. Het is ook het gebied met de rijkste biodiversiteit. Er is zelfs nog meer te verliezen.

Ik wil niet beweren dat het uitstekend gaat met de insecten op de wereld. In diverse plaatsen is dat niet het geval: ze nemen pijlsnel af. Maar het is niet zo dat dit overal en met elke soort gebeurt.[27, 28]

We kunnen nog steeds veel doen om de insecten die het zwaar hebben te beschermen. De moeilijkheid is dat er niet één reden is waarom ze het moeilijk hebben. Zoals een artikel het omschreef, de insectenafname door toedoen van de mens is 'dood door duizend sneden'.[29] Insecten staan van alle kanten onder druk, van klimaatverandering tot verlies van habitat, van pesticiden tot de introductie van nieuwe soorten. Dat betekent dat er niet één ding is dat we gewoon kunnen 'repareren'. In sommige gevallen zal het waarschijnlijk dwingen tot compromissen.

Veel mensen roepen meteen op tot een 'volledig verbod op kunstmest en pesticiden' als ze over de 'insectenapocalyps' horen. Ik snap het, maar dat zou een heel slecht besluit zijn. In het vorige hoofdstuk zagen we hoe cruciaal voedingsstoffen zijn geweest. Ze zijn essentieel om de wereld te kunnen voeden, en verkleinen bovendien, door de opbrengsten te verhogen, de hoeveelheid land die we voor de landbouw nodig hebben. Dat is land waarvoor anders bossen, graslanden en natuurlijke habitat waren gesneuveld. Een van de slechtste dingen die je kunt doen voor de insectenbiodiversiteit is van een bloeiend ecosysteem een boerderij maken.

Ik vind het vreselijk om toe te geven, maar ik denk dat het verlies van sommige insecten onvermijdelijk is. Maar we kunnen deze impact reduceren door zo min mogelijk landbouwgrond te gebruiken en voorzichtiger en doelmatiger kunstmest en pesticiden in te zetten. De biotechnologie biedt ons veel oplossingen om de agrochemische toevoegingen verstandig te gebruiken: we kunnen gewassen genetisch manipuleren die van nature resistenter zijn tegen plagen en ziekten zodat we met minder pesticiden toe kunnen; we kunnen productievere gewassen produceren zodat we minder land nodig hebben om ons voedsel te verbouwen; we kunnen scantechnologie gebruiken om heel precies aan te wijzen waar we kunstmest moeten toevoegen, en waar we onze middelen verspillen.

Zijn we op weg naar een zesde massa-extinctie?

Het doet pijn om te zien hoe de populaties van onze meest gekoesterde dieren slinken. Jaar in, jaar uit vinden we minder nesten in bomen, minder pootafdrukken in de bodem en kleinere kuddes op satellietbeelden. Hoe tragisch een populatieafname ook is, het is een wereld van verschil met het complete verlies van een soort. Wanneer we een soort zien die afneemt – een dalende grafiek – kunnen we hopen dat de aantallen na het bereiken van het dal weer zullen stijgen. Dat is zelfs al heel vaak gebeurd. De Afrikaanse olifant, de Aziatische olifant en de blauwe vinvis waren allemaal op weg naar de definitieve ondergang. Maar we hebben net op tijd aan de handrem getrokken, en de populaties zijn zich gaan herstellen.

Het afgelopen decennium is het aantal Afrikaanse olifanten in Namibië verdubbeld.[30, 31] In Burkina Faso is het met 50 procent toegenomen. In Zambia, Zuid-Afrika, Angola, Ethiopië, Malawi en verscheidene andere landen groeien de populaties. Na een scherpe afname waren er in 1980 nog maar vijftienduizend Aziatische olifanten in India over. Dat aantal is nu gestegen tot bijna dertigduizend.

Of er nu sprake is van een dalende of opwaartse trend, er is geen reden om aan te nemen dat dit zo moet doorgaan. We hebben bijna altijd de kans om het tij te keren. Maar als de lijn de nul raakt – wanneer een soort uitsterft – is het gedaan met onze hoop op een ommekeer. Het is voorbij. Het is afgelopen. Dat verlies komt anders aan. Toch heeft de planeet zoiets al vele malen meegemaakt.

Van de vier miljard soorten die ooit hebben bestaan op aarde bestaat 99 procent niet meer.[32] Uitsterving is altijd een natuurlijk onderdeel geweest van de evolutie van de planeet.[33] Als die er niet was geweest, zouden wij er nu niet zijn. Soorten sterven uit en er ontstaan nieuwe soorten. Dit is evolutie in beweging.

Het feit dat uitstervingsgebeurtenissen een 'natuurlijk' onderdeel van de geschiedenis van de planeet zijn, is een perfecte smoes voor mensen die ontkennen dat de mens de ecosystemen op aarde aan het vernietigen is. Als extincties zo vaak plaatsvinden, hoe kun je dan beweren dat mensen die veroorzaken? En als ze een natuurlijk onderdeel zijn van het evolutieproces, waarom zou je je dan zorgen maken?

Het uitsterven van veel, vaak prachtige soorten is niet het probleem. Het probleem is dat ze veel sneller uitsterven dan we mochten verwachten. Zo snel zelfs, dat veel mensen denken dat we op weg zijn naar een massa-extinctie. De zesde massa-extinctie.

De koppen in de media stemmen somber: 'We kunnen de volgende massale extinctie niet tegenhouden, aldus onderzoekers' (CTA News); 'Waarschuwing voor het einde van de wereld nu de aarde "zesde massa-extinctie" ingaat' (*Daily Express*). Googel 'zesde massa-extinctie' en je vindt er nog duizenden. Geen ervan is erg hoopgevend. Maar schuilt er waarheid achter deze beweringen?

Zijn we echt op weg naar een volgende massa-extinctie, of zitten we daar zelfs al in?

Eerst moeten we begrijpen wat we bedoelen met een 'massa-extinctie'. Een massa-extinctie doet zich voor als 75 procent van alle soorten in betrekkelijk korte tijd uitsterft.[34] Onder 'kort' versta ik in dit verband ongeveer twee miljoen jaar. Dit is voor ons mensen een onbevattelijk lange periode, maar een tel in de vierenhalf miljard jaar durende geschiedenis van de planeet.

Waarom is de snelheid van deze uitstervingsgebeurtenissen belangrijk? Zo onderscheiden we de spectaculaire veranderingen van de extincties die in de loop der tijd regelmatig en vanzelf plaatsvinden, in wat wel het 'achtergrondtempo' wordt genoemd. In dit tempo gaat elke miljoen jaar 10 procent van de soorten verloren; elke tien miljoen jaar 30 procent; en elke honderd miljoen jaar 65 procent.[35]

'Big Five' massa-extincties in de geschiedenis van de aarde
Een massa-extinctie wordt gedefinieerd als het verlies van minstens 75% van de soorten in een korte periode (geologisch gezien is dat omstreeks 2 miljoen jaar).

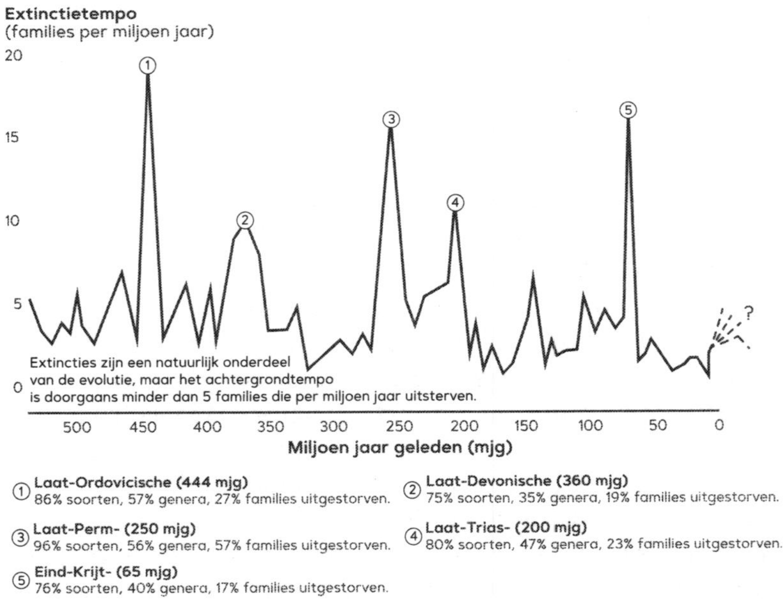

We kunnen perioden uit de geschiedenis aanwijzen waarin de uitsterving veel sneller ging dan dit achtergrondtempo. Dit zijn massa-extincties. De aarde heeft er tot nu toe vijf van gekend.[36]

In al deze gevallen stierf minstens 75 procent van de soorten op aarde uit. In de derde van de *Big Five* – de Laat-Perm-massa-extinctie 250 miljoen jaar geleden – werd maar liefst 96 procent van de soorten uitgeroeid.

Wat was de oorzaak van deze spectaculaire veranderingen? Om het grootste deel van de soorten op aarde te laten uitsterven, moet het evenwicht op de planeet tot het uiterste onder druk komen te staan. De krachten achter zo'n verandering moeten sterk en aanhoudend zijn. De meeste veranderingen werden getriggerd door grote schommelingen in het klimaat op aarde, of veranderingen in de chemie van de atmosfeer en de oceanen.

De eerste van de Big Five – 444 miljoen jaar geleden – ging gepaard met sterke schommelingen tussen ijstijden en interglacialen. Dit veroorzaakte sterke schommelingen van de zeespiegel en veranderde de landmassa's van de wereld onherkenbaar. Tegelijkertijd verschoven tektonische platen; doordat ze tegen elkaar op schoven ontstonden de Appalachen, gesteenten sleten af, er werd koolstofdioxide uit de lucht gezogen en de chemie van de oceanen, die voor veel soorten een stabiele omgeving waren, veranderde. De aarde koelde af en werd veel te koud voor het grootste deel van de natuur op de planeet.

De derde extinctiegebeurtenis – 250 miljoen jaar geleden – vond plaats toen de planeet veranderde in een zure soep. Door intensieve vulkaanactiviteit in Siberië warmde de aarde op en belandde er zwavel in de vorm van H_2S in de atmosfeer. De oceanen werden zure baden, op de landschappen van de aarde viel zure regen en de chemie van de planeet werd getransformeerd. Het grootste deel van de natuur had geen schijn van kans.

Tot slot de meest recente extinctie: de beroemde waarbij de dinosauriërs uitstierven. Een asteroïde trof Yucatán in Mexico. Toen de asteroïde in de atmosfeer kwam, was er waarschijnlijk een intense maar korte infraroodstraling – die zo'n hitte veroorzaakte dat sommige organismen geroosterd werden.[37] Toen de asteroïde de aarde trof, zal er door de impact heel veel stof en zwavel in de atmosfeer zijn beland, waardoor het zonlicht werd tegengehouden en zwavelrijke lucht ontstond. Waarschijnlijk kwamen landen onder een ijskap terecht, raakten regen en oceanen verzadigd van zuur, en gingen gewassen dood doordat er nauwelijks zonlicht was.

Deze gebeurtenissen gingen gepaard met spectaculaire veranderingen in de bestaande systemen van de lucht, de oceanen en het land. Dieren en gewassen belandden in een wereld die ze niet herkenden en waaraan ze niet waren aangepast. De meeste waren daartoe niet in staat. Sommige konden en deden dat wel. Wat misschien verrassender is dan de vele uitgeroeide soorten, is het feit dat sommige het wel overleefden. Een deel van de levende wezens veerde zelfs terug. Tussen de pieken was er telkens een periode van herstel waarin het leven niet alleen standhield maar zelfs uitbreidde. De uitroeiing van sommige soorten bood nieuwe een kans.

Om terug te komen op de cruciale vraag: zijn we op weg naar een zesde massa-extinctie? Zitten we er al middenin?

Als we hier een antwoord op willen, moeten we ons concentreren op de twee criteria die een massa-extinctie definiëren: 75 procent van de soorten, en een periode van zo'n twee miljoen jaar.

Sinds 1500 is zo'n 1,4 procent van de zoogdieren uitgestorven.[38] Als we naar andere diersoorten kijken, zien we iets vergelijkbaars: 1,3 procent van de vogels, 0,6 procent van de amfibieën, 0,2 procent van de reptielen en 0,2 procent van de beenvissen. Dat zijn heel veel dieren. Het is bij lange na geen 75 procent van alle soorten ter wereld, maar de snelheid waarmee deze uitsterving is gegaan, doet alarmbellen rinkelen.

Sinds pakweg 1500 – slechts vijfhonderd jaar geleden – is 1 procent van de soorten uitgestorven. Alleen al daaruit blijkt dat het tempo hoog is. Als er vijfhonderd jaar voor nodig was om 1 procent te laten uitsterven, dan leert een simpel sommetje ons dat er maar 37.500 jaar voor nodig is om 75 procent te laten uitsterven – ervan uitgaande dat soorten in hetzelfde tempo blijven uitsterven.

We kunnen de recente uitstervingssnelheid ook vergelijken met de achtergrondsnelheid. Het onderzoek laat heel duidelijk zien dat gewervelde dieren – zoogdieren, vogels, amfibieën – honderd tot duizend keer sneller zijn uitgestorven dan we mochten verwachten.[39] Onderzoekers denken zelfs dat dit mogelijk een lage schatting is, omdat sommige soorten niet zijn onderzocht; sommige zijn misschien al uitgestorven voor we wisten van hun bestaan.[40] Het wordt nog erger. Als we het moderne uitstervingstempo vergelijken met de snelheid tijdens de Big Five, dan zien we dat we zelfs nog sneller gaan.

Dat levert al met al een somber beeld op. Op de vraag 'zijn we op weg naar de zesde massa-extinctie?', lijkt het antwoord ja te moeten zijn.

Maar het is nog niet te laat. Dit sombere beeld wordt gevoed door de aanname dat soorten net zo snel zullen blijven uitsterven als in de afgelopen paar eeuwen. Dat is nogal een aanname. En hij is onjuist. Deze massa-extinctie is anders dan de andere omdat er een noodrem is. *Wij* zijn de handrem. De eerdere gebeurtenissen op aarde werden veroorzaakt door reusachtige geologische of klimatologische veranderingen: een asteroïde, een gigantische vulkaanuitbarsting en botsende tektonische platen. Toen die kettingreacties in de atmosfeer en de oceaan eenmaal waren begonnen, was er geen houden meer aan. Dit keer zijn wij de drijvende kracht. En we hebben de optie om te stoppen, om het tij te keren. Als we nu de juiste beslissingen nemen, dan kunnen we de schade vertragen, misschien zelfs terugdraaien. Op sommige plaatsen doen we dat al.

In sommige regio's komt de natuur terug

De wisent is de grootste herbivoor van het Europese continent. Archeologisch bewijs toont aan dat er vroeger heel veel van deze Europese bizons voorkwamen, van Frankrijk tot Oekraïne, helemaal tot aan het puntje van de Zwarte Zee.[41] De oudste fossielen stammen uit het vroeg-holoceen – omstreeks 9000 v.Chr.

De wisentpopulaties gingen in de loop der millennia gestaag achteruit, maar beleefden de sterkste daling in de afgelopen vijfhonderd jaar. Door ontbossing en jacht stierf dit iconische zoogdier bijna uit. In Hongarije was de wisent in de zestiende eeuw uitgestorven, in Oekraïne in de achttiende. Begin twintigste eeuw waren ze in het wild helemaal uitgestorven en werden er nog maar een handvol in gevangenschap gehouden. De wisent stond op de rand van extinctie. Maar in de afgelopen vijftig jaar heeft hij een indrukwekkende comeback beleefd. Eind 2021 waren er bijna tienduizend. Verspreid over de wereld zien we voorbeelden van succesvolle conserveringsprogramma's waardoor dierenpopulaties zich konden herstellen. Een verbond van milieubeschermingsorganisaties – met onder meer de Zoological Society of London, Birdlife International en Rewilding Europe – rapporteert periodiek over de veranderingen in de dierenpopulaties in Europa. In het meest recente verslag onderzochten ze de verandering in de populaties van 24 zoogdierensoorten en een reptielensoort – de onechte karetschildpad – die zich hebben hersteld.[42]

Dassenpopulaties namen gemiddeld toe met 100 procent, een verdubbeling. Otters zijn gemiddeld verdrievoudigd. Edelherten namen met 331 procent toe. De bever is de kampioen van dit herstel. Van hem komen er naar schatting gemiddeld 167 keer zoveel voor. In Europa waren er in de eerste helft van de twintigste eeuw waarschijnlijk nog maar een paar duizend bevers over. Tegenwoordig zijn er ruim 1,2 miljoen.

Hoe heeft Europa dit allemaal voor elkaar gekregen? Kort gezegd, het is opgehouden met activiteiten waardoor zoogdieren vroeger stierven. De afgelopen vijftig jaar is het gebruik van landbouwgrond in Europa afgenomen. Daardoor konden natuurlijke habitats zich herstellen. Een andere essentiële ontwikkeling is dat landen effectief beschermingsbeleid hebben doorgevoerd, zoals een totaal jachtverbod of jachtquota, aangewezen wettelijk beschermde gebieden, controles om illegale stropers te vangen en compensatieregelingen voor de voortplanting van bepaalde soorten. Tot slot, sommige dieren – zoals de wisent en de bever – beleefden hun comeback door middel van fok- en herintroductieprogramma's.

Europa is geen uitschieter. De Amerikaanse bizon is een nationaal icoon van de VS geworden. Voor de Europeanen het Amerikaanse continent koloniseerden, waren er ruim dertig miljoen bizons. In de negentiende eeuw vond een snelle en wrede uitroeiing plaats. In de jaren 1880 waren er nog maar een paar bizons over. Dankzij beschermde natuurreservaten werden de laatste dieren behoed voor de jacht, en dankzij strengere wetten tegen de jacht hebben ze de afgelopen eeuw een comeback gemaakt. Er zijn nu zo'n half miljoen bizons in Noord-Amerika, duizend keer zoveel als op het dieptepunt.

Dieren in het wild beleven in Europa een comeback
Getoond wordt de gemiddelde relatieve verandering in de abondantie (het aantal individuen) van onderzochte dierenpopulaties in Europa. Zo laten de cijfers voor bevers de gemiddelde relatieve verandering zien in de abondantie van bevers tussen 1960 en 2016 onder 98 onderzochte populaties.

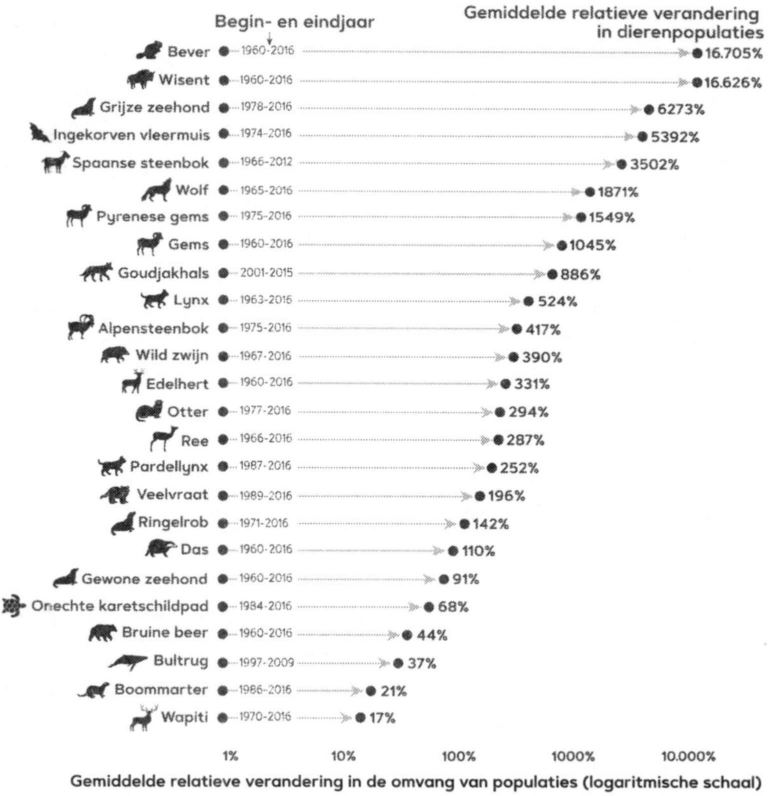

De succesverhalen stammen vaak uit rijke landen, maar het is niet zo dat een land rijk moet zijn om zijn dieren in het wild te beschermen. Landen uit alle segmenten van de inkomensverdeling kennen succesverhalen.

In de jaren zestig van de vorige eeuw waren er nog maar zo'n veertig Indische neushoorns. In Pakistan waren ze uitgestorven en het resterende groepje leefde verspreid over Nepal en India. Sindsdien is hun aantal verhonderdvoudigd. Er zijn er nu bijna vierduizend. In Afrika onder de Sahara is een van de grootste successen op het gebied van milieubescherming geboekt. Ooit waren er heel veel zuidelijke witte neushoorns op het hele continent. Maar door intensieve stroperij door Europeanen en slachtpartijen bij de herbestemming van land voor landbouw stond dit prachtige dier aan het eind van de negentiende eeuw op het punt van uitsterven. In 1900 waren er nog maar twintig van over. Die leefden allemaal in het Hluhluwe-iMfolozi-wildpark in Zuid-Afrika – dat nu een natuurreservaat is. In de loop van de twintigste eeuw leidde zeer strenge bescherming van deze soort – met name in Afrikaanse natuurreservaten – tot een significante en snelle toename van de populaties tot ruim 21.000. Er zijn nu duizend keer zoveel zuidelijke witte neushoorns als een eeuw geleden.

De opvatting dat dieren verspreid over de wereld zullen uitsterven en dat wij machteloos zijn om daar iets aan te doen, is gewoon onjuist.

Waarom raken we biodiversiteit kwijt?

Als we de dieren in het wild willen redden, moeten we om te beginnen weten waarom ze verdwijnen. Als je aan mensen vraagt wat de grootste bedreigingen voor de natuur zijn, zullen velen iets antwoorden als 'klimaatverandering' of 'plastic'. We zijn gewend aan het beeld van een honger lijdende ijsbeer, een koala die verbrandt of een vogel waarvan de snavel verstrikt zit in de plastic ringen van een sixpack.

Dit zijn zonder meer bedreigingen voor een deel van de natuur. Maar de grootste wordt vaak vergeten: hoe wij onszelf voeden. Zo is het altijd geweest. Er zijn nieuwe bedreigingen bij gekomen, maar de grootste van nu zijn dezelfde als vroeger. Overbejaging en landbouw zijn verantwoordelijk voor de uitsterving van 75 procent van alle gewassen, amfibieën, reptielen, vogels en zoogdieren sinds 1500. Zoals we zagen is dit verschijnsel zelfs nog ouder: onze rechtstreekse concurrentie met zoogdieren zorgde ervoor dat honderden van de grootste zijn uitgestorven. Er is niet veel veranderd.

Ontbossing, de jacht, visserij en landbouw zijn stuk voor stuk directe bedreigingen voor onze natuur. Daardoor lopen duizenden soorten gevaar uit te sterven. Veel kampen met meer dan één bedreiging. Het goede nieuws is dat we met de oplossingen een heel stel vliegen in één klap slaan: door minder vlees te eten reduceren we de benodigde hoeveelheid landbouwgrond, de klimaatverandering én het verlies van biodiversiteit. Door de ontbossing te stoppen, reduceren we habitatverlies en broeikasgasemissies.

Wat zorgt ervoor dat soorten uitsterven?
Het aandeel van beoordeelde soorten die met uitsterven worden bedreigd door een specifieke aanjager van biodiversiteitsverlies. Dit is gebaseerd op een onderzoek onder 8688 soorten die volgens de IUCN Rode Lijst bijna dreigen uit te sterven of nu al dreigen uit te sterven. Omstreeks 80% van de beoordeelde soorten kampt met meer dan één bedreiging.

HOE VOORKOMEN WE EEN ZESDE MASSA-EXTINCTIE?

Verlies van biodiversiteit is het lastigste milieuprobleem dat ik in dit boek behandel, ook al geloof ik nog steeds dat we dingen kunnen veranderen.

Alle andere milieu-uitdagingen komen voort uit de wens het leven beter te maken voor mensen. Als we een lang en gezond leven willen leiden, is er een zeer concrete noodzaak dat we die oplossen.

We moeten luchtverontreiniging aanpakken, want die schaadt onze gezondheid; we willen iets doen aan klimaatverandering zodat onze steden niet onder water komen te staan; we stelden orde op zaken met betrekking tot de ozonlaag, omdat we bang waren voor huidkanker. Onze motivatie om dingen te herstellen bevat een kern van egoïsme. Ik bedoel op het niveau van de sóórt – als mens. We hebben als collectief een zelfzuchtige reden om onze omgeving te verbeteren. Ons welzijn hangt ervan af.

Bij biodiversiteit ligt dat anders. Ook nu weer wil ik níét beweren dat mensen om te overleven niet afhankelijk zijn van gezonde ecosystemen. Dat zijn ze wel. Van het voedsel dat we eten en het zoetwater dat we drinken tot de regelgeving op het gebied van klimaat: wij zijn afhankelijk van het evenwicht tussen de soorten om ons heen. Het probleem is dat we vaak niet weten welke soorten dat zijn (denk aan Hardins 'je kunt nooit maar één ding doen').

Bovendien beschouwen mensen andere dieren nog altijd als wezens waar ze geheel los van staan. De werkelijke onderlinge afhankelijkheid ontgaat ze. Ze lijken minder belangrijk dan de aanpak van luchtverontreiniging of klimaatverandering. We beschouwen verlies van biodiversiteit meer als een zaak voor goede doelen dan als een cruciaal element om verder te kunnen.

Ik denk dat we minder hard ons best zullen doen voor de oplossing van biodiversiteitsverlies dan voor onze andere milieuproblemen. Maar wat mij optimistisch stemt is dat we er indirect iets tegen gaan doen door al die andere problemen aan te pakken. Een prachtig bijverschijnsel van de vertraging van klimaatverandering, het herstel van onze voedselsystemen, tegengaan van ontbossing, bescherming van de oceanen en een eind maken aan plasticvervuiling, is dat we niet langer de soorten om ons heen onder druk zetten.

Bescherm onze meest biodiverse plaatsen tegen exploitatie

De enige oplossing die niet overlapt met de andere problemen in dit boek, is de bescherming van biodiversiteit in zogenoemde 'beschermde gebieden'. In feite gaat het om stukken land waar mensen zo min mogelijk gebruik van mogen maken, zodat natuurlijke habitats hier kunnen gedijen. We hopen dat ecosystemen zich op die manier dankzij onze afwezigheid kunnen herstellen.

Hoe ver deze 'bescherming' gaat varieert sterk. Er zijn zeven categorieën, variërend van strenge natuurreservaten, waar alles behalve het lichtste gebruik door de mens illegaal is, tot gebieden waar het 'duurzame' gebruik van natuurlijke bronnen zoals houtkap of visserij is toegestaan.

In 2021 was zo'n 16 procent van het land op aarde een 'beschermd gebied'.[43] Dit zijn stukken land die zijn geclassificeerd als plaatsen met wetenschappelijke bescherming. Dit betekent dat de wereld het door de VN in 2020 gestelde doel van de hoeveelheid beschermd land heeft behaald. In december 2022 tekenden landen op de COP15 – het biodiversiteitsequivalent van het klimaatverdrag van Parijs – een overeenkomst om ervoor te zorgen dat dit in 2030 is toegenomen tot 30 procent (ze noemen dit '30 in 30').[44]

Sommige milieugroepen willen hierin verder gaan; zij strijden voor een '50 in 50'-doel: de helft van het land op aarde beschermen in 2050.[45] Die campagne draagt de toepasselijke naam 'De natuur heeft de helft nodig'. Dit is geen nichevisie – Edward O. Wilson schreef een heel boek over dit concept, *Half-Earth: Our Planet's Fight for Life*.[46] Hij formuleerde het als volgt: 'Alleen als we de helft van de planeet, of meer, in reserve houden, kunnen we het levende deel van de omgeving redden en de stabilisatie bereiken die vereist is voor ons eigen voortbestaan.'

Maar niet iedereen is het daarmee eens. Je kunt een stuk land 'beschermd' noemen, maar dan moet je wel garanderen dat wetten worden ingevoerd en nageleefd. Een lastiger onderwerp is hoe we onze plaats in de natuur zien: als onderdeel van een gecombineerd ecosysteem waar we allemaal naast elkaar bestaan, of als afzonderlijke systemen waar wij onze 'zones' hebben en andere soorten de hunne. Menselijke gemeenschappen hebben altijd naast dieren geleefd. Plattelands- en inheemse bevolkingsgroepen doen dat nog steeds, en vele spelen een actieve rol bij milieubescherming.[47] Gebieden van de inheemse bevolking beslaan ruim een kwart van het landoppervlak op aarde, en overlappen met zo'n 40 procent van alle beschermde en ecologisch ongeschonden landschappen.[48] Dat zal zelfs nog meer worden als we onze beschermde gebieden uitbreiden van 16 naar 50 procent.

Beschermde gebieden die goed worden beheerd, kunnen een groot verschil maken. De ecosystemen daar blijven ongemoeid door onze landbouw, mijnbouw en andere destructieve activiteiten. Maar we moeten veel zorg besteden aan welke gebieden we beschermen en hoe de regelgeving erover wordt bepaald.

DINGEN WAAR WE ONS DRUKKER OM MOETEN MAKEN

Bij de meeste crises die ik heb onderzocht, zijn er duidelijke voorbeelden van dingen waar we ons minder druk om zouden moeten maken. Voor biodiversiteit gaat dit niet op: veel mensen denken hier helemaal niet over na. Of als ze dat wel doen, dan steunen ze een panda of een ijsbeer. Dat is prima: ik heb niets tegen doneren voor milieudoelen.

Maar vaak hebben ze intussen totaal geen benul van de dingen waar ze zich écht druk om zouden moeten maken. Je zult onderstaande lijst herkennen: het zijn de oplossingen die in elk hoofdstuk van dit boek staan. We moeten:

- Gewasopbrengsten verhogen om de hoeveelheid landbouwgrond te reduceren
- Een einde maken aan de ontbossing
- Minder vlees eten, en onze behoefte aan vee reduceren
- De doelmatigheid van chemische toevoegingen zoals kunstmest en pesticiden verbeteren, maar deze niet elimineren
- Wereldwijde klimaatverandering afremmen
- Zorgen dat er geen plastic meer in de oceanen belandt

Als we al deze dingen doen, kunnen de ecosystemen op de wereld weer floreren. Niet in plaats van ons, maar naast ons. Eindelijk zal er een eind komen aan ons lange gevecht met de natuur. Tijd is hierbij, net als bij elk ander probleem, van wezenlijk belang. Elke keer als we het uitstellen, lopen we het risico weer een soort voorgoed te verliezen.

7

Plastic in de oceanen

Verdrinken in afval

'Volgens een onderzoek zal er in 2050 meer plastic dan vis in de oceanen zitten.'
– *The Washington Post* [1]

Misschien heb je weleens iemand dit als feit horen aanhalen. Na de publicatie van deze uitspraak in een rapport uit 2016 van de Ellen MacArthur Foundation, werd die overal op internet herhaald.[2] Maar is het ook echt waar? Om deze bewering te toetsen moeten we twee dingen weten: hoeveel vis er in de oceanen zit, en hoeveel plastic er in 2050 zal zijn.

Laten we beginnen met de vis. Hoeveel vis zit er in de oceanen? Dat weten we niet. Vissen zijn berucht moeilijk te tellen. In plaats daarvan gebruiken onderzoekers satellieten om schattingen te maken hoeveel fytoplankton – microscopische algen – er is. Plankton laat zich zien als heldere tinten groen en blauw in de oceaan, die we vanuit de ruimte kunnen waarnemen. Algen bevinden zich bijna onderaan de voedselketen. Onderzoekers schatten op grond daarvan hoeveel oceaanleven ze ondersteunen.

In 2008 schatte onderzoeker Simon Jennings op grond van studies waarin deze satellietbeelden waren gebruikt dat er 899 miljoen ton vis in de oceaan zat.[3] Dit cijfer hanteert de Ellen MacArthur Foundation.

Er is alleen een probleem. Simon Jennings staat zelf niet meer achter dit cijfer. Enkele jaren later kwam hij terug op het onderzoek en concludeerde hij dat fytoplankton veel meer oceaanleven ondersteunt dan eerder gedacht. Volgens zijn jongste schattingen zit er tussen twee en tien miljard ton marien leven in de oceanen. Dat is twee tot tien keer meer dan hij eerst beweerde. Het is ook niet precies te zeggen hoeveel van dit mariene leven uit vis bestaat.

De realiteit is dat we niet weten hoeveel vis er is, maar het is waarschijnlijk veel meer dan de Ellen MacArthur Foundation denkt.

Hoe zit het met het plastic? Ook hiervoor geldt dat de cijfers niet heel betrouwbaar zijn. Een onderzoek uit 2015 schatte hoeveel plastic er mondiaal mogelijk geproduceerd – en in de oceanen beland – zou zijn in 2025.[4] De stichting extrapoleerde deze toename van plastic in de oceanen naar 2050. Dit is geen juiste veronderstelling. De hoofdauteur van het oorspronkelijke onderzoek, Jenna Jambeck, vertelde aan de BBC dat 'ze er niet van overtuigd was dat haar werk kan worden geprojecteerd naar 2050'.[5]

Het probleem is dat de stichting ervan uitgaat dat het alleen maar steeds slechter zal gaan. Ze neemt aan dat we niets zullen doen om plasticvervuiling een halt toe te roepen, wat niet waar is: in 2050 zal er niet net zoveel plastic de oceaan in stromen.

Geen van de oorspronkelijke bronnen – voor vis of voor plastic – ondersteunt de cijfers waar de stichting mee kwam. Het is een dubieuze bewering. Maar hoe graag ik ook in de cijfers spit om ze te controleren, de vergelijking is irrelevant. Het is een arbitrair cijfer. Waarom zou de specifieke verhouding tussen vis en plastic ertoe doen? Plastic in de oceaan is hoe dan ook slecht; hoeveel het in vergelijking met vis is, is betekenisloos. Al was het de helft, een kwart, een tiende van het gewicht aan vis, het is altijd een probleem.

Plasticvervuiling in de oceanen is een probleem, er is geen reden om het te overdrijven.

Op aarde is amper een plaats zonder menselijke invloed te vinden. Zelfs de hoogste top ter wereld – die van de Mount Everest – ligt bezaaid met afval. De enige locatie waar je misschien nog een ongerept gebied verwacht, is ver weg op de oceaan. Langs de kustlijnen en in visserijgebieden is onze afdruk overal zichtbaar. Maar mídden op de oceaan?

Je kunt je dus de schok voorstellen van kapitein Charles Moore toen hij ineens door de grootste verzameling plastic ter wereld zeilde. Moore was gemaakt voor de oceaan – hij was een surfer en een zeiler – en in 1997 was hij na de Transpac-zeilrace, van Los Angeles naar Hawaï, op weg naar huis in Californië. Naderhand herinnerde hij zich:[6]

> Toen ik vanaf het dek naar de oppervlakte keek van wat een smetteloze oceaan had moeten zijn, zag ik zo ver het oog reikte plastic. Het leek haast ongelooflijk, maar ik zag nergens een schone plek. De hele week waarin ik het subtropisch hogedrukgebied overstak, dreef er overal plastic afval, wanneer ik ook keek: flesjes, flessendoppen, verpakkingen, stukjes.

Hij was de eerste die melding maakte van deze gigantische plasticsoep. Moore gaf het afval verscheidene benamingen – een 'wervelend riool', een 'supersnelweg voor afval' – maar de term die een van zijn collega's bedacht, hield stand: de 'Great Pacific Garbage Patch' (GPGP, Plasticsoep in de noordelijke Grote Oceaan).

De Plasticsoep bevindt zich halverwege Hawaï en Californië. De stromingen in de oceaan creëren een maalstroom – de Pacific Vortex – waarin zich drijvend afval verzamelt, dat naar het centrum wordt gezogen. Het bestaat vooral uit plastic. Een deel ervan is ouder dan vijftig jaar, een koolwaterstof-tijdcapsule voor wie er toevallig op stuit.

Deze plasticsoep meet zo'n 1,6 miljoen vierkante kilometer.[7] Een gebied van drie keer Frankrijk. En dat is enkel het dicht op elkaar gedrukte deel in het centrum, niet het verspreide plastic langs de randen. Een duidelijker beeld van de omvang van onze imprint op het milieu kun je nauwelijks krijgen.

Dat is de negatieve kant van plastic: het afval dat uiteindelijk in de maag van walvissen belandt en schildpadden verstikt. Maar al erken ik het met moeite, plastic heeft ook een goede kant, een kant die niet de waardering krijgt die het verdient.

Ik begon dit boek te schrijven tijdens de coronapandemie. Het klinkt misschien vreemd dat schrijven over klimaatverandering, luchtverontreiniging en ontbossing een ontsnapping was, maar het was wel zo. Ik ben van huis uit milieuwetenschapper, maar heb de laatste tijd een totaal andere rol. Ik ben datawetenschapper op het gebied van de epidemiologie geworden – al had ik dat nauwelijks in de gaten. Sinds de begindagen van de pandemie heeft mijn team bij Our World in Data mondiale data over de ontwikkeling van de pandemie verzameld, gevisualiseerd en gedeeld. We gaven dagelijks updates, voor alle landen, van zo veel mogelijk cijfers. Binnen de kortste keren werden wij voor politici, journalisten, onderzoekers en burgers dé instelling waar je moest zijn voor gegevens over de pandemie. Zelfs Donald Trump hield op Fox News soms verkreukelde uitdraaien van onze grafieken voor de camera.

Mensen vormen de fundamenten voor al die cijfers over het coronavirus. Lijdende patiënten, rouwende dierbaren, heroïsche artsen, verpleegkundigen, vrijwilligers en wetenschappers die levens redden met behandelingen en vaccins. Maar plastic is er ook een fundament van. Het zit in de maskers die we dragen om te voorkomen dat het virus zich verspreidt, de testen om te controleren of we zijn geïnfecteerd, de flacons waarin de vaccins zitten en de zuurstofbuizen waardoor de patiënten ademen. Het is nauwelijks voor te stellen hoe we zonder plastic de pandemie hadden moeten aanpakken.

Plastic is werkelijk een wondermateriaal. Het is steriel, waterbestendig, veelzijdig en goedkoop. *Plastic* is afgeleid van het Griekse woord *plastikos,* dat 'kneedbaar of boetseerbaar' betekent. Het doet zijn naam eer aan, aangezien we er bijna alles van kunnen maken. We klagen dat het zo alomtegenwoordig is geworden in ons leven, maar dit bewijst alleen maar hoe veelzijdig het is.

Milieutechnisch heeft het zeker tekortkomingen, maar het heeft ook een paar groene eigenschappen. Zoals we zagen, zou de wereld meer voedsel verspillen als we plastic morgen in de ban doen. Die voedselverspilling is ontzettend slecht voor het milieu: denk aan alle landbouwgrond die nodig is om het te produceren, het water om de bodem te irrigeren, de uitgestoten broeikasgassen voor voedsel dat niet eens in onze mond belandt.

Of neem het gebruik van plastic bij het transport. Bij transport – door de lucht, over water of over land – worden zware dingen van de ene naar de andere plaats vervoerd. Daarom is het een energieverslinder en vormt transport een belangrijke bijdrage aan klimaatverandering. Plastics spelen een sleutelrol bij het lichter maken van voertuigen. Zónder zouden we nog zwaardere materialen gebruiken en daardoor zouden zelfs nog meer broeikasgassen worden uitgestoten.

Van voedselverspilling tot geneeskunde, transport tot veiligheidsuitrusting: plastic is een basisproduct geworden in ons leven. Zo is het natuurlijk niet altijd geweest. Plastic is anders dan de andere problemen die in dit boek worden aangekaart. De andere hebben allemaal een lange geschiedenis. De geschiedenis van plastic is maar kort.

HOE WE ZIJN GEKOMEN WAAR WE NU ZIJN

In 1907 maakte de Belgische chemicus Leo Baekeland het eerste volledig synthetische plastic ter wereld, bakeliet (genoemd naar hemzelf).[8] Hij zou de 'vader van de plasticindustrie' worden. Baekeland was anders dan de pioniers die ik eerder in dit boek heb genoemd. Crutzen, Molina en Rowland wilden de ozonlaag herstellen. Haber, Bosch en Borlaug wilden de wereld voeden. Baekeland was eerlijk en duidelijk: hij hield zich bezig met synthetisch materiaal omdat hij geld wilde verdienen. Zoals hij het zelf zei, hij wilde zich buigen over problemen die 'de grootste kans op de snelst mogelijke resultaten maakten'.[9] Die andere wetenschappers hadden vaak maar een kleine kans op positieve resultaten, laat staan snelle.

Voor er bakeliet was had de wereld schellak, een hars die wordt geproduceerd door de vrouwtjeslakschildluis. De lak werd van de schors van bomen in India en Thailand geschraapt en verwarmd om vloeibare schellak te krijgen. Dit materiaal werd op diverse manieren gebruikt: als vernis voor houten producten, om er ornamenten en fotolijsten van te maken, als beschermend omhulsel en zelfs, vóór de overstap op vinyl, voor grammofoonplaten. Leo Baekeland zag dat schellak duurder werd, een teken dat er grote vraag was naar dit type materiaal. De luizen in de bossen konden niet voldoen aan die vraag. Hij vroeg zich af of het mogelijk was om dit proces te herhalen in een laboratorium. Kon hij nabootsen wat lakschildluizen deden en vanuit het niets hars creëren?

Hij begon te experimenteren. Hij ging ervan uit dat de reactie van twee organische verbindingen – fenol en formaldehyde – het gewenste resultaat zou opleveren. Hij testte deze reacties bij verschillende temperaturen, druk en verhoudingen. Zijn eerste 'succes' was kansloos. Hij produceerde een product dat hij 'Novolak' noemde. Dit kwam in de buurt, maar het had niet de gewenste super eigenschappen.

Na nog meer pogingen en gepruts had hij het: bakeliet. Dit was precies waar hij naar had gezocht. 'Bakeliet, het materiaal voor duizend toepassingen', zoals sommige wetenschappers het nu noemen. Baekeland vroeg in 1907 patent aan en dit werd hem op 7 december 1909 verleend. De geboortedag van plastics zoals wij die kennen.

Bakeliet was perfect voor veel van de industrieën in opkomst, met name de elektronica- en transportindustrie. Omdat het elektriciteits-, brand- en hittebestendig was, kon het worden toegepast op metaalkabels, beschermende omhulsels en toestellen, terwijl het ook hét materiaal werd om allerlei hoogwaardige voorwerpen van te maken.

De wereld gebruikte toen vergeleken met nu heel weinig kunststof. Het was nog een betrekkelijk exclusief product, dat alleen in de Verenigde Staten en Europa werd gebruikt. In 1950 produceerde de wereld nog maar twee miljoen ton plastic per jaar.[10] Maar terwijl de populariteit ervan toenam en de industrie zich ontwikkelde, verscheen een scala aan andere prototypen op de markt. Kunststoffen met verschillende eigenschappen – sommige waren flexibel, andere konden goedkoper geproduceerd worden. Ze veranderden al snel van een niche- in een mainstreamproduct.

De plasticproductie steeg snel. Rond de millenniumwisseling produceerde de wereld tweehonderd miljoen ton per jaar. In 2010 was dat driehonderd miljoen ton. En in 2019 was het 460 miljoen ton.[11]

WAAR WE NU STAAN

De magische eigenschappen die plastics zo geweldig maken, zijn ook hun achilleshiel. Plastic is zo sterk en duurzaam dat als we de *totale cumulatieve* hoeveelheid plastic die we sinds 1950 hebben gemaakt optellen, we uitkomen op ruim tien miljard ton. Ruim een ton voor ieder nu levend mens. Het merendeel van dat plastic is er nog steeds in de een of andere vorm.

Hoeveel plastic gebruiken we en waar gebruiken we het voor?

Hoeveel plasticafval produceer jíj in een jaar? Doe eens een gokje.

De gemiddelde Brit produceert zo'n 77 kilo. Zoveel weegt de gemiddelde man. De gemiddelde Amerikaan produceert pakweg 124 kilo. Dat lijkt heel veel, tot we het per dag bekijken. In het VK zou dat neerkomen op zo'n tweehonderd gram per dag. Dat is nog altijd veel, maar het valt wel te bevatten.

Plastic is voor velen van ons een basisproduct geworden, maar dit is niet overal zo. Er zijn op de wereld ook mensen die het niet of heel weinig gebruiken. In India komt het gemiddelde op slechts vier kilo per jaar. De gemiddelde Amerikaan produceert evenveel plasticafval in minder dan een uur als de gemiddelde Indiër in een dag.

Deze afvalpatronen in de wereld zijn heel consistent. Rijkere landen produceren doorgaans meer afval per persoon, en landen met veel steden ook. Eilandstaten zoals Barbados en de Seychellen produceren veel plasticafval want die zijn gevormd rond stedelijke centra. Dit is logisch: hoe zou je aan plastic moeten komen als je in een uithoek woont met weinig vervoersverbindingen met steden of distributiecentra? Dit verklaart waarschijnlijk waarom het in landen zoals India, Kenia en Bangladesh per persoon gemiddeld zo weinig is. Zo'n 60 à 70 procent van de bevolking daar woont in plattelandsgebieden, vergeleken met minder dan 20 procent in het VK en de VS.[12]

Voor verpakkingen wordt wereldwijd het meeste plastic gebruikt, wat niet hoeft te verrassen: als je 'plastic' zegt, denken mensen aan een plastic fles of voedselverpakking. Van alle kunststof ter wereld gaat 44 procent naar verpakkingen. De rest zit in gebouwen, textielproducten, transport en andere consumptiegoederen. Als we naar plasticverspílling kijken in plaats van plasticgebrúík, stijgen verpakkingen er nog verder bovenuit. Dit komt doordat ze maar heel kort meegaan, gewoonlijk een halfjaar. We gebruiken ze een of (als ze worden gerecycled) twee keer, waarna hun levensduur voorbij is. Dit is anders dan toepassingen zoals in de bouw: de kunststoffen die we gebruiken in onze huizen en kantoren, kunnen ruim dertig jaar meegaan. In auto's gaan ze zo'n dertien jaar mee. In elektronica zo'n acht jaar.

Misschien ligt de oplossing ogenschijnlijk voor de hand. Als we een eind willen maken aan plasticvervuiling, moeten rijke landen plastic verpakkingen voor eenmalig gebruik afschaffen als die niet gerecycled kunnen worden. Anders moeten we zo veel mogelijk recyclen. Helaas is het niet zo eenvoudig.

Het 'nadeel' van eindeloos recyclen: waar komt ons plastic terecht?

Het gaat er bij plasticvervuiling om waar het plastic terechtkomt. Als het bij het plasticprobleem alleen maar zou gaan om hoeveel we ervan gebrúíken, dan zou de sportfles van kunststof die ik de afgelopen vijf jaar heb gebruikt, net zo slecht zijn als het stuk plastic dat door een walvis midden in de Grote Oceaan wordt doorgeslikt. Die twee zijn niet hetzelfde, en als we plasticvervuiling willen aanpakken, kunnen we niet alle gevallen hetzelfde behandelen.

Eerst bekijken we hoeveel plastic eindigt als afval, daarna buigen we ons over waar dit afval heen gaat. Een deel van het plastic gaat heel lang mee: jaren, decennia zelfs. Van de acht miljard ton die de wereld sinds 2015 heeft geproduceerd, wordt iets minder dan een derde nog steeds gebruikt. Voor de rest ervan – als het niet als zwerfafval eindigt – zijn er drie mogelijkheden: het gaat rechtstreeks naar de stort, het wordt gerecycled of het wordt verbrand (een proces waarbij het hopelijk in energie wordt omgezet).[13] Het meeste plastic gaat naar stortplaatsen.

Zelfs gerecycled plastic reïncarneert maar zelden vaker dan een of twee keer. We beschouwen recycling als de heilige graal van milieuactie. Als op het etiket staat dat iets 'gerecycled' is, denken we dat het milieuvriendelijk is. Natuurlijk is het goed om dingen een tweede leven te geven. Dat is in elk geval beter dan meer olie verbranden om een nieuwe versie te maken. Maar we kunnen plastic gewoon niet keer op keer recyclen. Tenminste, niet als het gaat om *mechanische* recycling, het soort dat in de meeste landen wordt toegepast. Als mensen een plastic fles recyclen, denken ze dat het een andere plastic fles wordt. Dat is niet zo. Het wordt afgebroken en voor iets van lagere kwaliteit gebruikt. De meeste plastics kunnen maar een of twee keer worden gerecycled, waarna ze naar een stortterrein gaan. Recycling maakt geen einde aan afval, het vertraagt het proces alleen een beetje. Dat is positief, maar niet de panacee waarvoor we het misschien aanzagen.

Chemische recycling biedt ons de mogelijkheid om plastics eindeloos te recyclen. Hierbij worden plastics opgesplitst in hun moleculaire onderdelen.[14] Dit is een heel zuiver proces dat voorkomt dat plastics vervuild of afgebroken worden. Het probleem is dat dit ongelooflijk duur is.[15] Veel duurder dan gewoon nieuw plastic maken. Daarom doen bedrijven en landen dit niet. Als we chemische recycling veel goedkoper zouden kunnen maken, dan zouden we de cyclus voor het produceren van nieuwe plastics misschien kunnen sluiten. Dit is nu nog niet mogelijk, maar misschien zal het ooit gebeuren.

Dus zelfs als alle aardbewoners hun plastic (mechanisch) recyclen, zitten we nog steeds met afval. Als we afval willen elimineren, is onze enige optie helemaal geen plastic te gebruiken. Sommige mensen vinden misschien dat we daar inderdaad naar moeten streven, maar dat zou een vergissing zijn. Er zijn zeker manieren om te minderen. We kunnen en moeten onze consumptie beperken, maar bij allerlei toepassingen – van medische benodigdheden tot voedselproductie – speelt het een te belangrijke rol in ons leven.

Het is niet realistisch te denken dat we afval volledig kunnen elimineren, maar het goede nieuws is dat we wel van de plasticverontreiniging af kunnen. Het grootste probleem met plastic is hoe we het afdanken. Als we niet behoorlijk met afval omgaan, verandert het in een vervuiler. Het belandt in het milieu, waar het de natuur in de vernieling helpt.

Dit betekent dat we dit probleem niet oplossen door domweg minder plastic te gebruiken. Zelfs bij de helft van de hoeveelheid die we nu wereldwijd gebruiken – een onredelijke eis – belanden er jaarlijks nog miljoenen tonnen van het spul in onze rivieren en oceanen. Er komt geen eind aan dit probleem als we niet leren om te gaan met ons plastic nadat we het hebben gebruikt. Dus hoe lossen we dit op?

We concentreren ons nu op plastic dat de rivieren en daarna de oceanen vervuilt. Plastic verzamelt zich ook op het land, waar het schade toebrengt aan de dieren die het opeten of erin verstrikt raken. Maar uiteindelijk belandt het grootste deel van ons plasticafval in stromend water. Het komt in de oceanen terecht, waar het zich ophoopt. Hier zit het grote probleem. In elk geval zijn de meeste pogingen die we gaan bekijken erop gericht de verontreiniging bij de bron tegen te gaan, voor het naar land of de zee ontsnapt.

Hoeveel plastic belandt er in de oceaan?

Toen Charles Moore op de Grote Oceaan zeilde, voer hij door een zee van plastic dat zich daar had verzameld uit alle delen van de wereld. Een deel was afkomstig van bronnen op zee – visnetten, lijnen en hengels – maar hij voer ook door afval dat van land afkomstig was.

De organisatie Gapminder deed onderzoek waarbij ze aan deelnemers vroegen: 'Welk percentage van al het plasticafval ter wereld belandt in de oceanen?'[16]

a. Minder dan 6 procent
b. Circa 36 procent
c. Meer dan 66 procent

Van alle respondenten dacht 68 procent dat b of c het juiste antwoord was. Het correcte antwoord is, zoals je waarschijnlijk inmiddels wel hebt geraden, a: nog geen 6 procent. Het is vermoedelijk zelfs vrij veel minder dan 6 procent. Ongeveer een miljoen ton eindigt jaarlijks in de oceaan.

De wereld produceert jaarlijks zo'n 460 miljoen ton plastic, en 350 miljoen ton daarvan verandert in afval. Als dit afval in de oceaan terechtkomt, zal het zodanig zijn afgedankt dat het de vrije loop heeft gekregen. Als plastic in een verzegeld stortterrein wordt gestopt, zal het waarschijnlijk niet ontsnappen. Het moet ook tamelijk dicht bij de kust zijn als het vanuit rivieren naar de oceaan stroomt. Volgens onze betrouwbaarste schatting belandt er jaarlijks een miljoen ton in de oceaan. Dat is 0,3 procent van ons plasticafval.[17]

Ik zeg dit niet om de schaal van het plasticprobleem te bagatelliseren. Een miljoen ton is nog altijd een reusachtige hoeveelheid. Stel je voor dat je een miljoen ton aan plastic flessen in zee gooit, jaar in, jaar uit. Maar we moeten het probleem doorzien – de schaal ervan en waar het vandaan komt – om het aan te kunnen pakken.

Voorkomen dat een miljoen ton verkeerd behandeld afval in rivieren belandt, is een heel ander probleem dan tientallen of zelfs honderden miljoenen ton aanpakken. Als mensen wisten dat maar een paar procent van de plasticverontreiniging uiteindelijk daar belandt, zouden ze misschien eerder geloven dat je er iets tegen kunt doen. Als je denkt dat ruim twee derde, of zelfs maar een derde, van ons plastic in de oceaan wordt gegooid, krijg je al snel het gevoel dat het kansloos is om dit te willen herstellen. Gelukkig is dat niet het geval.

Slechts een fractie van alle plastic op aarde komt in de oceaan terecht
Zo'n 0,3% van het plasticafval op aarde komt uiteindelijk in de oceaan.

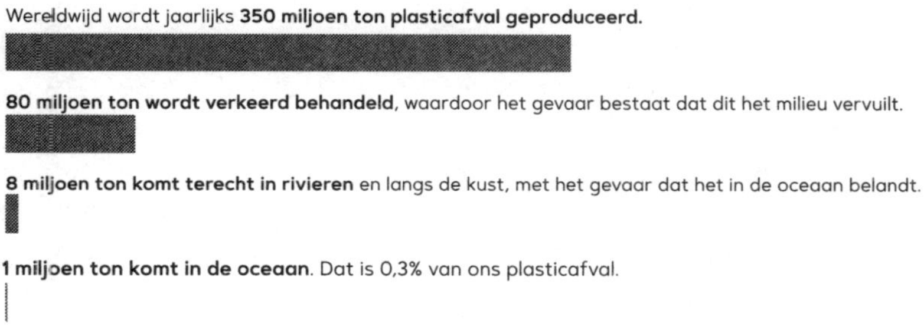

Waar komt het plastic in onze oceaan vandaan?

De populaire Netflix-documentaire *Seaspiracy* ontketende felle discussie toen die het plasticprobleem toeschreef aan de visserijsector. Veel van wat in deze documentaire werd beweerd was feitelijk onjuist – in het volgende hoofdstuk gaan we in op een paar andere wilde beweringen in de film. Maar één cijfer klopte wel. Nou ja, grotendeels, met enig voorbehoud.

De documentaire beweerde dat ruim de helft van het plastic in de plasticsoep in de noordelijke Grote Oceaan afkomstig was van mariene bronnen – van afgedankte vislijnen en weggegooide netten. Dit klopt: volgens schattingen in de meest recente, kwalitatief goede studie is zo'n 80 procent van het plastic in de soep afkomstig uit de visserij, en komt 20 procent van land.[18, 19]

Dit geldt voor de plasticsoep in de noordelijke Grote Oceaan, maar niet voor de oceanen als geheel. Een deel van het plastic in de rivieren bereikt de open oceaan, maar het leeuwendeel blijft vlak bij onze kusten. De plasticsoep bevindt zich in een deel van de Grote Oceaan waar heel veel industriële visserij plaatsvindt, zodat het een disproportionele hoeveelheid vistuigen van de spookvisserij aanzuigt.

Hoeveel van de plastics in de oceanen van land en hoeveel van zee afkomstig is, weten we niet exact. De betrouwbaarste schatting is dat het merendeel – zo'n 80 procent – van land afkomstig is en de rest uit mariene bronnen.

Waar komt dit plastic vandaan? Je zou denken dat de landen die het meeste plastic uitstoten, dezelfde landen zijn die het meeste plastic gebrúíken: de rijkste landen van de wereld. Maar dat is niet de maatstaf waar we het meest in geïnteresseerd zijn. We willen weten wáár plastic de oceaan vervuilt. Dan draait het niet om hoeveel plastic we gebruiken, maar waar het naartoe gaat als we het niet meer nodig hebben.

Als je in het VK of een ander welvarend land woont, eindigt jouw plastic waarschijnlijk niet in de oceaan, tenzij je opzettelijk je plastic in een rivier of op het strand dumpt.[20] Ons plastic eindigt op een vuilstort, wordt gerecycled of veilig verbrand voor energiewinning. Dit alles gebeurt zonder dat wij daar over nadenken: we stoppen onze rommel in de vuilnisbak – hopelijk na scheiding zodat het gerecycled kan worden – en dit wordt verwerkt. Veel rijke landen vervoeren ten minste een deel van hun plastic naar het buitenland; we zullen verderop de cijfers hierover bekijken. Maar op het geheel is de hoeveelheid die naar armere landen wordt geëxporteerd vrij gering en voor de hoeveelheid die in de oceanen terechtkomt, maakt het nauwelijks verschil. Op z'n hoogst een paar procent misschien.

Dankzij goed functionerende afvalbeheersystemen in rijke landen is de hoeveelheid afval die verkeerd wordt behandeld, en dus mogelijk in de oceanen terechtkomt, klein. Dit is niet overal zo. Afvalbeheer is saai en niet aanlokkelijk, en bovendien vrij kostbaar. Als steden snel groeien, zoals in veel landen met middeninkomens gebeurt, zijn er veel investeringen nodig om het aantal vuilnisbakken en recyclingcentra gelijk op te laten gaan met het tempo van de groeiende megasteden.

In sommige landen is er geen regelmatige vuilnisophaaldienst om het afval naar een stortplaats of recyclingcentrum te brengen. Als het afval wél op een beheerplaats belandt, wordt het opgeslagen in open stortplaatsen, waar het naar de omgeving kan weglekken. Als we een wereldkaart zouden maken van het totale plasticgebruik per persoon, dan zouden Europa en Noord-Amerika eruit springen. Maar voor de kaart van slecht behandeld plastic per persoon geldt het tegenovergestelde. De rijke landen zijn donker gekleurd, terwijl Zuid-Amerika, Afrika en Azië helder verlicht zijn. De hoeveelheid verkeerd behandeld plasticafval per persoon in Maleisië was vijftig keer hoger dan in het VK – 25 kilo vergeleken met slechts 500 gram per jaar.[21] Zoals we zagen belandt niet al dit slecht behandelde afval in de oceaan, maar de kans daarop wordt wel veel groter.

Laten we bekijken waar plastic in de oceaan belandt. Boyan Slat is een van mijn favoriete milieudeskundigen. Hij zou zelf misschien bezwaar maken tegen het predicaat milieudeskundige, want de Nederlandse ondernemer is geen prater maar een doener. Hij onderzoekt problemen niet alleen, hij probeert ze op te lossen. Zijn fascinatie voor een oplossing voor het plasticprobleem begon toen hij nog maar zestien jaar was. Toen hij ging snorkelen en meer plastic dan vis zag, wist hij dat er iets moest gebeuren. Hij begon aan de studie lucht- en ruimtevaarttechniek, maar zoals in de beste ondernemersverhalen stopte hij daarmee om zijn eigen bedrijf te starten.

Om te beginnen maakten Boyan en zijn team hoge resolutiemodellen van waar in de wereld plastics in de rivieren belandden en hoe ze van daar in de oceaan terechtkwamen. Academici doen dit soort dingen meestal uit nieuwsgierigheid of voor de lol. Maar voor Boyan en zijn team had dit onderzoek praktische consequenties. Ze zochten technische oplossingen om plastic úít de oceaan te halen maar ook om te voorkomen dat het er überhaupt in kwam. Hiervoor moesten ze weten waar het vandaan kwam, en hoeveel plastic ze zouden moeten tegenhouden.

Ze schatten dat de wereld in 2015 ongeveer een miljoen ton kunststof in de oceaan uitbraakte. Een derde van de honderdduizend riviermondingen in hun model dumpte plastic in zee. Dat markeert op zichzelf een belangrijke kwestie. Je zou denken dat de meeste rivieren plastic verzamelen en een bijdrage aan het probleem leveren. Het tegenovergestelde is waar. De méérderheid van de rivieren draagt heel weinig bij. Dat is ook goed nieuws voor Boyan Slat en zijn team: ze hoeven 'slechts' een derde van de rivieren op aarde aan te pakken en niet alle rivieren. Het probleem is zelfs nog specifieker dan dat. Door tienduizenden rivieren stroomt wat plastic naar de oceaan, maar het leeuwendeel ervan zit in een veel kleiner aantal. Van alle kunststoffen in de oceanen komt 80 procent uit de 1656 rivieren die het meeste afgeven.[22] Van het plastic dat in de oceaan belandt komt 81 procent uit Azië. Dat lijkt erg veel, maar oudere onderzoeken kwamen tot vergelijkbare schattingen.[23]

Dit is een verbijsterend aandeel, maar het is logisch. Azië telt 60 procent van de wereldbevolking. Hierbij gaat het grotendeels om een hoge bevolkingsdichtheid en die bevolking is dicht bij grote rivieren gevestigd. Het continent telt bovendien een paar van de snelst groeiende economieën ter wereld: landen zoals het voorheen arme China, India, Maleisië, de Filipijnen en Bangladesh die nu opkomende economieën zijn. Als landen van een laag naar een middeninkomen overgaan, gaan de consumenten meer plastic produceren en gebruiken. Ze benaderen de consumptiegewoonten van rijke landen. Het probleem is dat de afvalinfrastructuur om dit alles aan te pakken hierbij achterblijft.

Kijken we naar de andere continenten: circa 8 procent van de kunststoffen is afkomstig uit Afrikaanse rivieren, 5 procent uit Zuid-Amerika, 5 procent uit Noord-Amerika. Europa en Oceanië samen dragen nog geen 1 procent bij. Deze cijfers zijn haast niet te accepteren. Ze vertellen een verhaal dat we niet echt willen horen. Als Europeaan wil ik geloven dat wij een belangrijke rol kunnen spelen bij de oplossing van dit probleem door te snoeien in onze plastic verpakkingen, onze plastic zakjes voor eenmalig gebruik af te schaffen en onze gebruikte melkpakken te recyclen. Dit is helaas niet het geval. Als vanaf morgen iedereen in Europa geen plastic meer gebruikt, zouden de oceanen op aarde het verschil nauwelijks opmerken.

Het plastic in onze rivieren heeft misschien niet veel impact op de oceanen als geheel, maar het maakt wel een groot verschil voor de Europese kustlijnen waar het zich doorgaans verzamelt en achterblijft.

Bijna al het plastic rond Europese kustlijnen is afkomstig van Europese rivieren. In andere regio's geldt hetzelfde. De oceanen merken dus misschien niet veel verschil als Europa al z'n plastic in de ban zou doen, maar de Europese kustlijnen wel degelijk. Dit geldt met name voor de Middellandse Zee. Dit is een gesloten bekken en bijna al het plastic is afkomstig van de landen eromheen.

Als we als Europa een kustlijn zonder verontreiniging willen, dan hebben we dat vrijwel geheel in eigen hand.

Dumpen rijke landen hun plastic in andere landen?

Nu is het tijd voor de lastige vraag of rijke landen hun afval 'aanpakken' door het gewoon naar andere landen te transporteren. Die vraag krijg ik vaak. Hij is vergelijkbaar met de vraag of deze landen hun CO_2-uitstoot reduceren door die over te hevelen naar andere landen. Als dit klopte voor afval, zou dat eigenlijk goed nieuws zijn. De oplossing voor mondiale plasticvervuiling zou eenvoudig zijn: verbied landen gewoon hun afval te exporteren.

Helaas is het niet zo eenvoudig. Het afval dat rijke landen naar het buitenland transporteren, is een kleine punt van de taart. Mogelijk zou een paar procent – 5 procent misschien – ervan niet in de oceanen terechtkomen als we daarmee ophielden. Dat is zeker een bijdrage, maar geen kant-en-klaaroplossing.

Het VK heeft een vuil spelletje gespeeld als het om plasticafval gaat. Het is gebruikelijk dat landen gerecycled plastic kopen van andere landen. Het VK zou schoon, herbruikbaar afval verkopen dat andere landen konden gebruiken voor de productie van andere dingen. Maar media meldden het ene na het andere schandaal over landen die het terugstuurden omdat de pakketten vol zaten met vervuilde monsters die niet gerecycled konden worden. We dumpten letterlijk ons afval in het buitenland.

Het VK is niet het enige land dat zich hier schuldig aan maakt. Andere landen hebben handelspartners net zo slecht behandeld. Voor sommige ontvangende landen was de maat vol. In 2017 kondigde China een verbod op import van plasticafval af.[24] China was daarvoor de grootste importeur ter wereld, dus moest er heel veel plastic ineens ergens anders heen. Het ging naar buurlanden in Azië, zoals Vietnam, Maleisië en Thailand. Maar die kregen er ook al snel genoeg van. In 2021 stuurde Maleisië ruim driehonderd containers met vervuild afval terug naar het land van herkomst, en het land verbood uiteindelijk plasticimport. Turkije liet het VK eveneens recent weten het Britse plastic niet meer aan te nemen.

Door deze onbetrouwbare handel lijkt het alsof de mondiale handel in plasticafval een reusachtige kwestie is. Om te weten hóé groot moeten we echter naar de data kijken.

Elk jaar wordt zo'n vijf miljoen ton plastic afval wereldwijd verhandeld.[25] Dat klinkt zonder meer als een grote hoeveelheid. Tot we het in de context zien van de hoeveelheid plasticafval die we genereren: ongeveer 350 miljoen ton. Dat wil zeggen dat zo'n 2 procent van het plasticafval ter wereld wordt verhandeld.[26] De andere 98 procent wordt in eigen land verwerkt.

Als het risico groot is dat die vijf miljoen ton in de oceaan belandt, zou een verbod op plastichandel misschien toch het probleem oplossen. Om te weten of dit haalbaar is, moeten we kijken naar waar het afval vandaan komt en waar het naartoe gaat. In 2018 waren de vijf grootste exporteurs van plastic de VS, Duitsland, Japan, het VK en Frankrijk.

Hoevéél van hun plasticafval verhandelen rijke landen? Laten we het VK als voorbeeld nemen. In 2010 genereerde dat land naar schatting 4,93 miljoen ton plasticafval. Het exporteerde 838.000 ton, zo'n 17 procent. Dat is een flink deel – bijna een vijfde. Het VK is een van de grootste exporteurs. De VS exporteerde zo'n 5 procent van zijn plasticafval in 2010, Frankrijk exporteerde 11 procent en Nederland 14 procent. De meeste welvarende landen zijn netto-exporteurs van plasticafval.

Waar gaat dit plasticafval heen? Hier wordt het verrassend. Een paar jaar geleden was Azië veruit de grootste importeur van plastic: 70 tot 80 procent ervan belandde daar. Maar toen die landen er genoeg van kregen dat de rijke landen ze opzadelden met hun afval, daalde dit aandeel snel. Nu is Europa de grootste importeur van plasticafval.[27] Het importeert meer dan de helft van het mondiaal verhandelde afval. Hoewel Europese landen de grootste éxporteurs zijn, gaat bijna driekwart ervan naar andere landen in Europa. Een paar van de grootste exporterende landen zijn ook de grootste importeurs. Duitsland exporteert plastic naar nabijgelegen landen zoals Nederland, Turkije, Polen, Oostenrijk en Tsjechië. Maar het ontvangt daar ook een hoop – andere soorten plastic – voor terug.

De spectaculaire afname van Aziatische import laat zien hoe snel regulering dingen kan veranderen. China, Maleisië en verscheidene andere landen verboden import van plastic en de balans in de plastichandel werd op z'n kop gezet. Deze verschuiving is goed nieuws. Zoals we al zagen vloeit in Europa heel weinig plastic af naar de oceanen. Omdat het nu de grootste importeur van plasticafval is, geldt voor het leeuwendeel van het mondiaal verhandelde plastic dat het risico klein is dat het in zee belandt.

Dit brengt ons op de cruciale vraag: hoeveel dragen rijke landen bij aan plasticverontreiniging via hun geëxporteerde afval?

In 2020 importeerden landen met een laag tot middeninkomen – waar het 'risico groter' was dat het plasticafval in de oceaan terecht zou komen – circa 1,6 miljoen ton plasticafval uit rijke landen. Tot de 'rijke landen' behoren hier alle landen in Europa en Noord-Amerika, plus Japan, Hongkong en andere OESO-landen uit andere regio's. Hoeveel van dit plastic komt uiteindelijk in de oceaan terecht?

Vroeger importeerde Azië bijna al het mondiaal verhandelde plasticafval, maar nu niet meer

Aandeel van de verschillende regio's in de mondiale import van plasticafval.

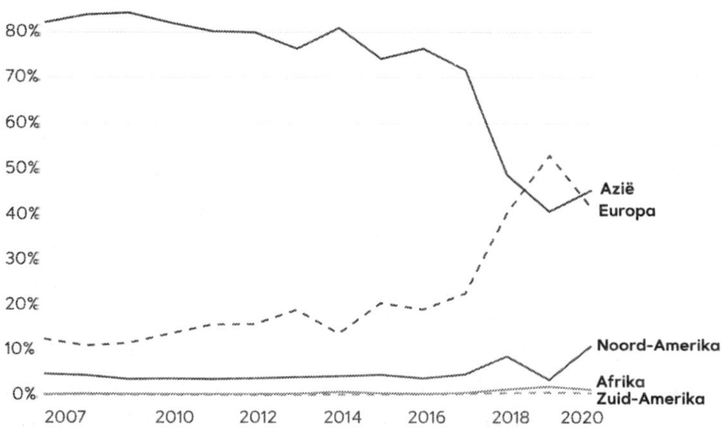

We weten het niet zeker – de kans dat slecht beheerd afval in de oceaan belandt, verschilt heel sterk van land tot land – maar we kunnen aan een slechtste en beste scenario denken. Ik heb een paar grove berekeningen gemaakt en schat dat rijke landen tussen 1,6 procent (in het beste geval) en 10 procent (in het slechtste geval) van de kunststoffen in de oceaan bijdragen door afval naar het buitenland te transporteren. Het meest waarschijnlijke cijfer zal hier tussenin zitten.

Zou de hoeveelheid plastic die in de oceaan belandt, afnemen door een verbod op plastichandel? Waarschijnlijk wel iets. Zou het een einde maken aan het probleem? Helaas niet. Slechts een fractie van het mondiale plasticafval wordt verhandeld, en het grootste deel daarvan belandt in landen die heel weinig plastic naar de oceaan laten weglekken.

Toch zijn er ook andere redenen om verhandeld afval streng te reguleren. Het is schandelijk dat welvarende landen andere landen gebruiken als stortplaats. Alleen daarom al zouden we er iets aan moeten doen. Maar als we uit zijn op een snelle oplossing voor het probleem van de plasticsoep, of hopen dat rijke landen dit probleem in hun eentje kunnen oplossen, dan gaan we er niet komen.

Wat zijn de gevolgen van plasticvervuiling?

Elke dag is er wel weer een krantenkop waarin staat waar sporen van plastic zijn aangetroffen. In onze riolering, ons voedsel, ons bloed, zelfs in Antarctica.[28, 29, 30, 31] Dat klinkt griezelig. Maar hoeveel zorgen moeten we ons maken?

Laten we beginnen met onszelf. De meesten van ons slikken niet opzettelijk grote stukken plastic door, dus het zijn de kleinere stukjes – de deeltjes die zo klein zijn dat we ons er niet eens bewust van zijn – waar het om gaat. We kunnen die binnenkrijgen via het water dat we drinken, de vis of het vlees dat we eten, en we kunnen ze via de lucht inademen en doorslikken.[32]

Wat gebeurt daarmee als ze in het menselijk lichaam terechtkomen? Dat weten we niet, maar mogelijk blijven die daar niet erg lang.[33, 34] Een bewijs hiervoor is afkomstig van vissen: studies wijzen erop dat microplasticdeeltjes niet lang blijven zitten nadat ze zijn ingeslikt. Ze gaan er snel doorheen. Het meeste bewijs – of misschien het gebrek aan bewijs – laat zien dat de plastic deeltjes zelf geen groot probleem voor de menselijke gezondheid zijn.

Het is ook de vraag of die een vehikel voor andere verontreinigende stoffen worden. Plasticdeeltjes zijn kleverig: andere moleculen blijven er gemakkelijk aan vastzitten. Dat wil zeggen dat er op die manier mogelijk stoffen zoals polychloorbifenyl in ons lichaam terechtkomen. Industrieën doen bovendien additieven in hun kunststoffen. Enig concreet bewijs dat dit van invloed is op de menselijke gezondheid moet ik nog zien, maar het is te vroeg om het met zekerheid te zeggen. Op dit moment maak ik me geen gróte zorgen over de impact van plastic op de menselijke gezondheid, maar ik erken dat het bewijs onvoldoende duidelijk is om hier een uitgesproken positieve of negatieve uitspraak over te doen. Hierover zou ik gemakkelijk van gedachten kunnen veranderen.

Wat in mijn ogen verontrustender is, is de schade die dieren in het wild oplopen door plastic. Onderzoeken tonen dit al sinds decennia aan.[35] Dieren kunnen er op een aantal manieren aan worden blootgesteld. Ten eerste kunnen ze verstrikt raken in plastic. Voorbeelden hiervan zijn bij meer dan 340 soorten gedocumenteerd, waaronder de meeste schildpadden, zeehonden en walvissen.[36] Lijnen en visgerei veroorzaken de meest voorkomende vormen van verstrikking, reden waarom we de visserijsector veel strenger moeten reguleren. Op de tweede plaats komt de ingestie van plastics, rechtstreeks via het water dat dieren binnenkrijgen, of door het eten van organismen die al plastic hebben binnengekregen. Dit komt ook veel voor; bij ruim 230 soorten is ingestie vastgelegd.[37] Dit kan op allerlei manieren invloed hebben op de gezondheid van dieren. Zo beperkt het hun maagcapaciteit en hun eetlust. Ze denken ten onrechte dat hun met plastic gevulde maag goed gevoed is. Tot slot zijn er aanvaringen en schaafwonden. Vissen of zeedieren kunnen zich snijden aan scherpe stukken kunststof. En visgerei kan koraalriffen beschadigen.

Plastic kan bovendien het evenwicht van complete ecosystemen verstoren. Drijvende kunststoffen kunnen fungeren als een reddingsvlot voor verschillende soorten en deze van hun normale locatie naar een andere omgeving in de oceaan vervoeren, die dan opeens moet omgaan met een volkomen nieuwe 'invasieve' soort.[38]

De mensen denken vermoedelijk dat plastic een van de grootste bedreigingen is voor onderwaterleven. Dit staat zeker op de lijst, maar niet bovenaan. In het volgende hoofdstuk zullen we zien dat vis met veel urgentere problemen kampt. Toch is de vervuiling van onze kustlijnen en oceanen met plastic zonder enige twijfel heel slecht voor de natuur. Het is een negatieve impact waar we een eind aan kunnen maken. Laten we er iets aan doen.

HOE MAKEN WE EEN EIND AAN HET PLASTICAFVAL IN ONZE OCEANEN?

Van alle milieuproblemen in dit boek is de verontreiniging met plastic het eenvoudigst aan te pakken. We weten hoe we het moeten doen. We hoeven niet op nieuwe innovaties of technologische doorbraken te wachten. Met enkele basisinvesteringen zou de wereld dit probleem morgen kunnen oplossen.

Voor alle duidelijkheid, ik doel hier op *vervuiling* met plastic: voorkomen dat plastic terechtkomt in onze rivieren en oceanen waar het de natuur schade toebrengt. We willen het gebruik van plastic niet volledig elimineren. We hebben plastic nodig voor een paar essentiële toepassingen. Voor het overige kunnen we alternatieven bedenken of het gebruik verminderen.

Rijke landen mogen niet buiten schot blijven

Het zou gemakkelijk zijn om het beëindigen van de plasticvervuiling op het bordje van de landen met lage en middeninkomens te leggen, waar het leeuwendeel ervan in de oceaan belandt.

Maar rijke landen zouden er niet zo gemakkelijk van af moeten komen. Zij dragen op verscheidene manieren bij aan het plasticprobleem. Ze moeten onmiddellijk ophouden met het transport van plastic naar het buitenland, ténzij ze beloven te investeren in goede beheerpraktijken in het land waar ze hun afval naartoe sturen.

Stoppen met de handel in plastic zal het verontreinigingsprobleem niet oplossen, maar toch levert dit een snelle winst op. Om maar te zwijgen van een van de fundamentele principes: arme landen zijn geen stortplaats voor rijke landen.

De bijdrage van rijke landen eindigt niet bij handel in afval. We kopen ook graag plastic producten uit armere landen. Of exporteren onze eigen in plastic verpakte producten daarheen, terwijl we weten dat ze de infrastructuur niet hebben om het afval later te verwerken. Plasticverontreiniging is een ingewikkeld mondiaal probleem, en om dit goed aan te pakken, hebben we een geïntegreerd stel oplossingen nodig. Alle landen – van arm tot rijk – kunnen een rol spelen bij de aanpak ervan.

Investeer in meer afvalbeheer

De beste oplossing om een einde te maken aan de plasticverontreiniging is niet erg aantrekkelijk. Het is geen elektrische auto van Tesla of een doorbraak in de kernfusie. Het is de groezelige maar noodzakelijke investering in afvalbeheer. Als elk land de afvalbeheersystemen had die rijke landen hebben, dan zou er bijna geen plastic in de oceaan belanden.

Landen hebben stortplaatsen nodig die vanboven goed worden afgesloten, zodat de troep niet kan ontsnappen. Ze hebben goede systemen nodig voor het inzamelen en opslaan van het afval uit duizenden straten in megasteden. Ze hebben recyclingsystemen nodig en centra waar plastic een tweede leven kan krijgen.

Afvalbeheer valt niet leuk te maken. Het is rotzooi verzamelen, meer niet. Een pleidooi voor investeringen in vuilnisbakken en stortplaatsen valt niet mee als landen zoveel andere prioriteiten hebben die ze moeten aanpakken. Daardoor zijn we om te beginnen in deze situatie beland. De levensstandaard is snel hoger geworden. Mensen zijn naar steden getrokken, waar ze veel meer consumptieartikelen gebruiken. Ze kunnen zich nu veroorloven om veel plastic te gebruiken. Dat is positief; het is een teken dat mensen rijker worden en een beter leven kunnen hebben. Afvalbeheer staat echter nog steeds laag op de prioriteitenlijst.

In die zin is de kwestie van afval vergelijkbaar met luchtvervuiling. Uiteindelijk komen mensen in een ontwikkelingsstadium waarin hun prioriteiten een omslagpunt bereiken. In de eerste stadia zijn mensen bereid om afval te accepteren. Het is niet fraai, maar het is een nadeel dat ze accepteren in ruil voor de voordelen die die spullen bieden. Een tijd later gaan ze beseffen dat ze rivieren en kusten zonder afval willen. Ze verwachtten dat de lokale overheid een plan heeft om het afval in de stad in te zamelen en te beheren. Als deze overgang optreedt, belandt het plastic niet meer in de oceaan. Zo simpel is het.

Lage- en middeninkomenslanden kunnen deze overgang versnellen door nu te investeren in afvalbeheer. Rijke landen kunnen dit ondersteunen met financiering. Als ze niet bereid zijn om in afvalbeheer te investeren, maken ze duidelijk waar ze staan: ze willen ogenschijnlijk iets doen, maar maken zich er met een jantje-van-leiden van af.

Moeten we ons plasticafval recyclen?

Vraag aan iemand wat hij of zij doet om 'de planeet te redden', en het antwoord is bijna altijd, 'ik doe aan afvalscheiding'. Recyclen is het universele kenmerk van een gewetensvol milieubewust persoon. Zoals we in hoofdstuk 3 zagen, denken mensen vaak dat dit een enorme impact heeft op hun CO_2-voetafdruk. In werkelijkheid is die nogal gering.

Waarom is het lang niet zo effectief als we denken? Bijvoorbeeld omdat recycling niet als bij toverslag vanzelf plaatsvindt. Het kost energie, en die energie brengt kosten met zich mee. Vaak is dit iets minder dan de energie die ervoor nodig is om nieuw plastic te maken, dus we besparen nog wel iets door te recyclen, maar niet zoveel als we zouden willen of verwachten. Onze verwachtingen rond recycling zijn ook te hoog. We denken dat ons waterflesje een nieuw waterflesje wordt, en dat dit reïncarnatieproces keer op keer plaatsvindt. Het stelt de gang van plastic naar de stortplaats uit, maar voorkomt deze niet. Tenslotte is spullen van plastic maken – vooral plastic voor eenmalig gebruik – gewoon zo efficiënt dat oude dingen recyclen daardoor veel minder aantrekkelijk wordt. Vergeleken met andere materialen biedt het vaak een koolstofarme productiemethode.

Ik wil niet te somber zijn over afvalscheiding. Tegen mijn vrienden zeg ik dat ze het moeten doen. Ik maak mezelf alleen niet wijs dat we hiermee de planeet gaan redden. Mijn advies aan jou is dus te recyclen. Het is goed om te doen. Maar als dat het énige of het belangrijkste is wat je doet voor het milieu, dan moet je beter je best gaan doen.

Vraag om meer samenwerking en innovatie van de industrie

Een van de redenen waarom de recyclingcijfers wereldwijd zo laag zijn, is dat recyclen vaak niet erg kosteneffectief is voor landen. Onze recyclingverzamelingen bevatten vaak een mengelmoes van verschillende soorten plastic. Een deel ervan kan worden gerecycled, een ander deel niet. Kringloopstromen raken verontreinigd en de rotzooi opruimen is duur.

De industrie – die de kunststoffen produceert en de producten waarvan die worden gemaakt – is niet erg behulpzaam. De industrie zadelt ons op met grote hoeveelheden plastic en mengt allerlei soorten door elkaar. Vervolgens is het aan 'ons' – en daarmee bedoel ik individuen, lokale gemeenschappen en gemeenteraden – om te zorgen voor de infrastructuur en systemen om dat aan te pakken. Overheden moeten industriële producenten meer onder druk zetten en strenger reguleren. De industrie moet de kunststoffen die ze gebruiken stroomlijnen. Ze moeten kunnen worden gerecycled. Ze moeten investeren in chemische recycleoplossingen die bijdragen aan het sluiten van de plastickringloop. En intussen moeten ze lokale gemeenschappen helpen met de infrastructuur die nodig is om het afval dat de industrie genereert aan te pakken.

Streng beleid met betrekking tot plastic in de visserijsector

We zagen dat het meeste plastic in de oceaan van land afkomstig is. In bepaalde delen van de oceaan is het echter vooral afkomstig van bronnen op zee. Toen Charles Moore door de plasticsoep in de noordelijke Grote Oceaan voer, zag hij waarschijnlijk meer visnetten en -lijnen dan plastic rietjes en colaflesjes.

De oplossing van dit probleem zou vrij eenvoudig kunnen zijn. Met de wereldzeeën kun je niet 'doen wat je wilt' – althans niet legaal. In de meeste landen moeten commerciële vissersschepen een vergunning hebben. Vaak hebben ze quota voor hoeveel vis ze mogen vangen (hierover meer in het volgende hoofdstuk). We kunnen hun vaarpatronen in de gaten houden met eenvoudige gps-technologie. De oplossing ligt dus voor de hand: iemand controleert hoeveel uitrusting er aan boord is bij vertrek, en dit wordt afgezet tegen wat er bij terugkeer nog over is. Als touwen, netten en lijnen verloren zijn gegaan bij zwaar weer of opzettelijk overboord zijn gegooid, krijgen de vissers een hoge boete, een tijdelijk visverbod of wordt hun vergunning ingetrokken. We zouden rekening moeten houden met onvoorziene gebeurtenissen waardoor ze per ongeluk uitrusting verliezen – als een reusachtige vis een lijn uit hun handen rukt, is het hardvochtig om hen daarvoor te straffen.

We kunnen er ook voor kiezen om ze een 'wortel' voor te houden. Vissers kunnen worden geprikkeld om plasticafval mee terug naar land te nemen. Niet alleen dat van henzelf maar al het afval dat ze tijdens hun reis tegenkomen.

De visserijsector is voor zijn voortbestaan afhankelijk van gezonde mariene ecosystemen. Het is krankzinnig dat we in een situatie zitten waarin de oceanen soms worden gebruikt als vuilnisbelt.

De Interceptor

Tot zover is het allemaal heel saai: handelsbeleid, meer stortplaatsen en recyclingcentra, en iemand die netten op vissersschepen telt. Is er niet iets swingenders, hightech, waarmee we ons hierop kunnen uitleven?

Het is duidelijk dat het nog minstens een paar jaren zal duren voor we de infrastructuur hebben om plasticverontreiniging in onze oceanen tegen te houden. In de tussentijd kunnen we – passief – toekijken hoe al dat plastic wordt uitgebraakt. Maar we kunnen ook een tijdelijke stop in het afvoerputje doen om de stroom tegen te houden. Een glanzende hightechstop.

Maak kennis met de Interceptor Original, een technologie die werd ontwikkeld door het Ocean Cleanup-project van Boyan Slat. Het is een instrument dat werkt op zonne-energie – stel je een klein vaartuig voor met een lange sliert opblaasbare buizen eromheen – dat bij de monding van rivieren wordt ingezet.[39] Het onderschept het drijvende afval dat uit rivieren komt, vangt al het plastic voor het zich ophoopt en verwerkt het, waarna het wordt getransporteerd naar een effectieve afvalverwerkingsplaats. Als je plastic aan het begin van zijn reis naar de oceaan kunt opvangen – bij de ingang – vang je het voor het zich verspreidt. Het project heeft tot nu toe acht Interceptor Originals ingezet in Indonesië, Maleisië, Vietnam, de Dominicaanse Republiek en Jamaica.

De Ocean Cleanup is maar één project dat probeert dit droombeeld te verwezenlijken. Er zijn er nog veel meer. Sommige gebruiken 'rivierbomen': lange, gebogen barrières die plastic proberen tegen te houden en op te ruimen. Het Seabin-project – dat begon in Australië maar inmiddels wereldwijde vertakkingen heeft – zet constructies in die doen denken aan vuilnisbakken die met de getijden meebewegen en al het ronddrijvende plastic opzuigen. Mr. Trash Wheel in Baltimore is een hippe machine met grote, komische ogen die drijvend plasticafval in de rivier opvreet. Het doet een beetje denken aan het spel Hippo Hap. Bij The Great Bubble Barrier, ontworpen in Nederland, ligt een buis over de volle breedte op de rivierbodem. Hij blaast belletjes omhoog naar het oppervlak, waardoor een barrière ontstaat die plastic stukjes tegenhoudt. Ze worden juist omhoog gestuwd naar het oppervlak, waar ze worden opgeschept door een verzamelsysteem.

Het is nog te vroeg om te zeggen hoe effectief deze oplossingen zijn en of ze op grotere schaal kunnen worden toegepast, maar ze lijken de moeite van het proberen waard. Er komt dagelijks meer plastic in onze rivieren en oceanen terecht, dat wordt afgebroken tot steeds kleinere deeltjes. In de toekomst zijn die nog moeilijker uit het milieu te verwijderen. We kunnen wanhopig toekijken en wachten tot iemand anders de kraan dichtdraait. We kunnen in de tussentijd ook ons best doen: onze handen uit de mouwen steken en proberen te vangen wat erdoorheen glipt.

De stranden en kusten schoonmaken

Het grootste deel van het plastic in de oceanen doorloopt een cyclus: het komt langs kusten vast te zitten – mogelijk wordt het zelfs begraven in het sediment – waarna het weer lostrilt en in de golven belandt. Dit proces van begraven worden en weer opduiken kan keer op keer plaatsvinden.[40] Dit is gunstig. Het is heel moeilijk om plastic uit het mídden van de oceaan te scheppen. Maar het grootste deel van ons plastic bevindt zich veel dichter bij huis, waar we erbij kunnen. Overal ter wereld tref je mensen aan die bezig zijn stranden schoon te maken, een ondankbare taak. Alleen het ís niet ondankbaar. Woon je in de buurt van een strand of kust en je draagt een steentje bij aan de schoonmaak ervan, dan voorkom je rechtstreeks dat plastic naar de oceaan lekt.

ER ZITTEN AL MILJOENEN TONNEN PLASTIC IN DE OCEAAN. HOE KRIJGEN WE DIE ERUIT?

Tot nu toe hebben we ons geconcentreerd op hoe we kunnen voorkomen dat plastic in de oceaan belandt. Maar wat doen we met het plastic dat er al in drijft? Moeten we het gewoon zo laten of kunnen we het verwijderen?

Wat dit betreft is er goed en slecht nieuws. Eerst het slechte nieuws: er is plastic in de oceaan dat we er niet uit zullen kunnen krijgen. We hebben allemaal de cijfers gehoord over hoelang plastic in het milieu blijft zitten: decennia, als het geen eeuwen is. Dit klopt voor een deel. Sommige verbindingen vallen heel langzaam uiteen. Maar een deel van het plastic wordt veel sneller afgebroken, zodat microplastics ontstaan.[41] Het probleem daarvan is dat ze nu zo'n beetje overal zitten en dat we er niet van afkomen.

Ik ben optimistischer over de grotere stukken – het afval dat kapitein Charles Moore zag. Ik ben niet altijd zo optimistisch geweest. Een deel van mijn scepsis is te vinden in de archieven van het internet. Als je je oude, beschamende meningen wilt opduikelen, kun je altijd op het internet terecht.

Het YouTube-kanaal Kurzgesagt publiceert een paar van de beste filmpjes op het internet. Ze leggen wetenschap op een ongelooflijk toegankelijke manier uit. De verteller heeft een enorm geruststellende stem, die te horen is tijdens het kijken naar hun prachtige animaties. Alle filmpjes worden door miljoenen mensen bekeken. Ik heb het voorrecht gehad met Kurzgesagt samen te werken aan de scripts en research voor sommige van die filmpjes.

Een paar jaar geleden hebben we een filmpje gemaakt over het probleem van de plasticverontreiniging. Dat was een groot succes. Ik deed het onderzoek en maakte het script. Naderhand werd me gevraagd of ik als deskundige over het onderwerp wilde meedoen aan een 'Ask Me Anything' (AMA) op Reddit. Die AMA-sessies leken me stressverwekkend, dus ik was terughoudend. Maar Kurzgesagt had nog twee deskundigen die me konden helpen. Onder wie iemand van het milieuprogramma van de VN. Fantastisch: ik zou goed gezelschap hebben.

Toen puntje bij paaltje kwam bleek ik geen gezelschap te hebben. De andere twee deskundigen lieten het afweten. Het was een van de meest krankzinnige dagen van mijn leven. Duizenden mensen meldden zich online om vragen te stellen en mee te doen aan de discussie. Het waren allemaal uitstekende vragen: weloverwogen, genuanceerd en gesteld met een oprechte wens om te leren. Ze verdienden een gedegen antwoord.

In het oorspronkelijke filmpje draaide het om de vraag hoe we voorkomen dat er plastic ín de oceaan belandt. Dat was een deel van het probleem dat ik uitentreuren had onderzocht – ik kende de data als mijn broekzak. Ik had nauwelijks een gedachte gewijd aan het plastic dat er al in zat. Ik denk dat ik er gewoon van uit was gegaan dat het kansloos was.

Maar natuurlijk gingen mensen me er vragen over stellen. Verdraaid. Ik heette de deskundige te zijn, en ik had geen idee. Tot mijn schande wendde ik me tot Google. 'Hoe halen we plastic uit de oceaan?' zocht ik. Het Ocean Cleanup-project was de eerste hit.

Ik raadpleegde de site. Dat kan hoogstens vijf minuten hebben geduurd, maar elke minuut kwam er een vraag bij in de backlog van Reddit. Toen ik de Ocean Cleanup bekeek leek het me eerlijk gezegd een onzinnig plan. Maar ik koos de diplomatieke benadering: legde het probleem uit, wees mensen op het project en zei dat het te vroeg was om er iets over te kunnen zeggen. 'Hou dit in de gaten,' besloot ik, een perfecte, vage uitvlucht.

Na afloop van mijn marathonsessie bij AMA dacht ik een tijdlang niet meer na over plastic. Maar een jaar of twee later nam ik weer eens een kijkje om te zien of er updates waren. Ik keek opnieuw, met een frisse blik naar het Ocean Cleanup-project en dit keer dook ik er echt diep in. Het is niet zo dat ik het opeens als een vanzelfsprekende, ideale oplossing zag. Ik had nog altijd een gezonde dosis scepsis. Wat wel veranderd was, was mijn waardering voor mensen – vaak ongelooflijk slimme mensen – die echt iets proberen te dóén. Net zoals Boyan Slat. Hij klaagde er niet handenwringend over, maar ging aan de slag om het probleem van al dat plastic in de oceaan aan te pakken. Hij was trouwens nog maar achttien jaar toen hij dit project opzette. Dus als je denkt dat je te jong bent om echt een verschil te kunnen maken, dan vergis je je.

Er is altijd ruimte voor eenzame ondernemers om zich uit te leven op een probleem. Dit geldt echter met name voor de grote, mondiale problemen zoals de plasticsoep. Wie is verantwoordelijk voor het plastic dat midden op de Grote Oceaan ronddrijft? Welke overheid krijgt daarvoor de rekening? Geen enkel land bezit de open zeeën. Het zou voor welke overheid dan ook uiterst kostbaar zijn om dit op te willen lossen. Dat wil zeggen dat geen enkel land dat doet. Als we dingen willen veranderen, hebben we moedige individuen en private ondernemingen nodig.

Boyan Slat en zijn team richten zich op het opruimen van de plasticsoep in de Grote Oceaan. Ze houden de hoge concentraties plastic in de gaten en volgen waar die terechtkomen. Dat is de zone waar ze zich op concentreren. Vervolgens zetten ze hun schoonmaakinstrumenten in (die anders zijn dan de Interceptor): drijvende barrières – denk aan de lange, drijvende lijnen in zwembaden – die het plastic in een groot hok verzamelen en opsluiten. Als dit vol is, wordt het plastic opgeschept en aan boord van een schip gebracht. Vervolgens wordt het getransporteerd om gesorteerd en gerecycled te worden.

De technologie is misschien nog niet volmaakt, maar er zijn aanwijzingen dat deze werkt. Bij elke poging kun je zien hoe bergen plastic uit de oceaan worden getild. Een van de moeilijkheden waar het project mee kampt, is er zeker van te zijn dat ze alleen afval verzamelen zonder vis en ander marien leven mee te nemen. De recentste cijfers wijzen erop dat zo'n 0,1 procent van de massa die ze vangen 'bijvangst' is – vis die helaas in de barrières belandt. Naar de normen van de visserij op de oceaan is dit weinig, maar de hoop is dat dit vrijwel geheel kan worden opgelost met verbeteringen aan de technologie.

Ik weet nog steeds niet of deze technologie echt verschil maakt voor de hoeveelheid plastic in de oceaan. Ik hoop het. Niet in de laatste plaats ter ere van het feit dat een groepje individuen het lef had een probleem aan te pakken waarvan de meeste mensen aannamen dat het onoplosbaar was.

Plastic rietjes zijn echt niet belangrijk

Papier en water gaan niet goed samen. Papier is gemaakt van een verbinding die cellulose wordt genoemd, die oplost in water. Waarom iemand het een goed idee zou vinden om drinkrietjes van papier te maken, ontgaat me. Die zijn echt onbruikbaar. Toch zijn 'papieren rietjes' overal ter wereld het duurzaamheidskenmerk geworden van restaurants en cafés.

Ik ben geen pleitbezorger van plastic rietjes. Ik heb er niet zoveel bezwaar tegen. Maar ik heb wel bezwaar tegen ineffectief beleid, vooral als dat in de plaats komt van maatregelen die wel degelijk verschil zouden kunnen maken. Plastic rietjes spelen op de schaal van de plasticverontreiniging op aarde niet zo'n grote rol. De kans dat je plastic rietjes in de oceaan zullen belanden is met name in rijke landen tamelijk gering. Zelfs als ze niet worden gerecycled eindigen ze waarschijnlijk op een stortplaats. We weten niet precies hoeveel plastic rietjes in de oceaan belanden, maar ze vormen waarschijnlijk pakweg 0,02 procent van het plastic in de oceaan. Als we plastic rietjes voor eenmalig gebruik streng willen aanpakken, prima. Maar dit kan niet het voornaamste beleid van een overheid zijn tegen plasticverontreiniging.

Sommige mensen met een lichamelijke beperking hebben rietjes nodig, en het verbod erop zou voor hen heel vervelend zijn. De meesten van ons hebben geen rietjes nodig, maar weten dat het niet zo belangrijk is, en je hoeft je niet schuldig te voelen als je er eentje op een feestje gebruikt. Mijn enige verzoek is dat we de fase van de papieren rietjes snel achter ons laten.

Het kan geen kwaad als je af en toe een plastic zakje gebruikt

Een plastic zakje voor eenmalig gebruik: de grote zonde van iedereen die milieubewust is. Wie kent er nu niet de ergernis als je in de supermarkt merkt dat je je boodschappentas bent vergeten. De volgende tien minuten lijken wel een komische sketch waarin je test hoeveel spullen je in je zakken kwijt kunt, met beide handen kunt vasthouden en zelfs tussen je tanden kunt stoppen. Je weigert het team in de steek te laten door om een plastic zak te vragen.

Ik doe het zelf ook. Zelfs al weet ik wel beter: de data laten ons zien dat af en toe een wegwerpzakje niet zo'n ramp is. Sterker nog, in veel opzichten is een plastic zak voor eenmalig gebruik beter dan sommige alternatieven. Als het om de CO_2-voetafdruk gaat, dan is deze veel kleiner dan van de rest. Een papieren zakje moet je verscheidene keren gebruiken en een katoenen tien tot honderd keer om 'quitte te spelen' met de plastic zak.[42, 43] Hetzelfde geldt voor andere invloeden op het milieu, zoals watergebruik, verzuring en de verontreiniging van het water met voedingsstoffen zoals stikstof. Dat wil niet zeggen dat je terug moet gaan naar plastic zakken voor eenmalig gebruik: het betekent alleen dat je die andere type zakjes vaak moet hergebruiken. Als je om de keer een nieuwe biologische boodschappentas koopt, maak je het in werkelijkheid alleen maar erger. En zoals we in voorgaande hoofdstukken zagen, zou je je veel meer moeten richten op wat je in de zakjes doet dan op de zak zelf. Dat heeft een veel grotere milieu-impact.

Het probleem met plastic zakken is dat ze onze waterwegen kunnen vervuilen. Maar dat gebeurt alleen als we dit niet goed beheren, zoals ook geldt voor alle andere vormen van afval. Tenzij je in de buurt van een rivier of de kust rommel maakt, komt het in rijke landen waarschijnlijk niet uiteindelijk in de oceaan terecht. Het afval naar een stortplaats brengen is ook geen probleem. In lage- tot middeninkomenslanden is dit wél een probleem, want daar groeit het gebruik van plastic zakken maar de infrastructuur om dat afval te beheren niet. Daar maken strenge regels met betrekking tot wegwerpzakjes, en de beschikbaarheid van alternatieven, écht een verschil.

Wees je er dus van bewust hoeveel je gebruikt. Neem een rugzak of een stevige tas en gebruik die keer op keer. Maar je hoeft je niet druk te maken als je bij de kassa in de supermarkt beseft dat je die thuis hebt laten liggen.

Stortplaatsen zijn vaak niet zo erg als ze lijken

Ik voel me vaak schuldig als ik spullen naar de stort stuur. Het lijkt me een vorm van falen: ik heb afval geproduceerd dat niet zal worden gerecycled of hergebruikt. Maar een van de oplossingen die ik in dit hoofdstuk diverse keren heb herhaald, is de noodzaak van meer en betere stortplaatsen. Misschien huiver je nu (dat doe ik ook) maar die zijn niet altijd zo slecht als ze lijken.

Stortplaatsen kúnnen slecht zijn als ze niet naar behoren worden beheerd, wat bij heel veel stortterreinen op aarde het geval is. Open vuilnishopen en bovengrondse stortplaatsen zijn geen goede oplossing. Plastic en ander afval kunnen er wegwaaien, verontreiniging kan van onderen weglekken, en er komen sterke broeikasgassen in de atmosfeer terecht.

Maar een goed beheerde stortplaats, diep in de grond, kan een zeer doeltreffende milieuoplossing zijn. Veel mensen denken dat er geen ruimte meer is voor stortplaatsen in de wereld, maar dat is niet waar. Ik heb een paar sommetjes gemaakt om te kijken hoeveel ruimte we nodig zouden hebben om álle 9,5 miljard ton plastic die we tot nu toe hebben geproduceerd op te slaan. Dus als we al het plastic op aarde begraven.

Stel je voor dat we een ondergrondse stortplaats hebben, zo'n dertig meter onder de grond. Veel bestaande stortplaatsen zijn zo diep – de Puente Hills-stortplaats in Los Angeles reikt tot maar liefst 150 meter diepte onder het oppervlak. Onze stort zal tien meter diep worden. Hoe groot zou dit terrein zijn? Omstreeks 1800 vierkante kilometer. Dat is een gebied zo groot als Londen, wat misschien tamelijk gigantisch klinkt maar slechts 0,001 procent van het totale landoppervlak op aarde is. Als deze stortplaats dichter bij het oppervlak zat, zou hij iets meer ruimte in beslag nemen. Als hij dieper of hoger was, zou je minder ruimte nodig hebben. Maar welke dimensies je ook kiest, de hoeveelheid ruimte is gering: de omvang van een stad of twee. Niemand wil een stortplaats in zijn achtertuin, maar we beschikken over voldoende ruimte, dus hoeft dat ook niet.

De meeste mensen vinden stortplaatsen afschuwelijk, maar het kunnen doeltreffende opslagplaatsen voor CO_2 zijn die de impact van het afval op de klimaatverandering verkleinen. Als afval vergaat komt CO_2 vrij maar ook methaan, een nog sterker broeikasgas. Dit is natuurlijk slecht voor het klimaat. Goed beheerde stortplaatsen vertragen dit afbraakproces of roepen het zelfs een halt toe door de zuurstoftoevoer af te sluiten. Zo wordt voorkomen dat CO_2

of methaan vrijkomt: de koolstof blijft in het materiaal in de stortplaats. Dit geldt ook voor andere producten zoals papier en hout. Stel dat het om bomen gaat. Als we hout verbranden of het laten vergaan, komt er CO_2 vrij. Als we het in plaats daarvan begraven, wordt deze koolstof 'opgesloten' en hebben we wat CO_2 uit de atmosfeer gehaald. Dit wordt een 'koolstofput' genoemd.

In stortplaatsen vindt desondanks wel enige desintegratie plaats, maar voornamelijk van organisch materiaal zoals voedselresten en papier.[44] Goed beheerde stortplaatsen kunnen al het ontsnappende methaan afvangen, zodat het niet in de atmosfeer terechtkomt. Ook lekkage van verontreinigd water naar omringende ecosystemen kan worden voorkomen door ervoor te zorgen dat de stortplaatsen van onderen zijn uitgerust met betrouwbare bekleding. Dit wordt niet bij elke stortplaats optimaal uitgevoerd, en de bekleding kan in de loop der decennia vergaan. Maar dit is een oplosbaar probleem.

Stortplaatsen zijn esthetisch gezien onaangenaam: we moeten er goed over nadenken waar we deze aanleggen. En als ze slecht worden beheerd, kunnen ze milieutechnisch gezien een mislukking zijn. Maar in de strijd tegen plasticverontreiniging zijn goede stortplaatsen een cruciaal onderdeel van onze gereedschapskist. Onze stress en ons schuldgevoel mogen het gebruik ervan niet in de weg staan.

8
Overbevissing
Het leegroven van de oceanen

'We zullen in 2048 vrijwel lege oceanen zien.'
– *Seaspiracy*, 2021

In 2021 sloeg de Netflix-documentaire *Seaspiracy* overal in als een bom. Het was een van de meest bekeken programma's van dat jaar en het bracht de media in rep en roer. Ik hoorde mensen om mij heen steeds weer dezelfde quote herhalen: 'Halverwege deze eeuw zijn er geen vissen meer!' Dan hebben we de zeeën volledig leeggeroofd en zullen onze netten en lijnen niets meer naar boven halen. Er zal geen leven meer zijn op de zeebodem. De schitterende koralen waar ooit uitgestrekte mariene ecosystemen in leefden, storten in omdat er geen leven meer is om ze te onderhouden. De aarde is de blauwe planeet, maar zijn oceanen zullen kaal zijn.

De meeste oceanologen reageerden ambivalent. Eindelijk kregen overbevissing en de toestand van onze oceanen de aandacht die ze verdienden. Maar de documentaire wemelde ook van de onjuistheden.

Waar was deze bewering op gebaseerd? In 2006 publiceerden Boris Worm en zijn medeauteurs een artikel in *Science*.[1] Worm, die tegenwoordig hoogleraar is aan de Dalhousie-universiteit in Canada, is een van de beroemdste marien ecologen ter wereld. Zijn artikel in *Science* ging over de biodiversiteit in onze oceanen. Er was in die tijd grote bezorgdheid over de toestand van de visbestanden in de wereld. De populaties blauwvintonijn verkeerden in grote problemen, de hoeveelheid kabeljauw en schelvis nam af en veel mensen aten na waarschuwingen van ngo's overal ter wereld geen zalm meer.

Het onderzoek leverde geen positief beeld op. Toch kregen de belangrijkste resultaten van het artikel heel weinig aandacht. Nee, de media zoomden in op één cijfer, een getal dat er maar één keer in stond, in de conclusie:

> Onze data accentueren de maatschappelijke consequenties van een voortgaande erosie van de diversiteit die op mondiale schaal lijkt toe te nemen. Deze trend is zeer zorgelijk omdat die de mondiale instorting voorspelt van alle taxonomische groepen waarop momenteel wordt gevist voor het midden van de 21ste eeuw (gebaseerd op extrapolatie van de achteruitgang tot 100 procent in het jaar 2048).

Ik begrijp dat veel mensen schrikken als ze deze conclusie lezen. Ik snap ook dat een journalist, belust op een spectaculair verhaal, zich erop stort. En ja hoor, *The New York Times* bracht het verhaal: 'Onderzoek voorspelt "mondiale instorting" van vissoorten.'[2] Andere media concludeerden dat er in 2048 helemaal geen vis meer zou zijn. Daarna escaleerde de media-aandacht.

Er kleven twee cruciale problemen aan de framing van dit verhaal. In de eerste plaats spreken marien ecologen een andere taal dan de meesten van ons wanneer ze het over een 'mondiale instorting' hebben. Je zou kunnen denken dat een 'instorting' betekent dat er geen vis meer over is. Dat een ingestorte populatie een verdwenen populatie is. Zo sprong dit verhaal van 'mondiale instorting in 2048' naar 'lege oceanen in 2048'. Maar dat bedoelen wetenschappers er niet mee.

In de visserijwetenschappen zijn er veel definities van 'instorting'. De definitie die Boris Worm hanteerde was deze: als de hoeveelheid vis die we vángen daalt tot 10 procent van de hoogst gemeten vangstniveaus uit de geschiedenis. Dus als de maximale hoeveelheid Atlantische blauwvintonijn die we in een bepaald jaar hebben gevangen een miljoen bedraagt, dan is deze 'ingestort' als onze vangst in een jaar tot onder de honderdduizend daalt. Het is nogal gek dat we dit definiëren op basis van visvángst en niet van het werkelijke áántal vissen dat er nog over is. Maar in de tijd van Worms artikel beschikten we over weinig data over de hoeveelheid vis in de oceaan. Om te meten hoe goed vispopulaties het doen, keken we hoe gemakkelijk het was om er een paar te vangen. Het is gemakkelijk om vis te vangen als er heel veel vissen zijn. Naarmate hun populaties krimpen wordt het steeds moeilijker.

Toen Boris Worm het over 'mondiale instorting halverwege de 21ste eeuw' had, bedoelde hij niet dat er geen vis meer over zou zijn. Zelfs als zijn voorspelling van een instorting zou uitkomen, dan nog zouden de oceanen niet leeg zijn. Dit zou uiteraard nog altijd verschrikkelijk zijn, ongeacht of je je bekommert om de vissen of om de mensen die ze vangen, maar het zou geen lege oceaan betekenen.

En nu het tweede grote probleem: hoe Worm aan de voorspelling kwam van een mondiale instorting halverwege de eeuw. Hij schatte de toestand van de vispopulaties op aarde op basis van de data die hij had (en dat waren er niet zoveel). Ondanks het gebrek aan data leverde hij belangrijk werk: wetenschappers moeten proberen te begrijpen waar we staan en welke kant we op gaan op basis van de meest betrouwbare data die ze te pakken kunnen krijgen. Hij schatte dat in 2003 bijna 30 procent van de visbestanden in de wereld was 'ingestort'. Vervolgens trok hij die trendlijn door tot die bij de 100 procent was uitgekomen. Hij ging ervan uit dat de visbestanden gewoon zouden doorgaan met instorten, een voor een, tot ze in 2048 allemaal waren ingestort.

Dat is een tamelijk onschuldige extrapolatie. Het is voor een wetenschapper een interessant gedachte-experiment: 'Wanneer bereiken we 100 procent als we op dezelfde voet doorgaan als in het verleden?' Dit soort berekeningen maak ik zelf ook vaak. Dat is leuk. Maar deze benadering accentueert een fundamenteel probleem dat we in dit boek keer op keer zijn tegengekomen. Het versterkt de doemdagmentaliteit waarvan we ons niet meer kunnen bevrijden. We extrapoleren exploderende bevolkingsaantallen en zijn bang dat ze nooit zullen ophouden met groeien. Tenminste, tot ze ineenstorten. We zien toenemende CO_2-emissies en veronderstellen dat die gewoon zullen blijven toenemen. Kunstmest, steenkool, pesticiden, luchtverontreiniging: we gaan er gewoon steeds meer van produceren. Als je sceptisch staat tegenover mogelijke veranderingen, dan is dit een begrijpelijk standpunt. Maar er is geen wetenschappelijke basis voor deze veronderstelling. Voor de meeste van onze milieuproblemen zijn er zelfs duidelijke aanwijzingen dat het niet meer zo ís. We kunnen de koers corrigeren en dat doen we ook.

De manier waarop de media aan de haal zijn gegaan met dit onderzoek verdient twee belangrijke waarschuwingen. Ten eerste betekent 'wereldwijde instorting van vis' niet een 'oceaan zonder vis'. Ten tweede is het op z'n zachtst gezegd niet erg wetenschappelijk om gewoon een rechte lijn te trekken tot die bij 100 procent is. We kunnen het de journalisten van toen niet echt kwalijk nemen. Maar als je dit nu – ruim vijftien jaar later – nog steeds verkeerd begrijpt, is er geen excuus. Dat komt doordat deze controverse voor een ommekeer heeft gezorgd in de visserijdata. Die data laten zien dat we het pessimistische scenario dat aanvankelijk in het nieuws kwam, achter ons hebben gelaten.

Veel oceanologen waren dolblij dat er in *The New York Times, The Washington Post* en op de BBC aandacht was voor vissen. Maar anderen kostte het moeite om het te begrijpen, zelfs na het ontrafelen van de verkeerde interpretatie dat een 'mondiale instorting' een 'lege oceaan' betekent. De sombere voorspellingen strookten niet met wat zij zelf met eigen ogen waarnamen in het veld – of beter, in zee. Het ging zeker slecht met een deel van de visbestanden. Maar andere dreigden helemaal niet in te storten. De duurzaamheid van sommige verbéterde zelfs. Het zag er eerder naar uit dat er in 2048 méér vis zou zijn, niet minder. Kort na de publicatie van Worms onderzoek, verschenen er in *Science* verscheidene wetenschappelijke tegenbewijzen van andere visserijdeskundigen.

Een van de felste critici van het onderzoek was Ray Hilborn, een andere reus op dat gebied, die als oceanoloog verbonden was aan de universiteit van Washington. Hij deed al decennialang onderzoek en kreeg al sinds de jaren zeventig prijzen voor zijn academische werk. Hij was ook iets optimistischer over de vooruitzichten van de visstand in de wereld.

Hilborn noemde het werk in interviews 'ongelooflijk slordig' en de voorspellingen 'verbijsterend dom'. In dezelfde maand waarin Worms artikel uitkwam, reageerde Hilborn met een artikel in het tijdschrift *Fisheries*, onder de titel 'Faith-based Fisheries'.[3] Hierin haalde hij niet alleen uit naar de wereld der oceanologen maar ook naar de belangrijkste wetenschappelijke tijdschriften in de wereld. Die zouden de voorkeur geven aan voorpaginanieuws boven wetenschap op basis van bewijs.

Worm en Hilborn keken verschillend tegen het probleem aan,

misschien omdat hun wereldbeeld verschilde. Boris Worm was marien ecoloog en Ray Hilborn was visserijwetenschapper. Simplistisch gezegd kun je stellen dat marien ecologen willen dat ecosystemen terugkeren naar een oorspronkelijke staat vóór de komst van de mens. Visserijwetenschappers houden zich bezig met de vraag hoe we gezonde ecosystemen kunnen behouden en tegelijk zo veel mogelijk vis kunnen vangen.

De twee mannen werden uitgenodigd om er live over in debat te gaan op de National Public Radio van de VS. De presentatoren hoopten waarschijnlijk op een spannend gevecht tussen twee nerds, maar het verliep vriendschappelijker dan verwacht. Hilborn en Worm waren het over veel dingen eens en toonden wederzijds respect. Zozeer dat ze de weken erna de gedachtewisseling per e-mail voortzetten.

Het werd duidelijk dat het aan data ontbrak om echt te begrijpen hoe het zat. Ze besloten hun krachten te bundelen en aan een grote dataverzameling te gaan werken. Boris Worm herinnert zich: 'Ray en ik beseften onafhankelijk van elkaar dat dit [publieke meningsverschil] de wetenschap niet vooruit zou helpen, omdat je het risico loopt aan één oog blind te zijn.'[4] Ze vroegen een subsidie aan – die ze ook kregen – om een groep van twintig wetenschappers bij elkaar te brengen. Het doel was data te verzamelen over de abondantie van vis – de hoeveelheid vis in de oceaan en niet hoeveel vis er werd gevangen.

In 2009 beschikten ze over de benodigde data. Het onderzoek, dat ze samen schreven, getiteld 'Rebuilding Global Fisheries', verscheen in *Science*.[5] Het tijdschrift noemde het artikel een einde van de strijd om vis: 'Na een controversiële projectie dat er in de toekomst geen in het wild gevangen vis meer zou zijn, begroeven toponderzoekers de strijdbijl om de toestand van de visserij te onderzoeken – en wat er aan gedaan kan worden.'

Hun resultaten toonden aan dat er gemiddeld geen achteruitgang was in deze visbestanden. Maar ze ontdekten wel dat er verschillende uitkomsten waren in verschillende regio's. Sommige bestanden deden het goed, en namen zelfs toe. Andere hadden het moeilijk en gaven reden tot zorg. Daarom was er gemiddeld genomen geen duidelijke verandering; het goede nieuws compenseerde het slechte. Eén ding was echter zonneklaar: niets wees op een 'mondiale instorting' halverwege deze eeuw. Als je deze cijfers extrapoleert, komt die in werkelijkheid nooit op 100 procent uit. Zelfs niet in het jaar 3000.

De oceanen zullen niet 'in 2048 leeg' zijn
Na een publicatie van een artikel in 2006 stond in veel koppen de bewering dat de 'oceanen in 2048 leeg zullen zijn'. Deze grafiek laat zien waar deze bewering op gebaseerd is, en meer recent bewijs dat deze weerlegt.

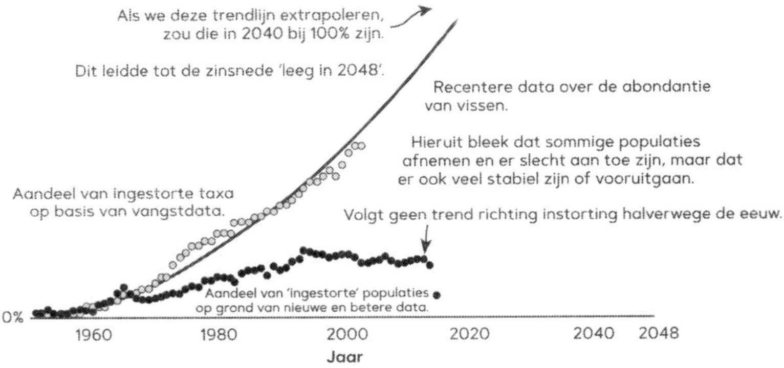

Dit was een essentiële update voor onze kennis van de visserij in de wereld. Maar 'het wordt niet veel beter noch veel slechter' is lang niet zo pakkend als 'wereldwijde visbestanden storten binnenkort in'. Negatief nieuws verkoopt. Positief nieuws verkoopt soms. Neutraal nieuws zelden.

De wetenschap is rijk aan frontale botsingen, ruziënde academici, politieke verdeeldheid, ideologische barrières. Het kan moeilijk zijn om verschillen opzij te schuiven en samen vooruitgang te boeken. Worm en Hilborn lieten zien hoe het moet. Toen er geen bewijs was dat hun meningsverschil kon opheffen, gingen ze er gezamenlijk naar op zoek.

Helaas stelt niet iedereen zijn mening bij als zich nieuw bewijs aandient. Daarom werd in *Seaspiracy* uit 2021 de onjuiste bewering over de 'lege oceanen in 2048' herhaald.

Dit betekent uiteraard niet dat de toestand van de vissen in de wereld perfect is en dat we ons nergens zorgen over hoeven te maken. Maar ik hoop wel dat je je nu– als je *Seaspiracy* geloofde – wat minder zorgen maakt. Nu de ergste paniek is gesmoord, kunnen we beter kijken naar de geschiedenis van onze omgang met de oceanen, waar we nu staan, en wat we moeten doen om ze weer gezond te maken.

HOE WE ZIJN GEKOMEN WAAR WE NU ZIJN

De opkomst en afname van de walvisvangst

Tegenwoordig laten we zien hoe oppermachtig we zijn door kleine schepsels in de oceaan te onderwerpen. Maar in het verleden hadden we het gemunt op de grote schepsels. Blauwe vinvissen zijn met een gewicht van meer dan 150 ton de grootste dieren die ooit op aarde geleefd hebben. Je zou denken dat ze met zo'n omvang geen prooi waren voor de mens. Maar die omvang maakte hun lot in werkelijkheid alleen maar erger. Mensen hebben zich altijd aangetrokken gevoeld tot de grote soorten, zoals we in hoofdstuk 6 zagen. Walvissen waren een ongelooflijk waardevolle bron van olie, vlees en blubber.

Bij vroege walvisvaart denken we misschien aan Herman Melvilles verhaal *Moby Dick* uit 1851. Maar onze strijd met walvissen stamt van veel eerder. Begin jaren 2000 werd er onderzoek gedaan in Bangudae, een vindplaats in Zuid-Korea, die dateert van 6000 v. Chr.[6] Er werden adembenemende rotstekeningen van walvissen gevonden. Op deze tekeningen staan niet alleen walvissen maar ook boten met mannen met harpoenen. Deze rotstekeningen bieden ons misschien het eerste inkijkje in het begin van de walvisjacht.

Walvisjacht is minstens duizenden jaren oud. In de middeleeuwen – van ongeveer 500 tot 1600 n.Chr. – werd deze steeds populairder in Europa. Rijke Londenaren, Schotten en Nederlanders maakten toen lampen en ornamenten van walvisbeenderen en deden zich tegoed aan het kostbare vlees.[7, 8] Maar het jachtgereedschap was in die tijd niet erg effectief. Hierin kwam verandering in de achttiende en negentiende eeuw, vooral toen walvisvaart doordrong in de Verenigde Staten, waar die een belangrijke industrie werd. Hoewel de toepassingen van walvisolie later varieerden, gebruikten Amerikanen deze hoofdzakelijk voor verlichting.

Het lijkt nu krankzinnig om zo'n majestueus dier te doden om een kaars aan te steken. Dit laat echter perfect zien hoe beperkt de bronnen van onze voorouders waren. Ze doodden geen walvissen uit boosaardigheid. Ze waren op zoek naar een energiebron, en walvisolie bleek een van de beste te zijn die ze hadden.

In de loop van de eerste helft van de negentiende eeuw bleef in de VS de productie van walvisolie en spermaceti-olie toenemen. In 1800 werden tienduizenden vaten per jaar geproduceerd. Halverwege de jaren 1840 was dit meer dan een half miljoen. Maar zoals zoveel trends die we tot nu toe hebben gezien, zal wat stijgt onvermijdelijk weer dalen. De productie bereikte het hoogtepunt in de jaren 1840, waarna ze even snel daalde als ze was gegroeid. Als we de trend in walvisolieproductie in de VS in de negentiende eeuw grafisch voorstellen, dan zien we een bijna volmaakte omgekeerde U.

Wat veroorzaakte de piek en vervolgens de daling in de walvisolieproductie? Voor een deel fossiele brandstoffen. Rond deze tijd werd aardolie ontdekt. Petroleum werd de vervanger van walvisolie in verlichting omdat hij goedkoper was. Walvisjacht werd steeds minder lucratief.[9] Toen die in de VS ten einde liep, kwam hij in andere delen van de wereld net tot bloei. Tegen het einde van de negentiende eeuw kwamen er nieuwe technieken waarmee walvissen massaler gevangen konden worden. In plaats van de klassieke zeil- of roeiboten die de Amerikanen hadden gebruikt, hadden de Noren gemechaniseerde stoomvaartuigen met kanonnen en harpoenen. Hierdoor werd walvisjacht veel efficiënter. Niet alleen konden we er meer vangen, we konden nu ook walvissoorten vangen die voor onze oude technieken te snel waren. Als grote walvissen worden gedood, zinken ze gewoonlijk. In de jaren 1880 werd een methode bedacht om dit te voorkomen: lucht in de dode walvis pompen zodat hij bleef drijven.

Dit was het begin van het 'moderne' walvisjachttijdperk, vanaf het begin van de twintigste eeuw. Het bracht niet alleen innovaties in de manier om walvissen op te sporen en te bejagen, maar ook in de toepassingen van hun olie, blubber en beenderen. Walvisolie werd aanvankelijk gebruikt als brandstof voor verlichting en als smeermiddel voor machines. Door vooruitgang in de cosmetica en levensmiddelenchemie werden de nevenproducten ervan al snel gebruikt voor zeep, textiel en zelfs margarine. Ambergrijs, een stof die in het darmkanaal van potvissen zit, werd en wordt nog altijd gebruikt om parfum van te maken. Het zit bijvoorbeeld in Chanel No. 5. Walvissen belandden ook in de mode-industrie. Baardwalvissen hebben in plaats van tanden lange baleinen van keratine (een eiwit dat in menselijke nagels en haar zit) die uit hun bek hangen. Die baleinen werden voor van alles gebruikt, van rokken en korsetten tot paraplu's, parasols, hengels en kruisbogen.[10]

Plotseling waren we veel beter in de walvisjacht en de markt groeide. Jaar in, jaar uit doodden we er meer. Van slechts een paar duizend per jaar tot tienduizend, toen twintigduizend, tot de jaren zestig, toen we er tachtigduizend doodden. De enige korte periode van respijt was de Tweede Wereldoorlog, toen mensen hun jachtschepen op elkaar richtten. Toen de oorlog eenmaal voorbij was, werden walvissen opnieuw het doelwit.

De walvisvaart nam in de eerste helft van die eeuw sterk toe. Toch is het een succesverhaal op het gebied van natuurbehoud geworden. De jacht nam in de jaren zeventig spectaculair af, waarna hij in de jaren tachtig, negentig en nul kelderde tot een uiterst laag niveau. Tegenwoordig jagen we nog maar heel weinig op walvissen – en bijna niet om commerciële redenen. Hoe is het de wereld gelukt het tij te keren? Hierbij speelde een aantal factoren een rol. In de jaren zestig raakten walvispopulaties steeds verder uitgedund en werden walvissen zeldzaam. Daardoor was het kostbaar om erop te jagen, omdat ze moeilijk te vinden en te vangen waren. Walvisolie en -beenderen verloren hun commerciële voordeel. Er waren inmiddels goedkopere en gemakkelijker te krijgen alternatieven voor de cosmetica-, voedsel- en textielindustrie. Fossiele brandstoffen waren in de plaats gekomen van walvisolie.

Dankzij politiek ingrijpen werd er nog een extra stap gezet. Een aantal landen die zagen dat de walvisjacht onhoudbaar was geworden, richtte in 1946 de International Whaling Commission (IWC) op. Na vele decennia van mislukte quota-afspraken besloot de IWC in 1987 tot een wereldwijd moratorium. Hiermee was commerciële walvisvaart, enkele uitzonderingen daargelaten, voortaan illegaal.[11]

De menselijke overheersing in de twintigste eeuw had nog altijd grote impact op hun aantallen. Eind negentiende eeuw waren er omstreeks 2,6 miljoen walvissen in onze oceanen.[12, 13] Honderd jaar later waren er nog maar 880.000 over. Het aantal walvissen daalde met twee derde, waarbij sommige soorten extra hard waren aangetast. Je hebt het patroon inmiddels wel geraden. De grootste walvissen waren de voornaamste doelen. De dwergvinvis daalde 'slechts' met 20 procent in aantal. De blauwe vinvis werd bijna uitgeroeid. Zijn populaties daalden van 340.000 tot 5000, een afname van 98,5 procent.

Het zal heel lang duren voor de walvispopulaties zich hebben hersteld. Maar de wereld heeft net op tijd ingegrepen om ze die kans te geven. Dit verhaal had heel anders kunnen aflopen. Veel soorten waren hard op weg naar uitsterving, maar we trokken net op tijd aan de handrem.

De walvisjacht is nog maar een fractie van wat hij vroeger was
Mondiaal aantal bejaagde en gedode walvissen per decennium.

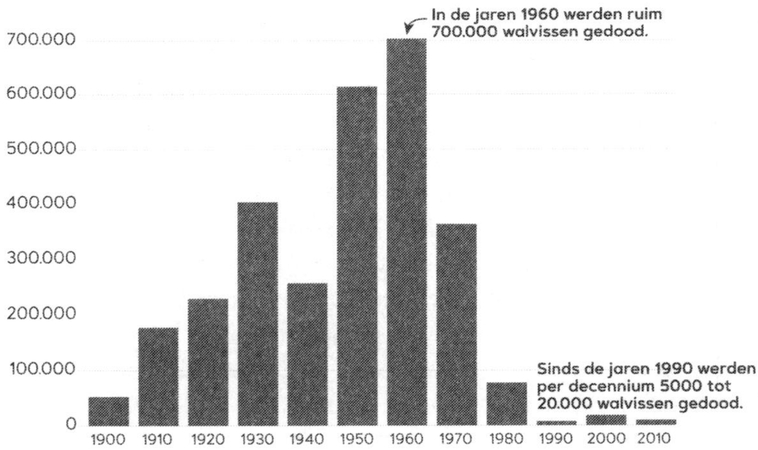

De geschiedenis van de visserij

De resten van een van de vroegste moderne mensen tonen aan dat hij een viseter was. In de Tianyuan-grot in de buurt van Beijing werden botfragmenten gevonden van de 'Tianyuan-mens', die erop wijzen dat hij zo'n veertigduizend jaar geleden leefde. Isotopenanalyse laat zien dat hij veel zoetwatervis at.

Ook op grond van grottekeningen, resten visgraten en primitieve haken weten we dat onze visserijgeschiedenis tienduizenden jaren teruggaat. Ons visgerei was het grootste deel van die periode uiterst beperkt. De technologische vernieuwers hadden misschien een haak aan een lijn of een speer. Velen hadden slechts eenvoudige rieten manden. Maar in de vijftiende eeuw begon dit te veranderen, toen de eerste grote vissersschepen in Europa verschenen. Deze schepen gooiden lange kieuwnetten uit, die een muur of gordijn van netten vormden. Daarmee kon veel efficiënter veel meer vis worden gevangen, waaronder ook ongewenst marien leven. Expedities duurden vaak weken, en de vissers keerden terug met een flinke vangst.

Vanaf nu nam de grootschalige visserij toe en breidde die zich uit over de wereld. Niet alleen werden netten en methoden verder verfijnd, ook de schepen werden groter en sneller. Later werden die uitgerust met een motor; vissers konden hun netten nu op hoge snelheid voortslepen zodat er geen vis kon ontsnappen. Het vergrootte hun vangst.

Veel rijke landen werden vervolgens geconfronteerd met een grote afname van de visvoorraden. Als we kijken naar de vangst van Noord-Atlantische kabeljauw uit Newfoundland en Labrador in Oost-Canada, dan zien we dat die vanaf de zeventiende eeuw begon toe te nemen. In de achttiende eeuw vingen we omstreeks honderdduizend ton per jaar. In de twintigste eeuw lag dit rond de 250.000 ton. Uiteindelijk werd in 1968 een piek bereikt, voor een instorting van de populaties tot een spectaculaire afname leidde. Vissers zagen zich begin jaren negentig gedwongen er helemaal mee op te houden.

Een andere innovatie die een volkomen nieuwe visserijwereld opende, waren stoomtrawlers, die in de jaren 1880 in het VK voor het eerst werden gebruikt. Schepen konden nu verder de zee op, ze konden daar langer blijven en ze hadden beter visgerei om tot grote diepte te reiken. De visvangst steeg enorm in de eerste helft van de twintigste eeuw,[14] ook al werd hij onderbroken door twee wereldoorlogen.[15]

Bodemtrawlers verspreidden zich over de wereld, maar doordat de vispopulaties niet goed werden gecontroleerd, begonnen de voorraden af te nemen. Visserij met bodemtrawlers in het VK – en andere rijke landen – nam sterk af eind twintigste en begin 21ste eeuw.

Zoals we zullen zien hebben veel landen geleerd hoe ze hun visvoorraden duurzamer moeten beheren. Bedreigde visbestanden hebben zich hersteld. Maar in sommige delen van de wereld worden steeds vaker ongecontroleerde en ongereguleerde visserijtechnieken toegepast, waarbij grote hoeveelheden vis lukraak worden gevangen. We moeten ervoor zorgen dat ze niet dezelfde destructieve weg gaan als veel visserijindustrieën in het verleden.

WAAR WE NU STAAN

Hoe groot is het aandeel duurzaam beheerde vis op de wereld?

Hoe verspillend zijn onze visgewoonten echt geworden? Dat lijkt een eenvoudige vraag, maar hij zorgt voor heel veel controverse. Om de vraag te beantwoorden, moeten we het eens zijn over wat 'duurzame visserij' eigenlijk betekent. Daarover zijn de meningen verdeeld.

We kunnen het uitvechten op basis van technische details en aantallen: hoeveel vis we vangen, hoeveel vis er overblijft, of populaties uitgeput raken. Maar vaak gaat het werkelijke meningsverschil niet hierover. Dat gaat over een stap hiervoor, het ethische conflict over hoe we tegen vis aankijken. Je ziet nu al dat we over vis anders praten dan over andere dieren in het wild. In het hoofdstuk over biodiversiteit was ons doel deze koste wat het kost te beschermen. Sommige mensen bekijken vis op dezelfde manier, maar de meeste niet: zij zien vissen als dieren om te vangen. En als mensen door verschillende brillen naar vissen kijken, bereiken we niet veel met deze discussies. Ze halen niet eens het stadium waarin over de hoeveelheden kan worden gepraat.

Als het om vis gaat zijn er twee denkwijzen. De ene school – vaak bevolkt door milieubeschermers, ecologen en pleitbezorgers van dierenwelzijn – beschouwt vissen als dieren op zichzelf. Zo zien we de meeste andere dieren in het wild, zoals olifanten of apen. Ons doel is hierbij dierenpopulaties te laten herstellen tot hun niveau van vóór de mens. Voor vissen geldt dan hetzelfde: we zouden de populaties de kans moeten geven weer te groeien tot hun oude niveaus, voor wij erop begonnen te vissen. Duurzaamheid betekent in dat geval heel weinig of helemaal geen vis vangen.

De andere school beschouwt vis als een hulpbron. De meesten van ons eten vis, en honderden miljoenen mensen verdienen er hun brood mee. We kunnen niet vissen laten terugkeren naar het niveau van voor we ze gingen vangen én tegelijk veel vis vangen. 'Duurzaamheid' betekent in deze visie dus zo veel mogelijk vis vangen, jaar in, jaar uit, zonder de vispopulaties *nog verder* te laten afnemen. Dit komt overeen met de klassieke Brundtland-definitie van duurzaamheid: we vangen zo veel mogelijk vis om aan de behoeften van de mensen die nu leven te voldoen, maar nemen niet zo veel dat het ten koste gaat van de vangst voor toekomstige generaties.

Wetenschappers kunnen deze magische 'sweet spot' berekenen: het exacte punt waar we zo veel mogelijk vis kunnen vangen zonder hun populaties te laten afnemen tot onder hun meest productieve niveau. Dit wordt de 'maximaal duurzame opbrengst' genoemd. Als je hebzuchtig wordt en meer vangt, put je vispopulaties uit voor toekomstige generaties. Als je te weinig vangt, offer je voedsel en inkomsten op voor de huidige generaties. Hier mikt de meeste visserij op: niet te veel, niet te weinig vangen, precies genoeg.

De spanning tussen die twee scholen ligt voor de hand. Beide hanteren een totaal andere definitie van 'duurzaamheid'. Dat geldt ook voor het uiteindelijke doel. Een visvoorraad die op zijn 'maximaal duurzame opbrengst' zit, zit op ongeveer de helft van z'n oorspronkelijke niveau, van voor de visserij.[16] Dus wat voor de tweede school duurzaam is, is slechts de helft van wat de eerste school als duurzaam ziet. Deze patstelling is moeilijk te doorbreken. Ik kan me in beide standpunten inleven. We zijn geneigd vis anders te bekijken dan dieren in het wild op land, en dat vind ik vreemd. Anderzijds lijkt het niet realistisch dat de wereld van de ene op de andere dag gaat stoppen met vissen. Als mensen ermee blijven doorgaan, moeten we de visvoorraden in het wild zo goed mogelijk beheren. Dat wil zeggen: zodanig vis vangen dat de bestanden niet worden overbevist en ze een gezond evenwicht behouden. Daarmee komen we in feite in het tweede kamp terecht.

De Voedsel- en Landbouworganisatie van de VN heeft een afdeling die is gewijd aan visserijonderzoek en -verslaggeving. Die brengt jaarlijks schattingen uit over de duurzaamheid van de visserij op aarde.[17] De jaren tachtig en negentig van de vorige eeuw waren een griezelige tijd. Begin jaren zeventig werd bijna 90 procent van de visbestanden op de wereld duurzaam beheerd. Maar daarna ging het snel bergafwaarts. De wereldwijde vraag naar vis bleef groeien. Het aantal visbestanden dat hun limiet overschreed leek jaar in, jaar uit toe te nemen. Het wordt je vergeven als je denkt dat deze trend zou doorzetten, net zoals Boris Worm deed (zie het begin van dit hoofdstuk).

Aan het begin van de 21ste eeuw werd ongeveer een kwart van de visbestanden in de wereld overbevist. In 2008 was dit gestegen tot een derde. Maar die toename is vertraagd. Sindsdien is het aantal bestanden dat wordt overbevist op ongeveer een derde gebleven. Dat wil zeggen dat twee derde van de mondiale visbestanden duurzaam wordt beheerd.[18]

Een derde van de visbestanden op aarde wordt overbevist
Visbestanden worden overbevist als de vangst de maximaal duurzame opbrengst overschrijdt – het percentage waarbij vispopulaties weer kunnen aangroeien.

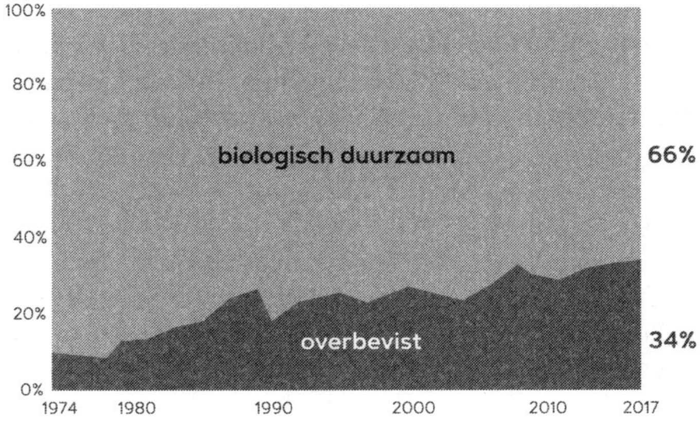

Dat is natuurlijk bepaald geen feestje waard. We zien niet meer de sterke stijging zoals in de jaren tachtig en negentig, we hebben deze stijging ten minste vertraagd of laten ophouden. We hebben genoeg gedaan om wat tijd te winnen om uit te zoeken wát er goed gaat, en dat ook elders toe te passen.

We kweken nu meer vis dan we vangen

Hier klopt iets niet. Het is ons gelukt het aantal vispopulaties die worden overbevist niet verder te laten toenemen. Maar sinds 1990 is de mondiale productie van eetbare zeevis en schaal- en schelpdieren meer dan verdubbeld. Hoe is dit mogelijk? In plaats van meer vis te vangen, zijn we die gaan kweken. Dit wordt 'visteelt' of 'aquacultuur' genoemd. Dat kun je vergelijken met het houden van koeien, varkens en kippen op het land. In plaats van afhankelijk te zijn van populaties vissen in het wild (zoals we op land afhankelijk zouden zijn van vogels of herten in het wild) kunnen we onze eigen vissen kweken. Kwekers voeden en kweken vissen onder gecontroleerde omstandigheden – in kooien in de zee of rivieren, of in speciale installaties op het land – voor ze die doden voor de verkoop.

Visteelt is een betrekkelijk nieuwe industrie, die sinds de jaren negentig een hoge vlucht heeft genomen. In 1990 werd wereldwijd twintig miljoen ton zeevis geproduceerd in de visteelt. In het jaar 2000 was dit verdubbeld. In 2010 was het weer verdubbeld. En tegenwoordig produceren we ruim honderd miljoen ton zeevis. Er wordt wereldwijd nu meer vis gekweekt dan er in de oceaan wordt gevangen. De vangst van vissen in het wild is sinds 1990 nauwelijks veranderd. De extra vraag wordt opgevangen door visteelt. Als we hieraan hadden willen voldoen met vangst in het wild, zouden onze oceanen er mogelijk vreselijk slecht aan toe zijn.

De eigenschap van aquacultuur die alles goedmaakt, lijkt op de transitie naar akkerbouw en veeteelt. Stel dat we een grote en groeiende populatie probeerden te voeden met uitsluitend zoogdieren in het wild. Die zouden dan in een mum van tijd zijn verdwenen (en wijzelf ook). Dankzij onze landbouw en veeteelt konden we meer mensen voeden zonder zoogdieren in het wild veel meer onder druk te zetten. Hetzelfde geldt voor de oceanen.

Visteelt heeft niet altijd voorzien in dit vangnet. In de begintijd was die zeer inefficiënt. Veel gekweekte vis werd gevoerd met andere kwalitatief mindere vissen in het wild. Sommige hebben daar heel veel van nodig. Dit is de 'vis in, vis uit'-ratio: hoeveel vis ervoor nodig is om een vis terug te krijgen. In 1997 was deze verhouding onder alle vissoorten ter wereld twee.[19, 20] Dat is uiteraard zinloos, en zet de populaties vissen in het wild zelfs nog meer onder druk.

Er wordt nu meer vis gekweekt dan gevangen
Het grootste deel van de toename van de visproductie in de afgelopen decennia is te danken aan aquacultuur. Dit is goed voor de bescherming van visbestanden in het wild.

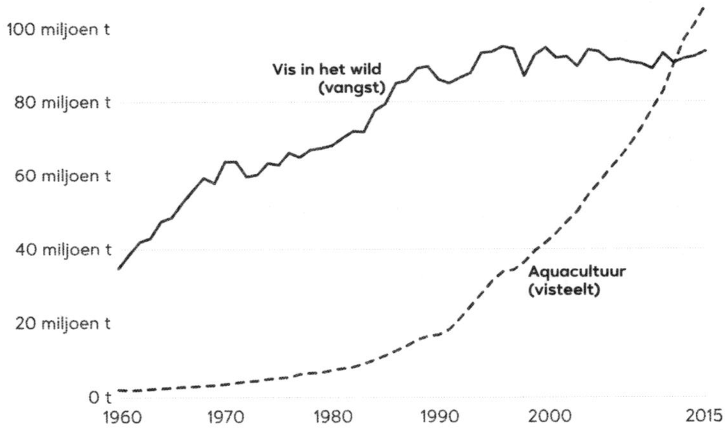

Dit proces is sindsdien gelukkig veel efficiënter geworden. We zijn veel beter geworden in de teelt en hebben plantaardige voeding ontwikkeld die in plaats van vis kan worden gebruikt. Voor veel vissen ligt dat cijfer nu op 0,3. Sommige soorten doen het zelfs nog beter. Sommige worden helemaal niet met vis gevoerd. Dat wil zeggen dat de totale opbrengst zelfs nog hoger is. Ongeveer 11 procent van de negentig miljoen ton vis die we jaarlijks vangen wordt als voer gebruikt in de aquacultuur. Aquacultuur levert ons zo'n honderd miljoen ton vis op. Dat is geen verkeerde deal.

Ik was bang dat de vraag naar vis in het wild onhoudbaar zou worden door de aquacultuurhausse. Dat is niet gebeurd. We gebruiken zelfs minder vis als voer dan een paar decennia geleden, en we produceren ruim vijf keer zoveel met aquacultuur.

Visteelt is een innovatie die wereldwijd veel vispopulaties heeft gered. Maar dat is niet het enige wat we goed hebben gedaan.

Veel iconische vissoorten worden tegenwoordig op een gezonde en duurzame manier beheerd

Toen ik klein was, was de vraag of je wel of geen tonijn kon eten het grote dilemma op het gebied van vis. Keer op keer hoorde ik dat de tonijn in grote moeilijkheden verkeerde. Ik wist niet waaróm tonijn de enige vis was die meer werd overbevist dan de rest. Ik ging er gewoon van uit dat dat kwam doordat iedereen er net zo dol op was als ik.

Tot voor kort hield ik niet bij hoe het er mondiaal voorstond met de tonijn. Vast en zeker heel slecht, want tonijn was nog altijd enorm populair. Maar hier had ik eigenlijk de tegenovergestelde conclusie uit moeten trekken. Een vissoort kan moeilijk decennialang geliefd – en betaalbaar – zijn als zijn populatie op de rand van de ondergang staat.

De tonijn heeft tijdens mijn leven een grote succesvolle ommekeer beleefd. In de jaren dertig van de vorige eeuw waren er ruim 8,5 miljoen exemplaren van de zuidelijke blauwvintonijn. In de jaren zeventig was dit gehalveerd tot vier miljoen en rond het jaar 2000 was dit gedaald tot onder de een miljoen. De bestanden waren met bijna 90 procent gedaald.[21] De populatie van Atlantische geelvintonijn was ook afgenomen met 75 procent. Maar in de 21ste eeuw ziet het er veel zonniger uit. De sterke afname van veel tonijnpopulaties is omgekeerd. Door middel van betere monitoringtechnieken en strengere reguleringen voor wanneer, waar en hoe vissers ze mogen vangen, kunnen landen hun populaties nu duurzaam beheren. Witte tonijn en geelvintonijn zijn van 'gevoelig' gepromoveerd naar 'niet bedreigd'. De zuidelijke blauwvintonijn was eerst 'ernstig bedreigd' en is nu 'bedreigd'. Ze zijn er duidelijk nog steeds slecht aan toe, maar de zaken gaan de goede kant op.

De meeste mensen staan perplex als je tegen ze zegt dat de 'populaties wilde tonijn zijn gehalveerd'. Maar bedenk dat de 'maximaal duurzame opbrengst' – waar we zo veel mogelijk vis kunnen vangen zonder hun populaties uit te putten – voor de meeste vissoorten op zo'n 50 procent van hun niveau ligt van voor ze werden bevist. We verwachten dus dat tonijnpopulaties slechts de helft zijn van wat ze in het verleden waren als we een duurzame voorraad vis willen.

Veel tonijnpopulaties worden tegenwoordig verantwoord beheerd; er wordt wereldwijd nog steeds een flinke hoeveelheid van geconsumeerd, maar we gebruiken niet zoveel dat de populaties afnemen. Er is echter niet alleen goed nieuws. De hoeveelheid tonijn in de Indische Oceaan is zorgwekkend. We gebruiken domweg te veel, te snel. Zoals we zullen zien kunnen we hopelijk voor nog een grote ommekeer zorgen voor de bestanden een dieptepunt bereiken.

Tonijnpopulaties zijn niet de enige die zich herstellen. In de jaren tachtig en negentig namen de kabeljauwpopulaties ernstig af. Atlantische kabeljauw nam af van acht miljoen ton in 1980 tot nog geen drie miljoen ton in 2000. Maar de wereld heeft orde op zaken gesteld. Binnen tien jaar waren de populaties weer verdubbeld.

Tonijn, kabeljauw, schelvis en zalm uit Europa en Noord-Amerika worden scherp in de gaten gehouden: we vangen ze naar analogie van 'Goudlokje', dat wil zeggen zo veel mogelijk maar niet zoveel dat hun populaties krimpen.

Visbestanden in Azië, Afrika en Zuid-Amerika

'Wat je niet meet kun je niet beheren' is een citaat dat vaak wordt toegeschreven aan de managementdeskundige Peter Drucker. Wat geldt voor zaken is ook van toepassing op milieubehoud.

Het herstel van iconische vissoorten in Europa en Noord-Amerika was alleen mogelijk omdat we die nauwgezet volgden.

Helaas investeert niet elk land in zoveel toezicht. Er zitten grote gaten in onze data met betrekking tot grote delen van Azië, Afrika en Zuid-Amerika. Een gebrek aan data betekent natuurlijk niet per se dat het slecht gaat. Als je geen hip horloge draagt dat je slaap registreert, hoef je niet per se slecht te slapen. Maar in dit geval betekent het feit dat landen hun visbestanden niet monitoren waarschijnlijk dat het daarmee slecht gesteld is. Dat komt doordat het zónder deze informatie heel moeilijk is om visbestanden in evenwicht te houden. Ze hebben die data nodig om te weten hoeveel ze kunnen vissen, en wanneer. Ze moeten er met quota voor zorgen dat de vangst eerlijk wordt verdeeld tussen de vissers.

Onwetendheid is op de korte termijn een zegen, maar niet voor lang. Er is in feite een tamelijk egoïstische reden om vispopulaties te monitoren. Landen moeten wel, als ze op middellange termijn een rendabele vissector willen hebben. Zoals we zagen aan de voorbeelden in Canada en het VK moeten ze steeds harder hun best doen voor een goede vangst. De visserij wordt minder winstgevend. Hebzucht op korte termijn zal ze later pijn doen en naar de ondergang brengen.

Er zijn nog meer aanwijzingen dat de vissen in deze regio het niet goed doen. We weten dat de visserijactiviteit zeer hoog is. In landen als China en India wordt veel gebruikgemaakt van bodemtrawlers. Er wordt op grote schaal gevist zonder controle waardoor het onwaarschijnlijk is dat de toestand van de visbestanden gezond is. Er zijn geen grootschalige onderzoeken waarop we ons kunnen baseren, maar wel een paar kleinschalige studies met betrekking tot specifieke locaties. Die laten stuk voor stuk een sterke vermindering van de visbestanden zien.[22]

In veel landen is tellen de eerste stap op weg naar gezonde visbestanden. Zolang we dat niet doen tasten we in het duister.

De koralen op aarde bleken dood

De beslissing wat je zult gaan doen in het leven is moeilijk. Ik wist zo ongeveer welke richting ik op zou gaan: ik hield hartstochtelijk van natuurwetenschappelijk onderzoek en had altijd willen schrijven, dus wetenschapsjournalistiek leek me wel wat. Maar ik moest kiezen: een diploma halen in de journalistiek en creatief schrijven met mijn liefde voor wetenschap op een zijspoor; of het tegenovergestelde, een diploma in de wetenschap en daarnaast wat schrijven. De wetenschap won het uiteindelijk. Tenminste, zo dacht ik er graag over. In werkelijkheid kan die beslissing weleens door iets anders zijn bepaald. Bij het studieprogramma dat ik koos zat een verplichte praktijkreis naar Jamaica. Het valt niet mee om je diploma te halen als je moet scubaduiken bij een tropisch eiland in de Caribben.

Naast de strandfeesten en tochten door het regenwoud doken we in Discovery Bay aan de noordkust. We moesten daar ecologisch onderzoek doen en monsters nemen van het koraalrif. Dit was mijn eerste echte ervaring met milieuverandering. Die kwam hard aan. Ik had enkele jaren artikelen gelezen, essays geschreven en stukjes koraal door een microscoop bestudeerd. Dat had me niet voorbereid op de realiteit.

Ik had verwacht dat duiken bij de koraalriffen zoiets zou zijn als in Pixars *Finding Nemo*. De koralen die we in films zien zijn wonderschone structuren: tinten roze, rood, oranje en blauw. Ze leven. Ze worden omringd door marien leven en vissen. In het labyrint is het een komen en gaan van clownvissen zoals Nemo en doktersvissen zoals Dory. Toen ik tijdens die Jamaicareis ging duiken, verwachtte ik dat te zien te krijgen.

De realiteit was totaal anders. Ik dook onder het oppervlak en kon het koraal niet vinden. Als ik niet had geweten dat het daar was, had ik het volledig over het hoofd kunnen zien. Er was niets dan witte rotsen en puin. Het rif zat onder de algen. En er waren geen vissen. Het meest opwindende wat we zagen bij onze steekproeven langs de hele kustlijn waren zee-egels. Meer tekenen van leven waren er niet.

Dat was een van de eerste momenten dat ik hard werd getroffen door de realiteit van wat we onze planeet aandoen. Tijdens de reis sprak ik niet met mijn studiegenoten over die schok. Ik weet niet of zij er net zo over dachten. Uit schaamte hield ik mijn mond. Ik had de theorie grondig bestudeerd. Waarom waren mijn verwachtingen rond het duiken dan zo onrealistisch?

Koraalriffen – een verzameling afzonderlijke koralen – behoren tot de mooiste en meest diverse levensvormen op de planeet. Doordat ze in onze oceanen leven, krijgt slechts een fractie van de mensen ze van dichtbij te zien, net als veel van het mariene leven op aarde. Toch zijn ze van immense waarde voor gemeenschappen verspreid over de wereld. Ruim 450 miljoen mensen in ruim honderd landen leven dicht bij koraalriffen en zijn daarvan afhankelijk.[23] Ze zijn zo waardevol omdat ze het fundament van diverse ecosystemen vormen. Koralen bedekken slechts 0,5 procent van de oceaanbodem, maar ze ondersteunen bijna 30 procent van de zeevissoorten op aarde.

Daarom is het zo tragisch dat veel koralen stervende zijn. Om te begrijpen waaróm ze het moeilijk hebben, moeten we wat meer weten over wat koralen zijn en hoe ze in leven blijven.

Koralen behoren tot de stam der neteldieren – een groep bestaande uit meer dan elfduizend in het water levende dieren. Het grootste deel van het leven in mariene omgevingen, en de meeste koralen in ondiep water worden aangetroffen in de tropen.[24] Met behulp van het calciumcarbonaat in oceaanwater vormen ze een hard exoskelet. Maar de sleutel tot hun succes is hoe ze aan hun energie komen. Koralen bevatten microscopische algen, zoöxanthellen genaamd, die een deel zijn van een symbiotische relatie. De algen doen de fotosynthese voor de koralen en voorzien die zo van het grootste deel van hun energie. Zonder zouden ze niet in leven blijven. Dat krijgen ze alleen voor elkaar door vlak bij het oppervlak te leven, waar meer dan voldoende licht komt.

Koraalriffen kampen met verscheidene bedreigingen – waarvan een deel natuurlijk is en een ander deel afkomstig is van mensen. Deze bedreigingen – opwarmend water, verzuring van de oceaan, veranderingen in de oceaanchemie en de dynamiek van ecosystemen – zijn niet nieuw. Koralen hebben tijdens de hele geschiedenis van de aarde in verschillende mate onder druk gestaan.

In het zeer verre verleden was deze druk soms extreem. Elk van de Big Five massa-extincties (zie hoofdstuk 6) ging gepaard met gigantische veranderingen in het mondiale klimaat en de chemie van de wereldzeeën. Deze gebeurtenissen waren catastrofaal voor de koralen. Na elke uitsterving waren er miljoenen jaren geen levende riffen meer. Zelfs in minder extreme perioden stonden koralen nog altijd onder druk. Ze werden getroffen door stormen en cyclonen. Ze ondergingen verblekende gebeurtenissen, vooral in warme El Niño-jaren. En ze beleefden veranderingen in de dynamiek van hun ecosystemen. Koralen worden ernstig onder druk gezet, maar herstellen zich in de jaren erna gewoonlijk weer.

Wat veranderd is, is dat door de menselijke druk de frequentie en intensiteit van deze gebeurtenissen toenemen. Wij stapelen meerdere bedreigingen op elkaar. We doen aan overbevissing en voeren afval en kunstmest af in de kustwateren. Om het nog erger te maken, zetten we tegelijkertijd de thermostaat nog wat hoger.

Mijn grootste zorg over de koraalriffen is verbleking. Die treedt op als koralen de algen verdrijven die voor hen het zonlicht opnemen. Dit berooft ze van hun energiebron, en uiteindelijk kunnen ze hierdoor afsterven. Dat doen ze als ze worden blootgesteld aan extreme warmte. Het wordt 'verbleken' genoemd, omdat de koralen het grootste deel van hun kleur verliezen. Ze zien er uiteindelijk uit als wit puin – een schaduw van de schitterende levensvormen die ze voorheen waren.

Ook in een wereld zonder mensen en klimaatverandering zouden er koralen verbleken. Dit gebeurt met name in El Niño-jaren. El Niño is een normale klimaatcyclus die ongeveer om de zeven jaar optreedt, en leidt tot plaatselijke opwarming in bepaalde delen van de oceaan. Als het verbleken zich verspreid over de tijd voordoet, hebben koralen tijd genoeg om te herstellen. Ze hebben gewoon wat ademruimte nodig.

Het probleem is dat het verbleken door de klimaatverandering niet meer beperkt blijft tot warme El Niño-jaren. Het doet zich jaarlijks voor, zelfs in de 'koele' La Niña-fase. Als gevolg hiervan hebben de koralen bijna geen tijd om te herstellen. Bovendien worden ze vaker getroffen door cyclonen of zijn die zwaarder. En de druk van overbevissing en algenbloei maakt hun nood alleen maar erger. Vergelijk het met een sporter die een paar keer per dag intensief traint op de sportschool, zonder slaap, vochttoevoer of voedsel. Het duurt niet lang of het lichaam begeeft het.

Er is heel veel bewijs dat koraalriffen regelmatiger en harder door verbleking worden getroffen. Met behulp van satellietgegevens kunnen we veranderingen in de watertemperatuur rond riffen bijhouden, en de mate van thermale stress waaraan ze worden blootgesteld. De eerste studie die dit op mondiale schaal deed, kwam tot de conclusie dat het percentage riffen dat werd getroffen door verbleking verdrievoudigde tussen 1985 en 2012.[25]

Terry Hughes, de eminente koraalecoloog, en zijn collega's volgden in een recenter onderzoek, gepubliceerd in *Science*, de frequentie van koraalverblekingen op honderd locaties in de tropen van 1980 tot 2016. Hiertoe behoorden alle grote trekpleisters als het om koraal gaat in 54 landen, van het westen van de Grote Oceaan tot de Atlantische Oceaan, en van de Indische Oceaan tot de Great Barrier Reef in Oceanië.

Ze onderzochten niet alleen de intensiteit van de verbleking, maar ook het totaal *aantal* keer dat er sprake was van verbleking. Als minder dan 30 procent van de koralen wordt getroffen, is er sprake van 'gematigde' verbleking, is het 30 procent of meer, dan is er sprake van 'ernstige' verbleking. Ze constateerden dat er bij alle honderd riffen een toename was geweest van het aantal verblekingen. In de jaren tachtig zou een koraalrif eens in de 27 jaar naar verwachting zijn getroffen door ernstige verbleking. In 2016 was dit eens in de 6 jaar.

Door de kortere herstelperioden is het veel waarschijnlijker dat een koraalrif helemaal afsterft. Met de huidige opwarming van de oceanen is dat de grote zorg. We vergen het uiterste van een van de meest diverse, complexe en prachtige ecosystemen op aarde. En jaar in, jaar uit blijven we de druk opvoeren.

De meest voor de hand liggende manier om onze koraalriffen te beschermen, is door de mondiale klimaatverandering te beperken. Veel overheden zullen voor andere, goedkopere, methoden kiezen om het behoud van het rif te bevorderen. Laat je niks wijsmaken: het grootste gevaar voor de koraalriffen op aarde zijn opwarmende oceanen. Als landen broeikasgasemissies niet terugdringen, proberen ze je zand in de ogen te strooien.

Het bewijs is duidelijk: om de koraalriffen op aarde te redden, moeten we klimaatverandering tegengaan.

HOE STOPPEN WE HET LEEGROVEN VAN DE OCEANEN?

Eet minder vis

Na het zien van documentaires zoals *Seaspiracy* is je eerste reactie helemaal geen vis meer te eten. Verscheidene vrienden van me hebben dat besloten. Als je geen vis meer wilt eten en dat ook kunt doen, is dat een zeer legitieme keuze. Daarmee kun je het dilemma van de dierethiek omzeilen. Het is ook een goede keuze voor het milieu als je voor plantaardig gaat. Maar veel mensen willen – of, in sommige gevallen, kunnen – niet helemaal ophouden met het eten van vis. Een meer realistische toekomst, althans op de korte termijn, is dat mensen er alleen minder van moeten eten.

Dit is geen algemeen geldende aanbeveling. Toen ik het in eerdere hoofdstukken had over minder vlees eten, zei ik daarbij dat dit niet voor iedereen ter wereld een geschikt advies is. Voor sommigen, met name mensen in armere landen, is vlees een van de weinige beschikbare voedselsoorten die rijk zijn aan eiwitten en micronutriënten. Met goede vervangers en een gevarieerd eetpatroon kunnen we voldoen aan onze voedingsbehoeften. Miljarden mensen kunnen zich echter geen volwaardige voeding veroorloven, en moeten het doen met wat er voorhanden is.

Hetzelfde geldt voor vis. Sommige gemeenschappen zijn afhankelijk van vis als een belangrijke voedingsbron. En zij hebben vaak geen eiwitrijke plantaardige vervangers in de schappen van de supermarkt, of omega 3-supplementen bij de plaatselijke drogist. Zolang deze alternatieven niet overal ter wereld beschikbaar en betaalbaar zijn, zal ik niet roepen dat minder of geen vlees of vis eten een duurzame oplossing is voor iedereen. Maar veel consumenten in rijke landen zouden zeker minder kunnen eten zonder enig verschil te merken.

Welke vis moet ik eten?

Vis kán een klimaatvriendelijke eiwitbron zijn. Veel van onze favoriete gerechten met vis en zeevruchten hebben een lagere CO_2-voetafdruk dan kip, het meest klimaatvriendelijke soort vlees. Ik ben ervan overtuigd dat veel vis een klimaatvriendelijke eiwitbron is, en dat we de vis met een grote CO_2-voetafdruk kunnen vermijden. Voor mij daarom geen kreeft. Maar de CO_2-voetafdruk is niet het enige waar ik mee zit. Ik maak me ook zorgen om de impact op de biodiversiteit – hoe onze voedselproductie andere soorten treft. En natuurlijk de impact ervan op visbestanden. Ik wil vis uit een populatie die niet wordt overbevist. Hoe kan ik dat weten?

Certificering is een goed begin, maar pas op: je laat je zo voor de gek houden. Ik herinner me nog goed dat ik ontdekte dat het label 'vers' op eierdoosjes niet wilde zeggen dat het scharreleieren waren. Vaak betekende het zelfs het tegenovergestelde – het was een 'aardige' manier om te zeggen dat ze van gekooide kippen afkomstig waren. Trap niet in de visetiketten. Aanprijzingen als 'natuurlijk', 'duurzaam gevangen', 'duurzaam geoogst' en 'verantwoord gevangen' zeggen op zichzelf niet veel. Zelden zijn er duidelijke controleprocessen of onafhankelijke evaluaties.

Je kunt beter op zoek gaan naar vis met certificaten van organisaties zoals de Marine Stewardship Council (MSC) of de Aquaculture Stewardship Council (ASC). Deze organisaties monitoren en controleren samen met derden de duurzaamheid van vis aan de hand van een lijst normen, zoals de stand van de visbestanden, de beheerpraktijken en de impact op ander marien leven. Ze maken een redelijke rangschikking van de duurzame en de niet-duurzame vissen. Maar zelfs deze zijn niet perfect. Verscheidene milieugroepen hebben deze organisaties bekritiseerd omdat ze af en toe een oogje dichtknijpen, of vanwege hun gebrek aan transparantie. Hoewel de meeste vis met een certificaat wel degelijk aan strenge normen voldoet, kunnen sommige niet zo geweldige vissen aan de aandacht ontsnappen. Dat wijst op een belangrijke oplossing: verbeter de certificeringsnormen van deze labels en hoe deze worden gecontroleerd.

Wat kunnen consumenten intussen zelf doen? Een aantal gidsen geeft goede aanbevelingen op het gebied van vis en zeevruchten. In het VK verlaat ik mij op de *Good Fish Guide* van de Marine Conservation Society.[26] In de VS is de *Seafood Watch* van het Monterey Bay Aquarium de beste.[27] Voor Nederland kun je de tool de VISwijzer van de Good Fish Foundation van het Wereld Natuur Fonds gebruiken. Andere landen hanteren hun eigen richtlijnen. Hierin worden specifieke vispopulaties gerangschikt van 'beste keuze' tot 'vermijden', gebaseerd op strenge onafhankelijke beoordelingen. De meeste hebben websites en apps waarop je elke soort vis waar je trek in hebt kunt opzoeken, kunt vinden waar deze vandaan komt en hoe de vis werd gevangen. Het probleem is dat het aan de consument wordt overgelaten op zoek te gaan naar de informatie. Je moet al op de hoogte zijn voor je naar de supermarkt gaat.

Stop de overbevissing door strenge visquota in te voeren

We moeten de grootte van een vispopulatie kennen, en hoe snel deze zich vermenigvuldigt. Als we eenmaal beschikken over de data, kunnen we bepalen hoeveel we duurzaam kunnen vangen. Als ze zich langzaam vermenigvuldigt, moeten we minder vangen voor het behoud van het evenwicht. Als ze zich heel snel vermenigvuldigt, dan kunnen we meer vangen. Bij grotere vissen – en dieren in het algemeen – duurt het meestal langer voor ze volwassen zijn en zich vermenigvuldigen. Daarom waren de zorgen over tonijn zo groot.

Als we eenmaal weten hoeveel vis we mogen vangen, moeten we de hoeveelheid die vissers vangen streng in de gaten houden en controleren. Dit is lastig omdat zich maar zelden één vissersboot in een willekeurig deel van de oceaan bevindt. We moeten berekenen hoeveel we in totaal kunnen vangen en een methode bedenken om die quota te verdelen in elke groep. Dat klinkt ingewikkeld, maar het is te doen.

Eén ding is duidelijk: goed beheer van de visserij kan slagen. Populaties kunnen zich herstellen, en mensen kunnen toch nog wat vangen. Elke boot krijgt een streng quotum; als deze weer terug is, wordt de vangst berekend. Bij overbevissing worden boetes en straffen uitgedeeld.

De toepassing van strenge visquota is gebruikelijker in rijke landen, maar zelfs in Europa kan dit leiden tot wisselende resultaten. Als het goed wordt uitgevoerd, kan het werken. Als wetenschappers worden genegeerd, of het ontbreekt aan ambitie, dan werkt het niet. De Europese Unie hanteert een gemeenschappelijk visserijbeleid, met regels om de vispopulaties duurzaam te beheren. Landen spreken collectief af hoe ze deze verantwoordelijkheden verdelen. De EU heeft veel vooruitgang geboekt. In 2007, toen de overbevissing een piek bereikte, werd 78 procent van de visbestanden van de regio overbevist.[28] In 2020 was dat nog maar 30 procent.[29]

Dit was een succes én een mislukking. Het gaat duidelijk een stuk beter, maar in 2013 sprak de EU af dat het in 2020 gedaan zou zijn met de overbevissing, dus dit doel is bij lange na niet gehaald. Hoe komt dat? Landen leggen veel van hun visquota boven de limiet die wetenschappers aanbevelen. Sommige visbestanden zijn enorm vooruitgegaan. Neem het voorbeeld van de schollen, een groep platvissen. In het decennium van eind jaren tachtig tot en met de jaren negentig nam het aantal van deze vissen met ruim de helft af.[30] De EU had in 2007 orde op zaken gesteld, en het aantal schollen is bijna verdrievoudigd. Intussen is het met populaties van andere soorten de andere kant op gegaan: in de Oostzee en de Keltische Zee werd kabeljauw continu overbevist.

Deze situatie is een perfecte weerspiegeling van de drie ware uitspraken: het gaat vreselijk (30 procent wordt nog steeds overbevist, en de EU haalde haar doel niet); het gaat veel beter (30 procent is veel minder dan de 78 procent die het eerst was); er zijn verbeteringen mogelijk. We weten hoe we goed, duurzaam beleid moeten optuigen. Als we dat over de hele breedte kunnen invoeren, ligt een einde van de overbevissing binnen handbereik.

Strenge regels voor bijvangst en teruggooi

We hebben de filmpjes en foto's gezien. Grote industriële vissersschepen werpen een reusachtig gevaarte bestaande uit een net en iets wat op een ploeg lijkt – een zogenoemde trawl – op de zeebodem en het net schept alles op wat op zijn pad komt: de vissen die ze willen vangen, maar ook andere vissen, schildpadden, dolfijnen, roggen en robben. Die spartelen rond en proberen te ontsnappen, maar zonder succes.

Vervolgens zien we hoe de vissers het net aan boord van het schip hijsen. Ze sorteren de vangst. De tonijnen, zalmen en kabeljauwen worden in de bewaarkratten gegooid. De rest wordt teruggegooid in het water. Als ze niet al dood zijn, zal het merendeel ervan spoedig sterven. Het is akelig om die dieren te zien lijden, en het is bovendien zo'n verspilling. Het is nevenschade. Zelfs als je geen ethische dilemma's hebt over het doden van dieren om ze op te eten, moet je het verminken en doden van vissen zonder énig nuttig doel toch wel slecht vinden. Niemand heeft hier iets aan.

De vissen die we onbedoeld vangen en in het water worden teruggegooid, noemen we *teruggooi*. Mondiaal wordt omstreeks 10 procent van de dieren die we vangen teruggegooid.[31, 32] Het is lastig om een beeld te krijgen of 10 procent veel of weinig is. Het zou natuurlijk minder kunnen zijn. Idealiter is het nul. Maar 10 procent is ook veel minder dan vroeger. In de jaren vijftig en zestig van de vorige eeuw werd 20 procent van de vis die we vingen weer overboord gegooid. Het is dus verbeterd. Maar we vangen nu ook meer vis. Gelukkig is de totale hoeveelheid ook minder dan vroeger. In de jaren zeventig gooiden we jaarlijks zo'n veertien miljoen ton vis weg. Dat hebben we sindsdien met een derde verminderd. Hoe zijn we erin geslaagd om die hoeveelheid terug te brengen, en hoe kunnen we die zo dicht mogelijk bij nul krijgen?

Een van de redenen is dat de marktwaarde van vis in de loop van de tijd is toegenomen. Als een visser vroeger per ongeluk een andere vis ving, had hij die waarschijnlijk niet kunnen verkopen. En als hem dat toch lukte, had die niet veel opgebracht. En dus gooide hij die vis gewoon weg. Nu hebben vissers een sterkere prikkel om alle vissen mee terug te nemen omdat ze weten dat ze die kunnen verkopen.

Sommige landen hebben een verbod op teruggooi op zee ingevoerd, een belangrijke stap. Dit wordt ook wel een 'aanvoerverplichting' genoemd, wat wil zeggen dat vissers hun totale vangst aan boord moeten houden en moeten aangeven als 'aanvoer'. Dit beleid is ingevoerd door de Europese Unie en vormde een kernonderdeel van haar gemeenschappelijke visserijbeleidhervorming uit 2013. Als vissers een limiet krijgen opgelegd op de hoeveelheid vis die ze mogen vangen, moeten ze veel beter opletten of ze geen bijvangst binnenhalen – deze ongewenste vis zal namelijk worden meegeteld bij hun dagelijkse quotum. Dit beleid is heel doeltreffend geweest. Als andere landen dat kopiëren, dan dringen we de teruggooi van vis aanzienlijk terug.

Tot slot moeten we het bij teruggooi ook hebben over het type visgerei dat we gebruiken. Met een groot net vang je veel meer marien leven dan met een hengel. De grote trawls zijn het ergst. Die scheppen alles op wat op hun pad komt. Omstreeks een vijfde van de vangst van bodemtrawls wordt teruggegooid. Bij bepaalde typen – zoals garnalentrawls – kan dit wel 50 procent zijn.

Een manier om de teruggooi terug te dringen, is minder bodemtrawls te gebruiken of die helemaal te verbieden. Een andere manier is verbetering van het gerei dat we gebruiken. We hebben in de loop van de tijd betere uitrusting ontwikkeld die selectiever is – die vangt alleen de gewenste vis. Enkele goed beheerde trawlvissersvloten hebben de teruggooi tot onder de 10 procent weten te brengen. Dat is op diverse manieren gelukt: een andere grootte en vorm van het net en de haak; de toevoeging van 'ontsnappingsvensters' aan netten; toepassing van onderwaterlicht en -alarm.[33, 34] Deze verbeteringen zijn heel doeltreffend geweest. Sommige landen, zoals

Belize, lopen hierin voorop en hebben het gebruik van visgerei dat niet selectief is voor specifieke vis verboden.

Het is misschien onrealistisch te denken dat er helemaal een einde kan worden gemaakt aan bijvangst. Maar het feit dat de teruggooi is verminderd, betekent dat we er iets aan kunnen doen. Als alle landen meer waren zoals Belize, konden we in de buurt komen van een wereld zonder verspilde vis.

Wereldwijd is de teruggooi van vis afgenomen
Teruggooi betreft dieren die (dood of levend) worden teruggegooid in zee na bij de visserij te zijn gevangen.

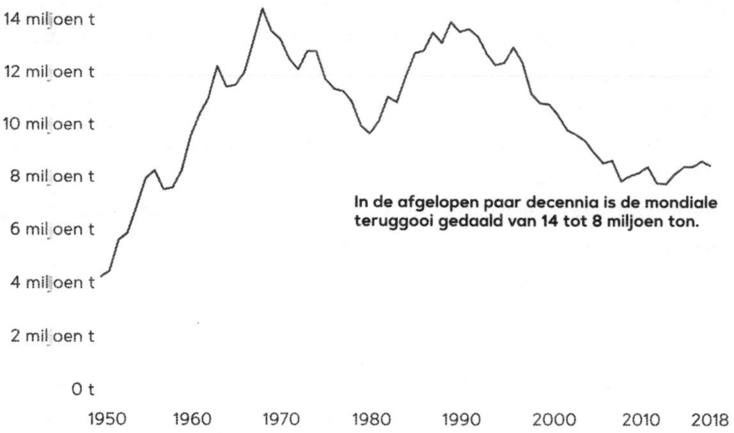

Zeereservaten helpen misschien iets, maar zijn geen wondermiddel

Een manier om te vermijden dat bepaalde delen van onze oceanen worden overbevist, is de invloed van de mens daar volledig uit te bannen. Op land hebben we cultureel erfgoed en nationale parken die streng worden gecontroleerd. We hebben speciale plaatsen met biodiversiteit die niet mogen worden verstoord.

Van de oceanen is 8 procent gedefinieerd als 'zeereservaat'.[35] Dit zijn gebieden in de oceanen – inclusief de waterkolom en zeebodem – die wettelijk worden beschermd. De regels voor zeereservaten variëren van plaats tot plaats, maar bevatten ingrepen zoals zones met een visverbod, beperkingen op het type visgerei dat mag worden gebruikt, een verbod op activiteiten zoals mijnbouw, en reguleringen voor de toevoer in oceanen vanuit rivieren en van industrieel afvalwater.

Zoals we zagen in het hoofdstuk over biodiversiteit is het geen uitgemaakte zaak hoe effectief zeereservaten zijn. In een volmaakte wereld zouden we de exploitatie van bepaalde delen van de oceaan verbieden waardoor die invloed geheel zou verdwijnen. De werkelijkheid is iets ingewikkelder. Die activiteiten verdwijnen niet, maar worden dikwijls naar een ander – onbeschermd – deel van de oceaan verplaatst. De totale impact op de oceanen verandert niet. In sommige gevallen kan die zelfs nog groter zijn, als we die verplaatsen naar een gebied met een nog slechtere regulering of plaatsen met een rijkere biodiversiteit.

Het beschermde aandeel van de oceanen domweg uitbreiden is geen wondermiddel. Het hangt ervan af hoe goed we onze zeereservaten beheren en of de regels echt worden gehandhaafd. Zeereservaten met soepele regels en zwakke handhaving zullen voor de gezondheid van onze oceanen nauwelijks verschil maken.[36] Het zou zelfs slechter kunnen zijn als we een gebied 'beschermd' noemen zonder dit naar behoren te beheren: door de illusie zouden we lui kunnen worden.

De meningen over de effectiviteit van zeereservaten zijn dus verdeeld. Toch heeft de wereld krachtige doelen gesteld om ze uit te breiden. We hebben ons eerste doel, in 2020 10 procent van de oceanen te beschermen, al niet gehaald – in 2021 werd nog maar 8 procent beschermd. Het volgende doel is 30 procent in 2037, gevolgd door de helft van alle oceanen op de wereld in 2044. We mogen wel opschieten als we deze doelen willen halen.

Zeereservaten zijn maar één moersleutel in onze gereedschapskist. Als we die uitbreiden zonder de andere oplossingen uit dit hoofdstuk, zullen onze imposante doelen de oceanen niet helpen. Ze zullen het water alleen maar vertroebelen, zodat we de schade niet zien.

De CO_2-voetafdruk van vis: vis kan een milieuvriendelijke eiwitbron zijn – als we de goede kiezen

Van de klimaatimpact van de meeste vis hoef je niet wakker te liggen. Als we de goede keuzen maken, kunnen we vis eten en toch een vrij geringe CO_2-voetafdruk hebben.

Visproductie stoot wel degelijk broeikasgassen uit – zij het niet rechtstreeks, zoals boerende koeien. Als het om vissen in het wild gaat, verbranden we brandstof met de schepen om die vis te vangen; ze moeten ingevroren of gekoeld worden zodat ze vers blijven; we vervoeren en verpakken ze. Bij aquacultuur bestaat de klimaatprijs uit de voedselproductie om de vissen te voeren, net zoals er een klimaatprijs is als we kippen, varkens en koeien op dezelfde manier houden.

Zoals we in hoofdstuk 5 zagen zorgen dingen als transport en verpakking doorgaans voor geringe emissies. Bij een grootschalige meta-analyse, gepubliceerd in *Nature*, werd gekeken naar de milieu-impact van vis uit duizenden viskwekerijen en visserij in het wild.[37] De conclusie was dat het grootste deel van de vis die we graag eten – tonijn, zalm, kabeljauw, forel en haring – de meest klimaatvriendelijke typen waren. Vis is niet zo goed als een plantaardige eiwitbron, maar kan toch een tamelijk koolstofarme keuze zijn. De meeste vis presteert ook goed als het om andere milieumaatstaven gaat. Ze zijn bijna allemaal beter dan kip.

Maar pas op. Er zijn enkele delicatessen die voor een grote voetafdruk zorgen, én heel duur zijn. Vis en schaaldieren zoals bot en kreeft kunnen een heel grote voetafdruk hebben. Als je duurzame vis wilt eten, zou ik die vermijden. Goede keuzen zijn dan gekweekte tweekleppige dieren – tapijtschelpen, oesters, kokkels, mosselen, sint-jakobsschelpen – en kleine vissen in het wild, zoals haring en sardien.

Veel vissoorten kunnen een koolstofarme bron van eiwit zijn
Broeikasgasemissies per kilo. Kip is het vleesproduct met de kleinste CO_2-voetafdruk. Veel vis heeft een nog geringere voetafdruk.

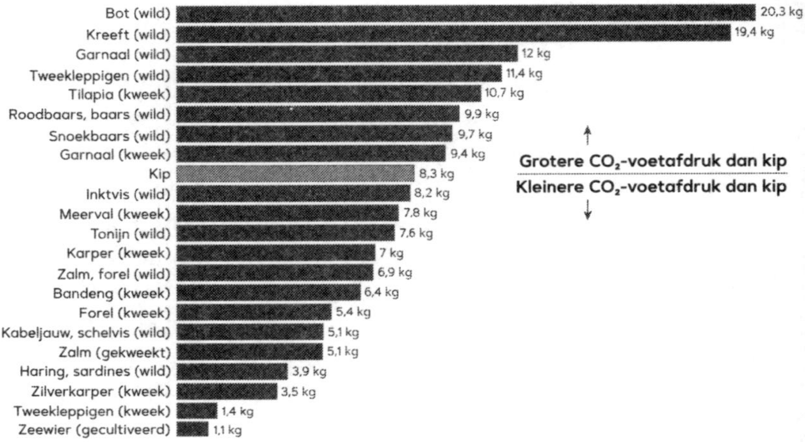

Kweekvis, een oplossing die onsmakelijk lijkt

Op het moment dat de visbestanden op aarde hard op weg waren naar de uitgang, deden viskwekerijen hun intrede. Sinds eind jaren tachtig is bijna de hele groei van de visproductie te danken aan aquacultuur.

Toch lopen mensen nog niet echt warm voor het eten van gekweekte vis. Misschien is dit te herleiden tot het gevoel dat 'natuurlijk' het beste is. In het wild gevangen vis lijkt veel natuurlijker dan vis uit een omgeving die is gebouwd door mensen. Maar als de wereld net zoveel (of nog meer) vis wil blijven eten als we nu doen, zullen consumenten daaraan moeten wennen.

Mensen maken zich zorgen om de hoeveelheid vis uit het wild die wordt gebruikt als voer voor de kweekvissen. Waarom moeten we eigenlijk vis als voer gebruiken? Omdat kweekvis zo de voeding krijgt die hij normaal zou krijgen in de oceaan, waar grotere carnivore vis gewoonlijk leeft van kleinere vissen. Ook krijgt hij zo een kwalitatief goede bron van eiwitten en aminozuren, plus essentiële omega 3-vetzuren.

Aquacultuurproductie is ontkoppeld van het gebruik van wilde vis als voer

Vroeger werd in viskwekerijen veel wilde vis gebruikt als voer. Dankzij de overstap naar plantaardig voer en efficiëntere productie is de aquacultuurproductie sterk gegroeid, terwijl het gebruik van wilde vis is gedaald.

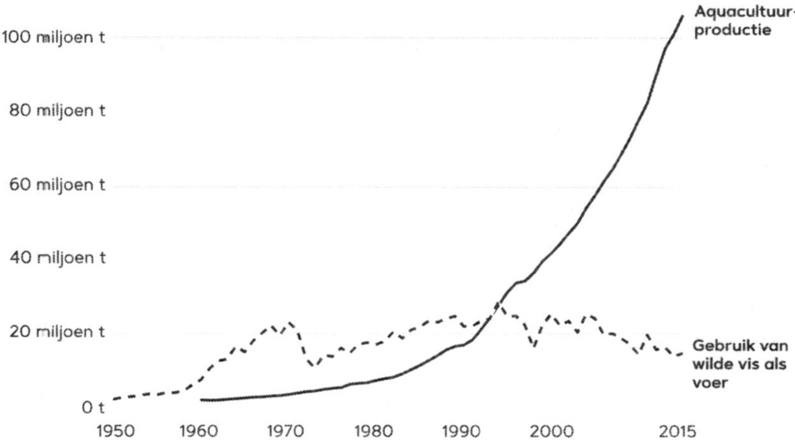

Dankzij meer efficiëntie in de aquacultuur, plus de overstap naar plantaardig voer als vervanger van vismeel en -olie, wordt er al steeds minder wilde vis gebruikt als voer. We maken bijvoorbeeld sterker geconcentreerd voer van algen. Ook hier heeft de mens het probleem opgelost door wat normaal in het wild zou gebeuren kunstmatig na te bootsen. De kans dat we in de toekomst vis kunnen kweken zonder gebruik te maken van wilde vis is heel groot. Ik zou me er als consument dus niet al te druk om maken. Als vernieuwer, beleidsmaker of financier kun je ons helpen om dat zelfs nog eerder te verwezenlijken.

Conclusie

Duurzaamheid is de Noordster van de mensheid. Zorg dat de huidige generaties een goed leven kunnen leiden, verklein onze milieu-impact zodat toekomstige generaties dezelfde (of betere) kansen hebben en laat de natuur mét ons floreren. Dat is de droom. En ik hoop dat ik je ervan heb overtuigd dat het een droom is die we tijdens ons leven kunnen verwezenlijken.

Dit heeft nog geen enkele generatie voor elkaar gekregen. Zoals we in hoofdstuk 1 zagen heeft 'duurzaamheid' twee helften. Onze voorouders waren nooit duurzaam omdat ze nooit de eerste helft voor elkaar kregen: voldoen aan de behoeften van de toenmalige generaties. De helft van alle kinderen stierf, beheersbare ziekten waren aan de orde van de dag en de voeding was vaak slecht.

In de afgelopen eeuw heeft de wereld ongekende vooruitgang geboekt als het gaat om de levensstandaard. Hier en daar ging die vooruitgang trager, maar élk land is vooruitgegaan op het gebied van gezondheid, onderwijs, voeding en andere belangrijke dingen die ons welzijn vergroten. We zijn natuurlijk nog niet klaar. De wereld is in veel opzichten nog steeds verschrikkelijk: kinderen en moeders overlijden aan ziekten die te voorkomen zijn, bijna een op de tien mensen lijdt honger, en niet ieder kind krijgt de kans om naar school te gaan. Er is nog belangrijk werk te doen. Maar veel van de oplossingen liggen voor het grijpen – we weten wat we moeten doen en veel landen hebben dat ook al gedaan. Als we er echt ons best voor doen, kunnen we dit in de komende decennia overal voor elkaar krijgen.

In dit boek hebben we vooral gekeken naar de tweede helft: hoe zorgen we ervoor dat we het milieu in een veel betere toestand achterlaten dan die waarin we het aantroffen. We hebben zeven grote problemen behandeld, gekeken naar waar we nu staan, hoe we daar zijn gekomen en wat ons te doen staat. Bij elk probleem bevinden we ons óf op het keerpunt naar minder impact, óf hebben we dat al achter ons gelaten.

Luchtverontreiniging doodt jaarlijks miljoenen mensen, maar daar is iets aan te doen. We weten hoe we luchtverontreiniging sterk kunnen terugdringen. De lucht die ik in het VK inadem is de schoonste in eeuwen, zo niet millennia. De oplossing is eenvoudig: hou op met dingen te verbranden. Zorg ervoor dat iedereen toegang heeft tot elektriciteit om te koken en te verwarmen, hou op met het verbranden van gewassen en fossiele brandstoffen, reguleer industrieën en concentreer je op netwerken van schoon openbaar vervoer. Deze veranderingen zijn snel te verwezenlijken: China slaagde erin binnen zeven jaar zijn luchtverontreiniging bijna te halveren. In andere landen gaat het misschien niet zo snel, maar toch is een spectaculaire afname van de luchtverontreiniging in de komende paar decennia haalbaar. Als schone energie goedkoper wordt, wordt dit alleen maar gemakkelijker; armere landen kunnen direct overgaan op schone energie zonder eerst fossiele brandstoffen te hoeven verbranden.

Ook voor de aanpak van de klimaatverandering moeten we voorkomen dat dat een lange weg wordt waarop nog veel fossiel wordt verbrand. Welvarende landen danken hun rijkdom aan een economie die draaide op fossiele brandstoffen. Dit heeft het menselijk welzijn talloze voordelen gebracht. Dit ging wel ten koste van het klimaat. In de toekomst moeten we ervoor zorgen dat die route naar welvaart voor iedereen is weggelegd, maar dan op basis van een koolstofarme energiebron. Onze voorouders hebben die keuze nooit gehad. Het was hout, fossiele brandstoffen of niets. Zo is het nu niet. De prijs van duurzame energie is sterk gedaald, en dat geldt ook voor batterijen en elektrische auto's. Het duurt niet lang meer voor de koolstofarme route de goedkope route is. Vroeger was er een uitruil: verbrand fossiele brandstoffen of blijf arm. Onze generaties zullen de eerste zijn die niet voor dit dilemma komen te staan. Alles verandert nu al en zal er halverwege deze eeuw onherkenbaar uitzien.

Dat energiedilemma gold ook voor bossen. Eerst waren ze nodig als brandhout en bouwmaterialen, daarna om grond vrij te maken voor de landbouw. Of je hakt het bos om of je komt land tekort om voedsel te verbouwen. Gewasopbrengsten zijn in de loop van de afgelopen eeuw vijf keer zo hoog geworden, waardoor deze patstelling werd doorbroken. We kunnen meer voedsel verbouwen zonder meer land te gebruiken. Mondiale ontbossing bereikte in de jaren tachtig een piek en heeft nu ook een piek bereikt in onze belangrijkste wouden, zoals het Amazoneregenwoud. Veel opkomende economieën hebben beloofd in 2030 een einde te hebben gemaakt aan ontbossing. Als we blijven investeren in productieve gewassen en bewuster kiezen wat we eten, zal de ontbossing de komende paar decennia op nul uitkomen. We hebben in de afgelopen tienduizend jaar een derde van de bossen op aarde verloren. Deze afname wordt minder en kan een halt worden toegeroepen en dan zullen we meemaken dat meer vergeten bossen op aarde terugkeren.

Zonder veranderingen in ons voedselpatroon zullen we de klimaatverandering niet oplossen, ontbossing niet tegengaan en de biodiversiteit niet beschermen. In de afgelopen vijftig jaar is het aantal mensen dat honger lijdt snel gedaald, maar toch krijgt nog steeds een op de tien mensen onvoldoende te eten. Dat komt niet doordat we niet genoeg voedsel kunnen verbouwen. Dat komt doordat we het aan vee voeren, in auto's stoppen of in de vuilnisbak gooien, waar het vergaat. Dat is goed nieuws: het betekent namelijk dat we het voedselsysteem kunnen hervormen. Technologie verandert de manier waarop we voedsel maken. We kunnen producten maken die precies zijn als vlees, maar dan zonder dieren te slachten en zonder de milieugevolgen. Daarmee besparen we een ongelooflijke hoeveelheid hulpbronnen en zorgen we er tegelijk voor dat er mondiaal minder ondervoeding is. We moeten er gewoon voor zorgen dat deze producten voedzaam, smakelijk en goedkoop genoeg zijn voor de hele wereld. Over vijftig jaar gebruiken we niet meer de helft van het land op aarde om voedsel te verbouwen. We zullen ook niet meer jaarlijks miljarden dieren houden en slachten om onszelf te voeden. Alle wereldbewoners kunnen goed worden gevoed op een planeet die zichzelf niet levend opeet.

Mensen hebben altijd oorlog gevoerd met ander leven op de planeet. We jaagden erop of streden ermee om ruimte. Maar dieren in het wild kampen nu met een veel langere lijst bedreigingen: niet alleen de jacht, maar ook klimaatverandering, ontbossing, verontreiniging van voedingsstoffen door de landbouw, concurrentie met vee, plastic, verzuring van de oceanen en overbevissing. Hier is echt sprake van een 'dood door duizend sneden'. De aanpak van het verlies aan biodiversiteit lijkt misschien een onmogelijke opgave, maar hij staat niet op zichzelf. Door de andere problemen op te lossen, bereiken we op dit gebied het meeste. Als we dit in de komende paar decennia doen, zullen we een grote verbetering zien van de dieren in het wild. Er zal een einde komen aan duizenden jaren van de mens tegen andere soorten, en beide zullen naast elkaar kunnen gedijen.

Van alle problemen in dit boek is plasticverontreiniging het best op te lossen. Dat wil zeggen: zorgen dat er geen plastic meer weglekt naar het milieu en dat er niet langer jaarlijks een miljoen ton in de oceaan stroomt. Met betere afvalbeheersystemen kunnen we hier een eind aan maken. Hierbij is geld het grootste obstakel. Het grootste deel van de plasticverontreiniging op aarde is afkomstig uit lage- en middeninkomenslanden. Rijke landen moeten er als fabrikanten en handelspartners voor zorgen dat andere landen werk maken van betere stortterreinen en recyclingcentra. Als we samenwerken, zal de plasticverontreiniging in de komende paar decennia zijn opgelost. Als dit probleem hoger op de agenda stond, zou het in een fractie van die tijd zijn opgelost.

Ons laatste probleem is overbevissing. Overbevissing is bijna onvermijdelijk op zeeën met veel vissers en zonder controle op de gezondheid van vispopulaties. Als we willen weten hoeveel we duurzaam kunnen vangen, moeten we steeds weten hoeveel vis er is. Toen onze samenlevingen nog klein waren deden we niet aan overbevissing, maar we zijn experts geworden in het plunderen van de oceanen. Toch krijgen we langzaam maar zeker greep op het probleem: de mate van overbevissing is verminderd, dankzij viskwekerijen kunnen we op duurzamere wijze meer vis produceren, en op sommige plaatsen zien we een herstel van onze iconische vissoorten. Deze comeback kostte die soorten maar een paar decennia. We kunnen het overal doen in dit tempo, of sneller.

De problemen waar we mee kampen, zijn nauw met elkaar verweven. Sommige mensen voorzien dan ook onmogelijke compromissen: dat je voorrang moet geven aan het ene probleem ten koste van een ander. Maar dit is niet zo; die verwevenheid betekent juist dat we veel vliegen in één klap kunnen slaan. Stap over op duurzame of kernenergie om luchtverontreiniging en klimaatverandering aan te pakken; eet minder rundvlees om iets te doen aan het klimaat, de ontbossing, het landgebruik, de biodiversiteit en waterverontreiniging. Verbeter gewasopbrengsten ten gunste van het klimaat en de mensheid.

Onze milieuproblemen hebben nog iets gemeen: ze bestaan allemaal al heel lang. We hebben onszelf wijsgemaakt dat al onze milieuproblemen van recente datum zijn. We denken dat die in de afgelopen paar decennia zijn ontstaan door een exploderende bevolking en hebzucht. In werkelijkheid hebben ze bijna allemaal een lange geschiedenis. De invloed van de mens op het milieu begon al honderdduizenden jaren geleden. Onze voorouders beschadigden het milieu niet opzettelijk; ze hadden vaak geen andere mogelijkheden. Maar wat ze deden had gevolgen voor de omgeving en de soorten waarmee ze die deelden.

Deze problemen hebben nóg iets gemeen: er wordt vooruitgang geboekt, en het gaat snel. Niet zo snel als we zouden willen, maar de aandacht voor milieuproblematiek is toch spectaculair veranderd. Geleidelijk aan worden duurzame oplossingen de goedkoopste optie. Mensen eisen actie van politieke leiders, die hen niet meer kunnen negeren.

Er is een serieuze kans om al deze problemen in de komende vijftig jaar op te lossen. Als alles goed gaat, is dat nog tijdens mijn leven. Ik zal dan oud zijn, maar me nog steeds, tot aan de finish, inzetten voor verandering.

1 • Als je milieubewust leeft, kun je het gevoel hebben dat je het 'slecht' doet

Sommige 'oplossingen' in dit boek geven je misschien een ongemakkelijk gevoel. Ze voelen niet helemaal goed. Ik heb jaren geworsteld met dit persoonlijke dilemma: door milieubewust te leven voelde ik me vaak een oplichter. Mijn 'kook'-gewoonten lijken met het oog op het milieu rampzalig. Ik gebruik altijd de magnetron. Ik probeer zo snel mogelijk iets klaar te maken. Het komt bijna altijd uit een pakje. Mijn avocado's zijn afkomstig uit Mexico, en mijn bananen uit Angola. Mijn voedsel wordt zelden lokaal geproduceerd. Als dat wel zo is, lees ik eroverheen op het etiket.

Vraag mensen hoe een 'duurzame maaltijd' eruitziet, en ze beschrijven het tegenovergestelde van mijn eetgewoonten. Een 'milieuvriendelijke maaltijd' is gekocht op de lokale markt, geproduceerd op een biologische boerderij zonder gemene chemicaliën, en vervoerd in een papieren zakje in plaats van plastic verpakking. Vergeet de bewerkte troep: vlees en groente, zo vers mogelijk. We moeten er de tijd voor nemen om het fatsoenlijk te bereiden, in de oven.

Toch weet ik zeker dat mijn manier van eten CO_2-arm is. Koken in een magnetron is het meest efficiënt, lokaal voedsel is vaak niet beter dan voedsel van ver; biologisch voedsel heeft vaak een grotere CO_2-voetafdruk, en de verpakking is slechts een fractie van de milieuvoetafdruk van voedsel en bovendien verlengt die vaak de houdbaarheid ervan.

En toch vóélt het verkeerd. Ik weet dat ik doeltreffende keuzen maak voor het milieu, maar ergens voel ik mij een verrader. Ik zie de verbijstering bij anderen als ze horen waar ik zoal voor kies. Ik ben bang dat ze me misschien voor een 'slechte' milieudeskundige houden.

Waarschijnlijk berust dit op die goeie ouwe 'misvatting over natuurlijk': dingen met veel 'natuurlijke' eigenschappen moeten wel beter voor ons zijn, waarbij natuurlijk gelijkstaat aan goed en onnatuurlijk aan slecht. We staan sceptisch tegenover synthetische dingen die uit een fabriek komen. Het is gemakkelijk om dit soort 'natuurlijk is het beste'-denken belachelijk te maken. Vroeger zou ik het 'onwetenschappelijk' hebben genoemd, want het ís onwetenschappelijk. Maar spot helpt niet echt als je uit bent op verandering en het zou hypocriet van me zijn, want ik denk zelf ook weleens zo. Ik voel me intuïtief nog steeds aangetrokken tot 'natuurlijke' oplossingen. Om dit tegen te gaan is voortdurende, en soms ongemakkelijke, inzet nodig.

Want we moeten het overwinnen. Die misleidende intuïtie van ons is een probleem. In een tijd dat de wereld minder vlees moet eten, zien we verzet tegen vleesvervangers omdat die zijn 'bewerkt'. We moeten minder grond gebruiken voor landbouw, maar zagen recent een heropleving van biologische, meer land vereisende landbouw. Er zouden meer mensen in dichtbevolkte steden moeten wonen, maar ik hoor velen dagdromen over een romantisch leventje op het platteland met een eigen moestuin om van te leven.

Het is een probleem als wat nodig is botst met wat goed voelt. Dat betekent dat het maatschappelijk beeld van duurzaamheid moet veranderen. Vlees uit het laboratorium, dichtbevolkte steden en kernenergie moeten een ander imago krijgen. Ze moeten de nieuwe symbolen van een duurzame weg naar de toekomst worden. Ik hoop dat dit boek een bescheiden rol kan spelen in de verandering van dat verhaal. Pas dan – als het imago van 'milieuvriendelijk' gedrag samenvalt met effectief gedrag – zal milieubewust zijn niet meer zo'n slecht gevoel geven.

2 • Verandering van het systeem is de sleutel

De realiteit is dat we onze milieuproblemen niet oplossen door alleen verandering van individueel gedrag. Dit werd duidelijk tijdens de coronapandemie. De wereld zat het grootste deel van 2020 thuis, wat een zware wissel trok op de kwaliteit van leven van miljoenen mensen. We werden ernstig in ons bestaan beknot. Er waren nauwelijks auto's op de weg of vliegtuigen in de lucht. Winkelcentra en uitgaansgelegenheden waren gesloten. Wereldwijd stortten economieën in. Bijna overal veranderde ieders leven ingrijpend. Wat gebeurde er met de mondiale CO_2-uitstoot? Die daalde met zo'n 5 procent.

Dat valt moeilijk te verkroppen. We willen geloven in de 'macht van het volk' – dat het wel goed komt als we allemaal gewoon één lijn trekken en ons iets verantwoordelijker gedragen. Helaas hebben we grootschalige en technologische verandering nodig voor echte, blijvende vooruitgang. We moeten voor andere politieke en economische prikkels zorgen.

Dat wil niet zeggen dat je als individu niets kunt doen. Zoals we in dit boek zagen zijn er een paar specifieke vormen van gedrag die een verschil kunnen maken. Maar er zijn drie heel belangrijke dingen die je kunt doen die dit allemaal ondersteunen. Ze zorgen voor een essentiële duw in de rug van een verandering van het systeem.

Het eerste is meedoen aan politieke actie en stemmen op leiders die voor duurzame maatregelen zijn. Eén positieve beleidsverandering kan bijna in één klap de individuele inspanningen van miljoenen mensen overtreffen. In de jaren zeventig richtte president Nixon het nu essentiële Environmental Protection Agency op. Ook ondertekende hij de Clean Air Act en de Clean Water Act om de verontreinigde lucht en rivieren van de VS te zuiveren. Dit beleid heeft de natuurlijke omgeving veranderd en vele levens behoed voor giftige vervuiling. Met geleidelijke gedragsveranderingen van de bevolking zou nooit hetzelfde zijn bereikt – tenminste, niet zo snel.

We moeten zorgen dat milieuactie hoog op de agenda van de regering staat. Leiders moeten de zorgen van de bevolking kennen. Nixon wordt een van de 'groenste' leiders uit de geschiedenis genoemd, maar eigenlijk stond hij nogal onverschillig tegenover het milieu.[1] Het was voor hem persoonlijk geen prioriteit. Hij moest doen alsof het hem wat kon schelen omdat het de kiezer wat kon schelen. Als politici hun prioriteiten niet afstemmen op de kiezer, worden ze niet gekozen.

Het tweede wat we kunnen doen, is stemmen met onze portemonnee. Telkens als we iets kopen, geven we de markt – en de makers van producten die in de schappen liggen – een duidelijk signaal dat we er belang aan hechten. Met elke elektrische auto, elke aansluiting op een zonnestroomnet, of elke plantaardige burger laten we de vernieuwers op de wereld zien dat er vraag naar is en roepen we: 'Wij zitten hier, bedien ons.'

Het gaat hierbij om nieuwe technologieën, en de meeste technologieën kosten in de beginfase meer. Ze volgen een leercurve: naarmate we meer produceren, weten we steeds beter hoe we het efficiënter kunnen doen. En hoe meer we ervan kopen, des te lager de prijs. Rijkere consumenten spelen een sleutelrol door vroeg in te stappen, waardoor de prijs daalt. Ze betalen weliswaar de volle mep, maar ze laten als wegbereiders zien dat er een groeiende markt is voor deze producten. Vernieuwers zien hun kans schoon en komen er als aasgieren op af. Die concurrentie stuwt de hele markt op. Voor we het weten hebben we fantastische producten die concurreren om de laagste prijzen. In de jaren negentig zou een elektrische batterij voor een auto wel een miljoen dollar hebben gekost. Nu kost die maar vijf- tot twaalfduizend dollar, en is er sterke concurrentie op de markt om de goedkoopste te produceren.

Een andere manier om je geld nuttig te gebruiken, is doneren aan effectieve doelen. Niet iedereen kan zich dat veroorloven. Mensen die dat wel kunnen, kunnen een positieve impact hebben die het individu verre overstijgt. Een paar jaar geleden legde ik een gelofte af om jaarlijks minstens 10 procent van mijn inkomen aan effectieve doelen te doneren. Waarááán we doneren is minstens zo belangrijk als hoeveel we geven. Bij sommige doelen kan met een dollar aanzienlijk meer worden bereikt dan bij andere. We kunnen doneren aan goede doelen die zich richten op het milieu, maar goede doelen voor andere zaken, zoals gezondheid, onderwijs of armoedeverlichting, helpen ons ook op onze weg naar duurzaamheid.[2] Bij duurzaamheid gaat het er immers niet alleen om dat we een goede levensstandaard voor iedereen die nu leeft bereiken, maar ook voor hen die na ons komen. Een van de grootste tragedies van onze milieuschade is dat de armste mensen op de wereld het kwetsbaarst zijn voor de impact ervan. Mensen uit de armoede halen moet bij ons doel centraal staan. Wie betrouwbaar advies zoekt voor waaraan je het best kunt doneren: voor mij is Givewell, een beoordelaar van goede doelen, de beste informatiebron.[3]

Het laatste wat je kunt doen, is stilstaan bij wat je met je tijd doet. De problemen in dit boek worden niet vanzelf opgelost. Daarvoor is de creatieve, vastberaden inzet nodig van mensen die allerlei rollen spelen. We hebben vernieuwers en ondernemers nodig om nieuwe technologieën te bedenken en de bestaande te verbeteren. We hebben financiers nodig die hun het geld geven om dat te doen. We hebben beleidsmakers nodig die milieuactie steunen en goede beslissingen nemen over wat we eraan doen.

Gemiddeld werken mensen zo'n tachtigduizend uur in hun leven.[4] Als je een geweldige baan kiest waarin je echt verschil kunt maken, kan je impact duizenden, of miljoenen, keren groter zijn dan je individuele inzet om je CO_2-voetafdruk te reduceren.

3 • Sluit je aan bij anderen die dezelfde richting kiezen

De oplossingen uit dit boek zijn haalbaar als we samenwerken met mensen die ons ook vooruit willen helpen.

In milieukringen wordt verschillend gedacht over hoe het nu verder moet. Kernenergie of duurzame energie. Fietsen of elektrische voertuigen. Een strenge veganist of een flexitariër. Sommige mensen gaan ervan uit dat het bij oplossingen alles of niets is, maar dat is vreemd en contraproductief. Het is niet het een of het ander. Het is niet nodig voor het ene 'team' te kiezen en de andere partij uit te lachen. Daarmee komen we niet verder. Als je het mij vraagt, zitten de meesten van ons in hetzelfde team.

We zouden onszelf allemaal als teamleden moeten zien bij het verzinnen van oplossingen. De volgende analogie is niet door mijzelf bedacht, maar volgens mij geeft die dat gevoel heel goed weer.[5] Stel je voor dat je een pijl bent, en je schiet de kant uit waar we volgens jou heen moeten. Stel dat je een groot voorstander bent van kernenergie. Mensen in je omgeving streven ook naar een CO_2-arme energie-infrastructuur, maar van kernenergie moeten ze niets hebben; ze gaan voor duurzame energie. Hun pijl schiet een iets andere kant op dan de jouwe – misschien tien graden links of rechts ervan. Maar het allerbelangrijkste is dat beide ongeveer dezelfde kant op gaan: beide mikken op zo snel mogelijk CO_2-arme energie. Jullie zijn teamgenoten, of je het nu inziet of niet.

Het probleem is dat we de strijd vrijwel steeds voeren met de pijlen die het dichtst bij ons in de buurt zijn. We kibbelen over kernenergie versus zonne-energie, of zonne-energie versus windenergie. We bakkeleien over of we bewerkte burgers op sojabasis of linzen moeten eten. We maken ruzie over de vraag wat belangrijker is: het terugdringen van emissies uit voedsel of uit energie. Het gaat erom dat al die discussiërende mensen in feite dezelfde kant op proberen te gaan.

Terwijl wij onderling ruziën, werken de pijlen die de tegenovergestelde kant op gaan ons tegen. De fossiele brandstofbedrijven, de lobby voor vlees en mensen die tegen milieuactie zijn, kunnen hun gang gaan. Die hoeven nauwelijks iets te doen om onze invloed te neutraliseren. We worden zo afgeleid door onze onderlinge strijd dat we ons niet verzetten tegen de echte tegenstanders van vooruitgang. Dus doen we er goed aan de strijd niet aan te gaan met mensen met wie we het over het algemeen eens zijn. Dat betekent niet dat we niet kritisch mogen discussiëren over hun ideeën; dat is zeker nodig om tot efficiënte oplossingen te komen. Maar we moeten bij die discussies constructief en ruimhartig zijn.

De pijlen die dezelfde kant op gaan als de mijne, zijn gericht op het bedenken van oplossingen die ons vooruithelpen. Doemdenkers zijn níét geïnteresseerd in oplossingen. Die hebben het al opgegeven. Die proberen ze vaak tegen te houden. In het beste geval vormen ze gewoon een obstakel voor progressie. In het slechtste geval gaan ze actief de andere kant op; dat is net zo schadelijk als ontkenners.

Hou je vast aan anderen die dezelfde richting op willen

Misschien denken we iets anders over oplossingen voor onze milieuproblemen, maar we zitten in hetzelfde team.

Als je nu leeft, kun jij iets voor elkaar krijgen wat voor onze voorouders ondenkbaar was: zorgen voor een duurzame toekomst. Ik geloof dat wij de generatie kunnen zijn die voorziet in ieders behoeften en tegelijk het milieu achterlaat in een betere toestand dan waarin ze het aantrof.

Dankzij economische en technologische veranderingen hebben we alternatieven, en daarin verschillen we van onze voorouders. We zitten niet vast aan de vaste prik van walvisolie, steenkool of het omhakken van bomen. We hebben alternatieven ontwikkeld waarmee we hetzelfde kunnen doen op een veel betere manier. Die keuzevrijheid brengt verantwoordelijkheid met zich mee. We kunnen verantwoorde keuzen maken die ons vooruithelpen. We kunnen ook vasthouden aan de status quo. Een duurzame toekomst is niet gegarandeerd – als we die willen, moeten we die creëren. *De eerste generatie* zijn is een kans, maar het gaat niet vanzelf.

Wat mij het meest optimistisch stemt, is dat ik steeds meer mensen spreek die hier ook naar streven. Omring jezelf met zulke mensen. Laat je door hen inspireren. Negeer mensen die zeggen dat we gedoemd zijn. We zijn niet gedoemd. We kunnen werken aan een betere toekomst voor iedereen. Laten we die kans waarmaken.

Noten

NOTEN INLEIDING

1 S. Helm, J.A. Kempers & S.K. White, 'No future, no kids – no kids, no future?', *Popul Environ* 43, 108-129 (2021).

2 C. Hickman et al., 'Climate anxiety in children and young people and their beliefs about government responses to climate change: a global survey', *The Lancet Planetary Health* 5, e863-e873 (2021).

3 Morning Consult, *National Tracking Poll #200926*, https://assets.morningconsult.com/wp-uploads/2020/09/28065126/ 200926_ crosstabs_MILLENIAL_FINANCE _Adults_v4_RG.pdf (2020).

4 M. Schneider-Mayerson & K.L. Leong, 'Eco-reproductive concerns in the age of climate change', *Clim Change* 163, 1007-1023 (2020).

5 B. Lockwood, N. Powdthavee & O. Andrew, *Are Environmental Concerns Deterring People from Having Children?*, IZA Institute of Labor Economics (2022).

6 A. Maxmen, 'Three minutes with Hans Rosling will change your mind about the world', *Nature* 540, 330-333 (2016).

7 E. Klein, 'Your kids are not doomed', *The New York Times* (2022).

8 P. Romer, 'Conditional optimism', https://paulromer.net/conditional-optimism-technology-and-climate/(2018).

9 Paul R. Ehrlich, is een Amerikaanse bioloog. We mogen hem niet verwarren met Paul Ehrlich, de Duitse arts die de Nobelprijs kreeg voor zijn bijdragen aan de immunologie. De laatste ontdekte begin twintigste eeuw de genezing van syfilis en redde daarmee vele levens. Dat kan niet worden gezegd van Paul R. Ehrlich.

10 P.R. Ehrlich, *The Population Bomb* (Ballantine Books, 1989).

11 M. Roser, 'The world is awful. The world is much better. The world can be much better', Our World in Data, https://ourworldindata.org/much-better-awful-can-be-better (2022).

NOTEN HOOFDSTUK 1

1 K. Klein Goldewijk et al., 'Anthropogenic land use estimates for the Holocene – HYDE 3.2', *Earth Syst Sci Data* 9, 927-953 (2017).

2 A.D. Barnosky, 'Megafauna biomass tradeoff as a driver of Quaternary and future extinctions', *Proceedings of the National Academy of Sciences* 105, 11543-11548 (2008).
3 E.C. Ellis et al., 'People have shaped most of terrestrial nature for at least 12,000 years', *Proceedings of the National Academy of Sciences* 118, e2023483118 (2021).
4 V. Reyes-García & P. Benyei, 'Indigenous knowledge for conservation', *Nat Sustain* 2, 657-658 (2019).
5 K.M. Hoffman et al., 'Conservation of Earth's biodiversity is embedded in Indigenous fire stewardship', *Proceedings of the National Academy of Sciences* 118, e2105073118 (2021).
6 M. Roser, 'Mortality in the past – around half died as children', Our World in Data, https://ourworldindata.org/child-mortality-in-the-past (2019).
7 A.A. Volk & J. Atkinson, 'Infant and child death in the human environment of evolutionary adaptation', *Evolution and Human Behavior* 34, 182-192 (2013).
8 F.E. Johnston & C.E. Snow, 'The reassessment of the age and sex of the Indian Knoll skeletal population: demographic and methodological aspects', *Am J Phys Anthropol* 19, 237-244 (1961).
9 M. Roser, H. Ritchie & B. Dadonaite, 'Child and infant mortality', Our World in Data (2013).
10 H. Ritchie & M. Roser, 'Maternal mortality', Our World in Data, https://ourworldindata.org/ maternal-Mortality (2023).
11 Ik gebruik hiervoor data van het Verenigd Koninkrijk. Deze nationale gemiddelden weerspiegelen niet rechtstreeks het persoonlijke risico voor mijn moeder, en de vrouwen die haar voorgingen, maar ze geven ons een aanvaardbaar substituut voor de kansen.
12 M. Roser, E. Ortiz-Ospina & H. Ritchie, 'Life expectancy', Our World in Data (2013).
13 Het is nuttig om hier duidelijk te maken wat 'levensverwachting' betekent. Dit verwijst naar het aantal jaar dat iemand naar verwachting nog rest. Er zijn twee gebruikelijke manieren om de levensverwachting te meten. *Cohortlevensverwachting* is de gemiddelde levensduur van een cohort – een groep individuen die in een bepaald jaar zijn geboren. Als we een groep mensen die in een bepaald jaar zijn geboren kunnen volgen en de exacte datum waarop ze overlijden kunnen bepalen, dan kunnen we de levensverwachting van dit cohort berekenen: het gemiddelde van de leeftijd van alle leden toen zij overleden. Het is vrij lastig om dit te doen: we moeten een complete groep individuen tot aan hun dood volgen. Een gebruikelijker maatstaf is in plaats daarvan *periodelevensverwachting*. Deze berekent de gemiddelde levensduur van een cohort mensen als ze waren blootgesteld, van geboorte tot dood, aan de sterftecijfers die in een bepaald jaar zijn vastgesteld. Periodelevensverwachting houdt geen rekening met toekomstige veranderingen in de levensverwachting. Als we het in dit boek over levensverwachting hebben, bedoelen we periodelevensverwachting.
14 IFAD, UNICEF, WFP en WHO, *The State of Food Security and Nutrition in the World 2022* (FAO, 2022).
15 H. Ritchie & M. Roser, 'Clean water and sanitation', Our World in Data (2021).
16 H. Ritchie, M. Roser & P. Rosado, 'Energy', Our World in Data (2020).
17 M. Roser & E. Ortiz-Ospina, 'Literacy', Our World in Data (2016).

18 Dit is uiteraard niet de enige maatstaf voor scholing waar we in geïnteresseerd zijn. Niet alleen hoeláng iemand naar school gaat, maar ook de kwaliteit van het onderwijs en de scholing is van belang. Wat dat betreft zijn de gegevens zorgwekkender. We zien dat veel – zo niet de meeste – kinderen in de armste landen van de wereld school verlaten zonder te kunnen lezen en schrijven (https://ourworldindata.org/better-learning). Ze mogen dan op school zitten, dat betekent nog niet dat ze daar veel leren. Dit probleem doet zich niet alleen bij meisjes voor: het geldt over de hele linie. Toegang tot basisonderwijs is dus nog maar het begin. Kinderen moeten eerst naar school kunnen. Vervolgens moeten we zorgen dat ze het onderwijs van hoge kwaliteit krijgen dat ze verdienen.

19 J. Hasell et al., 'Poverty', Our World in Data, https://ourworldindata.org/poverty (2022).

20 Voor alle duidelijkheid, we richten ons hier op de internationale armoedegrens – de armoedegrens die de armste landen ter wereld weergeeft. Er is niet één definitie van armoede. Ons begrip van de mate van armoede en hoe die verandert, hangt af van de gehanteerde definitie. Rijkere en armere landen gebruiken vanzelfsprekend verschillende armoedegrenzen om armoede zodanig te kunnen meten dat het informatief en relevant is voor het inkomensniveau van hun bevolking. Waar bijvoorbeeld iemand in de Verenigde Staten als arm wordt beschouwd als hij of zij van minder dan 22,50 dollar per dag moet leven, is de armoedegrens in Ethiopië ruim tien keer zo laag met 1,75 dollar per dag.

21 Als je denkt dat deze mondiale ontwikkeling uitsluitend draait om de reductie van armoede in China, heb je het ook mis. Zelfs als we China buiten beschouwing laten, zijn de aantallen die in extreme armoede leven spectaculair gedaald.

22 M. Roser, H. Ritchie & E. Ortiz-Ospina, 'World population growth', Our World in Data (2013).

23 M. Roser, 'Fertility rate', Our World in Data, https://ourworldindata. org/fertility-rate(2023).

24 We doelen hier op kinderen van jonger dan vijf. Maar zelfs als we de populatie van kinderen onder de vijftien nemen, is het hoogtepunt voorbij. Volgens de gemiddelde projecties van de VN piekte de wereldbevolking in 2021.

25 United Nations Department of Economic and Social Affairs, *World Population Prospects 2022: Summary of Results* (2022).

26 Als je instinctieve reactie hierop is: 'Ja, maar dat is ze alleen maar gelukt doordat ze hun milieuschade naar armere landen hebben getransporteerd', dan ben je niet de enige. Maar hoewel het waar is dat sommige landen een deel van hun impact hebben geëxporteerd naar elders, neemt de voetafdruk van rijke landen toch af, zelfs als we hier rekening mee houden.

27 M. Roser, 'How much economic growth is necessary to reduce global poverty substantially?', Our World in Data, https://ourworldindata. org/poverty-minimum-growth-needed (2021).

28 M. Roser, 'Global poverty in an unequal world: Who is considered poor in a rich country? And what does this mean for our understanding of global poverty?', Our World in Data, https://ourworldindata. org/ higher-poverty-global-line (2021).

1 O. Wainwright, 'Inside Beijing's airpocalypse – a city made "almost uninhabitable" by pollution', *The Guardian* (2014).
2 W. Wang et al., 'Atmospheric Particulate Matter Pollution during the 2008 Beijing Olympics', *Environ Sci Technol* 43, 5314-5320 (2009).
3 S. Wang et al., 'Quantifying the Air Pollutants Emission Reduction during the 2008 Olympic Games in Beijing', *Environ Sci Technol* 44, 2490-2496 (2010).
4 J. Yeung, N. Gan & S. George, 'From "air-pocalypse" to blue skies. Beijing's fight for cleaner air is a rare victory for public dissent', CNN, https://www.cnn.com/2021/08/23/china/china-air-pollution-mic-intl-hnk/index.html (2021).
5 E. Wong, 'China lets media report on air pollution crisis', *The New York Times* (2013).
6 Het is van belang op te merken dat dit geen naadloze of rechtvaardige transitie was. Bij veel huishoudens werd in de eerste winter de steenkoolboiler weggehaald, waarvoor ze nog geen gasboiler ter vervanging kregen. Veel gezinnen moesten het de rest van het jaar zonder verwarming stellen.
7 M. Greenstone, H. Guojun & K. Lee, *The 2008 Olympics to the 2022 Olympics China's Fight to Win Its War Against Pollution*, Energy Institute of the University of Chicago (2022).
8 Seneca, die officieel Seneca de Jongere heette, werd geboren in Hispania, een deel van het huidige Spanje. Het grootste deel van zijn leven woonde hij echter in Rome.
9 Seneca & R.M. Gummere, *Ad Lucilium epistulae morales* (Harvard University Press, 1917).
10 D. Fowler et al., 'A chronology of global air quality', *Philosophical Transactions of the Royal Society A*, doi:10.1098/rsta.2019.0314 (2020).
11 Hippocrates, vert. W.H.S. Jones, *Hippocrates* (Heinemann/Putnam, 1923).
12 M.A. Sutton et al., 'Alkaline air: changing perspectives on nitrogen and air pollution in an ammonia-rich world', *Philosophical Transactions of the Royal Society A: Mathematical, Physical and Engineering Sciences* 378, 20190315 (2020).
13 J.A.J. Gowlett, 'The discovery of fire by humans: a long and convoluted process', *Philosophical Transactions of the Royal Society B: Biological Sciences* 371, 20150164 (2016).
14 K. Hardy et al., 'Dental calculus reveals potential respiratory irritants and ingestion of essential plant-based nutrients at Lower Palaeolithic Qesem Cave Israel', *Quaternary International* 398, 129-135 (2016).
15 O. Jarus, 'Egyptian mummies hold clues of ancient air pollution', livescience.com, https://www.livescience.com/14420-ancient-egyptian-mummies-lung-disease-pollution.html (2011).
16 We weten niet precies wanneer de vroege mensen het vuur ontdekten. Er zijn archeologische bewijzen dat honderdduizenden jaren geleden vuur wijdverbreid werd gebruikt. Er zijn echter ook meer plaatselijke bewijzen dat het misschien al 1,5 tot 2 miljoen jaar geleden werd ontdekt.
17 A.S. Mather, J. Fairbairn & C.L. Needle, 'The course and drivers of the forest transition: the case of France', *J Rural Stud* 15, 65-90 (1999).

18 R. Fouquet, 'Long run trends in energy-related external costs', *Ecological Economics* 70, 2380-2389 (2011).
19 R.M. Hoesly et al., 'Historical (1750-2014) anthropogenic emissions of reactive gases and aerosols from the Community Emissions Data System (CEDS)', *Geosci Model Dev* 11, 369-408 (2018).
20 P.J. Crutzen, 'The influence of nitrogen oxides on the atmospheric ozone content', *Quarterly Journal of the Royal Meteorological Society* (1970).
21 M.J. Molina & F.S. Rowland, 'Stratospheric sink for chlorofluoromethanes: chlorine atom-catalysed destruction of ozone', *Nature* 249, 810-812 (1974).
22 NASA, 'Atmospheric ozone 1985. Assessment of our understanding of the processes controlling its present distribution and change', https://www.osti.gov/biblio/6918528-atmospheric-ozone-assessment-our-understanding-processes-controlling-its-present-distribution-change-volume (1985).
23 P.M. Morrisette, 'The evolution of policy responses to stratospheric ozone depletion', *Natural Resources Journal (USA)* 29:3, 1989.
24 D.D. Doniger, 'Politics of the ozone layer', *Issues Sci Technol* 4, 86-92 (1988).
25 United Nations Environment Programme (UNEP), 'The Montreal Protocol on Substances that Deplete the Ozone Layer', https://ozone. unep.org/treaties/montreal-protocol (1987).
26 Ozone Secretariat, 'Summary of control measures under the Montreal Protocol', https://ozone.unep.org/treaties/montreal-protocol/summary-control-measures-under-montreal-protocol (1987).
27 M.I. Hegglin et al., *Twenty Questions and Answers About the Ozone Layer: 2014 Update: Scientific Assessment of Ozone Depletion: 2014* (World Meteorological Organization, 2015).
28 J.E. Aldy et al., 'Looking back at 50 years of the Clean Air Act', *J Econ Lit* 60, 179-232 (2022).
29 K. Clay & W. Troesken, 'Did Frederick Brodie discover the world's first environmental Kuznets curve? Coal smoke and the rise and fall of the London fog', doi:10.3386/w15669 (2010).
30 We focussen ons hier op de Kuznetscurve van problemen met betrekking tot het *milieu*, maar deze theorie dat dingen slechter worden voor ze beter worden, is niet alleen van toepassing op het milieu. De oorspronkelijke Kuznetscurve ging in feite over inkomensongelijkheid: Simon Kuznets postuleerde dat ongelijkheid toenam tijdens de industrialisatie van een land, maar vervolgens weer afnam als het land eenmaal veel welvarender was geworden.
31 J. Lelieveld et al., 'Effects of fossil fuel and total anthropogenic emission removal on public health and climate', *Proceedings of the National Academy of Sciences* 116, 7192-7197 (2019).
32 K. Vohra et al., 'Global mortality from outdoor fine particle pollution generated by fossil fuel combustion: results from GEOS-Chem', *Environ Res* 195, 110754 (2021).
33 H. Ritchie et al., 'Causes of death', Our World in Data, https://ourworldindata.org/causes-of-death (2023).
34 Mondiaal sterven jaarlijks zo'n vijftienduizend mensen door rampen. Dit cijfer varieert van jaar tot jaar, gewoonlijk afhankelijk van of er zware aardbevingen zijn ge-

weest, wat tegenwoordig de dodelijkste natuurrampen zijn. Aardbevingen zijn het moeilijkst te voorspellen en je kunt je er nauwelijks op voorbereiden.
35 C.J.L. Murray et al., 'Global burden of 87 risk factors in 204 countries and territories, 1990-2019: a systematic analysis for the Global Burden of Disease Study 2019', *The Lancet* 396, 1223-1249 (2020).
36 H. Ritchie, blog, 'Delhi's odd-even rule is at odds with what needs to be done [part 2]', hannahritchie.com (2016).
37 S. Kurinji, A. Khan & T. Ganguly, *Bending Delhi's Air Pollution Curve: Learnings from 2020 to Improve 2021*, New Delhi, Council on Energy, Environment and Water (CEEW) (2021).
38 S. Sarkar, R.P. Singh & A. Chauhan, 'Increasing health threat to greater parts of India due to crop residue burning', *The Lancet Planetary Health* 2, e327-328 (2018).
39 S. Bikkina et al., 'Air quality in megacity Delhi affected by countryside biomass burning', *Nat Sustain* 2, 200-205 (2019).
40 P. Shyamsundar et al., 'Fields on fire: alternatives to crop residue burning in India', *Science (1979)* 365, 36-38 (2019).
41 OECD, *The Economic Consequences of Outdoor Air Pollution* (OECD, 2016).
42 World Bank, *The Global Health Cost of PM2.5 Air Pollution: A Case for Action Beyond 2021* (World Bank, 2022).
43 J. Dornoff & F. Rodriquez, *Gasoline Versus Diesel: Comparing CO_2 Emissions of a Modern Medium Sized Car Model under Laboratory and On-Road Testing Conditions*, International Council on Clean Transportation (ICCT) (2019).
44 H. Ritchie, 'What was the death toll from Chernobyl and Fukushima?', Our World in Data, https://ourworldindata.org/what-was-the-death-toll-from-chernobyl-and-fukushima (2022).
45 United Nations, *Sources and Effects of Ionizing Radiation, UNSCEAR 2008 Report* (2011).
46 K.M. Leung et al., 'Trends in solid tumor incidence in Ukraine 30 years after Chernobyl', *J Glob Oncol* 1-10, doi:10.1200/JGO.19.00099 (2019).
47 H. Ritchie, 'What are the safest and cleanest sources of energy?', Our World in Data, https://ourworldindata.org/safest-sources-of-energy (2020).
48 S. Chowdhury et al., 'Global health burden of ambient PM2.5 and the contribution of anthropogenic black carbon and organic aerosols', *Environ Int* 159, 107020 (2022).

NOTEN HOOFDSTUK 3

1 S. Connor, 'Global warming: scientists say temperatures could rise by 6C by 2100 and call for action ahead of UN meeting in Paris', *The Independent* (2015).
2 Climate Action Tracker, *Warming Projections Global Update. November 2022 Updated* (2022).
3 H. Ritchie & M. Roser, 'Natural disasters', Our World in Data (2014).
4 EM-DAT, CRED (2021).
5 https://twitter.com/_HannahRitchie/status/1314141670439563264.

6 J. Hasell & M. Roser, 'Famines', Our World in Data (2013).
7 K.-H. Erb et al., 'Unexpectedly large impact of forest management and grazing on global vegetation biomass', *Nature* 553, 73-76 (2018).
8 GOV.UK, 'Digest of UK Energy Statistics (DUKES): electricity', https://www.gov.uk/government/statistics/electricity-chapter-5-digest-of-united-kingdom-energy-statistics-dukes (2022).
9 P. Friedlingstein et al., 'Global Carbon Budget 2022', *Earth Syst Sci Data* 14, 4811-4900 (2022).
10 H. Ritchie, M. Roser & P. Rosado, 'CO_2 and greenhouse gas emissions', Our World in Data (2020).
11 We kijken hierbij naar emissies uit fossiele brandstoffen en industrie, die verantwoordelijk zijn voor ruim 90 procent van de CO_2-emissies. Emissies door veranderingen in grondgebruik zijn niet meegerekend, want de veranderingen van jaar tot jaar kunnen tamelijk extreem zijn.
12 https://twitter.com/GlobalEcoGuy/status/1524781923226341376?s=20.
13 G.P. Peters, 'From production-based to consumption-based national emission inventories', *Ecological Economics* 65, 13-23 (2008).
14 G.P. Peters, S.J. Davis & R. Andrew, 'A synthesis of carbon in international trade', *Biogeosciences* 9, 3247-3276 (2012).
15 Dit is gecorrigeerd voor inflatie.
16 V. Smil, *Energy Transitions: History, Requirements, Prospects* (ABC-CLIO, 2010).
17 V. Smil, *Energy and Civilization: A History* (MIT Press, 2018).
18 V. Smil, *Energy in World History: Essays in World History* (Westview Press, 1994).
19 M. Roser, 'Why did renewables become so cheap so fast?', Our World in Data, https://ourworldindata.org/cheap-renewables-growth (2022).
20 Lazard, 'Lazard's levelized cost of energy analysis – version 13.0' (2021).
21 Deze relatie tussen het gebruik van technologieën en dalende prijzen wordt gewoonlijk de 'wet van Moore' genoemd. Die komen we bij veel technologieën tegen.
22 H. Ritchie, 'The price of batteries has declined by 97% in the last three decades', Our World in Data, https://ourworldindata.org/battery-price-decline (2021).
23 M.S. Ziegler & J.E. Trancik, 'Re-examining rates of lithium-ion battery technology improvement and cost decline', *Energy Environ Sci* 14, 1635-1651 (2021).
24 Voor de jongste toezeggingen, die worden bijgehouden en vastgelegd door de Net Zero Tracker, zie: https://zerotracker.net/.
25 H. Ritchie, 'How much of global greenhouse gas emissions come from food?', Our World in Data, https://ourworldindata.org/greenhouse-gas-emissions-food (2021).
26 M. Crippa et al., 'Food systems are responsible for a third of global anthropogenic GHG emissions', *Nat Food* 2, 198-209 (2021).
27 J. Poore & T. Nemecek, 'Reducing food's environmental impacts through producers and consumers', *Science (1979)* 360, 987-992 (2018).
28 'Sector by sector: where do global greenhouse gas emissions come from?', Our World in Data, https://ourworldindata.org/ghg-emissions-by-sector (2020).
29 M. Ge, J. Friedrich & L. Vigna, '4 charts explain greenhouse gas emissions by countries and sectors', World Resources Institute (2020).

30 UNECE, *Lifecycle Assessment of Electricity Generation Options* (2021).
31 'How does the land use of different electricity sources compare?', Our World in Data https://ourworldindata.org/land-use-per-energy-source (2022).
32 *Mineral Requirements for Clean Energy Transitions*, International Energy Agency (2022).
33 S. Wang et al., 'Future demand for electricity generation materials under different climate mitigation scenarios', *Joule*, doi:10.1016/j. joule.2023.01.001 (2023).
34 'Cars, planes, trains: where do CO_2 emissions from transport come from?', Our World in Data, https://ourworldindata.org co2-emissions-from-transport (2020).
35 'Transport sector CO_2 emissions by mode in the Sustainable Development Scenario, 2000-2030 – charts – data & statistics', International Energy Agency (2020).
36 'The 2021 EPA Automotive Trends Report Greenhouse Gas Emissions, Fuel Economy, and Technology since 1975', EPA, https://www.epa.gov/automotive-trends/download-automotive-trends-report (2021).
37 T.D. Searchinger et al., 'Assessing the efficiency of changes in land use for mitigating climate change', *Nature* 564, 249-253 (2018).
38 T. Searchinger et al., 'Use of U.S. croplands for biofuels increases greenhouse gases through emissions from land-use change', *Science (1979)* 319, 1238-1240 (2008).
39 'Factcheck: how electric vehicles help to tackle climate change', *Carbon Brief*, https://www.carbonbrief.org/factcheck-how-electric-vehicles-help-to-tackle-climate-change/ (2019).
40 *Global EV Outlook 2022*, International Energy Agency (2022).
41 H. Ritchie, 'Electric vehicle batteries would have cost as much as a million dollars in the 1990s', *Sustainability by numbers*, Preprint at https://hannahritchie.substack.com/p/ev-battery-costs (2022).
42 BloombergNEF, *Electric Vehicle Outlook 2022* (2022).
43 D. Rybski et al., 'Cities as nuclei of sustainability?', *Environ Plan B Urban Anal City Sci* 44, 425-440 (2017).
44 R. Gudipudi et al., 'City density and CO_2 efficiency', *Energy Policy* 91, 352-361 (2016).
45 S.J. Davis et al., 'Net-zero emissions energy systems', *Science (1979)* 360, eaas9793 (2018).
46 Om dit kloppend te maken, zou de correcte chemische formule voor deze reactie zijn: $2H_2O$ + energie = $2H_2$ + O_2.
47 R. Twine, 'Emissions from animal agriculture – 16.5% is the new minimum figure', *Sustainability* 13, 6276 (2021).
48 M.A. Clark et al., 'Global food system emissions could preclude achieving the 1.5° and 2 °C climate change targets', *Science (1979)* 370, 705-708 (2020).
49 IPCC, *Global Warming of 1.5 °C. An IPCC Special Report on the Impacts of Global Warming of 1.5 °C above Pre-Industrial Levels and Related Global Greenhouse Gas Emission Pathways, in the Context of Strengthening the Global Response to the Threat of Climate Change, Sustainable Development, and Efforts to Eradicate Poverty* (2018).
50 W. Willett et al., 'Food in the Anthropocene: the EAT–Lancet Commission on healthy diets from sustainable food systems', *The Lancet* 393, 447-492 (2019).

51 We maken het voornaamste onderdeel van cement – klinker – door kalksteen ($CaCO_3$) tot temperaturen van maar liefst 900 °C te verhitten. Dit proces geeft calciumoxide (CaO) en, helaas, koolstofdioxide.

52 P.S. Fennell, S.J. Davis & A. Mohammed, 'Decarbonizing cement production', *Joule* 5, 1305-1311 (2021).

53 'Concrete needs to lose its colossal carbon footprint', *Nature* 597, 593-594 (2021).

54 D. Klenert et al., 'Making carbon pricing work for citizens', *Nat Clim Chang* 8, 669-677 (2018).

55 IPCC, *Climate Change 2022: Impacts, Adaptation, and Vulnerability. Contribution of Working Group II to the Sixth Assessment Report of the Intergovernmental Panel on Climate Change* (Cambridge University Press, 2022).

56 M. Berners-Lee, *How Bad are Bananas?: The Carbon Footprint of Everything* (Profile Books Ltd, 2010).

57 Ipsos, 'Ipsos Perils of Perception: climate change', https://www.ipsos. com/en-uk/ipsos-perils-perception-climate-change (2021).

58 S. Wynes & K.A. Nicholas, 'The climate mitigation gap: education and government recommendations miss the most effective individual actions', *Environmental Research Letters* 12, 74024 (2017).

59 De in de tabel getoonde gegevens zijn een combinatie van schattingen van emissiereductie van Wynes en Nicholas (2017) en onderzoeksgegevens van Ipsos (2021). Alle cijfers over reductie van uitstoot zijn afkomstig van Wynes en Nicholas, behalve schattingen betreffende het overstappen op een plantaardig eetpatroon. Dit is aangevuld met gegevens van Poore en Nemecek (2018) – het omvat de emissiebesparing door verandering van het eetpatroon, evenals afzonderlijke CO_2 door de vermindering van landbouwgrond (dat wil zeggen koolstofopportuniteitskosten van land).
Een daad – het hebben van één kind minder – is niet opgenomen in de tabel op de volgende pagina. De eraan ten grondslag liggende data hielden namelijk geen rekening met veranderingen van de voetafdruk van mensen in de toekomst. We kunnen redelijkerwijs zeggen dat de CO_2-voetafdruk van mijn kind anders zal zijn dan die van mij: de komende decennia zullen de emissies van een 'persoon' hopelijk aanzienlijk afnemen en uiteindelijk nul naderen, aangezien we snel aan het decarboniseren zijn.

NOTEN HOOFDSTUK 4

1 @EmmanuelMacron, 'Our house is burning. Literally. The Amazon rain forest – the lungs which produces 20% of our planet's oxygen – is on fire. It is an international crisis. Members of the G7 Summit, let's discuss this emergency first order in two days! #ActForTheAmazon', Twitter, https://twitter.com/EmmanuelMacron/status/1164617008962527232 (2019).

2 @Cristiano, 'The Amazon Rainforest produces more than 20% of the world's oxygen and its been burning for the past 3 weeks. It's our responsibility to help to save our planet. #prayforamazonia', Twitter, https://twitter.com/Cristiano/status /1164588606436106240 (2019).

3 @KamalaHarris, 'Brazil's President Bolsonaro must answer for this devastation.

The Amazon creates over 20% of the world's oxygen and is home to one million Indigenous people. Any destruction affects us all', Twitter, https://twitter.com/KamalaHarris/status/1165070218009489408 (2019).
4 @StationCDRKelly, 'Deforestation changes the face of our planet. Between my first flight in 1999 and last in 2016, I noticed a difference in the #Amazon. Less forest more burning fields. The #AmazonRainforest produces more than 20% of the world's oxygen. We need O_2 to survive!', Twitter, https://twitter.com/StationCDRKelly/status/1164608581989294082 (2019).
5 A. Symonds, 'Amazon Rainforest fires: here's what's really happening', *The New York Times* (2019).
6 Y. Malhi, 'Does the Amazon provide 20% of our oxygen?', http://www.yadvindermalhi.org/1/post/2019/08/does-the-amazon-provide-20-of-our-oxygen.html (2019).
7 J. Aberth, *The Black Death: A New History of the Great Mortality in Europe, 1347-1500* (Oxford University Press, 2021).
8 P. Brannen, 'The Amazon is not earth's lungs', *Atlantic*, https://www.theatlantic.com/science/archive/2019/08/amazon-fire-earth-has-plenty-oxygen/596923/ (2019).
9 A. Izdebski et al., 'Palaeoecological data indicates land-use changes across Europe linked to spatial heterogeneity in mortality during the Black Death pandemic', *Nat Ecol Evol* 6, 297-306 (2022).
10 S.A. Smith & J. Gilbert, *National Inventory of Woodland and Trees – Scotland* (Forestry Commission, 2001).
11 Smith & Gilbert, *National Inventory of Woodland and Trees – England* (Forestry Commission, 2001).
12 A.S. Mather, 'Forest transition theory and the reforesting of Scotland', *Scottish Geographical Journal* 120, 83-98 (2004).
13 DEFRA, UK, *Government Forestry and Woodlands Policy Statement: Incorporating the Government's Response to the Independent Panel on Forestry's Final Report* (2013).
14 *U.S. Forest Facts and Historical Trends*, https://www.fia.fs.fed.us/library/brochures/docs/2000/ForestFactsMetric.pdf (2000).
15 M. Williams, *Deforesting the Earth: From Prehistory to Global Crisis, An Abridgment* (University of Chicago Press, 2006).
16 H. Ritchie & M. Roser, 'Forests and deforestation', Our World in Data (2021).
17 C.H.L. Silva Junior et al., 'The Brazilian Amazon deforestation rate in 2020 is the greatest of the decade', *Nat Ecol Evol* 5, 144-145 (2021).
18 T.K. Rudel, 'Is there a forest transition? Deforestation, reforestation, and development', *Rural Sociol* 63, 533-552 (1998).
19 T.K. Rudel et al., 'Forest transitions: towards a global understanding of land use change', *Global Environmental Change* 15, 23-31 (2005).
20 J. Crespo Cuaresma et al., 'Economic development and forest cover: evidence from satellite data', *Sci Rep* 7, 40678 (2017).
21 P.G. Curtis et al., 'Classifying drivers of global forest loss', *Science (1979)* 361, 1108-1111 (2018).
22 B.R. Scheffers et al., 'What we know and don't know about Earth's missing biodiversity', *Trends Ecol Evol* 27, 501-510 (2012).

23 S.L. Lewis, 'Tropical forests and the changing earth system', *Philosophical Transactions B: Biological Sciences* 361, 195-210 (2006).
24 E.L. Bullock et al., 'Satellite-based estimates reveal widespread forest degradation in the Amazon', *Glob Chang Biol* 26, 2956-2969 (2020).
25 Ben & Jerry's statement on palm oil sourcing, https://www.benjerry.com, https://www.benjerry.com/values/how-we-do-business/palm-oil-sourcing.
26 Iceland is een supermarktketen in het VK.
27 E. Meijaard et al., *Oil Palm and Biodiversity: A Situation Analysis by the IUCN Oil Palm Task Force* (International Union for Conservation of Nature, 2018).
28 K.G. Austin et al., 'What causes deforestation in Indonesia?', *Environmental Research Letters* 14, 24007 (2019).
29 D.L.A. Gaveau et al., 'Rise and fall of forest loss and industrial plantations in Borneo (2000-2017)', *Conserv Lett* 12, e12622 (2019).
30 Alle oliën bevatten een combinatie van meervoudig onverzadigde, enkelvoudig onverzadigde en verzadigde vetten. Sommigen denken dat oliën uit zaden slecht voor ons zijn omdat ze veel omega 6 bevatten, een meervoudig onverzadigd vetzuur. Een type omega 6 heet linolzuur, dat volgens sommigen chronische ontsteking veroorzaakt. In werkelijkheid is het niet het linolzuur zelf dat inflammatoir is, maar zet het lichaam dit om in arachidonzuur, een bouwsteen van inflammatoire verbindingen.
Het is onwaarschijnlijk dat het dit effect heeft bij mensen. Slechts een kleine hoeveelheid linolzuur – 0,2% – wordt omgezet in arachidonzuur. En dit veroorzaakt niet allemaal ontstekingen. En arachidonzuur is een ingewikkelde verbinding: het heeft ook anti-ontstekingseffecten. Sommige onderzoeken op ratten wezen erop dat linolzuur ontstekingen veroorzaakt, maar bij mensen is het tegenovergestelde effect vastgesteld: mogelijk vermindert het een ontsteking en beschermt het tegen ziekten.
Linolzuur is een essentieel aminozuur, wat wil zeggen dat het menselijk lichaam het niet aanmaakt. We moeten het eten. Het is om verscheidene redenen belangrijk, waaronder de productie van celmembranen en een gezonde huid. Dat we oliën uit zaden – en linolzuur – volledig uit ons eetpatroon moeten schrappen, wordt tot dusver niet ondersteund door het bewijsmateriaal.
31 Sharon Liao, 'Do seed oils make you sick?', *Consumer Reports*, https://www.consumerreports.org/healthy-eating/do-seed-oils-make-you-sick-a1363483895/ (2022).
32 M. Marklund et al., 'Biomarkers of dietary omega-6 fatty acids and incident cardiovascular disease and mortality', *Circulation* 139, 2422-1236 (2019).
33 G. Zong et al., 'Associations between linoleic acid intake and incident type 2 diabetes among U.S. men and women', *Diabetes Care* 42, 1406-1413 (2019).
34 W.S. Harris et al., 'Omega-6 fatty acids and risk for cardiovascular disease', *Circulation* 119, 902-907 (2009).
35 Dit is gebaseerd op data over olieproducten en landgebruik van de Voedsel en Landbouworganisatie van de VN, beïnvloed door hoeveel van dat gewas wordt gebruikt voor olie versus andere coproducten (zoals zaad of kokos). Ik heb andere schattingen gezien van ruim 3,5 ton voor palm en 0,7 ton voor kokos. De opbrengst zou dus hoger kunnen zijn als het gewas vooral voor olie wordt geteeld, maar niets komt in de buurt van de palmopbrengst.

36 R. Ostfeld et al., 'Peeling back the label – exploring sustainable palm oil ecolabelling and consumption in the United Kingdom', *Environmental Research Letters* 14, 14001 (2019).
37 M. Weisse & E.D. Goldman, 'Just 7 commodities replaced an area of forest twice the size of Germany between 2001 and 2015', World Resources Institute (2021).
38 F. Pendrill et al., 'Deforestation displaced: trade in forest-risk commodities and the prospects for a global forest transition', *Environmental Research Letters* 14, 55003 (2019).
39 E. Barona et al., 'The role of pasture and soybean in deforestation of the Brazilian Amazon', *Environmental Research Letters* 5, 24002 (2010).
40 B.F.T. Rudorff et al., 'The soy moratorium in the Amazon biome monitored by remote sensing images', *Remote Sens (Basel)* 3, 185-202 (2011).
41 F. Pendrill et al., 'Agricultural and forestry trade drives large share of tropical deforestation emissions', *Global Environmental Change* 56, 1-10 (2019).
42 We kunnen dit als volgt berekenen: 40% (de bijdrage van rijke landen) van 29% (het aandeel ontbossing als gevolg van goederenhandel). Dit is 12%.
43 K.M. Carlson et al., 'Effect of oil palm sustainability certification on deforestation and fire in Indonesia', *Proceedings of the National Academy of Sciences* 115, 121-126 (2018).
44 H.K. Jeswani, A. Chilvers & A. Azapagic, 'Environmental sustainability of biofuels: a review', *Proceedings A: Mathematical, Physical and Engineering Sciences* 476, 20200351 (2020).
45 K. Schmidinger & E. Stehfest, 'Including CO_2 implications of land occupation in LCAs – method and example for livestock products', *Int J Life Cycle Assess* 17, 962-972 (2012).
46 C. Cederberg et al., 'Including carbon emissions from deforestation in the carbon footprint of Brazilian beef', *Environ Sci Technol* 45, 1773-1779 (2011).
47 M. Clark & D. Tilman, 'Comparative analysis of environmental impacts of agricultural production systems, agricultural input efficiency, and food choice', *Environmental Research Letters* 12, 64016 (2017).
48 D.R. Williams et al., 'Proactive conservation to prevent habitat losses to agricultural expansion', *Nat Sustain* 4, 314-322 (2021).
49 A. Roopsind, B. Sohngen & J. Brandt, 'Evidence that a national REDD+ program reduces tree cover loss and carbon emissions in a high forest cover, low deforestation country', *Proceedings of the National Academy of Sciences* 116, 24492-24499 (2019).
50 M. Norman & S. Nakhooda, 'The State of REDD+ Finance', *SSRN Electronic Journal*, doi:10.2139/ssrn.2622743 (2015).
51 W. Fraanje & T. Garnett, *Soy: Food, Feed, and Land Use Change* (Foodsource: Building Blocks, 2020).

NOTEN HOOFDSTUK 5

1 Chris Arsenault, 'Only 60 years of farming left if soil degradation continues', *Scientific American*, https://www.scientificamerican.com/article/only-60-years-of-farming-left-if-soil-degradation-continues/ (2014).

2 J.L. Edmondson et al., 'Urban cultivation in allotments maintains soil qualities adversely affected by conventional agriculture', *Journal of Applied Ecology* 51, 880-889 (2014).

3 J. Wong, 'The idea that there are only 100 harvests left is just a fantasy', *New Scientist*, https://www.newscientist.com/article/mg24232291-100-the-idea-that-there-are-only-100-harvests-left-is-just-a-fantasy/.

4 H. Ritchie, 'Do we only have 60 harvests left?', Our World in Data, https://ourworldindata.org/ soil-Lifespans (2021).

5 D.L. Evans et al., 'Soil lifespans and how they can be extended by land use and management change', *Environmental Research Letters* 15, 0940b2 (2020).

6 H. Pontzer & B.M. Wood, 'Effects of evolution, ecology, and economy on human diet: insights from hunter-gatherers and other small-scale societies', *Annu Rev Nutr* 41, 363-385 (2021).

7 F.W. Marlowe & J.C. Berbesque, 'Tubers as fallback foods and their impact on Hadza hunter-gatherers', *Am J Phys Anthropol* 140, 751-758 (2009).

8 A. Mummert et al., 'Stature and robusticity during the agricultural transition: evidence from the bioarchaeological record', *Econ Hum Biol* 9, 284-301 (2011).

9 V. Smil, *Enriching the Earth: Fritz Haber, Carl Bosch, and the Transformation of World Food Production* (MIT Press, 2004).

10 V. Smil, 'Nitrogen and food production: proteins for human diets', *AMBIO: A Journal of the Human Environment* 31, 126-131 (2002).

11 W.M. Stewart et al., 'The contribution of commercial fertilizer nutrients to food production', *Agron J* 7, 1-6 (2005).

12 J.W. Erisman et al., 'How a century of ammonia synthesis changed the world', *Nat Geosci* 1, 636-639 (2008).

13 C.C. Mann, *The Wizard and the Prophet: Two Remarkable Scientists and Their Dueling Visions to Shape Tomorrow's World* (Alfred A. Knopf, 2018).

14 Bij voedsel gaat het niet alleen om calorieën. Calorieën zijn een eenheid van energie en zorgen dus voor het behoud van ons lichaamsgewicht, geven ons energie en zorgen dat we geen fysieke honger meer ervaren. Bij gezondheid gaat het om veel meer – we hebben eiwitten, vetten en micronutriënten zoals vitaminen en mineralen nodig. We hebben gevarieerd voedsel nodig, niet alleen voedsel dat een calorieëndoel haalt. Je bent misschien sceptisch over de vraag of de wereld voldoende van al die andere voedingsstoffen produceert. Gelukkig is dat het geval. Dat weet ik omdat ik voor mijn proefschrift alle data heb verwerkt. In feite was een van de belangrijkste motiveringen voor mijn promotieonderzoek verder te kijken dan de calorieën en met een meer holistische blik naar ons voedselsysteem te kijken. De conclusie was dat we iedereen een compleet, voedzaam eetpatroon kunnen geven als we dat willen.

15 United Nations, *International Action to Avert the Impending Protein Crisis: Report to the Economic and Social Council of the Advisory Committee on the Application of Science and Technology to Development: Feeding the Expanding World Population* (1968).

16 Hij zegt wel dat dit politiek waarschijnlijk onhaalbaar is, en lijkt daar teleurgesteld (bijna geërgerd) over.

17 P.R. Ehrlich, *The Population Bomb* (Ballantine Books, 1989). Zie blz. 130-132 en 146-148.

18 Ik gebruik om redenen van bondigheid 'calorieën' voor 'kilocalorieën'.
19 In 2019 gebruikte de VS 121 miljoen ton mais voor industriële toepassingen (bijna allemaal biobrandstoffen). Het hele Afrikaanse continent produceerde 82 miljoen ton. Brazilië produceerde een vergelijkbare hoeveelheid.
20 Het enige voorbehoud bij dit cijfer dat driekwart van de soja wordt gevoerd aan vee is dat dit is gebaseerd op de mássa. Hoe de 350 miljoen ton soja die we jaarlijks produceren wordt verdeeld. Als we dit op basis van economische waarde uitsplitsen – hoeveel we verdienen met de verkoop van deze producten – speelt sojaolie ook een grote rol. Dierenvoedsel en sojaolie zijn vaak beide producten van hetzelfde proces: we nemen de sojabonen, persen de olie eruit en de eiwitrijke vaste stoffen worden aan dieren gevoerd. Sojaolie wordt als spijsolie gebruikt, maar ook als ingrediënt in allerlei bewerkte voedselproducten zoals snacks, gebak, gebakken producten, sauzen en dressings.
Als het erom gaat te bepalen welke van deze producten de 'aanjager' is van sojaproductie, ontstaat een soort kip-of-eivraag. Zijn we gulzige sojaoliegebruikers, en gebruiken we de resterende vaste stoffen domweg als dierenvoedsel? Of snakken onze dieren naar eiwitten, en moeten we toch iets met de olie? Waarschijnlijk allebei, zoals gewoonlijk. In termen van economische waarde is er een fiftyfiftyverdeling tussen olie en dierenvoedsel. Misschien is er niet een duidelijke aanjager, en werken de twee volmaakt samen. Als we dit dierenvoedsel niet van soja maakten, zouden we het bovendien uit iets anders moeten produceren. We eten mondiaal gezien veel vlees, en we hebben iets nodig om de dieren mee te voeden.
21 Hoewel schapen iets kleiner zijn dan varkens, zijn ze iets 'minder efficiënt' dan varkens omdat ze meer bewegen, voedsel van lagere kwaliteit eten en energie gebruiken voor de productie van coproducten zoals wol.
22 P. Alexander et al., 'Human appropriation of land for food: the role of diet', *Global Environmental Change* 41, 88-98 (2016).
23 A. Shepon et al., 'Energy and protein feed-to-food conversion efficiencies in the US and potential food security gains from dietary changes', *Environmental Research Letters* 11, 105002 (2016).
24 De efficiëntie van vlees- en zuivelproductie kan verschillen afhankelijk van onder andere de kwaliteit van het voer, het voerschema en het gebruik van supplementen. Ik noem hier mondiale gemiddelde efficiëntiecijfers voor elk vleestype, maar die kunnen verspreid over de wereld variëren.
25 Food and Agriculture Organization of the United Nations, *Dietary Protein Quality Evaluation in Human Nutrition. Report of an FAO Expert Consultation* (2013).
26 H. Ritchie & M. Roser, 'Water use and stress', Our World in Data (2017).
27 S.L. Maxwell et al., 'Biodiversity: the ravages of guns, nets and bulldozers', *Nature* 536, 143-145 (2016).
28 J.H. Ausubel, I.K. Wernick & P.E. Waggoner, 'Peak farmland and the prospect for land sparing', *Popul Dev Rev* 38, 221-242 (2013).
29 C.A. Taylor & J. Rising, 'Tipping point dynamics in global land use', *Environmental Research Letters* 16, 125012 (2021).
30 In de tabel laat ik dit zien in termen van voedselproductie in monetaire termen. Dit is gecorrigeerd voor inflatie. Dit is niet alleen in termen van dollars waar: ook als

we kijken naar de fysieke eenheden van tonnen (de totale hoeveelheid die we produceren), is het waar.
31 Z. Cui et al., 'Pursuing sustainable productivity with millions of smallholder farmers', *Nature* 555, 363-366 (2018).
32 H. Ritchie & M. Roser, 'Crop yields', Our World in Data (2013).
33 A. Castaneda et al., *Who are the Poor in the Developing World?* (World Bank, 2016).
34 Eutrofiëring vindt plaats als nutriënten vanaf landbouwgrond in water belanden, zoals rivieren, riviermonden, meren of in de oceaan. Die nutriënten kunnen afkomstig zijn van synthetische meststoffen of organische toevoegingen zoals mest. De overtollige nutriënten in het water verstoren de ecosystemen in het water. Je ziet vaak 'algenachtige bloesems' waar algen welig tieren en het ecosysteem overnemen, waardoor de rest wat erin leeft zuurstoftekort lijdt.
35 Dat is 40 miljoen km^2 – iets minder dus dan de eerder in dit boek genoemde 50 miljoen km^2. Dat komt doordat we nu uitsluitend kijken naar de landbouwgrond die gebruikt wordt om voedselproducten te verbouwen. Dat omvat niet de gebruikte grond voor de productie van biobrandstoffen, textiel of andere niet voor voeding bestemde gewassen.
36 Good Food Institute, '2021 US Retail Market Insights: Plant-Based Foods' (2021).
37 Deze is als ik dit schrijf helaas nog steeds niet te krijgen in het VK.
38 S. Smetana et al., 'Meat alternatives: life cycle assessment of most known meat substitutes', *Int J Life Cycle Assess* 20, 1254-1267 (2015).
39 H. Ritchie, 'Are meat substitutes really better for the environment than meat?', *Sustainability by Numbers* (2022).
40 S. Grasso et al., 'Effect of information on consumers' sensory evaluation of beef, plant-based and hybrid beef burgers', *Food Qual Prefer* 96, 104417 (2022).
41 V. Caputo, G. Sogari & E.J. Van Loo, 'Do plant-based and blend meat alternatives taste like meat? A combined sensory and choice experiment study', *Appl Econ Perspect Policy* 45, 86-105 (2023).
42 Dit omvat niet alleen de *emissies* van de productie, maar ook de alternatieve koolstofkosten van het land dat we zouden vrijmaken. Door dit land te bevrijden van vee kan er iets anders op groeien en gaat het CO_2 uit het milieu opnemen.
43 V. Sandström et al., 'The role of trade in the greenhouse gas footprints of EU diets', *Glob Food Sec* 19, 48-55 (2018).
44 Mintel, 'A quarter of Brits use plant-based milk', https://www.mintel.com/press-centre/food-and-drink/milking-the-vegan-trend-a-quarter-23-of-brits-use-plant-based-milk.
45 M. Clark et al., 'Estimating the environmental impacts of 57,000 food products', *Proceedings of the National Academy of Sciences* 119, e2120584119 (2022).
46 J. Gustavsson et al., 'The methodology of the FAO study: "Global Food Losses and Food Waste extent, causes and prevention"', SIK – Swedish Institute for Food and Biotechnology (2013).
47 Food and Agriculture Organization of the United Nations, *Global Food Losses and Food Waste: Extent, Causes and Prevention* (2011).
48 Food and Agriculture Organization of the United Nations, *Moving Forward on Food Loss and Waste Reduction: The State of Food and Agriculture* (2019).

49 L. Wang & E. Iddio, 'Energy performance evaluation and modeling for an indoor farming facility', *Sustainable Energy Technologies and Assessments* 52, 102240 (2022).
50 L. Graamans et al., 'Plant factories versus greenhouses: comparison of resource use efficiency', *Agric Syst* 160, 31-43 (2018).
51 Het valt je misschien op dat de totale getallen hier enigszins afwijken van de CO_2-voetafdruk van voedsel dat eerder in het boek voorkwam. Dat komt doordat het een wordt gegeven als het gemiddelde, het andere als de mediaan. Bij sommige voedselsoorten kunnen deze waarden sterk verschillen. Idealiter zou ik de analyse van de leveringsketen laten zien met precies dezelfde meeteenheid die ik eerder toonde. Helaas zijn deze data niet beschikbaar in de betreffende wetenschappelijke literatuur. Hoewel de precieze waarden kunnen verschillen, zijn de algehele waardebepalingen en belangrijke punten hetzelfde.
52 A. Hospido et al., 'The role of seasonality in lettuce consumption: a case study of environmental and social aspects', *Int J Life Cycle Assess* 14, 381-391 (2009).
53 A. Carlsson-Kanyama, M.P. Ekström & H. Shanahan, 'Food and life cycle energy inputs: consequences of diet and ways to increase efficiency', *Ecological Economics* 44, 293-307 (2003).
54 Onder 'conventioneel' versta ik hier niet-biologische landbouw met enige synthetische toevoegingen. Sommigen verzetten zich ertegen dat de toevoeging van synthetische middelen wordt beschouwd als de 'conventionele' manier van landbouw in plaats van andersom. Dat zijn echter de termen geworden die de meeste mensen gebruiken om de twee te onderscheiden.
55 S.L. Tuck et al., 'Land-use intensity and the effects of organic farmingon biodiversity: a hierarchical meta-analysis', *Journal of Applied Ecology* 51, 746-755 (2014).
56 C.K. Winter & J.M. Katz, 'Dietary exposure to pesticide residues from commodities alleged to contain the highest contamination levels', *J Toxicol* 2011, 589674 (2011).
57 J.L. Vicini et al., 'Residues of glyphosate in food and dietary exposure', *Compr Rev Food Sci Food Saf* 20, 5226-5257 (2021).
58 O. Golge, F. Hepsag & B. Kabak, 'Health risk assessment of selected pesticide residues in green pepper and cucumber', *Food and Chemical Toxicology* 121, 51-64 (2018).

NOTEN HOOFDSTUK 6

1 A. Horton, 'Two generations of humans have killed off more than half the world's wildlife populations, report finds', *The Washington Post* (2018).
2 World Wildlife Fund, *Living Planet Report 2022 – Building a Nature Positive Society* (2022).
3 G. Murali et al., 'Emphasizing declining populations in the Living Planet Report', *Nature* 601, E20-24 (2022).
4 C.D.L. Orme et al., 'Global hotspots of species richness are not congruent with endemism or threat', *Nature* 436, 1016-1019 (2005).
5 K. Thompson, *Do We Need Pandas?: The Uncomfortable Truth about Biodiversity* (Green Books, 2010).

6 T. Andermann et al., 'The past and future human impact on mammalian diversity', *Sci Adv*, doi:10.1126/sciadv.abb2313 (2020).
7 F.A. Smith et al., 'Body size downgrading of mammals over the late Quaternary', *Science (1979)*, doi:10.1126/science.aao5987 (2018).
8 J. Dembitzer et al., 'Levantine overkill: 1.5 million years of hunting down the body size distribution', *Quat Sci Rev* 276, 107316 (2022).
9 H. Ritchie, 'Wild mammals have declined by 85% since the rise of humans, but there is a possible future where they flourish', Our World in Data, https://ourworldindata.org/wild-mammal-decline (2021).
10 V. Smil, *Harvesting the Biosphere: What We Have Taken from Nature* (MIT Press, 2013).
11 Y.M. Bar-On, R. Phillips & R. Milo, 'The biomass distribution on Earth', PNAS 115, 6506-6511 (2018).
12 Telkens als ik aan kom zetten met deze cijfers is er wel iemand die vraagt waarom ik de kippen niet heb meegerekend. Zij krijgen vervolgens het schaamrood op de kaken als ik vertel dat de kip een vogel is en geen zoogdier.
13 Gemeten in vergelijking met alle levensvormen – inclusief planten, schimmels, bacteriën en dieren – en opgevoerd in termen van biomassa.
14 R.M. May, 'Tropical arthropod species, more or less?', *Science (1979)* 329, 41-42 (2010).
15 C. Mora et al., 'How Many Species Are There on Earth and in the Ocean?', *PLoS Biol* 9, e1001127 (2011).
16 Dit aantal betreft meercellige organismen. Hier vallen eencellige organismen niet onder, een groep die de 'prokaryoten' wordt genoemd. Tot de prokaryoten behoren bacteriën en virussen.
17 B. Jarvis, 'The insect apocalypse is here', *The New York Times* (2018).
18 C.A. Hallmann et al., 'More than 75 percent decline over 27 years in total flying insect biomass in protected areas', *PLoS One* 12, e0185809 (2017).
19 E.O. Wilson, 'The little things that run the world (The importance and conservation of invertebrates)', *Conservation Biology* 1, 344-346 (1987).
20 M.A. Aizen et al., 'How much does agriculture depend on pollinators? Lessons from long-term trends in crop production', *Ann Bot* 103, 1579-1588 (2009).
21 M.A. Aizen et al., 'Global agricultural productivity is threatened by increasing pollinator dependence without a parallel increase in crop diversification', *Glob Chang Biol* 25, 3516-3527 (2019).
22 A.-M. Klein et al., 'Importance of pollinators in changing landscapes for world crops', *Proceedings of the Royal Society B: Biological Sciences* 274, 303-313 (2007).
23 R. van Klink et al., 'Meta-analysis reveals declines in terrestrial but increases in freshwater insect abundances', *Science (1979)* 368, 417-420 (2020).
24 C.L. Outhwaite et al., 'Complex long-term biodiversity change among invertebrates, bryophytes and lichens', *Nat Ecol Evol* 4, 384-392 (2020).
25 A.J. van Strien et al., 'Modest recovery of biodiversity in a western European country: The Living Planet Index for the Netherlands', *Biol Conserv* 200, 44-50 (2016).
26 C.L. Outhwaite, P. McCann & T. Newbold, 'Agriculture and climate change are reshaping insect biodiversity worldwide', *Nature* 605, 97-102 (2022).

27 G. Andersson et al., 'Arthropod populations in a sub-arctic environment facing climate change over a half-century: variability but no general trend', *Insect Conserv Divers* 15, 534-542 (2022).
28 M.S. Crossley et al., 'Opposing global change drivers counterbalance trends in breeding North American monarch butterflies', *Glob Chang Biol* 28, 4726-4735 (2022).
29 D.L. Wagner et al., 'Insect decline in the Anthropocene: death by a thousand cuts', PNAS 118, e2023989118 (2021).
30 H. Ritchie & M. Roser, 'Biodiversity', Our World in Data (2021).
31 C.R. Thouless et al., 'African Elephant Status Report 2016: an update from the African Elephant Database', IUCN Species Survival Commission, Africa Elephant Specialist Group (2016).
32 A.D. Barnosky et al., 'Has the Earth's sixth mass extinction already arrived?', *Nature* 471, 51-57 (2011).
33 D. Jablonski, 'Background and mass extinctions: the alternation of macroevolutionary regimes', *Science (1979)* 231, 129-133 (1986).
34 Eigenlijk kunnen we op twee manieren kijken naar een soortenreductie van 75 procent: hoog uitstervingstempo of een zeer laag tempo in de vorming van nieuwe soorten. Als de vorming van nieuwe soorten sterk vertraagt, hoeft het uitstervingstempo niet zo hoog te liggen als we zouden verwachten om het aantal soorten met 75 procent te laten afnemen. Zo'n gebeurtenis wordt ook wel 'massadepletie' genoemd, maar op dezelfde manier behandeld als massa-extinctie.
35 M.L. McCallum, 'Vertebrate biodiversity losses point to a sixth mass extinction', *Biodivers Conserv* 24, 2497-2519 (2015).
36 Howard Hughes Medical Institute, 'The Making of Mass Extinctions', https://media.hhmi.org/biointeractive/click/extinctions/.
37 D.S. Robertson et al., 'Survival in the first hours of the Cenozoic', GSA *Bulletin* 116, 760-768 (2004).
38 IUCN, 'The IUCN Red List of Threatened Species, Version 2022-2', https://www.iucnredlist.org (2022).
39 S.L. Pimm et al., 'The biodiversity of species and their rates of extinction, distribution, and protection', *Science (1979)* 344, 1246752 (2014).
40 J. Borgelt et al., 'More than half of data deficient species predicted to be threatened by extinction', *Commun Biol* 5, 1-9 (2022).
41 N. Benecke, 'The Holocene distribution of European bison', MUNIBE *Antropologia-Arkeologia* (2005).
42 S.E.H. Ledger et al., *Wildlife Comeback in Europe: Opportunities and Challenges for Species Recovery. Final Report to Rewilding Europe by the Zoological Society of London, BirdLife International and the European Bird Census Council. London, UK: ZSL*, https://www.rewildingeurope.com/wp-content/uploads/publications/wildlife-comeback-in-europe-2022/ (2022).
43 UNEP-WCMC & IUCN, *Protected Planet Report 2020* (2021).
44 UN Convention on Biological Diversity, 'First Draft of the Post-2020 Global Biodiversity Framework', Preprint at https://www.cbd.int/doc/c/abb5/591f/2e46096d3f0330b08ce87a45/wg2020-03-03-en.pdf (2021).

45 Nature Needs Half, *Nature Needs Half*, https://natureneedshalf.org/.
46 B. Büscher et al., 'Half-Earth or Whole Earth? Radical ideas for conservation, and their implications', *Oryx* 51, 407-410 (2017).
47 E. Ens et al., 'Putting indigenous conservation policy into practice delivers biodiversity and cultural benefits', *Biodivers Conserv* 25, 2889-2906 (2016).
48 S.T. Garnett et al., 'A spatial overview of the global importance of Indigenous lands for conservation', *Nat Sustain* 1, 369-374 (2018).

NOTEN HOOFDSTUK 7

1 S. Kaplan, 'By 2050, there will be more plastic than fish in the world's oceans, study says', *The Washington Post* (2016).
2 World Economic Forum, *The New Plastics Economy Rethinking: The Future of Plastics* (2016).
3 S. Jennings et al., 'Global-scale predictions of community and ecosystem properties from simple ecological theory', *Proceedings B: Biological Sciences* 275, 1375-1383 (2008).
4 J.R. Jambeck et al., 'Plastic waste inputs from land into the ocean', *Science (1979)* 347, 768-771 (2015).
5 'Will there be more fish or plastic in the sea in 2050?', BBC News (2016).
6 C. Moore, 'Trashed: across the Pacific Ocean, plastics, plastics, everywhere', *Natural History* (2003).
7 L. Lebreton et al., 'Evidence that the Great Pacific Garbage Patch is rapidly accumulating plastic', *Sci Rep 8*, 4666 (2018).
8 D. Crespy, M. Bozonnet & M. Meier, '100 years of bakelite, the material of a 1000 uses', *Angewandte Chemie International Edition* 47, 3322-3328 (2008).
9 C.F. Kettering, *Biographical Memoir of Leo Hendrik Baekeland, 1863-1944. Presented to the Academy at the Autumn Meeting, 1946* (National Academy of Sciences, 1946).
10 R. Geyer, J.R. Jambeck & K.L. Law, 'Production, use, and fate of all plastics ever made', *Sci Adv* 3, e1700782 (2017).
11 OECD, *Global Plastics Outlook: Economic Drivers, Environmental Impacts and Policy Options* (OECD, 2022).
12 H. Ritchie & M. Roser, 'Urbanization', Our World in Data (2021).
13 Ik gebruik het woord 'hopelijk' omdat in sommige landen met lage inkomens het plastic domweg wordt verbrand en niet omgezet in energie.
14 T. Thiounn & R.C. Smith, 'Advances and approaches for chemical recycling of plastic waste', *Journal of Polymer Science* 58, 1347-1364 (2020).
15 A. Rahimi & J.M. García, 'Chemical recycling of waste plastics for new materials production', *Nat Rev Chem* 1, 1-11 (2017).
16 Sustainable Development Misconception Study 2020 | Gapminder, Preprint at https://www.gapminder.org/ignorance/studies/sdg2020/.
17 Er is enige onzekerheid over hoeveel plastic precies er jaarlijks in de oceaan belandt. De meeste onderzoeken komen uit op ergens tussen een en acht miljoen ton.

Dat wil zeggen dat 0,3 tot 2 procent van ons plasticafval in de oceaan belandt. Het komt op hetzelfde neer: een fractie van ons afval verontreinigt de oceaan. In elk geval veel minder dan een of twee derde, zoals veel mensen denken.

18 W.C. Li, H.F. Tse & L. Fok, 'Plastic waste in the marine environment: a review of sources, occurrence and effects', *Science of the Total Environment* 566-567, 333-349 (2016).

19 Eerdere studies schatten dat zo'n 60 procent van het plastic in de plasticsoep afkomstig was van visserijactiviteiten. Dit kwam dichter bij het getal van 'ruim de helft' dat in *Seaspiracy* werd genoemd.

20 De uitzondering hierop treedt op als er een extreme gebeurtenis plaatsvindt zoals een orkaan of overstroming. Zo zagen we dat bij de aardbeving en tsunami in de Japanse regio Tohoku in 2011 grote hoeveelheden plastic in zee belandden.

21 L.J.J. Meijer et al., 'More than 1000 rivers account for 80% of global riverine plastic emissions into the ocean', *Sci Adv* 7, eaaz5803 (2021).

22 Eerdere studies schatten dat de concentratie zelfs nog sterker was. Volgens een onderzoek zouden de grootste vijf rivieren verantwoordelijk zijn voor 80 procent van het plastic in de oceanen! Volgens een andere studie waren het de grootste 162 rivieren. Deze modelstudies hadden een veel lagere resolutie dan de recente update. Ze gingen uit van een te simplistische relatie dat het vooral de grootte van de rivier en de omvang van de populatie met slecht afvalbeheer eromheen waren die de plasticuitstoot bepaalden. Daarom werden ze volledig overheerst door de grote rivieren, zoals de Yangtze, Xi en Huangpu in China, de Ganges in India, Cross River in Nigeria en de Amazone in Brazilië. De dynamiek van rivierplastic blijkt iets ingewikkelder te zijn.

23 L.C.M. Lebreton et al., 'River plastic emissions to the world's oceans', *Nat Commun* 8, 15611 (2017).

24 Z. Wen et al., 'China's plastic import ban increases prospects of environmental impact mitigation of plastic waste trade flow worldwide', *Nat Commun* 12, 425 (2021).

25 D. Barrowclough, C.D. Birkbeck & J. Christen, *Global Trade in Plastics: Insights from the First Life-Cycle Trade Database* (2020).

26 Dat plastichandel maar zo'n klein percentage is van het afval in de wereld, komt onder andere doordat er wereldwijd zo weinig van gerecycled wordt. Het zijn voornamelijk gerecyclede kunststoffen waarin wordt gehandeld. Dus is de maximale hoeveelheid plastic die wordt verhandeld de totale hoeveelheid afval die wordt gerecycled.

27 A. Brown, F. Laubinger & P. Börkey, 'Monitoring trade in plastic waste and scrap', OECD Environment Working Papers, No. 194 (2022).

28 S. Reed et al., 'Microplastics in marine sediments near Rothera Research Station, Antarctica', *Mar Pollut Bull* 133, 460-463 (2018).

29 H.A. Leslie et al., 'Discovery and quantification of plastic particle pollution in human blood', *Environ Int* 163, 107199 (2022).

30 G. Liebezeit & E. Liebezeit, 'Synthetic particles as contaminants in German beers', *Food Additives & Contaminants: Part A* 31, 1574-1578 (2014).

31 G. Liebezeit & E. Liebezeit, 'Non-pollen particulates in honey and sugar', *Food Additives & Contaminants: Part A* 30, 2136-2140 (2013).

32 M. Revel, A. Châtel & C. Mouneyrac, 'Micro(nano)plastics: a threat to human health?', *Curr Opin Environ Sci Health* 1, 17-23 (2018).
33 J. Wang et al., 'The behaviors of microplastics in the marine environment', *Mar Environ Res* 113, 7-17 (2016).
34 L.I. Devriese et al., 'Bioaccumulation of PCBs from microplastics in Norway lobster (Nephrops norvegicus): an experimental study', *Chemosphere* 186, 10-16 (2017).
35 C. M. Rochman et al., 'The ecological impacts of marine debris: unraveling the demonstrated evidence from what is perceived', *Ecology* 97, 302-312 (2016).
36 S. Kühn, E.L. Bravo Rebolledo & J.A. van Franeker, 'Deleterious Effects of Litter on Marine Life', in *Marine Anthropogenic Litter* (red., M. Bergmann, L. Gutow & M. Klages) 75-116 (Springer International Publishing, 2015).
37 S.C. Gall & R.C. Thompson, 'The impact of debris on marine life', *Mar Pollut Bull* 92, 170-179 (2015).
38 L.E. Haram et al., 'Emergence of a neopelagic community through the establishment of coastal species on the high seas', *Nat Commun* 12, 6885 (2021).
39 Oorspronkelijk was er maar één 'Interceptor'. Sindsdien heeft de liefdadigheidsinstelling een portefeuille met verschillende technologieën gebouwd. Vandaar dat de Interceptor werd omgedoopt in de Interceptor Original.
40 L. Lebreton, M. Egger & B. Slat, 'A global mass budget for positively buoyant macroplastic debris in the ocean', *Sci Rep* 9, 12922 (2019).
41 M. Eriksen et al., 'Plastic pollution in the world's oceans: more than 5 trillion plastic pieces weighing over 250,000 tons afloat at sea', *PLoS One* 9, e111913 (2014).
42 Danish Environmental Protection Agency, 'Life Cycle Assessment of grocery carrier bags', https://mst.dk/service/publikationer/publikationsarkiv/2018/mar/plastposer-lca/ (2018).
43 UK DEFRA, 'Life cycle assessment of supermarket carrierbags: a review of the bags available in 2006', https://www.gov.uk/government/publications/life-cycle-assessment-of-supermarket-carrierbags-a-review-of-the-bags-available-in-2006 (2011).
44 J.A. Micales & K.E. Skog, 'The decomposition of forest products in landfills', *Int Biodeterior Biodegradation* 39, 145-158 (1997).

NOTEN HOOFDSTUK 8

1 B. Worm et al., 'Impacts of biodiversity loss on ocean ecosystem services', *Science (1979)*, doi:10.1126/science.1132294 (2006).
2 C. Dean, 'Study sees "global collapse" of fish species', *The New York Times* (2006).
3 R. Hilborn, 'Faith-based fisheries', *Fisheries (Bethesda)* 31 (2006).
4 E. Stokstad, 'Détente in the fisheries war', *Science (1979)*, doi:10.1126/science.324.5924.170 (2009).
5 B. Worm et al., 'Rebuilding global fisheries', *Science (1979)*, doi:10.1126/science.1173146 (2009).
6 S.-M. Lee & D. Robineau, 'Les cétacés des gravures rupestres néolithiques de Bangu-dae (Corée du Sud) et les débuts de la chasse à la baleine dans le Pacifique nord-ouest', *Anthropologie* 108, 137-151 (2004).

7 Y. van den Hurk, K. Rielly & M. Buckley, 'Cetacean exploitation in Roman and medieval London: reconstructing whaling activities by applying zooarchaeological, historical, and biomolecular analysis', *J Archaeol Sci Rep* 36, 102795 (2021).
8 Y. van den Hurk et al., 'Medieval whalers in the Netherlands and Flanders: zooarchaeological analysis of medieval cetacean remains', *Environmental Archaeology* 27, 243-257 (2022).
9 J.L. Coleman, 'The American whale oil industry: a look back to the future of the American petroleum industry?', *Nonrenewable Resources* 4, 273-288 (1995).
10 J.N. Tonnessen & A.O. Johnsen, *The History of Modern Whaling* (Hurst & Company/Australian National University Press, 1982).
11 Het moratorium geldt alleen voor commerciële walvisjacht, dus walvisvaart voor wetenschappelijke doeleinden en voor het levensonderhoud van inheemse volken is nog wel toegestaan.
12 A.J. Pershing et al., 'The impact of whaling on the ocean carbon cycle: why bigger was better', *PLoS One* 5, e12444 (2010).
13 L.B. Christensen, 'Marine mammal populations: reconstructing historical abundances at the global scale', doi:10.14288/1.0074757 (2006).
14 R.H. Thurstan, S. Brockington & C.M. Roberts, 'The effects of 118 years of industrial fishing on UK bottom trawl fisheries', *Nat Commun* 1, 15 (2010).
15 C. Roberts, *The unnatural history of the sea. A Shearwater book* (Island Press/Shearwater Books, 2008).
16 C.M. Duarte et al., 'Rebuilding marine life', *Nature* 580, 39-51 (2020).
17 Food and Agriculture Organization of the United Nations, *The State of World Fisheries and Aquaculture 2022* (FAO, 2022).
18 Als we naar het percentage vis kijken dat duurzaam wordt gevángen, is het cijfer ruim 80 procent. Dit komt doordat sommige visbestanden – vispopulaties in specifieke plaatsen – groter zijn dan andere. In plaats van te berekenen welk percentage bestanden duurzaam wordt beheerd, kunnen we dit wegen aan de hand van de hoeveelheid vis die we vangen. Volgens deze meetwijze was 83 procent van de vangst afkomstig van duurzame bronnen.
19 R.L. Naylor et al., 'Effect of aquaculture on world fish supplies', *Nature* 405, 1017-1024 (2000).
20 R.L. Naylor et al., 'A 20-year retrospective review of global aquaculture', *Nature* 591, 551-563 (2021).
21 Er is wel beweerd dat de populatie van alle tonijnsoorten met 90 procent is afgenomen. Dit is bewezen onjuist. In dit geval is de daling met 90 procent van toepassing op de zuidelijke blauwvintonijn, maar niet op alle tonijnbestanden in de Atlantische en Grote Oceaan.
22 M.C. Melnychuk et al., 'Fisheries management impacts on target species status', *Proceedings of the National Academy of Sciences* 114, 178-183 (2017).
23 T.H. Morrison et al., 'Save reefs to rescue all ecosystems', *Nature* 573, 333-336 (2019).
24 Er zijn twee hoofdsoorten koraal: koraal in ondiep, warm water; en koraal in koud, diep water. Het voor de hand liggende verschil tussen beide is dat warmwaterkoralen vlak bij het zeeoppervlak leven – meestal in kustwater – terwijl koudwaterrif-

fen zich tot een diepte van wel drieduizend meter onder het oppervlak kunnen uitstrekken. We richten ons hier op warmwaterkoralen.
25 S.F. Heron et al., 'Warming trends and bleaching stress of the world's coral reefs 1985-2012', *Sci Rep* 6, 38402 (2016).
26 Marine Conservation Society, 'Good Fish Guide', https://www.mcsuk.org/goodfishguide/.
27 Monterey Bay Aquarium, Seafood Watch, https://www.seafoodwatch.org/.
28 E. Jardim, C. Konrad & A. Mannini, 'Monitoring the performance of the Common Fisheries Policy', European Commission, Joint Research Centre, Scientific, Technical and Economic Committee for Fisheries (2020).
29 P. Vasilakopoulos, S. Kupschus & M. Gras, 'Monitoring of the performance of the Common Fisheries Policy', European Commission, Joint Research Centre, Scientific, Technical and Economic Committee for Fisheries (2022).
30 RAM Legacy Stock Assessment Database v4.44, Preprint at https://zenodo.org/record/2542919 (2018).
31 M.A. Pérez Roda et al., 'Third assessment of global marine fisheries discards', *FAO Fisheries and Aquaculture Technical Paper (FAO) eng no. 633* (2019).
32 D. Zeller et al., 'Global marine fisheries discards: a synthesis of reconstructed data', *Fish and Fisheries* 19, 30-39 (2018).
33 M. Vettiyattil, B. Herrmann & M. Bharathiamma, 'Square mesh codend improves size selectivity and catch pattern for Trichiurus lepturus in bottom trawl used along Northwest coast of India', *Aquac Fish*, doi:10.1016/j.aaf.2021.12.015 (2022).
34 J.W. Valdemarsen & P. Suuronen, 'Modifying fishing gear to achieve ecosystem objectives', in *Responsible Fisheries in the Marine Ecosystem* (red. M. Sinclair & G. Valdimarsson), 321-341 (CABI, 2003).
35 H. Wienbeck et al., 'Effect of netting direction and number of meshes around on size selection in the codend for Baltic cod (Gadus morhua)', *Fish Res* 109, 80-88 (2011).
36 UN Environment Programme and the International Union for Conservation of Nature (IUCN) World Database on Protected Areas (WDPA), https://www.protectedplanet.net/en/thematic-areas/wdpa?tab=WDPA.
37 X. Zeng et al., 'Assessing the management effectiveness of China's marine protected areas: challenges and recommendations', *Ocean Coast Manag* 224, 106172 (2022).

NOTEN CONCLUSIE

1 'Richard Nixon and the rise of American environmentalism', *Science History Institute*, https://www.sciencehistory.org/distillations/richard-nixon-and-the-rise-of-american-environmentalism (2017).
2 Mijn maandelijkse donaties gaan voornamelijk naar goede doelen voor verbetering van gezondheid wereldwijd en armoedebestrijding. Ik heb het meeste gegeven aan de Against Malaria Foundation, en ik steun ook voedingssupplementen voor kinderen in arme landen. Deze twee doelen behoren tot de meest rendabele in het verbeteren en redden van levens.

3 GiveWell | Charity Research, https://www.givewell.org/.

4 Er bestaat een geweldige organisatie, opgericht door de filosoof Will MacAskill, die om deze reden '80.000 hours' heet. Deze liefdadigheidsorganisatie geeft adviezen op basis van bewijzen over hoe mensen de grootst mogelijke impact kunnen creëren door een loopbaan te kiezen waarin ze een bijdrage kunnen leveren.

5 Dank aan Andrew Dressler en Ken Caldeira, van wie ik deze metafoor hoorde.

Dankwoord

Niemand kan in z'n eentje werken aan een duurzame wereld. En dit boek zou als solo-onderneming niet bestaan. Mijn naam staat op de omslag, maar ik kan maar een fractie van de eer opeisen.

Aan mijn agent, Toby Mundy, van Aevitas Creative Management: dank je wel dat je de kiem hebt gelegd voor het idee om een boek te schrijven en me hebt geholpen een weg te vinden in de boekenwereld.

Ik kan niet genoeg dank uiten aan het fantastische team van Chatto & Windus, van het Penguin Random House. Aan mijn uitgever Becky Hardie: dank je wel dat je de gok hebt durven nemen met deze debutant, en dat je net zo enthousiast bent over dit boek als ik. Om meer had ik niet kunnen vragen. Aan Chatto's bureauredacteur, Asia Choudhry, voor haar onschatbare feedback en steun. Katherine Fry, die het boek uiterst gedetailleerd en nauwkeurig persklaar heeft gemaakt. Rhiannon Roy, omdat je me door het hele proces hebt begeleid. En de lange reeks mensen die op de achtergrond werken: bij rechtenverkoop, omslagontwerp, marketing en promotie. Jullie verdienen allemaal een plaatsje op de omslag. Dit boek zou niet zijn wat het is zonder jullie – en deze auteur evenmin. Mijn grote dank gaat ook uit naar mijn Amerikaanse uitgever, Marisa Vigilante, en het team van Little, Brown Spark. Ik ben jullie allemaal dankbaar.

Aan dit boek is minstens zes jaar gewerkt. Een groot deel van het onderzoek en de data die eraan ten grondslag liggen, stamt uit mijn tijd als onderzoeker bij Our World in Data. Ik ben daar begonnen in 2017, nadat ik ongevraagd per e-mail mijn diensten had aangeboden. Max Roser en Esteban Ortiz-Ospina: dank jullie wel dat jullie mijn e-mail niet hebben genegeerd en me een kans hebben gegeven. Jullie zijn niet alleen ongelooflijke mentoren voor mij, maar ook fantastische vrienden. Ik hou van jullie en ik ben trots op wat we samen hebben bereikt. Dank aan Oxford Martin School dat jullie deze onaangepaste academicus onderdak hebben geboden. Dank aan mijn collega's bij Our World in Data: het is bijzonder te worden omringd door mensen die zo vastbesloten zijn om de wereld te verbeteren. Speciale dank aan Fiona Spooner, die vroege concepten van hoofdstukken heeft gelezen en me feedback gaf. En Edouard Mathieu, een van de meest behulpzame mensen die ik ken: er zijn weinig mensen met wie ik liever samenwerk.

In dit boek gaat het over onze investeringen in de toekomst. Ik heb het geluk gehad dat ik geweldige mentoren heb gehad die in mij hebben geïnvesteerd en geloofd: Dave Reay en Pete Higgins: ik ben jullie meer verplicht dan je weet. Ik kan slechts hopen me door het leven te banen met de helft van jullie integriteit. Dank aan Hans en Ola Rosling, en Anna Rosling Rönnlund dat jullie mijn wereld op z'n kop hebben gezet (op de beste manier) en een hulpeloze pessimist hebben veranderd in een ongeduldige optimist. Aan Liz Grant en Kate Storey voor hun voortdurende steun.

Ik heb het geluk gehad dat ik me kon wenden tot enkelen van de beste deskundigen van de wereld. Dank aan Joseph Poore, Boyan Slat, Matthias Egger, Laurent Lebreton, Ray Hilborn, Michael Melnychuk, Max Mossler en Dave Reay voor het lezen van en de feedback op eerdere concepten van hoofdstukken van dit boek. Alle fouten zijn uitsluitend voor mijn rekening.

We hebben allemaal vrienden nodig die van ons houden, of ons boek nu een flop wordt of niet. Speciale dank aan Sarah Cannon en Matt Harwood voor de eindeloze geintjes en opkikkertjes. Emma Storey-Gordon voor de niet-aflatende aansporing om het te blijven proberen. Jij bent de hardste werker die ik ken. Michael Hughes omdat je me hielp vliegen (of vallen). En nog een handjevol anderen wier steun ik de afgelopen paar jaar heb gehad: Saloni Dattani, Meredith Corey, Shivam Hargunani, Thomas Alexander, Shona Denovan, Andy Hamilton, Erin Miller, Eve Smith, Jenny Dybeck, Yanni Smith, Lyndsey Vipond, Isla, Allison en Hamish. Dank aan David, Gillian en Andrew Kerr voor al hun steun.

Zonder mijn dierbare familie zou ik niets zijn. Aan Andrea,

Tommy en Kieran, die het tweede stel ouders en broer zijn geweest die ik niet nodig had, maar wel wenste. Jullie zijn alles voor mij. Mijn grootouders, die alle 'boeken' die ik als kind voor hen schreef, hebben bewaard en gekoesterd. Mijn oma is ervan overtuigd dat ze er rijk van zal worden als dit een bestseller wordt. Aan Aaron, die me leerde hoe je op het voetbalveld een dikke huid krijgt zodat ik er op Twitter ook een zou hebben. Het vervult me met trots dat ik jou mijn broer mag noemen. En Megan, een van de aardigste mensen die ik ken. Ik hoop dat we aan een betere wereld werken voor de kleine die eraan komt.

De grootste dank gaat uit naar mijn ouders, Karen en David, aan wie dit boek is opgedragen. Ons hart spoort ons aan te handelen, maar we hebben ons verstand nodig om te weten wát we moeten doen. Mijn ouders zijn de volmaakte mix van gevoel en verstand: het liefste en intelligentste stel dat ik ken. Ik hoop dat wat ze mij hebben geleerd op deze bladzijden overkomt. Dank jullie wel voor de onvoorwaardelijke liefde, dat jullie me mijn boeken lieten lezen in een hoekje van het feest en de ouders zijn die ieder kind verdient.

Tot slot dank aan Catherine, mijn lievelingspersoon. Jij maakt mij een beter mens, en deze wereld een beter oord. Dank je wel dat je mijn start van de dag om vier uur 's nachts en mijn schrijfmarathons in het weekend hebt verdragen. Ik zou me geen beter mens naast me kunnen wensen en ik hoop dat de steun wederzijds is. Dit boek is maar een klein hoofdstuk van mijn leven, en er is niemand met wie ik de rest van het verhaal liever zou schrijven.

Register

Cursieve paginanummers verwijzen naar termen in grafieken.